rowohlts deutsche enzyklopädie

Herausgegeben von Ernesto Grassi
Universität München

MARGARET MEAD

Mann und Weib

Das Verhältnis der Geschlechter in einer sich wandelnden Welt

ROWOHLT

Redaktion: Ursula Schwerin
Eginhard Hora / Ragni M. Gschwend
München
Deutsche Übersetzung von Arnim Holler

Umschlagentwurf Karl Gröning jr. / Gisela Pferdmenges
unter Verwendung einer Illustration von Paul Gauguin
aus ‹Ancien Culte Mahorie›, La Palme, Paris. Edition Pierre Berès.
Schriftgestaltung des Umschlags Werner Rebhuhn

1.– 30.	Tausend	Juni 1958
31.– 40.	Tausend	April 1959
41.– 50.	Tausend	Juni 1960
51.– 55.	Tausend	Juli 1962
56.– 63.	Tausend	Juni 1963
64.– 69.	Tausend	Januar 1970
70.– 73.	Tausend	Juni 1971
74.– 78.	Tausend	Mai 1972
79.– 83.	Tausend	Juni 1974
84.– 86.	Tausend	März 1976
87.– 90.	Tausend	Juli 1977
91.– 95.	Tausend	März 1979
96.–100.	Tausend	April 1981

Veröffentlicht im Rowohlt Taschenbuch Verlag GmbH,
Hamburg, Juni 1958
Titel der amerikanischen Originalausgabe ‹Male and Female›
Gekürzte Sonderausgabe für ‹rowohlts deutsche enzyklopädie›
für das deutschsprachige Gebiet mit Ausnahme der DDR

Gesetzt aus der Linotype-Aldus-Buchschrift
und der Palatino (D. Stempel AG)
Gesamtherstellung Clausen & Bosse, Leck
Printed in Germany
880-ISBN 3 499 55069 5

INHALTSVERZEICHNIS

I. EINFÜHRUNG

1. Die Bedeutung der Fragen, die wir stellen

Wie denken heute, im zwanzigsten Jahrhundert, in dem so viele alte Ideen neu durchdacht werden müssen, Männer und Frauen über ihr Mannsein und über ihr Frausein? Haben wir die Männer übermäßig ans Haus gefesselt, sie ihrer natürlichen Abenteurerlust entfremdet, sie an Maschinen gestellt, die schließlich nichts anderes als glorifizierte Spindeln und Webstühle, Mörser, Stößel und Spaten sind: alles einst Frauenarbeit? Haben wir die Frauen vom natürlichen, vertrauten Umgang mit ihren Kindern abgeschnitten und ihnen beigebracht, sich mehr um Berufsarbeit als um die Berührung einer Kinderhand, mehr um ihre Stellung in einer Welt des Konkurrenzkampfes als um den einmaligen Platz am warmen häuslichen Herd zu kümmern? Haben wir — indem wir Frauen genau wie Männer erzogen — etwas für Männer wie Frauen gleicherweise Unheilvolles getan? Oder haben wir nur einen Schritt vorwärts gemacht, innerhalb der immer wiederkehrenden Aufgabe, unsere uns angeborene menschliche Natur weiter und besser auszubilden?

Das sind Fragen, die auf hundert verschiedene Arten im zeitgenössischen Amerika gestellt werden. Umfragen, Traktate und Magazin-Artikel ergehen sich in Spekulationen, Entsetzen und Bedenken über die Beziehung zwischen den Geschlechtern. Im Film werden wunderschöne Mädchen mit Schildpattbrillen und flachen Absätzen erst einmal gedemütigt, weil sie mit Männern zu konkurrieren wagen, dann vergibt man ihnen, liebt sie und gestattet ihnen, verführerisch zu sein — unter der einzigen Bedingung, daß sie ihren Irrtum eingestehen. Auf Plakaten wird heutzutage den Männern gezeigt, wie sie — falls sie den richtigen Hut tragen — erwählt und geliebt werden können, eine Rolle, die einstmals den Frauen vorbehalten war. Die alten Sicherheiten der Vergangenheit gibt es nicht mehr, und überall zeigen sich Andeutungen des Versuchs, eine neue Tradition aufzubauen, welche — genau wie die beiseite geworfenen — die sichere Entfaltung von Knaben und Mädchen ermöglicht, mit dem Ziel, sie aufwachsen zu lassen, um einander zu wählen, zu heiraten und miteinander Kinder zu zeugen.

Sogar die Mode trägt den Stempel dieser Unsicherheit: der *New Look* von 1947 fing das dahingeschwundene Bild der Mütter aus der vorausgegangenen Generation ein. Die jungen Männer durften endlich wieder die Mädchen heiratenswert finden, ähnlich wie ihre Mütter es waren, während diese Mädchen eine neue Art von Weiblichkeit erwarben, indem sie ihren wiegenden Gang dem Erinnerungsbild an die rauschenden Röcke ihrer Mütter anpaßten. Jedes Liebespaar findet sich vor der Frage, wie wohl die nächsten Schritte in dem Ballett zwischen den Geschlechtern vor sich gehen mögen — einem Ballett, das nun keinen traditionellen Richtlinien mehr folgt, bei dem vielmehr jedes Paar seine Schritte im Weiterschreiten selbst erfinden muß. Wenn er drängend ist: soll sie nachgeben, und wieviel? Wenn sie fordert: soll er widerstehen, und mit welcher Festigkeit? Wer tut den nächsten Schritt vorwärts oder zurück? Was bedeutet es, ein Mann zu sein? Was bedeutet es, eine Frau zu sein?

Gespräche über den Körper

Kein Buch kann hoffen, mehr zu erreichen, als eine für das menschliche Leben so grundlegende Frage eben nur zu berühren. In diesem Buch habe ich dreierlei versucht: zunächst deutlicher ins Bewußtsein zu heben, in welcher Weise die Unterschiede und Ähnlichkeiten in den Körpern menschlicher Wesen zur Grundlage werden, auf der die gesamten Erfahrungen unserer eigenen Geschlechtlichkeit und der Beziehung zum anderen Geschlecht basieren. Das Reden über unseren Körper ist eine komplexe und schwierige Angelegenheit. Wir sind so daran gewöhnt, ihn zu verdecken, uns nur in Andeutungen, mit Jargon-Ausdrücken oder umschreibenden Begriffen auf ihn zu beziehen und sogar die Zugehörigkeit von Kindern zu einem bestimmten Geschlecht unter blauen und rosa Bändern zu verbergen. Es ist nicht leicht, all jener Dinge um uns gewahr zu werden, welche durch die uns eigentümlichen Hemmungen und Heucheleien geprägt worden sind und immer sein werden. Mit Recht lehnen wir Tabellen über die Häufigkeit bestimmter Zärtlichkeiten ab, oder Kindheitserzählungen, die sich wie Krankengeschichten lesen.

Damit wir in die Lage versetzt werden, mit lebhafter Vorstellungskraft und doch aus angemessener Distanz über die Art und Weise nachdenken zu können, in der unsere Körper im Laufe ihres Lebens gelernt haben, wie man männlich und wie man weiblich ist, beziehe ich mich im ersten Teil dieses Buches auf die sieben Südsee-Kulturen, die ich während des letzten Vierteljahrhunderts studiert habe. Die grundlegenden Erfahrungen sind dort die gleichen wie bei uns; jeder Säugling an der Mutterbrust muß lernen, daß er entweder von demselben Geschlecht ist wie seine Mutter, die ihn geboren, oder wie sein Vater, der ihn gezeugt hat. Der Knabe mag aufwachsen, um Speer, Pfeil und Bogen an Stelle von Aktentasche und Füllfederhalter zu tragen, aber auch er muß lernen, um eine Frau zu werben, sie zu gewinnen und an sich zu fesseln. Die Frauen mögen spärlich bekleidet sein und ihre Tage mit den einfachsten Aufgaben verbringen, aber bei der Aufnahme des Gatten und während ihrer Schwangerschaft — in grüner Gebirgslandschaft und oft nicht einmal vor Regen geschützt — begegnen sie ihrer wesentlichen Weiblichkeit genauso sicher wie die Frau, die ihr Baby in einer modernen Klinik zur Welt bringt. Indem wir den Stufen folgen, auf denen ihre Kinder ihre Geschlechtszugehörigkeit erfahren, können auch wir ein Gefühl für den Prozeß des Bewußtwerdens des Mann- oder Weibseins in uns ausbilden, können wiedererkennen, wie wir selber zum eigenen Begreifen unseres eigenen Geschlechts gelangt sind. Darum heißt der zweite Teil ‹Die Wege des Körpers›.

Im nächsten, dem dritten Teil, ‹Die Probleme der Gesellschaft›, nehme ich nicht nur Bezug auf die sieben Südsee-Kulturen, die ich selbst studiert habe, sondern auch auf einiges von dem, was wir von allen menschlichen Gesellschaften wissen: wie jede von ihnen versucht, einen Mythos des Schöpferischen hervorzubringen, Männer an Frauen und Kinder zu binden, Kinder zu ernähren und aufzuziehen und die Probleme zu meistern, die immer da entstehen, wo individuelle Geschlechtsimpulse in soziale Formen gebracht werden müssen. Es wird uns leichter fallen, Formen des Familienlebens zu entwerfen, die unserem modernen Leben angepaßt sind, wenn wir wissen, welche Formen in der Vergangenheit herrschten, wenn wir die gemeinsamen Elemente kennen, die keine Gesellschaft übersehen konnte, wenn wir einsehen, wie Inzestverbote die Entwicklung eines Familienlebens, wie wir es kennen, erst ermöglichten.

Was tut die Familie, wie wirkt sie, welches ist die Beziehung zwischen dem Familienleben mit seinen Spannungen und Verboten, seinen Opfern und Belohnungen und der naturhaft aufschießenden Potenz des Mannes, der gezügelten, langsamer anschwellenden Erwiderungsbereitschaft der Frau? Jede der uns bekannten menschlichen Gesellschaften hat versucht, mit diesem Problem fertigzuwerden, mit dem Gegensatz zwischen der männlichen Spontaneität und der Eintönigkeit des häuslichen Herdes, mit der allzu großen Übereinstimmung von weiblicher Fügsamkeit und dem Fortbestehen einer starren und verbrauchten Tradition. In diesem Zeitalter, da Millionen Frauen ohne Mann und Kind leben oder mit der Erziehung ihrer Kinder allein gelassen werden, da so viele Menschen ruhe- und heimatlos über den Erdball wandern, ist dieses alte Problem so eindringlich wie nur je und genauso unausweichlich. Kein Volk, das nicht eine Lösung findet, kann als Ganzes überleben.

Im vierten Teil, ‹Die beiden Geschlechter im heutigen Amerika›, komme ich auf das bekannte, vertraute und besonders drängende Problem der Beziehungen zwischen den Geschlechtern im heutigen Amerika zurück, auf Kindheit, Werbung und Heirat, wie es sich in den Vereinigten Staaten darstellt, wenn es vergleichsweise betrachtet wird, also im Gegensatz zu Formen anderer menschlicher Gesellschaften.

Schließlich möchte ich Wege aufzeigen, durch die wir uns, als Kulturvolk, die besonderen Gaben der Frauen ebenso weitgehend zunutze machen können wie die der Männer, und wie wir dann auf ihnen neue Kulturformen aufbauen können, welche alle menschlichen Eigenschaften voller auswerten.

Jeder dieser Hauptteile des Buches steht für sich. Der Leser kann mit der Kindheit der Menschen der Südsee beginnen, mit dem Geschlechtsproblem in der Gesellschaft oder dem der Vereinigten Staaten von heute – je nach Temperament und Geschmack. Alle drei Teile entstammen derselben Methode, nämlich der Lehre der Anthropologie, der Wissenschaft der menschlichen Gebräuche, in der wir gelernt haben, die Eigenart der Wege zu betrachten, auf denen Menschen – auf der Grundlage einer gemeinsamen biologischen Erbschaft – verschiedene und charakteristische Kulturen hervorgebracht haben.

Der Unterschied zwischen den beiden Geschlechtern ist eine der wichtigen Bedingungen, aus denen die Vielfalt menschlicher Kulturen entwickelt wurde, die dem menschlichen Wesen Würde und Form verleihen. In jeder uns bekannten Gesellschaft hat die Menschheit die biologische Arbeitsteilung in Formen herausgestellt, die den ursprünglichen biologischen Unterschieden oft nur sehr entfernt verwandt sind. Auf dem Gegensatz der Körperform und -funktionen haben die Menschen Analogien zwischen Sonne und Mond, Nacht und Tag, Gut und Böse, Stärke und Zartheit, Standhaftigkeit und Wankelmut, Ausdauer und Verletzbarkeit aufgebaut. Manchmal wurde eine bestimmte Eigenschaft dem einen Geschlecht, manchmal dem anderen zugeschrieben. Einmal sind es die Knaben, die sehr verletzlich, also einer besonders fürsorglichen Liebe bedürftig sind, dann wieder die Mädchen. In manchen Gesellschaftsformen müssen die Eltern für die Mädchen eine Aussteuer aufbringen oder eine Männerfang-Magie betreiben; in anderen besteht die elterliche Hauptsorge darin, die Knaben zu verheiraten. Manche Völker halten die Frauen für zu schwach, um einer Beschäftigung außerhalb des Hauses nachzugehen; andere betrachten die Frauen als die geeigneten Trägerinnen schwerer Lasten, ‹weil ihre Köpfe stärker als die der Männer sind›. Die Regelhaftigkeit der weiblichen reproduzierenden Funktionen haben einige Völker veranlaßt, in den Frauen die natürlichen Quellen magischer oder religiöser Kraft zu sehen — andere denken darüber genau umgekehrt. Viele Religionen, einschließlich unserer europäischen traditionellen, haben der Frau eine untergeordnete Rolle in ihrer kirchlichen Hierarchie zugewiesen, andere haben alle ihre symbolhaften Beziehungen zur übernatürlichen Welt auf männlichen Nachahmungen der naturgegebenen weiblichen Funktionen aufgebaut. In einigen Kulturen betrachtet man die Frauen als Siebe, durch die selbst streng gehütete Geheimnisse durchsickern; in anderen sind die Männer die Klatschbasen. Ob wir uns nun mit kleinen oder großen Dingen befassen, mit Nichtigkeiten wie Schmuck und Kosmetik oder dem geheiligten Platz des Menschen im Universum, überall finden wir festgelegte Meinungen, nach denen die Rollen der Geschlechter verteilt werden. Oft voller Geschmacklosigkeiten, Willkür und Widerspruch.

Immer aber finden wir die Verteilung. Wir kennen keine Kultur die ausdrücklich behauptet, der Unterschied zwischen Mann und Frau bestehe lediglich in der Form, in der beide Geschlechter zur Erzeugung der Nachkommenschaft beitragen, im übrigen aber seien beide nur menschliche Wesen mit verschiedenen Anlagen, von denen keine einem Geschlecht ausschließlich zugesprochen werden könne. Keine Kultur nimmt an, alle hervorstechenden Züge wie Dummheit und Klugheit, Schönheit und Häßlichkeit, Freundlichkeit und Feindseligkeit, Aktivität und Reaktionsbereitschaft, Mut und Geduld und Fleiß seien lediglich allgemein menschliche Eigenschaften. Wie unterschiedlich diese Eigenschaften bald diesem, bald jenem Geschlecht zugeschrieben werden, wie willkürlich dies auch gelegentlich erfolgt (denn es kann nun einmal nicht stimmen, daß die Köpfe der Fraucn

– zum Tragen von Lasten – sowohl absolut schwächer als auch absolut stärker sind als die der Männer), wie willkürlich also eine solche Aufteilung auch sein mag, es hat sie doch in jeder uns bekannten Gesellschaftsform von jeher gegeben.

Die anatomischen Unterschiede

Heute, im zwanzigsten Jahrhundert, da wir versuchen, uns erneut über unsere menschlichen Möglichkeiten klarzuwerden, und da wir Gedanken darauf wenden, wie wir, um zu einer vollkommeneren Menschlichkeit zu gelangen, auch nur ein Jota beisteuern könnten, stehen wir einer höchst verwirrenden und befremdlichen Vielfalt von einander offensichtlich widersprechenden Aussagen über die Unterschiede der Geschlechter gegenüber. Mit gutem Grund fragen wir: Existieren wirklich über jene augenfälligen anatomischen und physischen Unterschiede hinaus noch andere Unterschiede, die durch die jeder Gesellschaft eigentümliche Erziehung zwar verdeckt, aber nicht aus der Welt geschafft werden können, die biologisch ebenso fest verankert sind? Durchsetzen solche Unterschiede wirklich das gesamte Verhalten jedes Mannes und jeder Frau? Müssen wir zum Beispiel glauben, daß ein tapferes Mädchen tapfer sein kann, aber niemals dieselbe Art von Mut haben wird wie ein tapferer Knabe, und daß der Mann, der den ganzen Tag eine langweilige Arbeit verrichtet, wohl lernen könnte, weit mehr zu produzieren als jede Frau in derselben Gesellschaft, wenn er sich nur sehr anstrengen würde? Sind solche Unterschiede real? Und sind wir gezwungen, sie in Rechnung zu stellen?

Da Männer und Frauen in allen Gesellschaftsformen einen großen Überbau sozial bedingter Geschlechtsunterschiede errichtet haben, der offensichtlich nicht für die ganze Menschheit gültig sein kann – sonst würde das Volk gerade jenseits der Berge unmöglich alles auf die entgegengesetzte Weise tun –, fragt es sich also, ob solche Überbauten unbedingt errichtet werden müssen? Wir haben es hier mit zwei verschiedenen Fragen zu tun: Handelt es sich hier um ein ‹Muß›, das wir deshalb nicht zu übergehen wagen, weil es so tief in unserer biologischen Säugetiernatur verwurzelt ist, daß seine Mißachtung einem individuellen und sozialen Übel gleichkäme? Oder um ein ‹Muß›, das zwar nicht so tief verwurzelt ist, dafür aber gesellschaftlich so bequem und so gut erprobt, daß seine Mißachtung unökonomisch wäre? Ein ‹Muß›, das z. B. besagt, daß es leichter sei, Kinder zu gebären und zu erziehen, wenn wir das Verhalten der Geschlechter sehr verschieden gestalten, indem wir ihnen Gang, Kleidung und Handeln nach entgegengesetzten Gesichtspunkten beibringen und ihre Ausbildung auf verschiedene Arbeitszweige spezialisieren? Es gibt aber auch noch eine dritte Möglichkeit. Sind nicht die geschlechtlichen Unterschiede überaus wertvoll, eine der Kraftquellen unserer menschlichen Natur sogar, von der bisher noch jede Gesellschaft Gebrauch gemacht hat, ohne sie jedoch voll auszunutzen?

Wir leben in einem Zeitalter, in dem jede Forschung nach ihrer Dringlichkeit beurteilt werden muß. Sind solche Fragen nach der tatsächlichen und möglichen Rolle der Geschlechter rein akademisch oder peripher, gemessen an den Zentralproblemen unserer Zeit? Klingen solche Erörterungen nicht wie müßiger Zeitvertreib, während Rom brennt? Das glaube ich nicht.

Von der wachsenden Sorgfalt, mit der wir die Grenzen und Möglichkeiten unserer inneren Kräfte zu beurteilen vermögen — sowohl als menschliche Wesen überhaupt als auch besonders als menschliche Gesellschaft — wird der Fortbestand unserer Kultur abhängen, die zu zerstören wir heute die Mittel besitzen. Niemals vorher in der Geschichte hat die Menschheit vor einer so schweren Wahl gestanden. Gewiß, in der Vergangenheit konnte eine kleine Gruppe Wilder zu weit gen Norden wandern und dann im Winter erfrieren; ein paar unzufriedene Südseeinsulaner konnten ihre Kanus besteigen und gen Sonnenuntergang rudern, um nie wiederzukommen; einander benachbarte Stämme konnten eine blutige Fehde ausfechten, durch die ihre beiden Kulturen zerstört wurden und nach der lediglich einige zerschlagene menschliche Reste übrigblieben, die dann weiterwanderten, die Sprache anderer erlernten und von Kulturen anderer Gruppen aufgesogen wurden. Die Menschen konnten ganze Völker in die Sklaverei verkaufen, Städte und Dörfer konnten in Schutt und Asche gelegt werden, Kolonisten konnten den geistigen Kern eines Volkes zerstören und es dann seinem Schicksal überlassen, mit nichts anderem als seinem ärmlichen täglichen Brot, einem Leben ausgeliefert, das weit weniger menschenwürdig war als das der primitivsten Wilden. Militärische Macht konnte ganze Völkergruppen in ein strenges und gedrücktes soziales Dasein zwingen und sie dadurch für ein wirkliches menschliches Leben unfähig machen. Keine dieser Kräfte — Menschen zu töten, den sozialen Zusammenhang von Gruppen zu vernichten, das feine Gewebe einer menschlichen Kultur zu zerreißen und diejenigen nackt und beschämt zurückzulassen, die es stolz hätten verkörpern sollen —, keine dieser Kräfte ist neu.

Diese Kräfte hat die Menschheit besessen, seit sie anfing, soziale Traditionen aufzubauen, die nicht nur die Kenntnisse der Herstellung von Werkzeugen, sondern auch von Waffen umfaßten, nicht nur das Wissen, wie man Jagdgesellschaften und Erntegemeinschaften bilden müsse, sondern auch, wie man Heere organisieren und diplomatische Angriffe führen könne, Traditionen, die auch den Wunsch in sich bargen, andere Menschen davon zu überzeugen, daß ihre Sitten minderwertig und ihre Götter falsche seien. Aber solange sich die Menschheit über eine Erde zerstreute, die Jahrtausende brauchte, um sich zu bevölkern, solange die meisten von denen, die sich auf eine lange Reise begaben, das Ziel ihrer Reise nicht erreichten, solange fünfzig Kanus sanken und nur eines ein neues Korallenriff fand: solange lebten Menschen und Kulturen zwar immer in Gefahr, und menschliche Errungenschaften blieben der unsicheren Führung von Menschen überlassen, die nicht wußten, wie man sie bewahren soll, und doch war die große, mannigfache, menschliche Kultur selbst in ihrem Innersten sicher und geschützt.

Gewiß konnten Sprachen aussterben, so unglaubhaft es klingen mag, daß eine so große und komplexe Schöpfung wie eine Sprache überhaupt verschwinden kann. Aber Sprachen sind tatsächlich ausgestorben, und viele amerikanische Indianersprachen kennen wir nur aus ein paar Texten, die dem letzten menschlichen Wesen, welches diese Sprache sprach, abgelauscht wurden. Unsere Archäologen brüten über Schriftzeichen toter Sprachen, die sie in Stein gehauen vorfanden. Doch überhaupt die Macht einer Sprache zu besitzen, die Gewißheit, daß alle in Gemeinschaft lebenden Menschen Haupt- und Tätigkeitswörter haben, bestimmte phonetische Bildungen, durch die sie sich untereinander verständigen konnten —, all das war sicher. Denn unabhängig davon, wie viele Sprachen ausgestorben sein mögen, so entstanden doch andere an anderen Orten und bei anderen Völkern, die von all jenem Unheil, wie Pest, Erdbeben und Krieg, verschont geblieben waren, das andere Teile der Menschheit vernichtet hatte und durch das die Erinnerung an ihre Sprache ausgelöscht worden war.

Als diejenigen von uns, die jetzt in mittleren Jahren stehen oder alt sind, Kinder waren, lasen sie in den Geschichtsbüchern romantische Berichte von verlorenen Künsten, und ihre Einbildungskraft wurde zuerst gefangengenommen von Geschichten vergessener Verfahren der Stahlhärtung oder der Herstellung von farbigem Glas, später von der Erkenntnis, daß ganze Zivilisationen untergegangen sind. Kein heute lebender Mann, keine heute lebende Frau zeigen in Gang und Haltung, in Sprache und Lebensart jenes unverwechselbare Gepräge, das einst das Wesen Griechenlands oder Persiens, Ägyptens oder des alten Peru ausmachte. Der gänzliche Verlust sinnvoller Handfertigkeiten — wie es z. B. bei den Südseeinsulanern der Fall war, die nicht mehr wußten, wie man Kanus baut, und so für immer zu Gefangenen auf den winzigen Inseln wurden, zu denen sie einst als kühne Seefahrer kamen — kann der Phantasie einen kalten Schrecken versetzen. Wenn einfache Inselbewohner vergessen konnten, wie man Kanus baut, können dann nicht vielleicht kompliziertere Völker etwas von dem vergessen, was für ihr Dasein ebenso wichtig ist?

Ist es möglich, daß der moderne Mensch seine Verwandtschaft mit dem Rest der natürlichen Welt in solchem Maße vergaß, daß er sich von seinem eigenen Pulsschlag trennte, Dichtung nur noch im Rhythmus der Maschinen schrieb und unwiderruflich von seinem eigenen Herzen abgeschnitten wurde? Konnten Menschen, mit ihrer neuentdeckten Macht über die Kräfte der Natur, Gott so weit vergessen, daß sie sich die Weisheit der Alten mit einer Schranke verbauten, die niemand mehr zu durchdringen vermag?

Die Menschen haben solche Fragen gestellt; Dichter und Philosophen früherer Zeiten fühlten voraus, daß die Menschheit einmal zuviel Macht in den Händen halten würde. Aber selbst als wir unsere Phantasie bemühten und über die vergangene Glorie Griechenlands oder des elisabethanischen England oder der Florentiner Renaissance trauerten und uns fragten, ob die menschliche Kultur jemals wieder solche Blüte erreichen würde, so war das doch nur eine geistige Akrobatik, bei der wir unsere Köpfe und Herzen unseren gesamten menschlichen Traditionen näherbrachten — nicht die Sorge um ein wirkliches, drängendes Problem.

Heute leben wir in einer anderen Welt — einer so eng verflochtenen Welt, in der keine einzige Gruppe untergehen kann, sei es durch Seuchen, Revolutionen, fremde Aggression oder Hungersnot — ohne daß dadurch die gesamte Weltstruktur erschüttert wird. Kein Volk könnte heute — selbst wenn es das noch so sehr wünscht — Erfindungen wie das Schießpulver lediglich für buntes Feuerwerk anstatt für Kanonen benutzen. Wir nähern uns dem Punkt, wo jeder unserer Schritte für die ganze Welt und ihre Zukunft nicht nur wichtig werden *kann*, sondern wo wir sagen müssen, daß er für die ganze Welt wichtig werden *wird*. Wie die Kultur jeder kleinen menschlichen Gemeinschaft vergangener Zeiten sich entwickelte, sich wandelte, blühte oder verfiel, unterging oder in einer anderen Kultur aufging und kein Geschehnis innerhalb dieser Kultur für das Ganze bedeutungslos war, so ist die Kultur der heutigen Welt im Begriff, eine Einheit zu werden; eine einzige in ihrer gegenseitigen Abhängigkeit, obwohl sie weit davon entfernt ist, es in ihren Gegensätzen und Spannungen zu sein.

Was wir heute an Entscheidungen treffen, und zwar als Angehörige von Gruppen, die mit Macht zu handeln ausgerüstet sind, kann die Zukunft in einer Weise festlegen, wie noch niemals menschliche Entscheidung sie festgelegt haben. Wir sind dabei, die Grundlagen für eine Lebensform zu schaffen, die so weltumspannend ist, daß sie keine Rivalen mehr haben wird, und die menschliche Einbildungskraft wird innerhalb der Grenzen des Weges, den wir ausbauen, sowohl beschützt wie eingekerkert sein. Denn, um schöpferisch zu denken, braucht der Mensch den Anreiz des Kontrastes. Wir wissen aus trauriger Erfahrung, wie schwierig es für die innerhalb einer bestimmten Zivilisation Aufgewachsenen ist, jemals über deren Kategorie hinauszugelangen, sich z. B. vorzustellen, wie eine Sprache beschaffen ist, die dreizehn Genera hat. Schön und gut, sagt man: Maskulinum, Femininum und Neutrum, aber was in der Welt bedeuten die anderen zehn?

Grenzen unserer Vorstellung

Wer daran gewöhnt ist, Blau und Grün für verschiedene Farben zu halten, kann sich schwer vorstellen, wie irgend jemand diese beiden Farben ansähe, der sie nicht auseinanderhielte, oder wie es je wäre, sich Farben nur nach der Intensität und nicht auch nach der Schattierung unterschieden zu denken.

Die meisten der amerikanischen und europäischen Frauen können sich einfach nicht vorstellen, wie man als glückliche Frau in einer polygamen Familie leben und die Gunst des Mannes mit zwei anderen Frauen teilen kann. Wir empfinden das Fehlen medizinischer Fürsorge unweigerlich als eine klaffende Lücke, die sofort ausgefüllt werden sollte. Unvermeidbar formt und begrenzt die Kultur, in der wir leben, unsere Vorstellungen. Indem wir uns gewöhnen, in bestimmter Art zu handeln, zu denken und zu fühlen, wird es zunehmend unwahrscheinlicher und unmöglicher, sich auf Denk- oder Gefühlswegen zu bewegen, die in anderer Richtung laufen oder sie nur entfernt berühren.

An dieser Stelle unseres Buches, da wir noch die Wahl der Fragen haben und gerade beginnen, die Eigentümlichkeiten menschlicher Beziehungen so zu erforschen, wie die Naturwissenschaften die Eigentümlichkeiten der Materie erforscht haben, ist es von allergrößter Bedeutung, welche Fragen wir stellen; denn durch eben diese Fragen legen wir schon die Antworten fest, zu denen wir gelangen werden, und zeichnen damit die Wege auf, auf denen künftige Generationen weitergehen können.

Die Beziehungen zwischen Männern und Frauen, Eltern und Kindern sind die entscheidenden Bereiche menschlicher Beziehungen überhaupt. So wie diese Beziehungen vorgezeichnet wurden, so werden sie dem Kinde an der Mutterbrust weitergegeben, das, noch ehe es gehen lernt, einen ganz bestimmten Begriff der Geschlechterbeziehung in sich aufnimmt und andere Begriffe auszuschließen lernt.

Die Geschlechtsunterschiede

Wie sehr unsere Erfahrung unsere Fragestellung bereits begrenzt, können wir erkennen, wenn wir die möglichen Resultate anderer Fragestellungen untersuchen. Angenommen, wir fragen: Sind Frauen nicht ebenso befähigt, die Tätigkeit X auszuführen, wie Männer? Oder andererseits: Sind Männer nicht ebenso befähigt, die Tätigkeit Y auszuführen, wie Frauen? Untersuchungen dieser Art führen meist zu quantitativen Vergleichen, bei denen etwa festgestellt wird, daß Männer ein wenig schneller sind als Frauen oder Frauen etwas schneller als Männer — oder daß es gar keinen Unterschied gibt. Die Antwort mag auch ein wenig komplizierter sein, so etwa, daß Frauen zwar langsamer, aber genauer sind, daß Männer zwar schneller arbeiten, ihnen aber die Präzision der kleinen Muskeln fehlt, die für die besondere Arbeit nötig ist. Sobald wir einmal eine solche Antwort gegeben haben, werden sich — um im Rahmen unserer gegenwärtigen Kultur zu bleiben — Arbeitgeber, interessierte Regierungsstellen oder bestimmte Geschlechtergruppen daranmachen, solche Unterschiede auszunutzen oder sie zu bagatellisieren, um entweder bessere Arbeit für dieselbe Bezahlung zu bekommen oder eine Maschine zu erfinden, welche die Unterschiede ausgleicht. In keinem dieser Fälle führen jedoch die aufgedeckten Unterschiede zu einem grundlegend neuen Gebrauch der menschlichen Hilfsquellen. Sie vergrößern oder vermindern lediglich die Wahrscheinlichkeit, daß Männer und Frauen in derselben Fabrik zusammenarbeiten; sie werden in erster Linie die Grundlage dafür bilden — nicht etwa, daß man diese Unterschiede schöpferisch ausnützt, sondern daß man Methoden erfindet, um sie auszugleichen, so daß sie bedeutungslos werden, oder um menschliche Arbeitsbienen besser für eine Arbeit einzusetzen als für eine andere.

All dies ist dem vergleichbar, was Menschen mit verminderter Seh- oder Hörschärfe tun. Brillen und Hörapparate gleichen die augenfälligen Unterschiede in der Leistungsfähigkeit solcher Menschen aus. Wie früher einmal ein scharfes Auge ein lebendiger Bestandteil der persönlichen Ausrüstung eines Jägers war oder die segensreiche Kurzsichtigkeit Teil des Rüstzeuges eines Dichters, so kennen wir heute die Wirkungen, die Brillen oder Hörapparate auf diejenigen ausüben, die sie zu tragen gezwungen sind. Mit unseren erfinderischen Versuchen, die Leistungen von Personen mit verschiedenen Fähigkeiten auszugleichen, vergrößern wir die Zahl von Individuen außerordentlich, deren Tätigkeit innerhalb der Gesellschaft äußerlich vergleichbar ist —, doch wir lassen subjektive Unterschiede nicht zu, die möglicherweise gerade als solche einen Beitrag zur menschlichen Zivilisation hätten leisten können. Je mehr wir nach den Geschlechtsunterschieden lediglich fragen, um uns ihrer zu entledigen oder sie quantitativ auszunutzen, desto wahrscheinlicher werden wir Wege finden, sie sowohl als Basis der Ungleichheit und der Verschwendung in der Welt als auch als Basis für Vielfalt und Bereicherung der Welt gänzlich auszulöschen.

Natürlich gibt es allerhand Gebiete, in denen es einen offensichtlichen Gewinn bedeutet, gerade diese Art der Fragen zu stellen und eine schlichte quantitative Antwort zu erhalten, die wir dann erfinderisch ausnutzen können. Es ist Unsinn, Frauen von Beschäftigungen zurückzuhalten, bei denen ihre physische Kraft der männlichen nur wenig unterlegen ist, wenn ein einfaches technisches Hilfsmittel sie dazu genauso befähigen würde wie einen Mann. Es ist besonders unsinnig, wenn dies von wortreichen sozialen Rechtfertigungsversuchen begleitet ist, eine Beschäftigung sei unweiblich oder — im umgekehrten Fall — unmännlich. Wenn alle Angehörigen eines Geschlechts automatisch daran gehindert werden, ihre Talente auf einem Gebiet einzusetzen, für das sie — bei ein wenig objektiver Untersuchung — völlig geeignet erscheinen, ist es offensichtlich für die Gesellschaft dringend nötig, solche Mythen zu begraben. Wenn wir einsehen, daß wir jegliche menschliche Begabung brauchen und es uns nicht leisten können, uns durch künstliche Schranken des Geschlechts, der Rasse, Klasse oder Nationalität irgendeine Gabe entgehen zu lassen, dann müssen wir unbedingt wissen, inwieweit die angeblichen Unterschiede zwischen den Geschlechtern nur künstlich aufgebauschte, unwichtige Unterschiede sind, mit denen man ohne weiteres in dieser auf Erfindungen bedachten Welt fertigwerden könnte.

Vielleicht gibt es eine fundamentalere Art und Weise, in der die

Fragen, die wir über das Wesen der Geschlechter stellen, auf den Grundplan der Welt einwirken, mit deren Aufbau wir jetzt *nolens volens* – mit suchendem Herzen oder äußerster Sorglosigkeit – beschäftigt sind. Wir können unsere Fragen so stellen, daß wir besonders die Grenzen in den Blickpunkt rücken, die uns das Geschlecht und damit auch geradenwegs jene, die uns unsere Säugetiernatur auferlegen. Wenn wir die Geschlechtsunterschiede nur im Hinblick auf die durch sie gezogenen Grenzen betrachten, dann beruht jedes Wort, das wir sagen, stillschweigend auf tieferliegenden Voraussetzungen. ‹Wie weit sollte man eine schwangere Frau vor physischer Anstrengung schützen?› ‹In welchem Umfang sollte ein gesunder junger Mann von Eintönigkeit frei bleiben dürfen?› ‹Wieviel physische sexuelle Erlebnisse sind für die geistige Gesundheit nötig?› ‹Wieviel Gelegenheit sollte ein Kleinkind bekommen – das im großen ganzen nicht viel anders betrachtet werden sollte als ein Bärenjunges, wie es unter seinesgleichen herumtollt und sich herumbeißt – zu beißen, zu stoßen und Dinge in Fetzen zu reißen?› ‹Und sollten männliche Kleinkinder dazu mehr Gelegenheit haben als weibliche?› ‹Wie weit soll man auf die Periodizitäten des weiblichen Lebens Rücksicht nehmen?›

All diese Fragen, die tief auf unsere Bereitschaft zurückgreifen, mit unserer biologischen Vergangenheit fertigzuwerden und eine Welt aufzubauen, die auf jene Begrenzungen Rücksicht nimmt, die uns durch unsere Säugetiernatur gesetzt sind, verraten bereits ein sich Begrenzt-Fühlen. Sie betonen jene Konzessionen, die wir unbedingt machen müssen, und für die wir, wollten wir sie nicht machen, hohe Preise – an Gesundheit, an Glück der einzelnen wie der Gesellschaft, an Harmonie und Schönheit kultureller Traditionen, an Frieden der Welt – zahlen müßten. Wir sehen uns beim Entwerfen eines Bildes, in dem das, was wir menschliche Grundbedürfnisse (*basic human needs*) zu nennen gewohnt sind, als Grenzen erscheint, die wir nicht zu überschreiten wagen, als Fanggruben, die man einzäunen muß, als Falltüren, die sich unter unseren Füßen öffnen können.

Menschliche Grundbedürfnisse

Dergestalt eine Welt aufzubauen, in der Menschen leben können, oder so eine individuelle Familie aufziehen zu wollen, gliche etwa dem Geschäft, ein Haus zu bauen und dabei ausschließlich auf die Bauverordnungen und die Vorschriften der Gesundheitspolizei zu achten, oder eine Mahlzeit zuzubereiten und dabei als einziges Kochbuch die Tafeln über ‹Vitaminverluste beim Kochen› zu benutzen. Wieviel man auch zu der Liste menschlicher Grundbedürfnisse hinzufügen mag: das Leben unter dem Gesichtspunkt der Bedürfnisse zu betrachten, bedeutet – zumindest in unserem gegenwärtigen Denk-Klima –, daß man das Wesen des Menschen vornehmlich unter dem Gesetz der Begrenzung erkennt. Man mag uns versprechen, wir seien imstande, eine gute Gesellschaft aufzubauen, gesunde Individuen aufzuziehen, kulturelle Traditionen zu entwickeln und zu bewahren, die keine Schwierigkeiten und Verdrehungen, keine dunklen Zweideutigkeiten oder falsche Alternativen enthalten, und damit eine friedliche Welt hervorzubringen. Und dies alles unter der Voraussetzung, daß wir folgende Bedürfnisse erforschen, ordnen und sorgsam befriedigen: die nach Vitaminen und Mineralien und soundsoviel Gramm Eiweiß, nach Ruhe und Flüssigkeit und Sauerstoff, nach Erleichterung von Spannungen (was unzweifelhaft die korrekteste Art ist, den Geschlechtsverkehr zu beschreiben, sofern die Kategorie des Bedürfnisses dabei maßgeblich ist), nach einem ständigen Kontakt mit einem menschlichen Wesen, das man mit den Sinnen erkennen kann, während der ersten zwei Lebensjahre usw., usw.

Aber solche Lösungen lassen uns leer und unbefriedigt. Man muß nur die Gesichter eines Auditoriums beobachten, während dieses Thema erörtert wird, und zwar so, wie es häufig genug von unermüdlichen und unbezähmbaren Optimisten und Menschenfreunden behandelt wird, um zu fühlen, daß es sich schon beim Bilde des gesunden Kindes, der idealen Gesellschaft, der ausgewogenen gesunden Kultur, der friedvollen Welt wie ein Leichentuch über die Gemüter der Zuhörer legt. Denn hinter dem Versprechen gerader Beinchen, die vor der uralten Bedrohung durch Vitamin D-Mangel beschützt werden, hinter der Aussicht auf Männer und Frauen, deren klare Augen und anmutige Gangart uns verkünden, daß sie unter keiner der Nöte des Zölibats leiden, hinter der Lese-Haltung, die anzeigt, daß jedem Schulkind jedes Jahr die übliche Augenuntersuchung zuteil wird – hinter alledem lauert das Gefühl der Begrenzung. Wenn wir menschliche Bedürfnisse als den einzigen Leitfaden für unser ideales Weltbild ansehen, haben wir einen faden Geschmack im Mund. Nicht einen metallischen Geschmack – denn sorgsame Diät, Ruhe und sexuelle Hygiene verhüten das –, nein, einen schlechthin faden Geschmack und den dringenden Wunsch nach dem Verbotenen und Entgegengesetzten – den Wunsch nach Lippen, die ‹sich den Hunger bewahren und gesegnetes Brot essen›, wie es die Dichterin Leonie Adams trefflich formulierte.

Denn aus der Forderung, unsere menschliche Natur zu erforschen und ihre Bedürfnisse abzuschätzen, die Bedürfnisse von Männern und Frauen, jungen Männern und jungen Frauen, alten Männern und alten Frauen, von Wesen mit verschiedener Konstitution und in unterschiedlichem Reifezustand, ergibt sich kaum ein positiver Antrieb. Alle die Vorschriften sind letzten Endes negativ: wie man keine Rachitis bekommt, kein Verbrecher oder Kleptomane wird oder die Verrücktheiten einer alten Jungfer vermeidet. Wie man kein ehrgeiziger Diktator wird oder keinen Krieg beginnt oder keine Nymphomane, kein sadistischer Tyrann eines Konzentrationslagers wird. Wie man nicht zur falschen Art Mensch wird, wie man nicht falsch träumt – vielleicht nicht die falschen Träume, aber auf jeden Fall nicht jene Träume, die, anstatt richtig zu funktionieren und die antisozialen Wünsche fortzuschwemmen, sich in den Tag ergießen und dort den Hintergrund der Poesie bilden, und zwar einer schlechten. Alle diese utopischen Pläne vernachlässigen die andere Seite des Bildes, wie sehr sie auch versuchen mögen, sie miteinzubeziehen: daß wir als menschliche Wesen nicht nur daran interessiert sind, nichts Unrechtes oder Zerstörerisches zu tun, sondern daß es uns stets in hohem Maß um die Kräfte in uns gegangen ist und geht, die uns befähigen, Gutes und Richtiges, Konstruktives und Schönes zu tun.

In diesem Stadium der historischen Entwicklung kann, so glaube ich, die Antwort für uns nicht darin liegen, daß wir ins entgegengesetzte Extrem verfallen. Wir können weder Trost noch Führung in asketischen oder ekstatischen Vorschriften finden, die die anerkannten biologischen Bedürfnisse unserer Säugetiernatur außer acht lassen. Wir haben erst in unserer Zeit die verwickelten Zusammenhänge begriffen, durch die ein gebrochenes Herz zum blockierten Nervenstrang oder zur über-erweiterten Aterie wird; durch die aus einer unbezahlten Lebensmittel-Rechnung etwas wird, was die Röntgenstrahlen im Magen enthüllen und eine vergessene Jungmädchenerinnerung sich in eine heftige Attacke von Periodenstörung verwandelt. Wenn ein kleiner Junge anfängt, Papier an Stelle von Nahrungsmitteln zu verspeisen, so wissen wir, daß es nicht klug ist, mit dem Besuch beim Kinderspezialisten zu warten, bis er an Großvaters Geburtstag alle Theaterkarten verschlungen hat.

Der Mensch lebt nicht vom Brot allein

Wie sehr wir auch verkünden mögen, der Mensch lebe nicht vom Brot allein: die Erfolge des Bundes-Ernährungs-Programms, das verbessertes Brot einführte und damit vom amerikanischen Südosten die Pellagra[1] abwehren half, sind ein Teil und ein sehr wertvoller Teil der Glaubensartikel, mit denen wir leben. Moderne Amerikaner und vermutlich ein gut Teil moderner Westeuropäer sowie moderner Chinesen und Japaner sind nicht länger imstande, unser ständig zunehmendes Wissen von der Hinterhältigkeit unseres Nervensystems, der Empfindlichkeit unserer Hautgewebe oder der Reaktionsbereitschaft unseres Magen-Darm-Kanals zu ignorieren.

Das Bild einer Welt, in der die Geistlichkeit in vollem Ernst behaupten kann: ‹Wir sind nicht an der Kultur interessiert, wir wollen nur den Himmel kolonisieren›, mag bei denen eine Art Heimweh hervorrufen, die die Kathedrale von Chartres lieben, aber nehmen wir es ernst, so setzen wir notwendigerweise Arbeiter am Werk der Kultur außer Funktion. Diejenigen, die sich heute der lieblichen und anmutigen Kolonisation des Himmels so begeistert widmen, daß sie keine Zeit für die öffentliche Gesundheitsgesetzgebung oder die Baugesetze erübrigen, trennen sich damit nahezu von der ganzen Schar der Kolonisten ab, die sie so gern dem ewigen Licht der göttli-

---

1 Hautkrankheit, verursacht durch einseitige Ernährung auf Mais-Grundlage. (Anm. d. Red.)

chen Gegenwart entgegenführen möchten. Die menschliche Bestimmung für den Himmel — an sich vielleicht eine der besten Charakterisierungen, um jene Qualitäten des Menschen zu beschreiben, die er mit keinem bekannten Säugetier teilt — ist keine einfache Formel, die moderne Männer und Frauen von der pflichtgemäßen Beachtung neuentdeckter Wege entbindet, den Menschen seiner Bestimmung auf dieser Erde besser anzupassen.

Aber wir brauchen keinen solchen Zwiespalt zwischen Erde und Himmel anzuerkennen, zwischen körperlichen Bedürfnissen und geistigen Fähigkeiten, zwischen Begrenzungen und Möglichkeiten. Der Töpfer, der mit Lehm arbeitet, erkennt die Grenzen seines Materials an, er muß es mit einer gewissen Menge Sand vermischen, es glasieren, es auf einer bestimmten Temperatur halten, es bei einer bestimmten Hitze brennen. Doch indem er die Grenzen seines Materials anerkennt, braucht er die Schönheit der Form nicht zu begrenzen, die seine Künstlerhand, durch Tradition gereift und durch sein eigenes Weltbild erleuchtet, dem Lehm aufzwingen kann. Nur wenn der Töpfer anfängt, den Lehm zu vergessen und daran denkt, sein Gefäß durch magische Formeln hervorzubringen, die die Arbeit leisten, während er schläft, oder wenn er aufhört, mit dem Auge des Geistes zu sehen, und meint, Zirkel und Proportionsregeln könnten dieses geistige Urbild ersetzen — nur dann strauchelt er und versagt.

Da wir, biologisch gesehen, Säugetiere sind, und damit männliche und weibliche Säugetiere, haben wir Grenzen, und um sie müssen wir wissen, wir müssen Vorsorge treffen, sie sicher in unsere Gewohnheiten einzubauen, wenn sie uns auch nicht andauernd und bohrend im Sinne liegen sollen. Es gibt allerhand Dinge, die Männer nicht tun können, weil sie Männer sind, und Frauen nicht, weil sie Frauen sind: beim Zeugen, Empfangen, Austragen und Ernähren der nachfolgenden Generationen spielen die Geschlechter verschiedene Rollen. Während die Körper beider Geschlechter sich entwickeln, um für ihre verschiedene Rolle bei der Fortpflanzung bereit zu sein, haben sie fundamentale Bedürfnisse, von denen sie einige miteinander teilen und von denen andere sogar bei kleinen Kindern verschieden sind. Unser ganzes Leben lang bleibt die Tatsache, daß wir Kreaturen sind, die nicht nur zu Individuen bestimmt sind, sondern die die menschliche Rasse fortpflanzen sollen, eine anhaltende, unaufhebbare Bedingung, der wir uns stellen müssen. Das Versagen in diesem Punkt kann sich auf mannigfache Weise ausdrücken: in Magengeschwüren, Wutausbrüchen, Streitereien oder einem schlechten Gedicht. (Das Zustandekommen eines guten Gedichts verlangt allerdings sehr viel tieferliegende Erklärungen.) Wenn wir aber nur auf diese Weise fragen, lediglich fragen, welches die Grenzen sind, die das Geschlecht uns auferlegt, die unaufhebbaren Bedingungen, die unvermeidlich zu bezahlenden Preise, dann beschwören und verstärken wir den Konflikt, die traditionelle falsche Spaltung in oben und unten, animalisch und spirituell, in Körper und Geist.

Wenn wir also die sehr dringlichen Fragen nach Unterschied und Ähnlichkeit, nach Verletzbarkeit und den Nachteilen der Geschlechter stellen, müssen wir gleichzeitig fragen: welche positiven Möglichkeiten liegen in den Geschlechtsunterschieden? Wenn Männer, gerade, weil sie Männer sind, es schwerer finden als Frauen, die unmittelbaren Dringlichkeiten des Sexus zu vergessen — was sind die positiven Folgen dieses sehr viel drängenderen Bewußtseins? Wenn kleine Knaben der ersten bestürzenden Erkenntnis begegnen und sie zu verarbeiten haben, daß sie niemals mit der Sicherheit und Unumstößlichkeit, die das Vorrecht der Frau sind, ein Kind erschaffen werden, wie macht sie das dann schöpferischer und ehrgeiziger, zugleich aber auch abhängiger vom Erfolg? Wenn kleine Mädchen einen Wachstumsrhythmus haben, durch den ihr eigenes Geschlecht ihnen zunächst weniger gewiß erscheint als das ihrer Brüder, einen Rhythmus, der sie zeitweise auf eine falsche Bahn kompensatorischer Bildungen hinweist, die meist angesichts der Gewißheit der Mutterschaft wieder absterben, so bedeutet das zweifellos eine Eingrenzung ihres Ehrgeizes. Aber welche positiven Möglichkeiten liegen gleichzeitig darin? Wenn wir bei jedem Schritt bewußt und ausdrücklich fragen: welches sind die Begrenzungen, welches sind die Möglichkeiten, die oberen und unteren Grenzen, die der Tatsache entspringen, daß es zwei Geschlechter gibt und daß Unterschiede zwischen ihnen bestehen? Wenn wir so fragen, dann dürfen wir uns nicht damit begnügen, Antworten zu finden, die uns über den Platz der Geschlechter in unserer sich wandelnden Welt aufklären, sondern wir müssen noch mehr tun. Wir müssen etwas zu der Überzeugung beitragen, daß wir bei jeder Frage über das Wesen des Menschen uns nicht einseitig auf Grenzen oder einseitig auf die Entwicklung der inneren Kräfte beschränken dürfen, sondern beide Seiten zugleich beachten müssen. Wir wollen den Glauben an unser volles Menschentum stärken, das in unserer biologischen Ahnenschaft wurzelt, die wir nicht mißachten dürfen — das aber auch fähig ist, sich zu Höhen aufzuschwingen, von denen jede lebende Generation beim Aufwärtssteigen nur die nächste Stufe zu erblicken vermag.

2. Wie ein Anthropologe arbeitet

In den letzten Jahren hat sich in den Jargon des modernen amerikanischen Komitee-Betriebes und der verantwortlichen sozialen Organisationen ein Ausdruck eingeschlichen: ‹Von meinem Gesichtskreis her.› Er wird oft scherzhaft gebraucht, und doch schließt er einen totalen Wechsel des Gesichtspunktes ein. Wenn man mit einem Grinsen, einem halben Lächeln oder vielleicht einem kläglichen kleinen Verziehen des Mundes sagt: ‹Von meinem Gesichtskreis her›, so ist das ein Eingeständnis dafür, daß kein Mensch jemals mehr als einen

Teil der Wahrheit sieht; daß der Beitrag des einen Geschlechts oder einer Kultur oder einer wissenschaftlichen Disziplin, in der sich sogar sexuelle und kulturelle Betrachtungsweisen überschneiden, stets nur partiell und zur volleren Wahrheit immer auf Ergänzung von anderer Seite angewiesen ist. Dieses Buch ist geschrieben vom Standpunkt einer Frau mittleren Alters, einer Amerikanerin und einer Anthropologin. Notwendigerweise schreibt ein Amerikaner über Amerika anders, aus einer anderen Einstellung als ein Fremder. Den speziellen Beitrag eines Anthropologen jedoch müssen wir genauer erläutern.

Das Forschungsmaterial eines Anthropologen ist das Verhalten lebender Völker, welche in einer bereits von ihren Vorfahren übernommenen Weise zusammenleben, denen ihrerseits gemeinsame, geprägte Lebensformen eigen waren. Die Laboratorien des Anthropologen sind vor allem primitive Gesellschaften, kleine isolierte Bevölkerungsgruppen, die wegen ihrer geographischen und historischen Isolierung außerhalb des großen Stromes der Geschichte verblieben sind und spezielle Eigentümlichkeiten bewahrt haben, die sich außerordentlich von dem Verhalten größerer Gesellschaften abheben. Der Anthropologe studiert diese primitiven Völker aber nicht in erster Linie, um etwas über den Ursprung unserer eigenen heutigen Lebensformen zu erfahren. Die Eskimos oder die *Samoaner*, die Aschanti[1] und die Cheyenne-Indianer haben eine geschichtliche Vergangenheit, die so weit zurückgeht wie unsere eigene, nur ist sie anders geartet. Während ein Studium dieser primitiven Völker einiges Licht auf die Beziehungen zwischen einer einfachen Technik, ungewisser Nahrungsbeschaffung, geringer Bevölkerung und anderen Aspekten des sozialen Lebens wirft, können wir doch in unserem Denken über soziale Ursprünge solche Beziehungen nur als Vermutungen benutzen: wir können niemals sicher sein, inwieweit sie gesellschaftlichen Lebensformen unserer Vorfahren wirklich ähnlich waren. Doch können wir primitive Völker erforschen, um uns mit dem Stoff zu versorgen, von dem her wir über menschliches Verhalten nachzudenken vermögen, und um einen Leitfaden dafür zu erhalten, wann und wie gewisse Verhaltensweisen erlernt werden. Wir gehen zu diesen primitiven Gesellschaften, um Material über die Grenzen zu bekommen, über die hinaus die Gesellschaft die biologische Erbschaft des Menschen nicht zu verleugnen vermag, und um Verschiedenheiten des menschlichen Verhaltens zu ermitteln, die wir uns auf andere Weise nicht einmal als möglich vorstellen können.

Material der primitiven Gesellschaften

Wir Anthropologen haben gewisse berufliche Eigentümlichkeiten, die von der Arbeit herrühren, die wir leisten. Da wir mit primitiven Völkern gearbeitet haben, die keine Schrift besitzen, haben wir Me-

1 Negerstamm an der Goldküste. (Anm. d. Übers.)

thoden zur Erforschung des lebendigen Verhaltens entwickelt und nicht der Spuren solchen Verhaltens, wie sie in einer Gesellschaft gleich der unseren auf Papier zu finden sind, etwa als Fragebogen, Einkommensteuer-Veranlagungen, Testamente, Zeugnisse usw. Wir haben größtenteils allein gearbeitet oder zu Paaren beiderlei Geschlechts, und wir haben das aus einer Reihe von Gründen getan: aus Mangel an Geldmitteln, in Anbetracht der wenigen Mitarbeiter und der Dringlichkeit der Aufgabe und weil schließlich die meisten primitiven Gemeinschaften so klein sind, daß die Gegenwart zweier Beobachter verschiedenen Geschlechts das Äußerste ist, was sie auszuhalten vermögen. Da wir allein gearbeitet haben, mußten wir von jedem möglichen Aspekt menschlicher Gesellschaft ein wenig wissen; sodann mußte ein Arbeitsvorhaben, das mit dem einfachen Wunsch begann, uns über alles zu informieren, was ein Volk hervorbringt — seine Kunst, seine Folklore, sein Verwandtschaftssystem, die Art, wie es Töpfe formt und Nahrung bereitet, heiratet und seine Toten begräbt —, sich schließlich zu einer systematischen Art des Sehens entwickeln.

Die Feldforschung

Der Anthropologe ist gewohnt, stets mit einer ganzen Gesellschaft als Kreislaufsystem zu arbeiten. Er spezialisiert sich nicht auf das Verhalten von Kindern oder auf die Bräuche im Nachrichtenwesen oder auf die Einzelheiten des häuslichen Lebens, wie es Forscher machen, die vornehmlich innerhalb unserer eigenen komplexen Gesellschaft arbeiten. So lernen Anthropologen, bei ihrer Feldforschung an alle möglichen Dinge gleichzeitig zu denken, an die gleichzeitig zu denken die meisten Erforscher menschlichen Verhaltens nicht gewohnt sind. Diese Denkart, die eine ganze Reihe anscheinend unvereinbarer Handlungen — die Art, wie ein Kind gefüttert, ein Hauspfosten geschnitzt, ein Gebet gesprochen, ein Gedicht gestaltet, ein Hirsch beschlichen wird — zu einem Ganzen zusammenfügt, das die Lebensform eines Volkes darstellt, ist eine Geisteshaltung, die wir auch auf die Arbeit innerhalb unserer eigenen Kultur übertragen.

Diese Gewohnheit der Bezugnahme auf die ganze Gemeinschaft knüpft z. B. unter den *Jatmuls* von Neu-Guinea sinngemäß zusammen, daß man dort unverständlicherweise ein Baby erst zum Scherz entwöhnt, um es später wirklich zu entwöhnen, daß man Hunden Befehle zuruft, die die Hunde niemals beachten, und daß es Streitigkeiten zwischen Gruppen gibt, die niemals aufhören. Indem man auf das ganze kulturelle Gewebe schaut, ist es möglich, in *Bali* zu erkennen, daß die Konstruktion eines Hauses — ein System vorfabrizierter, unabhängiger Teile, die jederzeit zusammengefügt werden können — dieselbe Haltung ausdrückt, die der *Balinese* beständig dem menschlichen Körper gegenüber einnimmt, den er als ein System unabhängiger Teile ansieht, die in einen Körper zusammengefügt sind, wobei der Zusammenhalt niemals ganz sicher ist. Wir halten Ausschau nach Regelmäßigkeiten innerhalb der verschiedenen Aspekte des menschlichen Verhaltens in einer besonderen Gesellschaft, und wir erwarten, sie auch zu finden, da ja alle diese verschiedenen Handlungen von menschlichen Wesen vollführt werden, die – zusätzlich zu ihrem gemeinsamen Menschsein – eine gemeinsame Tradition besitzen, eine gemeinsame Art, die Welt zu betrachten.

Sodann ist die Anthropologie eine *vergleichende* Wissenschaft. Wir gelangen zu unseren leitenden Gesichtspunkten, indem wir das, was Völker in einer Kultur getan haben, mit dem vergleichen, was sie in einer anderen taten. Wir schicken unsere Studenten zu Übungszwecken ausdrücklich zu exotischen Völkern, wo sie Lebensweisen ausgesetzt sind, die sehr verschieden sind von den unseren – so verschieden in der Tat, daß keine Denkmethode zum Ziel führt, welche diese neuen Erfahrungen nur mit den Denkmitteln der alten und bekannten Methoden zu erfassen sucht.

Die Vielfalt des Lebens

Wenn Anthropologen unter einem fremden Volke leben, müssen sie sich völlig seinen Gebräuchen anpassen, um wirkliche Erkenntnisse sammeln zu können. Wir lernen in ganz verschiedenen Sprachen sprechen, zumindest hören und denken, in denen es viele Geschlechter oder gar keines geben mag; in denen Wortzusammensetzungen vorkommen, die allen Versuchen spotten, sie unseren vertrauten grammatikalischen Kategorien einzufügen, und die nach einem phonetischen System gesprochen werden, das auf Töne zurückgreift, die unsere Sprachorgane zwar hervorbringen können, aber nicht gelernt haben. Sogar unsere Muskelgewohnheiten werden irgendwie von dieser anderen Lebensweise geprägt werden. In *Samoa* lernte ich mich beinahe doppelt so tief zu verbeugen, wenn ich an einer sitzenden Person von hohem Rang vorbeiging. Wenn ich heute an jemand vorbeigehe, den ich außerordentlich respektiere, so fühle ich einen sonderbaren Kitzel im Kreuz. Wir lernen, wenn Kinder schreien, andere Fragen zu stellen als unser vertrautes: ‹Was ist los?› Wir lernen, andere Schlüsse aus zusammengebissenen Zähnen oder schlaffen Händen zu ziehen, sobald wir anfangen, menschliches Verhalten zunächst in einem bestimmten fremden Zusammenhang zu betrachten und späterhin in vergleichender Weise, wo immer wir dergleichen begegnen. So ist der Forscher, der erst einmal als Anthropologe gelernt hat, vollkommen an einer anderen Kultur teilzunehmen, ein verwandeltes Instrument geworden.

Dieses spezielle Erlebnis, das dem trainierten Anthropologen widerfahren ist, darf aber nicht mit dem verwechselt werden, was Menschen geschieht, die ihre Erfahrungen sammeln, wenn sie sich aus einer Kultur zur anderen begeben; die einen Angehörigen einer anderen Kultur heiraten; mit Angehörigen anderer Kulturen eng zusammenarbeiten; oder die schließlich nur viele Sprachen sprechen. Es handelt sich nicht um das einfache Wissen, daß das vierbeinige

Tier, das im Englischen *dog* heißt, genauso mit *chien, Hund, nubat, maile* usw. bezeichnet wird. Sicherlich, alle Leute, die das Glück hatten, in ihrer Kindheit mehrere Sprachen zu lernen, besitzen einen wertvollen Schatz an geistiger Schulung und interkulturellem Verständnis. Der Anthropologe aber lernt, den Unterschied zwischen Händeschütteln bei einem Volk und Händeschütteln bei einem anderen zum Gegenstand seines Denkens zu machen; er erwirbt aber auch gleichzeitig die Fähigkeit, sich sofort der richtigen Art des Händeschüttelns anzupassen, wenn er jemandem von einer bestimmten Nationalität begegnet. Der Anthropologe kennt verschiedene Arten der Lebensführung und besitzt auch die Fähigkeit, sich je nach Bedarf verschiedener Arten zu bedienen, darüber hinaus jedoch bewahrt er sich noch dauernd ein deutliches Wissen um all diese Unterschiede — Unterschiede im Tonfall oder im Vokabular; in der Art, wie in einem Land ein Streit einfach folgenlos vorübergeht, während in anderen Ländern eine ähnliche Serie einleitender Zusammenstöße zu einem Faustkampf oder zu einer Mauer eisigen Schweigens geführt haben würde.

Damit der Leser die anthropologische Diskussion über unsere eigene Gesellschaft würdigen kann, vor allem den im vierten Teil des Buches behandelten Stoff, müssen wir einen besonderen Einwand deutlich ins Auge fassen. Ist solch eine Beobachtung menschlichen Verhaltens nicht kalt und unmenschlich? Wir finden beim Laien ein tief verwurzeltes Mißtrauen, ob denn Wissen und Güte zusammengehen können, ob nicht schärfere Bewußtheit immer auch größere Verführung zu äußerer Beeinflussung, größere Kälte oder ein größeres Streben nach Macht bedeute. Diese Befürchtung drückt sich in den vielen Erzählungen über Kinder von Psychologen und Psychiatern aus, in denen jede Schwäche und jedes Versagen mit dunklen Geschichten von Experimenten in Verbindung gebracht wird, die die gelehrten Eltern an ihren Kindern angeblich ausgeführt haben sollen. Ähnliche Geschichten, die man über Anthropologen in jenen primitiven Teilen der Welt erzählt, wo der Anthropologe beinahe ebenso als Teil der Landschaft erwartet wird wie der Händler, der Bodenspekulant, der Regierungsbeamte und der Missionar, sind dafür besonders bezeichnend. Das geläufigste Volksmärchen über Anthropologen im Südwesten des Pazifik wird meist in der Weise erzählt, daß man ihnen nachsagt, sie hätten ihre Kleider abgelegt und die Bekleidungssitten der Einheimischen in dieser oder jener Form angenommen. Sie werden nicht beschuldigt, die Eingeborenen niederzumetzeln, einheimische Gärten erbarmungslos zu ruinieren, um ein Stück Gartenmagie zu Gesicht zu bekommen, oder einige Leute von passendem Alter und Geschlecht zu vergiften, damit sie dann eine Reihe von Begräbnissen beschreiben könnten. Doch man wirft ihnen vor, sie hätten die Gewänder der Zivilisation abgeworfen, den Tropenhelm, das Buschhemd, die Wickelgamasche, um statt dessen einen Grasschurz oder ein Lendentuch oder überhaupt nichts zu tragen. Ich selbst mußte die Erfahrung machen, einen Regierungsbeamten, den ich als Anthropologen-Gastgeberin in fleckenlosem weißem

Leinen hinter einem sorgfältig gedeckten Teetisch bewirtet hatte, drei Monate später in gutem Glauben beschreiben zu hören, wie ich mit einem Grasrock oder mit einem Badehandtuch ausgesehen hätte.

Märchen über Anthropologen

Aber wenn der erste Ärger über diese besondere Art von Märchen über uns Anthropologen verflogen ist, empfindet man sie gewissermaßen als Bestätigung. Denn obwohl sie alle im einzelnen unglaubhafte Verleumdungen darstellen und kein Anthropologe jemals in seiner Bequemlichkeit oder seiner häuslichen Kleidung derart ins Extrem verfallen ist, wie er üblicherweise beschuldigt wird, so enthalten solche Geschichten doch einige Punkte, die in tieferem Sinn wahr sind. Sie besagen, in der Sprache des Volksmundes, daß der Anthropologe die Gewänder seiner eigenen Kultur beiseite legt und versucht, die einheimische Kultur geradezu anzuziehen, d. h. zu verstehen; sie besagen, daß er alle Schranken der Rasse, Klasse und hygienischen Ängste, mit denen sich die meisten Euro-Amerikaner in Eingeborenendörfern umgeben, niederreißt und seine Nahrung einfach aus der Hand der Eingeborenen entgegennimmt. Und schließlich sagen diese kleinen ‹Volksmärchen› ganz deutlich, daß des Anthropologen Art, ein Volk zu studieren, nicht das Experiment ist, sondern das Lernen aus Beobachtung und Teilnahme. Der Anthropologe verzeichnet nicht nur den Verbrauch von Sago bei der Eingeborenen-Ernährung, er ißt zumindest selbst genug davon, um zu wissen, wie schwer er im Magen liegt; er verzeichnet nicht nur in Worten und Photos den festen Griff der Säuglingshand um den Hals, sondern er trägt das Baby selbst umher und erlebt, wie seine Luftröhre zusammengedrückt wird; er eilt oder trödelt auf dem Wege zu einer Zeremonie; er kniet halbblind vor Weihrauch, während die Geister der Ahnen sprechen oder die Götter sich weigern zu erscheinen. Der Anthropologe fügt sich in den Rahmen ein und beobachtet, aber er verwandelt sich nicht. So fassen jene Märchen ziemlich genau die fundamentalen Arbeitsprinzipien des Feld-Anthropologen zusammen, der die Leute, unter denen er arbeitet, als menschliche Wesen ansieht, deren Wuchs nicht kleiner oder größer ist als seine eigene; der sich die Mühe macht, ihre Lebensweise bis in die kleinsten Einzelheiten kennenzulernen, und versucht, ihre Art dabei so unberührt wie möglich zu lassen, da er das lebendige Gewebe dieser Lebensart als einen wertvollen Beitrag zur Wissenschaft vom Menschen betrachtet.

Mit jener Bewußtheit also, die daher stammt, daß er sich so gründlich einem andersartigen Leben unterwarf, kann der Anthropologe sodann die kontrastierenden Einzelheiten so vieler Kulturen bedenken. Wenn man Glück hat, wie ich es hatte, findet man Gelegenheit, einige vergleichbare primitive Gesellschaften zu studieren, so daß jede neue Erfahrung die Gewißheit vorangegangener Erfahrungen verstärkt; und so wird schließlich unser Gedächtnis so gut wie unser Notizbuch mit Kontrasten und Vergleichen aufgefüllt. Aber ob man nun viele verschiedene Gesellschaften selbst studiert oder nicht, man lernt jedenfalls, das Material über verschiedene Gesellschaften zu nutzen; lernt, an Hand von Aufzeichnungen über das Leben der Eskimos zu denken, selbst wenn man nie in der Arktis war; und in einer *Neu-Guinea*-Erzählung mit neuartigem Verständnis die Wiederholung des Satzes zu lesen: ‹Hast du keine Knochen?› – ein Satz, mit dem die Frau den Mann herausfordert, ein Mann zu sein.

Wissenschaft ohne Experimente

Wenn es zu der Frage kommt, was Männlichkeit und was Weiblichkeit ist; wie männliche Kinder sich von weiblichen unterscheiden und wie Männer von Frauen, hat die Anthropologie ihre besondere Methode, an das Problem heranzugehen. Wir erfinden keine Tests mit unbestimmten Farbklecksen, in denen Männer dieses Bild sehen, Frauen ein anderes. Wir zählen nicht, wie oft kleine Mädchen flache und gemütliche Behausungen formen, während kleine Knaben Türme bauen. Wir setzen nicht Gruppen von Männern und Frauen in lange Reihen und testen sie mit sinnverwirrenden Intelligenzgeräten. Wir injizieren auch nicht Ratten oder Meerschweinchen Sexualhormone und beobachten dann die Veränderungen in ihrem Verhalten. Wir machen keine detaillierten Studien an den Patienten, die mit so gravierenden Konstitutions-Abnormitäten in unsere Großstadtkliniken kommen, daß es unmöglich ist zu sagen, zu welchem Geschlecht sie gehören. Und wir untersuchen auch nicht die Lebensgeschichten von Männern, die sich entschlossen haben, als Frauen oder von Frauen, die sich entschlossen haben, als Männer zu leben, um herauszufinden, welche anatomischen, endokrinen oder psychischen Ursachen sie in diese Bahn lenkten. Alle diese verschiedenen Wege, der Frage nahezukommen, wie und wo Männer und Frauen differieren, sind bedeutsam und wichtig. Schlüsse, die auf irgendeinem dieser Wege gewonnen werden, müssen aneinander geprüft werden.

Die anthropologische Arbeitsmethode jedoch besteht darin, ohne allzu spezielle Theorien zu primitiven Gesellschaftsgruppen hinzugehen und im vorhinein noch nicht entschiedene Erkundungsfragen zu stellen[1]. Wie erlernen männliche und weibliche Kleinkinder in den verschiedenen Gesellschaften ihre soziale Rolle? Welche Arten des Verhaltens haben gewisse Gesellschaften als männlich, welche als weiblich klassifiziert? Welche Haltungen behandeln sie nicht als geschlechtsbestimmt? Für wie ähnlich halten bestimmte Gesellschaften Männer und Frauen? Wir fragen zunächst nicht danach, ob es besondere Geschlechtsunterschiede der Persönlichkeit gibt, die syste-

---

1 Margaret Mead, ‹Anthropological Data on the Problem of Instinct›, *Psychosomatic Medicine*, Vol. IV (1942), S. 396–397 (Symposium – Second Colloquia on Psychodynamics and Experimental Medicine).

matisch, unabhängig von jeder bestimmten Kultur, mit Männlichkeit und Weiblichkeit in Verbindung stehen, wie z. B. Passivität, Initiative, Neugierde, Fähigkeit zur Abstraktion oder Interesse an Musik. Wir fragen, welches Verhalten verschiedene Völker von ihren Kindern erwarten, wie sie die Geschlechtsunterschiede benutzen, um verschiedene gesellschaftliche Rollen festzulegen, und wie es ihnen gelingt, die erwarteten Reaktionen hervorzurufen.

Ohne Vorurteile denken

Eine solche Untersuchung leistet verschiedenes. Sie räumt erstens auf mit der ganzen Last unserer kulturellen Vorurteile über Männer und Frauen, sei das nun das traditionelle Betonen der angeborenen Unterschiede oder der moderne Versuch, viele der historisch akzeptierten Unterschiede wegzuleugnen. Dies befreit uns von jener Art von Argumenten, die für und gegen die Frauenbewegung erhoben worden sind, von vagen Rekonstruktionen idyllischer Perioden in der Geschichte, da Frauen regierten und überall Friede herrschte, und von der leidigen Streitfrage, warum Frauen keine großen Komponisten sind. Die oberflächlichen Redensarten, die täglich gemacht werden — ‹ist das nicht typisch männlich?›, ‹Männer sind eben große Kinder›, ‹Frauen haben so kindliche Gemüter›, ‹Frauen sind viel sensitiver als Männer›, ‹Frauen sind veränderlicher als Männer›, ‹Männer sind veränderlicher als Frauen› —, müssen weggefegt sein wie verstreute Herbstblätter von den Gartenwegen, bevor es möglich ist, überhaupt klar zu denken.

Aber weil die anthropologische Methode darin besteht, unter einem Volke zu leben, seine Sprache und alle seine Eigenarten zu erlernen, wird es zu einer sehr komplizierten Aufgabe, die Resultate dieser Methode anderen zu vermitteln. Die Aufgabe, das Bild einer völlig entgegengesetzten Lebensart zu entwerfen, ist ziemlich einfach. Man kann ein Buch schreiben, indem man mit so viel Einzelheiten wie nur möglich das Leben der *Samoaner* oder der *Manus* oder der Eskimos oder der Baganda beschreibt; man kann den Leser in die Häuser der Eingeborenen mit hineinnehmen, ihn neben den Trauernden bei einem Begräbnis setzen, ihn den Schritten der Tanzenden bei einer Hochzeit folgen oder ihn Gesprächen lauschen lassen, die so unglaublich, so unerwartet sind, daß er, wenn auch in sehr abgeblaßter Form, etwas von dem erlebt, was der Anthropologe ursprünglich erlebt hat. Manchmal bedeutet es für den Leser eine hohe Anforderung, sich durch die Einzelheiten der phantastischen Verwandtschaftssysteme hindurchzufinden, welche z. B. Enkelin und Großmutter zusammenordnen, ein besonderes Verhalten für Vettern vorschreiben, die durch Brüder oder Schwestern verwandt sind, aber nicht durch zwei Brüder oder zwei Schwestern, oder die Art zu begreifen, wie der Geist des Vaters die Zunge von seines Sohnes Weib im Zaume hält. Erfahrung hat bewiesen, daß der Anthropologe, falls er an der Art der Darstellung interessiert ist, die dem

Leser ein Gefühl für den lebendigen Zusammenhang einer anderen Lebensform vermittelt, dies auch erreicht. Die Leser waren tatsächlich damit einverstanden, die Kulturen in einem Buch beieinander zu haben, die gewaltigen Schritte zu vollziehen, die notwendig sind, um von einem Indianerdorf zu den Papuanern zu gehen oder von einem sanften, väterlichen Volk zu einer Gruppe von Kannibalen. Später mögen die Namen der fremden Stämme, die Ereignisse wie Leben und Tod, Zauberei und Zeremonien, alle zusammen in einen Nebel versinken — ein Extrakt wird zurückbleiben. Der Leser hat die Erfahrung gemacht, sich — und sei es auch nur für eine Stunde — zu vergegenwärtigen, zu welchen extrem verschiedenartigen Lebensweisen sich unser menschliches Wesen prägen läßt.

In der Absicht, anthropologische Berichte dem Leser mit geistigen Interessen nutzbar zu machen — sei er nun Psychiater, Biologe, Geologe, Richter, Kinderarzt, Bankier oder Mutter von fünf Kindern —, haben wir nur zweierlei versucht: entweder deutlich zu machen, daß ein bestimmter Aspekt menschlichen Verhaltens — z. B. Jungsein oder Neigung zur Trunksucht oder künstlerische Sensibilität — auf verschiedene Art Gestalt gewinnen kann, oder das Ausmaß aufzuzeigen, bis zu dem Kulturen voneinander abweichen. Um der ersten Aufgabe willen, um unsere kulturgebundene Erwartung zu zerstören, daß ein gewisser Aspekt angelernten Verhaltens unweigerlich immer so sein müsse wie in unserer eigenen Gesellschaft, genügt die Beschreibung einer einzigen anderen Kultur. Für die zweite Aufgabe genügen drei oder vier Kulturen.

In diesem Buch habe ich mir eine etwas andere Aufgabe gestellt. Ich möchte nicht nur lebendig belegen, daß verschiedene Völker Männern und Frauen bald diese, bald jene Rolle zuteilen, nicht nur zeigen, daß diese Rollenzuteilung, wenn man etwa die Kindererziehung mit dem Verhalten der Erwachsenen vergleicht, ein ganz geschlossenes Bild ergibt. Ich möchte dem Leser die positiven Ergebnisse einer vergleichenden Kulturforschung vermitteln über die Ähnlichkeiten und das Wesen des Männlichen und des Weiblichen, mit dem jede Kultur rechnen muß, über die Regelmäßigkeiten und Unterschiede. Ich möchte Resultate mitteilen, dabei aber zugleich eine Vorstellung davon vermitteln, wie ich zu ihnen gelangt bin.

Ist unsere Wissenschaft Wahrheit?

Dies ist eine sehr viel schwierigere Aufgabe. Wie schwierig, das kann am besten mit einer Anekdote gezeigt werden. Ich schrieb einmal in einer ethnologischen Zeitschrift einen Beitrag, der in einer von einem bekannten Geologen herausgegebenen Reihe erscheinen sollte. In dieser Arbeit beschrieb ich die Arten, wie die *Samoaner* die Schwangerschaft feststellen zu können glauben, und diese Methoden decken sich nun zufällig genau mit unseren heutigen geburtshelferischen Ansichten. Der Herausgeber schickte ihn mir zurück mit der Bemerkung: ‹Auf der ganzen Welt genau gleich›. Hätte ich von einem Volke berichtet, das glaubt, morgendliche Übelkeit komme nur bei ersten Kindern vor oder die Schwangerschaft dauere sechs Monate, so hätte der Herausgeber nichts einzuwenden gehabt, weil das sich von unseren eigenen Überzeugungen und Beobachtungen unterscheidet. Schon ein paar Sätze über ein Volk, welches der Überzeugung ist, geschlechtlicher Verkehr habe nichts mit Empfängnis zu tun, oder ein Kind in Miniaturformat wandere im Schnee umher und klettere dann in den Schoß seiner Mutter, indem es an den Schnürsenkeln hinaufklimmt, würden die Einbildungskraft genügend beschäftigen, um den notwendigen Schock hervorzurufen. ‹Aha›, sagt der Leser, ‹demnach haben also die Menschen die Biologie der Empfängnis nicht immer und überall so gut verstanden, wie wir das tun› (er muß in der Tat sehr ‹gebildet› sein, um jenen letzten Satz hinzuzufügen, denn unsere gewöhnliche Annahme ist die, daß heute die Wissenschaft die Wahrheit weiß) — ‹hm, wie interessant, und ich begreife, daß das einen Unterschied bei der Organisation der Familie bedingen muß, bei der Bereitschaft des Vaters, sich um die Kinder zu kümmern› usw. Und wenn ich behaupte, daß sehr wenige menschliche Gesellschaften fähig gewesen sind, die Rolle der Mutter beim Kinderkriegen bis aufs äußerste wegzudeuten, obwohl die Rossel-Inselbewohner glauben, der Vater lege ein Ei in die Mutter [1] hinein, die als rein passives Gefäß betrachtet wird, und obwohl von den Montenegrinern berichtet wird, sie leugneten jede Verwandtschaft zwischen Mutter und Kind [2], so ist dies immer noch interessant genug; denn dem Leser ist klar, wieviel schwerer es ist, die elterliche Rolle der Mutter zu leugnen als die des Vaters. Aber wenn ich sage: ‹In allen menschlichen Gesellschaften wird es anerkannt, daß Frauen Kinder austragen›, ohne den Leser zunächst durch Bilder auffahren und erschrecken zu lassen, wie etwa, daß winzige Kinder fröstelnd im Schnee herumirren und nach ihrer Mutter Schnürsenkeln Ausschau halten oder daß Zwillinge, die sich zu reinkarnieren wünschen, wie kleine Vögel umherhüpfen, eine Gruppe von Frauen besichtigen, aus der sie ihre Mütter erwählen wollen — so würde eine unwiderstehliche Neigung bestehen zu sagen: ‹Ach nein, was Sie nicht sagen, so ist das?› und damit die Sache fallenzulassen.

Inzest-Gruppen

Und doch liegt zwischen der Feststellung des Laien: ‹Natürlich duldet keine menschliche Gesellschaft den Inzest›, die ihm infolge der traditionellen Lehre seiner eigenen Gesellschaft von den Lippen springt, und der Feststellung des Anthropologen: ‹Alle uns bekann-

---

1 W. E. Armstrong, *Rossel Islands*, Cambridge University Press, 1928, S. 100.

2 Dorothy Dematracopoulou, Besprechung von M. E. Durham, *‹Laws and Customs of the Balkans›*, *American Anthropologist*, N. S. Vol. 32 (1930), S. 670.

ten menschlichen Gesellschaften haben Verordnungen über den Inzest› ein gutes Stück an Erfahrung, die der zweite Sprecher gemacht hat, der erste aber nicht. Wenn der erste Sprecher das Wort ‹Inzest› ausspricht, meint er die Beziehungen zwischen biologisch Verwandten, Eltern und Kindern oder Brüdern und Schwestern. Er wird, in unserer Gesellschaft, die Vettern ersten Grades nicht mit einbeziehen, obwohl er vielleicht glaubt, daß Vetternheirat zu Geisteskrankheit führt, noch mit einer religiösen Gruppe übereinstimmen, die eine derartige Ehe ohne besonderen Dispens verbietet. Der Anthropologe, der von Inzest spricht, wird auch von der gleichen primären biologischen Gruppe sprechen, aber er wird zu seiner Feststellung erst kommen, nachdem er die eingehende und bizarre Ausdehnung von ‹Inzest-Gruppen› betrachtet hat, welche vielleicht die vielen hundert Glieder des eigenen Clans umfassen, oder eine Erste-Vettern-Großmutter unter dem Titel eines Vetters ersten Grades oder unter dem Titel einer Großmutter, je nachdem wie der Fall liegt. Nachdem er über die ganze Erde hin den unterschiedlichen Arten nachgegangen ist, in denen verschiedene Völker die Inzest-Tabus ausgedehnt und ausgearbeitet haben, bedeutet seine Feststellung eine besondere Art der Abstraktion. Zwischen dem ‹*Natürlich* keine menschliche Gesellschaft› des Laien und dem ‹Keine *bekannte* menschliche Gesellschaft› des Anthropologen liegen Tausende detaillierter und mühsamer Studien, die beim Schein von Windlichtern, am Feuer, von Forschern, Missionaren und modernen Wissenschaftlern in vielen Teilen der Welt vorgenommen wurden. Wie aber können diese Beobachtungen in die Beziehung zwischen Autor und Leser miteinbezogen werden?

Autorität und Laien

Die Methode, die wir für gewöhnlich benutzen, um die Kluft zwischen den Beobachtungen des Wissenschaftlers und den Bedürfnissen derer, die auf diesem speziellen Gebiet Laien sind, zu überbrükken, ist einfach die der Autorität. Ich setze auf den Umschlag meines Buches, oder sicherlich auf die Titelseite, alle Titel und Grade, die ich je erworben habe, oder zumindest die bedeutendsten davon. Der Leser betrachtet diese Liste. Ist er ein sorgfältig erzogener oder ein pedantischer Mensch, wird er weitergehen und meinen Namen in einem Nachschlagewerk aufsuchen. Wenn es dann feststeht, daß ich wirklich ich bin, daß ich mich einmal den vorgeschriebenen Riten zur Erlangung höherer Grade unterworfen habe, daß ich Vorlesungen gehalten, Expeditionen unternommen und Monographien geschrieben habe, die in gelehrten Zeitschriften publiziert wurden, dann schickt sich der Leser an, das, was ich geschrieben habe, mit dem Respekt zu lesen, den man demjenigen schuldet, den man, bezeichnend genug, ‹eine Autorität› auf dem speziellen Gebiet nennt. Falls der Leser später das Material zu benutzen wünscht, muß er nachforschen, ob andere Autoritäten mit mir übereinstimmen, oder wie viele Autoritäten auf jeder Seite sind und welche Erklärungen für die Unterschiede zwischen ihnen gegeben werden können; ob jene Unterschiede wichtig sind oder etwa auf Grund politischer Ideologien oder historischer Weltanschauungen erklärt werden müssen. Will der Leser die Schlußfolgerungen der Autorität nur in seinen gewöhnlichen menschlichen Beziehungen ausnutzen, so wird er sich früher oder später inmitten einer Debatte finden, bei der er ‹seine Autorität› jemandem an den Kopf wirft und die Autorität eines anderen zurückgeworfen bekommt. Die Resultate lassen sich so einfach vorhersagen wie die Antwort auf die kindliche Frage: ‹Mami, was geschieht, wenn jemand, der an Gott glaubt, und jemand, der an die Wissenschaft glaubt, ein Gespräch über die Natur führen?› Und die Sackgasse, in die solche Diskussionen führen, ist nur ein Symptom für die Sackgassen, die sich heutzutage in den Köpfen der Menschen einstellen, welche Vitamine, Atome, Hormone und Komplexe – auf Grund von Autoritäten – akzeptiert haben und dann doch finden, das sei ein zu mageres Material, um über eine schwierige, moderne Welt nachzudenken.

Ich möchte irgendwie mehr tun als das. Ich möchte imstande sein, zwischen meine Feststellung und des Lesers Betrachtung meiner Feststellung eine Pause einzuschieben, eine Realisierung, nicht des autoritären Rechts, das ich für meine Feststellung beanspruchen kann, sondern vielmehr dessen, wie ich zu ihr gekommen bin und was es mit dem anthropologischen Prozeß auf sich hat.

Liebe findet ihr Ziel

Um ein Gefühl für die Erfahrung zu bekommen, die ein Anthropologe an die Betrachtung eines bestimmten menschlichen Problems heranträgt, wollen wir den einfachen Ausspruch nehmen: ‹Liebe findet ihr Ziel› – ein vertrautes und vielgeliebtes Wort unserer eigenen Tradition. Für einen jungen Amerikaner wird dieser Satz Bilder von schwierigen Verkehrsverhältnissen heraufbeschwören: ein entschlossener junger Mann bahnt sich seinen Weg durch die Vereinigten Staaten oder fährt 36 Stunden hintereinander Auto und hält nur für heiße Würstchen an, um rechtzeitig zu seinem Mädchen zu kommen, bevor sie mit dem Schiff davonfährt oder einen anderen heiratet. Der Satz kann andeuten, wie ein Mädchen plant und spart und sogar näht, um das Kleid herzustellen, das sie bei dem Tanzvergnügen tragen will, bei dem der gleichgültig gewordene Liebhaber sie wiedersehen und vielleicht von neuem erwählen wird. Eine Mannigfaltigkeit von Verwicklungen und Ereignissen wird einem durch den Kopf gehen: Autos, Arbeitsplätze, Geldknappheit, Flugzeugverbindungen, die nicht klappen, gelegentlich auch widerstrebende Eltern, die mitreden können, falls die Liebenden zu jung oder die Eltern reich genug sind.

Mit Bildern der eigenen Erfahrung werden sich Bruchstücke aus Film-Szenen, aus Romanen, aus Hörspielen vermischen; gelegentliche Szenen von Tom Mix, der über die Prärie reitet, oder Ingrid Bergman in irgendeiner starken Rolle; vielleicht eine Zeile aus ‹*Romeo und Julia*›; oder ein Volkslied vom alten Valentinstag. Ist man ‹gebildeter›, so werden vielleicht einige Zweifel an der Liebe selbst auftauchen — ob das nicht nur ein sentimentales Wort für ‹Hormone› sei —, vermischt mit den Bildern von Liebesversen, durchbohrten Herzen und ‹Jonny liebt Alice›, die auf die Wand eines leeren Hauses gekritzelt wurden. Liebe ist ein erlaubtes Gefühl, das von Menschen empfunden wird, die wie wir selber aussehen, Kleider tragen, Auto fahren, sich mit Rivalen messen, Depressionen bekämpfen, wenn sie abgewiesen, und zu schwindelnden Höhen aufsteigen, wenn sie von dem Geliebten erhört wurden. Selbst wenn man ‹*Romeo und Julia*› sorgfältig liest, stellt man sie sich doch als moderne junge Amerikaner vor, mit der Fehde zwischen den *Montagues* und den *Capulets* als dazu passende Intrige. Schließlich weiß niemand, was *Romeo* und *Julia* wirklich fühlten. Shakespeare wußte es auch nicht viel besser als wir, während er, ein englischer Dramatiker, für ein Publikum des 17. Jahrhunderts schrieb. Das Wissen um die Vergangenheit mag unsere Zungen mit lieblichen Worten ausstatten, aber wir sind uns bewußt, daß sie Gefühle enthalten, die dem Leben von heute fremd sind, wo Treue über den Tod hinaus als verdächtige Emotion angesehen wird — schwer zu ertragen für Freunde und Familie —, die wahrscheinlich eher die Aufmerksamkeit eines Psychiaters als eines Poeten verdient.

Zwischen einem jungen Leser, der niemals Amerika verlassen und das Verhalten anderer Zeiten und anderer Länder nur durch die besonderen Brillen gesehen hat, die von Hollywood und zeitgenössischen Verfassern historischer Romane hergestellt wurden — und die ihn glauben machen, es sei genau wie sein eigenes Verhalten gewesen —, und dem Anthropologen, der vertraut in dem Strohhaus eines *Neu-Guinea*-Kopfjägers sitzt, gibt es natürlich viele Zwischenstufen der Erfahrung. In den Vereinigten Staaten haben wir Millionen von Menschen, die durch die ausländische Herkunft ihrer Eltern am eigenen Leibe gefühlt haben, daß das Leben in anderen Gesellschaftsformen anders sein kann und auch ist. Wir haben ungezählte Tausende, die in europäischen, süd-amerikanischen oder asiatischen Ländern gelebt haben, und durch nahe persönliche Beziehungen zur Pflegerin, zum Liebhaber oder zum Freund erfahren haben, wie unterschiedlich ihnen die Phrase ‹Liebe gelangt ans Ziel› klang. Manche dieser Erfahrungen: mit serbischen oder schottischen Eltern, mit deutschen Pflegerinnen, einem italienischen Liebhaber oder französischen Freunden, haben einen Charakter von Unmittelbarkeit und Vertrautheit, der nicht leicht zwischen einem kaukasischen Wissenschaftler des 20. Jahrhunderts und den Leuten eines *Neu-Guinea*-Stammes erzielt werden kann.

Diese eingewanderten Bürger aus verschiedenen Ländern können gut fragen: Da lebhafte gefühlsmäßige Beziehungen zwischen Menschen, die das Leben sehr verschieden sehen, das sind, was wir brauchen, haben nicht die, die draußen gelebt und geliebt haben, eine bessere Vorbereitung dafür, menschliches Verhalten in einer nicht an eine spezielle Kultur gebundenen Sicht zu sehen als Wissenschaftler, die mit Notizbüchern herumgehen, zu sehr damit beschäftigt, niederzuschreiben, was sie sehen, um Zeit zu haben, viel zu sehen?

Dieser Einwurf scheint, oberflächlich gesehen, viel für sich zu haben. Man beschwört das Bild eines kleinen amerikanischen Kindes herauf, das sich mit festgestemmten Füßen und zusammengebissenen Zähnen vergeblich gegen den Griff einer deutschen Tante stemmt; oder das eines jungen amerikanischen Malers, der sich mit hingerissener Aufmerksamkeit über den Tisch lehnt und das Mienenspiel auf dem Gesicht seiner französischen Frau beobachtet. Dann vergleicht man diese Bilder mit dem eines Anthropologen, der in einem Kopfjäger-Dorf an einem Tisch sitzt und seine Beobachtungen unter einem Volk niederschreibt, für das der Akt des Schreibens selbst eine Art von Zauberei ist, und sicher scheint es weniger wahrscheinlich, daß der Anthropologe jemals lernen wird, was in dem Kopf des Kopfjägers vor sich geht, als daß das kleine Kind und der Liebhaber etwas Bedeutsames und Wichtiges über Werte lernen, die von ihren eigenen stark abweichen.

Richtig beobachten können

Dennoch hat der Anthropologe eine Erfahrung voraus, die dem jungen Mann abgesprochen werden muß, der die ganze Nacht wach gelegen und glühende Liebesworte in einer fremden Sprache gestammelt hat, oder der jungen Frau, die ihrem ausländischen Gatten gefolgt ist, um mit seiner Familie in einem fremden Land zu wohnen. Denn was der Anthropologe tut, tut er aus Gründen, die seiner Disziplin eigentümlich sind. Wenn man sechs Jahre alt ist und Mama auf einer Reihe von deutschen ‹Fräulein› als Gouvernanten besteht, kann man eine hübsch umfassende Studie der Art dieser ‹Fräulein› gemacht haben, so daß man die gegenwärtige loswerden kann, sei es auch nur, um das Vergnügen zu erleben, zur Nachtzeit eine gleiche in neuer Auflage offeriert zu bekommen. Ist man ein Plantagenbesitzer und wird die Arbeit auf der Pflanzung ständig durch Streitereien zwischen zwei Nationalitätengruppen gestört, so mag man eine Menge darüber lernen, ‹wie man mit Italienern umgeht›, und wenn man ein politischer Führer ist, mag man genau wissen, wie man es machen muß, um die bestehenden nationalen Haßgefühle zu beruhigen oder aus ihnen zu profitieren. Aber immer – ob es sich um ein Kind handelt, das an einer Folge von Kinderfräulein Beobachtungen macht, oder um ein Schulkind in einem fremden Land oder um einen Liebhaber, der das Gesicht seiner Geliebten erforscht, oder um eine Braut, die das seltsame Gebaren ihrer fremden Schwiegermutter beobachtet, immer sind die Beobachtungen dem praktischen Zweck des Kindes, des Liebhabers oder der jungen Frau untergeordnet. Und diese Unterordnung gibt ihnen einen Charakter, der von dem der Beobachtungen des Anthropologen so verschieden ist wie das, was man zu einem Liebhaber sagt, sich unterscheidet von dem, was man einem Psychiater mitteilt. Beiden kann man einen quälenden Kindheitseindruck erzählen — wie man allein in einem leeren Haus aufwachte oder dastand und den benachbarten Arzt beobachtete, wie er eine Hand von dem Arm eines verletzten Mannes amputierte, oder wie man den Sturz seines Vaters von der Windmühle herab mitansah. Aber wenn man zum Liebhaber oder Freund spricht, baut man eine Beziehung auf, indem man Bausteine des Verstehens und Vertrauens zu einem Bau zusammenfügt, von dem man hofft, er werde ein Leben lang dauern. Die Erzählung ist so gestaltet und geschliffen, um in das Ganze zu passen, in das sie passen soll, um etwa eine passende Antwort zu sein auf etwas, das der andere kürzlich erzählte, um zu tieferem Vertrauen zu führen. Aber wenn man zu einem Psychiater spricht, wird ein bewußter Suchprozeß, dem die Beziehung zu dem Psychiater als Person untergeordnet ist, an die Stelle des vertraulichen Gebens und Nehmens einer rein menschlichen Beziehung gesetzt. Wenn der Psychiater erfahren und der Patient genügend von seinen Schrecken und Ängsten gehetzt ist, die ihn ins Sprechzimmer geführt haben, dann wird diese unpersönliche Betonung des Verstehens und einer Ausnützung dieses Verstehens im personellen, nicht im interpersonellen Sinn so lange aufrechterhalten, bis sich eines Tages die Tür des Behandlungsraumes für immer schließt. Der Patient hat sich verändert. Was der Arzt vom Patienten lernt, wird einer ganz anderen Ordnung angehören, als was der Patient vom Arzt gelernt hat, und im normalen Verlauf der Dinge werden sie gerade darüber nicht miteinander diskutieren.

Methoden des Psychiaters

Wenn der Anthropologe — entweder allein oder als der eine Teil eines verheirateten Paares, das seinen Haushalt zwischen den Dorfbewohnern aufbauen will — in das Dorf eines primitiven Volkes kommt, so ist seine Lage ziemlich eingeengt und in gewissem Sinne befangen. Er beabsichtigt nicht, die Kultur deshalb zu verstehen, um zu erreichen, daß ihm ein Haus gebaut, ein Garten gegraben wird, daß er Träger für seinen Hausrat, Arbeiter für einen Flugplatz oder Konvertiten für seine Religion findet. Er hat nicht einmal, wie ein Arzt, den Wunsch, die Eingeborenen von Krankheiten zu heilen, ihre Ansichten über öffentliches Gesundheitswesen zu ändern oder sie zu überreden, ihre Toten auf einem sauberen kleinen Friedhof zu begraben anstatt unter dem Haus, ‹wo sie weniger einsam sein werden›. Er will sie nicht verändern, bekehren, beherrschen, nicht Geschäfte mit ihnen machen, sie nicht als Rekruten ausheben oder heilen. Er will sie nur verstehen und durch dieses Verständnis unser Wissen von den Begrenzungen und Möglichkeiten menschlichen Wesens erweitern[1]. So wie der Psychiater sich auf sein Ziel beschränken muß, nämlich auf das, zu heilen, so muß sich der Anthropologe auf ein einziges Ziel konzentrieren, nämlich die Individuen zu beobachten und zu verstehen in dem, wie sie ihre Kulturen offenbar machen. Viele der Diskussionen über psychiatrische Behandlungsmethoden scheinen dem Laien weit hergeholt. Warum gibt es da lange Diskussionen darüber, ob ein Psychoanalytiker dem Patienten die Hand reichen soll oder nicht, ob er je seinen Patienten zu Hause besuchen oder einen Behandlungsraum mit zwei Türen haben soll? All das gibt es gerade, weil die psychiatrische Beziehung zwischen Arzt und Patient eine partielle und stilisierte Beziehung ist, in der all diese anscheinend unwichtigen Kleinigkeiten von Bedeutung sind.

Die Wohnung des Anthropologen

Wenn der Anthropologe sich anschickt, in einem Eingeborenendorf zu leben, wird ebenso jede Einzelheit der Lebensweise sorgsam durchdacht und der größeren Aufgabe untergeordnet. Wo soll das Haus gebaut werden? Nicht dort, wo es die schönste Aussicht, die beste Luft, den geringsten Lärm oder die wenigsten Schweine gibt, nicht besonders weit weg von der Nähe MANNGWONS, eines streitbaren alten Witwers, der öfter heftige Wutanfälle hat, nicht entfernt vom Hause KWOWI KOGI KUMBANS, dessen kleiner Sohn MAGGIENDO niemals mit seinem Geschrei aufhört, weil er erst adoptiert und dann mitten in der Nacht fortgeschickt wurde. Keiner der Gesichtspunkte von Schönheit, Ruhe und Gesundheit, die man normalerweise bei der Wahl eines Wohnsitzes berücksichtigen würde, dürfen in Betracht gezogen werden. Man macht statt dessen eine schnelle Skizze des Dorfes und zeichnet besonders die Tempel, Männer-Häuser, Ruheplätze und Pfade ein. Man berücksichtigt die vorteilhaften Stellen, leere Plätze, auf denen früher Häuser gestanden haben und welcher Art diese Häuser waren. Ist es z. B., wie es für unser Haus in Alitoa zutraf, der Platz eines früheren Zeremonien-Hauses, so ist er ‹heiß›, und Besucher könnten sich scheuen, dorthin zu kommen, weil sie fürchten, etwas von ihrer Persönlichkeit würde in die Erde hinabgezogen, die, wie sie glauben, mit Zauber übersättigt ist. Man kann auch mit dem Wohnsitz die Persönlichkeit eines kürzlich verstorbenen Mannes übernehmen – das war unser Fall bei den *Manus* –, dessen Geist noch ganz darin vernarrt sein könnte, in seinem früheren Wohnort herumzuspuken, und dessen lebende weibliche Ver-

---

1 Was ich hier sage, bezieht sich auf die reine Erfassung einer Kultur. Es gibt eine in der Entwicklung begriffene Wissenschaft der angewandten Anthropologie, in der der Anthropologe ein Praktiker wird, der die Beziehungen zwischen Eingeborenen und Regierung oder die zwischen zwei Völkergruppen in einer Gemeinschaft oder zwischen Mitarbeitern verschiedener Nationalitäten zu verbessern sucht. Hier gilt ein anderes Berufsethos.

wandten noch so erschreckt von ihm sein können, daß sie es nicht wagen würden, das neuerbaute Haus zu betreten. Aber wenn man sich gegen eine Lage entscheidet, weil man weiß, daß zuviel Magie in den Boden hineingewispert worden ist oder daß ein besonders aggressiver Geist allgegenwärtig ist, so tut man dies nicht, weil man selbst neutralen Grund und ruhigere Gespenster bevorzugt, sondern weil man nach sorgsamen Überlegungen erkennt, daß eine andere Lage wohl weniger Komplikationen bei der Arbeit mit sich bringt.

Haus ohne Wände

So wurde 1938 unser Wohnsitz in dem Dorf Tambumum am Sepik-Fluß wegen folgender Vorzüge ausgewählt: er lag genügend nahe am Zentrum des Dorfes, doch mehr gegen das Ende hin, das die Verbindung zum Nachbardorf bildete, so daß er den Kontakt mit dem nächsten Ort besser herstellte. Er war nahe bei dem Großen-Männerhaus, aus dem man die Flöten spielen hören und nachsehen konnte, was es gab, sofern man der Ehemann war. Er lag in einer Anhäufung von Häusern, in denen es viele kleine Kinder gab, so daß man — falls man die Frau war — jeden Kinderschrei hören und hinzueilen konnte, wenn man eine bedeutsame Änderung im Ton bemerkte. So z. B. kletterte ich eines frühen Morgens um zwei Uhr aus meinem Moskitonetz, weil ich eine fremde Note aus der Stimme der zweijährigen Nemangke heraushörte, die einen so heftigen elterlichen Streit miterleben mußte, daß ihre Mutter ihr sagte, sie solle ihrem Vater nicht zu nahe kommen. Außerdem lag unser Haus gerade zwischen dem Männer-Weg, der am Flußufer entlanglief, und dem Frauen-Weg, der landeinwärts lag. Wenn ich arbeitete, sah ich jeden, der von einem Ende des Dorfes zum andern ging; ich hielt nicht einmal inne, um ihre Namen aufzuschreiben, ja, nicht einmal die Tatsache, daß ich ihre Namen wußte, hielt mich auf; ich merkte sie mir so, und jedesmal, wenn eine Gruppe vorbeizog, deren Geschäfte ich nicht erraten konnte, oder Leute vorbeikamen, die normalerweise nicht zusammen gingen, konnte ich aufspringen und erkunden, was da vor sich ging. Wir bauten unsere Häuser ohne Wände, so daß wir immer alle Vorgänge beobachten konnten, und benutzten nur eine große Segelleinwand, die mühsam mitten in der Nacht wieder aufgespannt werden mußte, wenn Stürme kamen. Es gab eine bequeme Plattform gerade vor der Tür, wo die Leute zusammenkamen und den ganzen Nachmittag verschwatzten. Das war zwar wieder nicht gerade das, was man sich für diese böse Tropenstunde wünschte, wenn die Sonne beinahe horizontal steht und jede Ecke eines so preisgegebenen Hauses durchdringt; aber es bedeutete, daß das Haus als ein Beobachtungsposten gerade um soviel geeigneter war. Schließlich war eine Überlegung, die bei der Wahl dieser Stelle mitsprach, daß Bangwin, unser nächster Nachbar, eine schwangere Frau hatte, und Geburten sind in primitiven Gesellschaften, wo die Kinder meist um 2 Uhr nachts geboren werden oder dann, wenn die

Mutter unterwegs beim Fischen ist, sehr schwer zu beobachten. Tatsächlich wurde auch BANGWINS Kind geboren, während TCHAMWOLE fischen war, aber ich war nahe genug, um BANGWIN schelten zu hören, weil sie zu lange schwanger war, und hörte TCHAMWOLE antworten: ‹Warum machst du mir Vorwürfe? Dies Kind wird geboren, wenn es will. Es ist ein menschliches Wesen und wählt seine eigene Geburtszeit. Es ist kein Schwein oder Hund, die geboren werden, wenn andere es wollen.› Es war uns möglich, den Streit zu filmen, bei dem BANGWIN den geflochtenen Schlafkorb seiner anderen Frau in Stücke riß – ein Akt, etwa gleichwertig dem Zerschmettern eines Flügels oder eines neuen Autos in Amerika – und die Szene, als TCHAMWOLE, die in einem anderen Haus ihr Kind pflegte, vor Eifersucht raste, weil die andere Frau alle Freuden des Ehestandes genoß, und dann zurückschlich und ein Zeichen ‹Hände weg› auf den Kokospalmen anbrachte, die ihr, der ersten Frau, gehörten. So lohnte sich – anthropologisch gesehen – die Wahl des Wohnsitzes neben dem Haus einer schwangeren Frau.

Wie bei der Wahl des Hauses und bei seiner Konstruktion werden die anderen Einzelheiten des Lebens bewußt so zusammengefügt, daß sie uns möglichst günstige Beobachtungsmöglichkeiten und -gelegenheiten verschaffen. Die Diener werden nicht gewählt, weil sie kochen können oder ehrlich sind – obwohl man dankbar ist, wenn das zufällig zutrifft –, sondern weil sie ins Programm der Feldforschung passen, Vertreter der zwei größten Haushalte sind oder in verschiedenen Dorfbezirken wohnen oder weil sie das richtige Alter oder Geschlecht haben, um die Art von Einwohnern, die man anzuziehen hofft, herzulocken oder wenigstens nicht zu verscheuchen. So war bei den *Manus*, wo ich kleine Kinder studieren wollte, mein ganzes Hauspersonal unter vierzehn, weil mit älteren Knaben Probleme der Tabu-Beziehungen aufgetaucht und kleine Mädchen vom Haus entfernt gehalten worden wären. Zwölf bis vierzehn ist kein ideales Alter für einen kompletten Dienerstab; und manchmal landete das Essen in der Lagune, über die sich unser Haus gefährlich neigte, während kräftige Faustschläge in der Küche wüteten. Aber unter den vielen tausend Kinderzeichnungen, die es mir dort zu sammeln gelang, fanden sich dann genauso reichlich Zeichnungen von Mädchen wie von Knaben.

Selbstdisziplin ist notwendig

All diese Notwendigkeiten zu planen, seine Auswahl einem bestimmten Zweck unterzuordnen, bedeutet jedoch nicht, daß die Beziehungen zu primitiven Menschen nur kühl geschäftlicher Art sind. Aber selbst wenn man die kraftlose Gestalt eines ertrunkenen Kindes in seinen Armen hält und noch gegen alle Hoffnung versucht, es wiederzubeleben, fühlt man sich noch verpflichtet, das Gebaren der Mutter dieses Kindes zu beobachten, die sich wie von Sinnen den Kopf mit einer hölzernen Kopfstütze schlägt, statt seine schmerzlichen Gedanken zu anderen kleinen leblosen Körpern wandern zu lassen, die man schon gehalten hat. Die eigenen Gefühle, die einen zu einem Gedicht oder zu einem Gebet für jemand in weiter Ferne veranlassen könnten, der Entschluß, einen Brief zu schreiben, oder der Wunsch, eine gräßliche Sterbeszene zu verlassen und das zu finden, was es bei solcher Arbeit niemals gibt — einen Augenblick des Alleinseins —, alles muß man der Verpflichtung unterordnen, zu beobachten, zuzuhören, aufzunehmen und zu verstehen. Selbst ein Versagen dieser Selbstdisziplin — z. B. als ich einmal in Tränen hilfloser Wut ausbrach, als ich nach einer Nacht, in der ich bei einem sehr kranken *Balinesen*-Kind gewacht hatte, für kurze Zeit nach Hause ging und beim Zurückkommen in der frostigen Dämmerung des Gebirgsmorgens von dem Haushund gebissen wurde — muß vom Anthropologen möglichst sofort als Ansatzpunkt für die Beobachtung benutzt werden, was die Leute tun, wenn auf diese und jene Art Zorn gezeigt wird.

Viele Monate unter Primitiven

Die Anthropologen unterscheiden sich sehr durch die Art, wie sie sich Zugang zum Leben ihrer Leute verschaffen; die einen verbinden ihre Wunden oder helfen ihnen, zerbrochene Teile ihrer modernen Maschinen auszubessern, andere gehen mit ihnen jagen oder liefern Büchsenfleisch für Festgelage. Aber wie auch immer die Art der Beziehungen sein mag, die sich ergeben, wenn man viele Monate lang aufgeschlossen für Freud und Leid eines ganzen Dorfes lebt, dieses Verhältnis muß einem Ziele untergeordnet bleiben: dem des Verstehens der Kultur.

So sind die Erkenntnisse, die der Anthropologe zur Betrachtung eines Gegenstandes wie der Beziehung zwischen den Geschlechtern mitbringt, von denen des sensiblen Menschen verschieden, der mehr als nur ein zeitgenössisches Milieu erlebt hat, und sie sind auch anders als die des Historikers, der sein historisches Bild auf den fragmentarischen dokumentarischen Zeugnissen aufbaut, die durch einen eigenwilligen Zufall der Nachwelt erhalten geblieben sind. Es ist eine bestimmte Art von Material mit einem ganz bestimmten Gebrauchswert; genauso mag der Kliniker häufig weit weniger an Ausmaß und Reichtum der Beobachtung zur Verfügung haben als der Romanschreiber; weil aber seine Beobachtungen diszipliniert sind, liefert er dennoch einen Beitrag eigener Art zu unserem Verständnis menschlichen Verhaltens.

Die nächste wichtige Frage ist die: Was beobachtet nun ein Anthropologe tatsächlich, wenn er unter einer primitiven Bevölkerung arbeitet?

Der wichtigste Punkt ist hier vielleicht der, daß sich der Anthropologe entscheiden muß, wie er es fertigbringt, seine Ergebnisse zur selben Zeit, in der er seine Beobachtungen macht, zu analysieren. Will man z. B. die Art studieren, in der die Iren, Queensländer oder die Kentucky-Gebirgler Englisch sprechen – jeder sehr unterschiedlich, sehr untersuchenswert –, nimmt der Linguist bei seiner Aufgabe sein ganzes Wissen der Grammatik und des phonetischen Systems der englischen und anderer indo-europäischen Sprachen zu Hilfe. Er fragt im Grunde nicht, was diese Sprache ist, sondern wie diese Sprache sich im Rahmen des Englischen verändert hat. Aber wenn wir zu einem *Neu-Guinea*-Stamm gehen, müssen wir fragen: was ist diese Sprache? Und aus den einzelnen Sätzen, die wir aus dem Eingeborenen herauslocken, der befangen dem Ethnologen gegenüberhockt, müssen wir die Grammatik ableiten. Das gleiche gilt für das Studium des Verhaltens von Knaben und Mädchen, Männern und Frauen. Um die Rolle der Frauen in einem süddeutschen Dorf zu studieren, muß man all sein Wissen von der historischen Rolle der Frauen in Europa mitbringen, von ihrer Stellung unter der römischen und altgermanischen Gerichtsbarkeit, von den Ansichten des Katholizismus und Protestantismus über die Stellung der Frau in der Ordnung der Dinge, und dann unter Ausnutzung dieses Gerüstes herausfinden, wie dieses historische Bild in diesem besonderen Dorf sich abgewandelt hat. Aber wenn man sich einem unbekannten *Neu-Guinea*-Stamm nähert, besitzen wir in unserem formalen Denken nichts, das uns leiten könnte. Wenn wir unsere Pinasse verankern oder auf einem Marsch unsere Träger in irgendeinem fremden und unerforschten Dorf anhalten, wissen wir nicht, welches Geschlecht geschmückt ist und welches nicht, ob der über einen Busch spähende rasierte Kopf der eines Mannes oder einer Frau ist, ob die in der Ferne zur Spitze einer 40 Fuß hohen Kokospalme hinaufklimmende Gestalt ein Mann ist, weil Frauen solche gefährlichen und schwierigen Sachen wie Palmen-Erklettern nicht machen dürfen, oder eine Frau, weil das Palmen-Besteigen eine Beschäftigung für Frauen und Kinder ist. Wir haben unser Verständnis unmittelbar auf dem Verhalten des Volkes selbst aufzubauen, wir müssen gleichzeitig lernen, wie sich eine Schwiegermutter beträgt und daß es ein Wort für Schwiegermutter gibt. Für den Anthropologen, der daran gewöhnt ist, alles als Material auf sich wirken zu lassen, zu warten, zu beobachten und zuzuhören, bis er sich endlich die Myriaden unscheinbarer Handlungen und Worte der kleinen Menschengruppe, unter der er solch ein konzentriertes Dasein führt, zusammenreimen kann, formt sich das Material seine eigenen Kategorien. So entgeht man der falschen Bindung, nur solche Fragen zu stellen, die auf unserer eigenen oder anderen bekannten Kulturen basieren.

Für diejenigen, die sich dafür interessieren, wie man solche Resultate benutzt, um Hypothesen zu bilden, die dann wieder an primitivem Material geprüft werden können, mag die Darstellung eines weiteren Schritts klärend sein.

Haben wir zunächst etwa solche Untersuchungen angestellt, den zusammenhanglosen Wirrwarr sinnloser Silben in ein phonetisches Schema und eine Grammatik eingeordnet; auf Grund der Wörter, mit denen Kinder Erwachsene rufen, ein Verwandtschaftssystem zusammengestellt; die Ausdrücke, mit denen verschiedene Menschen miteinander zu verschiedenen Zeiten und in unterschiedlichem Zusammenhang verkehren, gesammelt und den Sinn solcher Sätze wie ‹Das ist ein Lämmergeier›, ‹Aber wir haben den Becher nicht genommen› und ‹Er hielt den Nacken steif› verstehen gelernt, dann müssen wir alles erst zusammenstellen und durch Niederschreiben sichern. Wie aber benutzen wir nun so etwas? Vielleicht hilft eine kurze Skizze der Art, wie ich bei der Antwort auf eine bestimmte Frage reagiere. Nehmen wir an, jemand, der sich für Kinderpsychologie oder Religion interessiert, fragt mich: ‹Können Sie mir irgend etwas über die Beziehung zwischen Leuten, die jung sterben, und dem Glauben an die Unsterblichkeit sagen?› Zunächst überfliege ich in Gedanken rasch ganze Bereiche primitiver Gesellschaften, lasse die Erinnerung aufsteigen, daß die amerikanischen Indianer im ganzen wenig an der Unsterblichkeit interessiert sind und Tote als Persönlichkeiten bei ihnen eine kleine Rolle spielen. Vielleicht wiederhole ich den Satz: ‹Wir sind wie das Gras, das da frühe blüht und des Abends abgehauen wird›, den ich gewöhnlich zu benutzen pflege, um die Einstellung der Prärie-Indianer zum Tod zu kennzeichnen. Gleichzeitig werden mir ein Dutzend konkrete und spezielle Bilder durch den Kopf gehen: der Indianer, der zu den Fischen betet, sie mögen kommen und sich fangen lassen, und der dann die Gräten zurückwirft, damit sie sich wieder inkarnieren; die Geister der Toten — ein ganzes Pantheon aus der anderen Welt, doch niemals der tote Großvater oder die tote Großmutter eines bestimmten Menschen —, die kommen, um in Masken im Pueblo der Zunis zu tanzen; der Glaube der Omaha, daß alle Zwillinge reinkarniert seien. Kleine Brocken der Arbeit von Hunderten von Ethnologen verleihen dem Problem Unmittelbarkeit.

Dann wendet sich mein Geist zu einem anderen Teil der Welt, vielleicht sucht er, während ich weitergehe, nach einer Kategorie. Etwa, wenn ich mir sage: ‹Und in Indonesien . . .› und meine Gedanken auf die Haltung zu den Vorfahren übergehen lasse, oder vielleicht sage ich mir: ‹Ja, aber nun sollte man Dinge wie Ahnenverehrung und Reinkarnation sich vor Augen führen.› Wenn mir die Reinkarnation wichtig scheint, dann denke ich wohl über die Kulturen nach, von denen bekannt ist, daß sie an eine Reinkarnation glaubten, und füge hinzu: ‹Es wäre natürlich interessant zu sehen, wie die Beziehung ist zwischen dem, woher wir kommen, und dem, wohin wir gehen, wenn wir sterben.›

Das kann mich dazu bringen, Eskimos und *Balinesen* zu vergleichen; bei beiden behandelt man Kinder, als hätten sie bei der Geburt prophetische Kräfte, und in beiden Gesellschaften lernen die Kinder sehr frühzeitig komplizierte Fertigkeiten. Dann frage ich vielleicht weiter: ‹Ist vielleicht die Beziehung zwischen der Art des Lernens und der Theorie der Geburt und der Unsterblichkeit ein Schlüsselpunkt?›, und darauf vergleiche ich die Einstellung der *Balinesen* — bei denen das Individuum immer wieder in der gleichen Familie reinkarniert wird, so daß im Lebenskreislauf der eigentliche Höhepunkt fehlt und der einzelne nur einen aus einer endlosen Reihe von Kreisläufen zwischen dieser Welt und der anderen vollendet — mit der Einstellung der *Manus*, wo die menschlichen Wesen ursprünglich aus Material der Körper von Vater und Mutter gebildet werden, zur Zeit der Reife ihre volle Stärke erreichen, unmittelbar nach dem Tod als Geister kurze Zeit weiterleben, um dann zu immer tieferen Stufen von Seeweichtieren und Schleim zurückzusinken.

Dann sage ich vielleicht ‹Die *Balinesen* glauben, man könne in jedem Alter lernen — der ganz Junge und der Alte lernen mit verhältnismäßig großer Leichtigkeit, Schönheit reicht bis ins hohe Alter —, dagegen sind bei den *Manus* die Leute mit vierzig fertig. Vielleicht könnte man denken, hier bestehe ein Zusammenhang, der es wert ist, daß man ihn genauer untersuchte.› Von da aus würde ich fortfahren und überlegen, ob ich irgendein Beispiel einer Gruppe kenne, die an Reinkarnation glaubt und trotzdem im Laufe des Daseins einen scharfen Rückgang der Lebenskraft zeigt — ich würde so nach Gegenbeispielen suchen, die meine sich entwickelnde Hypothese widerlegen. Gleichzeitig würde ich im Geiste durchgehen, was wir über das Lernen auf verschiedenen Altersstufen in verschiedenen Kulturen wissen, und würde auf der einen Seite zusammenstellen, was wir über den Prozeß des Lernens selbst wissen — Arten des Lernens, mechanisches Lernen, Lernen durch Belohnung, durch Bestrafung, durch Vermeidung von Strafen — und auf der anderen Seite konkretes Material, Kinoaufnahmen von Schnitzern, die schnitzen lernen, Material über das Alter, in dem Knaben Lehrlinge verschiedener Handwerksarten werden können usw.

Aus Vergleichsmaterial lernen

Ich wende mich auch vielleicht zurück zu ethnologischen Kategorien wie ‹Glauben an Reinkarnation› und ‹Lebens-Kreislauf›; in dem Fall wäre es mir möglich, zur Yale-Universität zu gehen und die Kartothek zu Rate zu ziehen, in der Material über eine große Zahl von Gesellschaften nach derartigen Gesichtspunkten geordnet ist, so daß man sehen kann, wie die beiden Fragen zusammengehen. Vielleicht komme ich auch zum Schluß auf eine ganze Serie von Fragen, nach denen ich in Spezialwerken nachschlagen muß: ‹Hat die vergleichende Untersuchung, wie Mitglieder von zwei afrikanischen Stämmen eine neue Geschichte lernen, etwas mit der Frage des Alters zu schaffen?› ‹Es wäre ein guter Gedanke, wieder einmal das Manuskript über Jemez anzuschauen, in dem beschrieben wird, daß die Frauen nach der Menopause sich gerade im rechten Alter glauben, um anzufangen zu lernen, sich wirklich an der Sexualität zu freuen› und dergleichen mehr.

Das ist eine Art, vergleichbares Material zu gebrauchen. Es ist der Prozeß, mit einem kleinen Stück eines wegweisenden Gedankens anzufangen, das bekannte vergleichbare Material der Welt zu benutzen, im Fortschreiten vorläufige Hypothesen zu bilden und diese versuchsweise nach dem Gedächtnis zu überprüfen; dann zum Schluß eine Hypothese zu fixieren, die einem fruchtbar erscheint und die sich prüfen läßt, vielleicht auf Grund der vorhandenen Literatur, vielleicht durch neue Feldforschung. Das führt möglicherweise nicht zurück zu primitivem Material, sondern ins psychologische Laboratorium oder in die Klinik. Jeder Anthropologe nutzt das vergleichbare Material auf seine Weise, der Kernpunkt der Methode aber bleibt immer der gleiche[1].

Aus der Fülle unserer eigenen Beobachtungen und der anderer Anthropologen, einerlei, ob wir sie als Bilder, Sätze oder Laute freischwebend in unseren Erinnerungen aufbewahren oder ob sie sauber auf Karten aufgezeichnet sind, die durch sorgsam suchende Finger gleiten, gewinnen wir das Mittel, das uns hilft, Hypothesen aufzustellen, die Nützlichkeit dieser Hypothesen zu prüfen und neue Arbeits-Richtlinien vorzuschlagen. Dies ist der Prozeß, der zwischen dem Satz des Laien liegt: ‹*Natürlich* keine menschliche Gesellschaft› und dem des Anthropologen: ‹Keine *bekannt*e menschliche Gesellschaft›, und ich bitte den Leser, sich durch die folgenden Seiten einen Sinn dafür zu bewahren.

Dies Buch handelt von Mann und Weib als Kinder wie als Erwachsene. Der Geist des Lesers ist von Bildern erfüllt, die von den meinigen recht verschieden sein mögen. Es bleibt die Frage, ob es mir, die ich mit diesem Hintergrund schreibe, gelingt, daß der Leser Worte wie ‹Mann›, ‹Weib›, ‹Kind› als offene Begriffe in sich aufnehme, die von dieser Vielfalt des menschlichen Verhaltens, von den Kenntnissen, die ich zu vermitteln suche, wenn auch nicht alle Einzelheiten, so doch einen Widerhall in sich tragen.

---

1 s. a. GREGORY BATESON, ‹Experiments in Thinking about Observed Ethnological Material›. *Philosophy of Science*, Vol. 8 (1941), S. 53—68.

II. DIE WEGE DES KÖRPERS

1. Erste Erfahrungen

In diesem Buch werde ich mich hauptsächlich auf die sieben pazifischen Völker berufen, unter denen ich gelebt und gearbeitet habe. Die Pazifischen Inseln sind ein Gebiet, in dem Menschengruppen, durch Meer und Gebirgsketten voneinander getrennt, völlig ohne jene politischen Formen, die Menschen zu Königreichen zusammenschließen, überraschend verschiedenartige Lebensformen entwickelt haben. Es ist gar nicht so einfach, sieben Gesellschaftsgruppen gleichzeitig im Gedächtnis zu behalten. Die Einzelheiten geraten in Verwirrung: handle es sich um das Verwandtschaftssystem, demzufolge kleine, bereits verlobte *Manu*-Knaben sich mit zu Boden gewandtem Gesicht unter eine Matte legen müssen, weil ihre Schwiegermütter vorübergehen; oder um die *Arapesh*-Jünglinge, die ihre kindlichen Bräute sanft an der Hand zu nächtlichen Krebsjagden führen; oder um junge *Mundugumor*-Liebhaber, die mit passenden Erklärungen für die beträchtlichen Kratzer wiederkehren, die sie soeben von dem Mädchen ihrer augenblicklichen Wahl bekommen haben; oder gar um eine *balinesische* Entführung im kühlen Morgendämmern, bei der das Mädchen umherspäht, ob etwa Zeugen da sind, vor denen man unter Stoßen und Schreien Abwehr zu heucheln hat, oder ob sie in Ruhe ihrem Erwählten folgen kann; ob es um einen jungen *Tchambuli*-Ehemann geht, der in plötzlich aufwallendem Mißverstehen seiner Rolle einen Speer durch die Balkenritze in seines Weibes Wange wirft; oder um einen Kopfjäger der *Jatmul*, der seine ganze Altersklasse herbeiruft, damit sie ihm seine widerspenstige Frau vergewaltigen helfe; oder schließlich um ein *Samoa*-Mädchen, das seinem Verehrer den Ort zuflüstert, wo sie ihn unter Palmen treffen will.

Ich werde versuchen, jedes Volk hier kurz einzuführen, wie man es früher mit der langen Reihe von Charakteren bei einem alten und komplizierten Roman tat. Diese sieben Völkerschaften, Bewohner von Inseln, Gebirgen, Seen, Lagunen und Flußufern, sind die Akteure, nicht als Individuen, sondern als Gruppen von Individuen, welche eine bestimmte Lebensart gemeinsam haben. Ihre durch Gewohnheit festgelegten, uralten Gebärden sind alle Teile eines ineinander verwobenen Bildes vom Menschenleben, das ich nun, durch ihren Lebensstil wieder neu gewoben, dem Leser irgendwie verdeutlichen muß. Leser, denen ein gelegentliches Zurückblättern zum Personenverzeichnis im Theater-Programm nichts ausmacht, werden vielleicht auch bereit sein, zurückzublättern, um sich wieder einen ganzen Stamm ins Gedächtnis zurückzurufen [1].

---

1 Das Material dieses Kapitels entstammt fast ganz meiner eigenen Feldforschung und der meiner Feld-Mitarbeiter. Eine vollständige Bibliographie dieses veröffentlichten Materials findet sich in Anhang I. In diesen Anmerkungen gebe ich nur gelegentliche Hinweise, die den Leser etwa besonders interessieren oder die einen bestimmten Punkt genauer beleuchten.

Die Samoaner

Die *Samoaner*, ein hochgewachsener polynesischer Volksstamm von hellbrauner Hauttönung, leben auf einer kleinen Inselgruppe, die teilweise den Vereinigten Staaten gehört[1]. Ihre Lebensart ist förmlich und prunkvoll. Häuptlinge und Redner, Dorf-Fürsten und Dorf-Fürstinnen, festgefügte Gruppen von Jungen und Alten vereinen sich beim Pflanzen und Ernten, beim Fischen und Bauen, Festefeiern und Tanzen in einer Welt, in der niemand Eile hat, in der es Nahrung im Überfluß gibt, in der die Natur großzügig und das Leben harmonisch und gelassen ist. Seit über hundert Jahren sind sie Christen und haben die christlichen Lehren ihren eigenen Traditionen angepaßt, sie tragen am Sonntag wundervolle, gestärkte Kattunkleider, gehen dabei aber barfuß. Sie sind stolz auf ihren eigenen Lebensstil.

Die Manus der Admiralitäts-Inseln

Die *Manus* sind ein kleiner, energischer Stamm von Fischern und Händlern, die ihre Häuser in der Nähe ihrer Fischereigründe auf Pfählen in den Salzlagunen bauen. Hochgewachsen, dunkelhäutig, mager und aktiv, mit nichts ausgerüstet als ihrem Verstand, ihrer Geschicklichkeit und einem Moralsystem, das behauptet, die Geister der Toten würden die Faulen bestrafen, haben sie einen hohen Lebensstandard ausgebildet, den sie durch andauernde, harte Arbeit aufrechterhalten. Puritanisch bis ins Innerste, hingegeben an Arbeit und Anstrengung, abhold der Liebe und den Vergnügungen der Sinne, übernehmen sie rasch die abendländische Lebensart, die Maschine und das Geld.

Die Gebirgs-Arapesh

Die Gebirgs-*Arapesh* sind ein sanftes, unterernährtes, armes Volk in den steilen, unwirtlichen Torricelli-Bergen von Neu-Guinea, das sich dauernd abmüht, genügend zu verdienen, um sich an Musik und Tanz zu erfreuen, neue Kleider von den Handelsvölkern der Meeresküste zu kaufen und auch, um sich von den Zauberern der stärkeren Völker aus dem Innern loszukaufen. Zugänglich und zur Mitarbeit bereit, haben sie eine Gemeinschaft entwickelt, in der jeder, obwohl es nie genug zu essen gibt, die meiste Zeit damit verbringt, seinem Nachbarn zu helfen und auf dessen Anliegen einzugehen. Für Männer wie für Frauen ist das wichtigste, irgend etwas aufzuziehen — Kinder, Schweine, Kokospalmen —, und ihre größte Furcht ist die, daß jede Generation den Reifezustand mit kleinerer Statur als ihre Vorfahren erreichen wird, so daß es schließlich kein Volk unter den Palmbäumen mehr geben wird.

1 Einzelheiten über diese Völker im Anhang S. 245 ff.

Die Mundugumor-Kannibalen des Yuat-Flusses

Diese vierschrötigen, starrsinnigen Leute leben an den Ufern eines schnell dahinfließenden Flusses, besitzen aber keine Tradition eines Flußvolkes. Sie treiben Handel mit den elenden, unterernährten Buschvölkern des ärmeren Landes und beuten sie aus, widmen ihre Zeit Streitereien und Kopfjagden und habe eine Form von sozialer Organisation entwickelt, in der jeder gegen jeden steht. Die Frauen sind ebenso selbstsicher und kraftvoll wie die Männer; sie verabscheuen das Austragen und Aufziehen von Kindern, sorgen fast allein für die Ernährung und schaffen den Männern Zeit für Verschwörungen und Kämpfe.

Die seebewohnenden Tchambuli

Die *Tchambuli* — insgesamt nur 600 Seelen — haben ihre Häuser am Ufer eines der lieblichsten Seen Neu-Guineas gebaut, der wie poliertes Ebenholz glänzt, mit dem Hintergrund der entfernten Berge, in denen die *Arapesh* leben. In dem See gibt es purpurnen Lotus und große rosa und weiße Wasserlilien, weiße Fischadler und blaue Reiher. Hier fischen die *Tchambuli*-Frauen — lebhaft, schmucklos, betriebsam und fleißig — und halten ihren Markt ab; die Männer hingegen, dekorativ geschmückt, schnitzen und malen und üben ihre Tanzschritte und haben ihre Kopfjäger-Tradition durch die einfachere Praxis ersetzt, Opfer zu kaufen, um ihre Mannheit unter Beweis zu stellen.

Die Jatmul-Kopfjäger des großen Sepik-Flusses

Am Ufer des großen trägen Flusses, in den der Yuat-Fluß einmündet, für den die Berge, in denen die *Arapesh* leben, eine Wasserscheide bilden und der mit dem Tchambuli-See durch Kanäle verbunden ist, befinden sich die stolzen Dörfer des *Jatmul*-Volkes. Es sind Kopfjäger, Schnitzer, Redner; groß und ungestüm, aber von verletzbarer Männlichkeit, denen die Frauen als Zuschauer bei der endlosen Theatralik der Männer dienen. Reich an Sago-Sümpfen, die sie regelmäßig mit Nahrung versorgen, gut genährt mit Fisch, den der stete Fleiß der Frauen beschafft, haben sie sich prächtige Zeremonien-Häuser und wundervoll geschnitzte Kriegs-Kanus gebaut. In ihren großen Dörfern bewahren sie all die Kunst-Stile, die Tanzschritte und die Sagen der kleineren, um sie herum lebenden Völker. Sie überragen durch einen starken künstlerischen Betätigungsdrang ihre Nachbarn ebenso wie durch ihre große Empfindsamkeit und ihren ungewöhnlich leicht zu verletzenden Stolz.

Die Balinesen

Die *Balinesen*, die nach Hunderttausenden zählen — nicht nur nach einigen Tausenden wie die *Samoaner* oder nach einigen Hunderten wie die *Neu-Guinea*-Völker —, sind keineswegs ein primitives Volk, sondern ein Volk, dessen Kultur über Asien mit unserer eigenen historischen Vergangenheit verbunden ist. Hellfarbig, graziös, mit lockigen Haaren, mit Körpern, deren jeder einzelne Teil sich gesondert im Tanze bewegt, verfügen sie über äußerst verwickelte und geregelte Lebensformen, die in ihren Gilden und Hindu-Riten, in ihren schriftlichen Urkunden und Tempel-Organisationen, ihren Märkten und ihren Künsten an das Mittelalter Europas erinnern. Dicht zusammengedrängt auf einer sehr kleinen Insel, mit einer herrlichen, höchst abwechslungsreichen und vielfältigen Landschaft, haben sie das ganze Leben in Kunst verwandelt. Die Luft ist Tag und Nacht von Musik erfüllt, und die Menschen, deren Beziehungen untereinander freundlich-leicht, ohne dauerhafte Wärme sind, sind unermüdlich in der Wiederholung von Spielen, in denen nicht erlaubten Gefühlen anmutig stilisierter Ausdruck verliehen wird.

Dies sind die Beispiele. Sie sind einfach deswegen ausgewählt worden, weil ich sie selbst studiert habe und miteinander zu vergleichen imstande bin. Ich kann einen balinesischen Hexentanz dem Spiel eines *Neu-Guinea*-Kindes entgegenstellen oder die gemurmelte Klage einer *Manu*-Frau über die Annäherungen ihres Mannes der herausgeschrienen Anklage einer *Jatmul*-Frau, daß ihr Mann sich nicht mehr für sie interessiere. Sie sind auch nicht nur gewählt worden, um die Probleme zu erhellen, die in diesem Buch diskutiert werden, sondern wegen der Vielfalt der — während eines Vierteljahrhunderts der Forschung verfolgten — Gesichtspunkte beruflicher, theoretischer, praktischer und persönlicher Art. Sie enthalten durchaus nicht alle Möglichkeiten, wie die Beziehungen zwischen den Geschlechtern sich vollziehen können. Es fehlen die Gesellschaftsformen, in denen die Männer ihre Söhne durch Drohungen und Geschrei zu hilfloser Gleichartigkeit zwingen; es fehlen jene, in denen Frauen eine böse, übernatürliche Kraft darstellen; es fehlen jegliche Gesellschaftsformen, die auf großer religiöser Intensität basieren oder auf krauser wirtschaftlicher Ausnutzung, Tyrannei oder Klassenspaltung. Es fehlen endlich jene, in denen die Männer ihre Männlichkeit auf Formen schöpferischer Leistung gründen, die den Frauen verweigert wird. Aber unter diesen sieben wird man genug finden, um innezuhalten, sich zu wundern und zu fragen, genug, um unsere Einbildungskraft anzuregen, was unser Leben sein könnte, wenn es nicht so wäre, wie es ist.

In der folgenden Untersuchung werden diese sieben Völker kommen und gehen; einmal wird es ein Satz sein, der lediglich die flüchtige Erinnerung an eine Haltung hervorruft oder an die Art und Weise, wie ein Mann eine Frau zur Liebe auffordert, wie die Hand einer alten Frau sich im Tanze bewegt; ein andermal wird es die längere Beschreibung einer Zeremonie sein oder einer Szene zwischen Mutter und Kind. Es werden jedoch nicht jene zufälligen Fragmente der älteren Form der Anthropologie sein, wo der Schreibtisch-Anthropologe exotische Einzelheiten von hier und dort anführte, ohne zu wissen, wie die betreffende bizarre Einzelheit — das menschliche Opfer oder die Liebesmagie — sich in das Ganze einpaßte. Jede Einzelheit ist vom Ganzen her beobachtet; aber ich will versuchen, diesen Gesamtüberblick zu geben, ohne den Leser mit der Verpflichtung zu belasten, eine ganze Milchstraße fremder sozialer Einrichtungen im Gedächtnis zu behalten. Aus den Verschiedenheiten, den Gegensätzen, den seltsamen und unerwarteten Formen, in denen diese sieben Völker ihr Leben eingerichtet, die Beziehungen zwischen den Geschlechtern, zwischen Eltern und Kindern, Männern und Frauen und deren schöpferischen Fähigkeiten festgelegt haben, sollte sich eine größere Würdigung des Wertes der zwei Geschlechter und der Bedeutung ihres Vorhandenseins für die menschliche Zivilisation ergeben; eine Würdigung der Wichtigkeit dieses Kontrapunktes, den wir oft gefährlich ignorieren und verzerren und niemals in seiner ganzen Fülle genutzt haben.

Indem ich über Männer und Frauen spreche, werde ich mich mit den ursprünglichen Verschiedenheiten zwischen ihnen befassen, der Verschiedenheit ihrer Rolle bei der Fortpflanzung. Was für Verschiedenheiten der Funktionen, der Fähigkeiten, des Empfindungsvermögens, der Verletzlichkeit entstehen dadurch, daß die Körper für komplementäre Rollen bei der Fortpflanzung der Gattung geschaffen sind? Wie hängt das, was der Mann leisten kann, mit der Tatsache zusammen, daß seine reproduktive Rolle mit einem einzigen Akt vorüber ist; wie die Möglichkeiten der Frau damit, daß der reproduktive Anteil der Frauen neun Monate Schwangerschaft und, bis vor kurzem, viele Monate des Stillens umfaßt? Welches ist der Beitrag jedes Geschlechts, in seiner Eigenart, nicht als unvollkommene Version des andern gesehen?

Es kann uns, die wir bekleidet und eingehüllt in der modernen Welt leben und gezwungen sind, unser Körpergefühl auf dem Umweg über abgelegene Symbole, wie Spazierstöcke, Regenschirme und Handtaschen, auszudrücken, leicht widerfahren, daß wir den Blick für die Unmittelbarkeit des menschlichen Körperbauplanes verlieren. Aber wenn man zwischen primitiven Menschen lebt, wo die Frauen nur einen primitiven Grasrock tragen und auch den noch wegwerfen, um sich gegenseitig zu beleidigen oder in Gruppen zu baden, und die Männer nur ein sehr leicht befestigtes Schamblatt aus geklopfter Rinde oder — sobald sie einmal ihren Feind getötet haben — die Haut eines fliegenden Hundes tragen, ein zwar äußerst blutig wirkender, aber recht wenig verhüllender Schmuck, wo schließlich Säuglinge überhaupt nichts anhaben, dort werden die grundlegenden körperlichen Beziehungen zwischen Kleinkindern, Kindern und Erwachsenen sehr real.

In unserer eigenen Gesellschaftsform haben wir neuerdings eine therapeutische Methode erfunden, die mühsam aus den Erinnerungen der Neurotiker oder den ungehemmten Phantasien der Geisteskranken ableitet, wie ursprünglich der menschliche Körper mit seinen Ein- und Ausgängen das Weltbild des heranwachsenden Individuums formte. Da sitzt also der Kinder-Analytiker in seinem Behandlungsraum und beobachtet, wie das Kind mit dem Wasserhahn spielt, Kuchen aus Schmutz formt, einen Satz Schüsseln in liebevoller Sicherheit zusammensetzt oder einen Miniatur-Zug mit sichtlich stolzem Bemühen in einen Tunnel hineinführt. Er beobachtet das verstörte Kind, das ihm die Eltern gebracht haben, weil seine Gewohnheit, alles zu essen, lästig wurde, als es dazu überging, die Theaterkarten aufzuessen, Papierstücke in den Mund zu stopfen und sie mit seinen Zähnen in Fetzen zu reißen. Er beobachtet, wie das Kind kleine Plastilin-Klumpen nimmt und sie als Brüste an Puppenjungen anklebt, um sie dann wütend wieder abzureißen, oder wie es das Puppenmädchen mit männlichen Geschlechtsteilen ausstattet und es dann mit einer Spielzeugschere wieder kastriert. In langwierigen Sitzungen, unterbrochen vom Widerstand der Eltern, die vor langer Zeit gelernt haben, jede unmittelbare Beziehung zu ihren Körpern vor sich selbst zu verbergen, wird die Bildwelt des Kindes wieder rekonstruiert, und vieles an dieser Rekonstruktion scheint dem in unserer Gesellschaft aufgezogenen Durchschnittserwachsenen noch eine recht phantastische Angelegenheit zu sein. Das ist noch mehr der Fall, wenn der erwachsene Patient, entspannt auf der analytischen Couch liegend, lange und ausführliche Bilder von Kindheitsereignissen schildert, von denen seine Eltern wissen, daß er sie bestimmt nicht erlebt haben kann, während er sicher in seinem Bettchen ganz allein im Zimmer lag. Jene, die sich gesund zu funktionstüchtigen Erwachsenen unserer modernen Gesellschaft gewandelt haben, können nicht leicht die Symbole akzeptieren, die dem Behandlungsraum oder dem Krankenhauszimmer entstammen. Obwohl schließlich die Kinder der meisten Leute die Fransen der Bettdecke und die Quasten ihrer Hüte kauen, machen sie doch vor Theaterkarten halt. Die meisten Erwachsenen jedoch, selbst wenn sie sehr sorgfältig erzogen worden sind, sind imstande, schallend bei einer simplen Varieté-Szene zu lachen, in der Mohrrüben oder Spargel vorkommen. Aber für die meisten von uns sind normalerweise Theaterkarten, Witzbilder und Gepäckschilder einfach das, was sie sind; Mohrrüben sind außerhalb der Bühne ein Gemüse, das gute Kinder zu essen gezwungen werden, Erwachsene nicht. Die alles durchdringende körperliche Bildwelt des Kindes wird stumm gemacht, überdeckt, in annehmbares gesellschaftliches Benehmen umgewandelt, und nur ein dünnes Rinnsal der Erinnerung bleibt als eine verborgene Quelle des Gekichers der Heranwachsenden und des dröhnenden Lachens der Erwachsenen übrig.

Und so sollte es sein. Die Kultur hängt von einer solchen ordnungsgemäßen Umwandlung der ersten Kindheitserfahrungen in den disziplinierten Symbolismus des Erwachsenenlebens ab, in dem Spazierstöcke Ausdruck der Klasse oder der Individualität sind, Regenschirme den Regen abhalten, Handtaschen alles enthalten, was man für den Tag braucht, und die Unterschiede zwischen Eßbarem und Nicht-Eßbarem klar genug sind, um einen Schwertschlucker zu einem unterhaltenden Varieté-Akt werden zu lassen. Diejenigen, denen diese Umwandlung nicht gelungen ist, werden geisteskrank und füllen unsere Irrenanstalten. Diejenigen, die leichten Zugang zu ihren eigenen früheren Erinnerungen behalten und außerdem Talent und Geschicklichkeit besitzen, werden unsere Künstler und Schauspieler; diejenigen, die diese frühen grundlegenden menschlichen Erfahrungen mit Weitblick und Menschenliebe verbinden, werden Propheten; diejenigen, die diesen leichten Zugang zu frühen Bildern mit Haß verbinden, werden gefährliche Demagogen, Hitlers und Mussolinis. Aber für alle, für solche, die führen und solche, die zuhören, für die Schauspieler und für das applaudierende Publikum, für den Maler und für diejenigen, die ihre geringere Einbildungskraft mit den Szenen auf seiner Leinwand ergänzen, ist ein Schleier zwischen Kindheit und Gegenwart notwendig. Wird der Schleier weggezogen, so versiegt die künstlerische Einbildungskraft und stirbt; der Prophet sieht sich mit enttäuschtem und zynischem Grinsen im Spiegel, der Wissenschaftler geht fischen. Was das Publikum, die Schulklasse, die Menge auf der Straße betrifft, so würden auch sie dadurch ebenso unwiderruflich beraubt sein. Vor langen Jahren wurde einem Einwohner eines Neu-England-Dorfes von Gott offenbart, daß jeder genau das tun solle, was er sich wünsche. Düster rissen sich die Dorfbewohner mit beispiellosem Ungestüm die Kleider vom Leibe und rannten, tierische Laute ausstoßend, wie Tiere auf allen vieren herum. Keiner kam auf einen besseren Einfall.

Bildwelt des Kindes

Die gesamte bedeutungsvolle und heilsame Funktion der Umwandlung primär körperlicher Erlebnisse in kulturell wertvolle Gestaltungen wurde kürzlich wunderbar am Fall eines Kindes in einer Kinderirrenanstalt aufgezeigt[1]. Das kleine Mädchen hatte mit seiner Mutter in einem Bordell gelebt. Als es in das Hospital kam, zeichnete es immer wieder Bilder eines Hauses, eines Baumes und einer Kirche, von denen es aber als von sich selbst, von einem Phallus und der Vulva ihrer Mutter sprach, ‹und daß Sie mir nichts dagegen sagen!› Langsam verschwanden, wie es sein Gleichgewicht und seine Gesundheit wiedergewann, die Alpträume von Bordell-Erlebnissen, und das Haus wurde wirklich ein Haus, der Baum ein Baum mit Äpfeln daran, und die Kirche eine Kirche; und das Kind konnte die Anstalt verlassen.

---

1 Lauretta Bender and Allison Montague, ‹Psychotherapy through Art in Negro Child›, *College Art Journal*, Vol. VII (1947), S. 12—17.

Wenn das so ist, wenn sowohl der besonders Begabte als auch der Gesunde diese Schleier der Umdeutung mit aller Kraft hüten müssen, die zwischen ihnen selbst und einer tief-physischen Säuglingszeit, angefüllt mit Impulsen unbeherrschbarer Wut und anstößiger Eigenart, liegen, wie muß dann das Verfahren des Wissenschaftlers beschaffen sein, der, um unser Verständnis für die uns täglich umgebenden Probleme zu erklären, diese Schleier nicht etwa zerreißen — denn sie könnten dann nur stockend und unvollständig wiederhergestellt werden —, wohl aber irgendwie durchscheinend machen muß? Zuerst muß die Absicht des Wissenschaftlers eindeutig die Erforschung der frühen Kindheit im Namen einer ausgereiften Menschlichkeit sein, einer Menschlichkeit, die uns besser befähigt, die Symbole unserer großen Tradition zu benutzen. Zweitens muß sich der Leser vergegenwärtigen, daß er sich durch die langen Jahre des Lebens mit einem Körper, der zivilisiert worden ist, gesichert fühlen kann; ein Leben mit Zähnen, die Nahrung kauen, aber nicht andere menschliche Wesen beißen, mit Körperhöhlen, die bei beiden Geschlechtern Nahrung verdauen, bei Frauen Kinder reifen lassen, aber keine Hexenhöhlen sind, in denen Feinde erschossen oder zu Fetzen zerrissen werden; mit Geschlechtsteilen, die zum Geschlechtsverkehr geschaffen wurden und nicht für die unheimlichen, seltsamen Kämpfe kleiner, verängstigter Kinder, die in einer Kinderstubenwelt von Riesen gefangen gehalten werden.

Wenn die Klinik oder der Kindergarten uns Beweise liefern, daß der Prozeß der Zivilisation schwer ist und nur langsam voranschreitet, daß Kinder von vier und fünf Jahren — wenn man sie sorgfältig beobachtet — immer noch deutliche Zeichen der Unzivilisiertheit tragen, bedeutet dies nicht, daß die meisten von uns noch nicht zivilisiert wären und es nicht bleiben könnten. Das Bett wird zu einer unwiderstehlichen Versuchung, wenn man hohes Fieber, zitternde Glieder und drückende Kopfschmerzen hat; aber der durchschnittliche müde Mann oder die erschöpfte Frau können deshalb doch an jedem beliebigen Morgen in einem Möbelhaus einkaufen oder an einem Nachmittag durch die stilvollen Räume von Fontainebleau, Hampton Court oder den amerikanischen Flügel des Metropolitan-Museums wandern, ohne sich haltlos auf eine antike Bettdecke hinzuwerfen.

Wenn wir wirklich die grundlegenden Unterschiede zwischen den Geschlechtern verstehen und wissen, wie diese Unterschiede in der Säuglingszeit und frühen Kindheit sich aufbauen, indem nämlich das heranwachsende Kind jedes Stück Haut, jeden gestrafften Muskel, jede empfindliche Schleimhaut zum Lernen, Erforschen, zum Aufnehmen seiner Umwelt benutzt, muß diese Säuglingszeit, die sicher hinter uns und vor all den ungeborenen Generationen liegt, ohne Abneigung, ohne Faszination, ohne halb abgewandte Augen als das erforscht werden, was sie ist: der Prozeß, durch den wir die Beschaffenheit des Menschen uns zu eigen machen.

Wenn wir mit der frühen Kindheit beginnen, so bedeutet das nicht, daß die menschlichen Kulturen von Kindern geschaffen wurden. Kindliche Erlebnisse in einer Welt, in der die Erwachsenen schon einen Lebensstil gefunden haben, dienen vielmehr als Stoff ihrer Lebensart, dem sich anzupassen und den zu benutzen sie als Erwachsene fähig sind, oder gegen den sie rebellieren und den sie verwandeln. Wenn wir den Stufen folgen, auf denen sich das Kind seine Kultur aneignet, erforschen wir einen Prozeß der Übermittlung, nicht der Schöpfung — aber der Weg ist nicht minder erhellend.

Mutter und Kind

Von dem Augenblick der Geburt an — wahrscheinlich stets auch schon vor der Geburt — können gegensätzliche Typen der Haltung einer Mutter ihrem Kind gegenüber unterschieden werden. Das Kind kann als eine vollständige kleine Kreatur behandelt werden — ein kleines Tier, eine kleine Seele, ein kleines menschliches Wesen, wie es gerade der Fall sein mag, aber als ein Ganzes, das bis zu einem gewissen Grade fähig ist, seinen eigenen Willen und seine Bedürfnisse gegen die seiner Mutter durchzusetzen. Dieses Verhalten kann ‹symmetrisch›[1] genannt werden; die Mutter beträgt sich, als wäre das Kind ihr wesensähnlich, als antwortete sie einem Verhalten derselben Art wie der ihren. Sie kann das Kind auch als etwas ganz von ihr Verschiedenes behandeln, als etwas, das empfängt, während sie gibt, mit Nachdruck auf dem Unterschied zwischen dem mütterlichen und kindlichen Verhalten, da sie eine schwache, abhängige Kreatur pflegt, schützt und vor allem ernährt. Diese Gestaltung der Beziehung kann man ‹komplementär› nennen, da jeder Partner eine andere Rolle spielt und die beiden Rollen als einander ergänzend aufgefaßt werden. Ein dritter Fall begegnet uns, wenn das Verhalten von Mutter und Kind so aufgefaßt wird, daß es einen Austausch einschließt; das Kind nimmt auf, was die Mutter ihm gibt, um es ihr später zurückzugeben. Der Nachdruck liegt nicht auf dem symmetrischen oder komplementären Charakter der Rollen, der eine gefühlsmäßige Bewertung der beiden Persönlichkeiten einschließt — als zwei der gleichen Art, beziehungsweise, je nach der Begriffswelt der Beziehung, als zwei mit richtig unterschiedlichem Verhalten — sondern auf einem Austausch von Waren zwischen Mutter und Kind. Solch Verhalten kann ‹reziprok›[2] genannt werden. In

---

1 Diese Vorstellungen wurden ursprünglich auf Grund von *Jatmul*-Material von Gregory Bateson entwickelt. Siehe besonders sein ‹Culture Contact and Schizmogenesis› *Man*, Vol. XXXV (1935), S. 178—183; *Naven*, Cambridge University Press 1936; ‹Some Systematic Approaches to the Study of Culture and Personality›, *Character and Personality*, Vol. XL. (1942) S. 76—82; ‹Morale and National Character› in *Civilian Morale*, hrsg. von Goodwin Watson, Houghton Mifflin, Boston, 1942, S. 71—91.

2 Bei der Verwendung des Ausdrucks ‹reziprok› entferne ich mich etwas von der Definition in Batesons Artikel ‹Morale and National Character› (loc. cit.). Indem ich die *Manus* als dafür typische Kultur benutze, definiere ich reziprokes Verhalten als eines, bei dem Dinge, Waren oder Ideen in

der reziproken Auffassung von Beziehung werden Liebe, Vertrauen und Tränen zu Waren, genauso wie physische Objekte, aber der Austausch der physischen Objekte bleibt der Prototyp dafür. In jeder kulturellen Auffassung der Mutter-Kind-Beziehungen sind alle diese Themen gegenwärtig. Soweit die ganze Individualität des Kindes nachdrücklich betont wird, haben wir Symmetrie, soweit seine Schwachheit und Hilflosigkeit betont werden, komplementäres Verhalten, und soweit die Mutter nicht nur die Brust gibt, sondern auch Milch, stehen wir an den Anfängen der Reziprozität. Die Kulturen unterscheiden sich jedoch in dem, was sie am nachdrücklichsten betonen, sehr weitgehend.

So können wir die Mütter in verschiedenen Gesellschaften gemäß diesen verschiedenen Betonungen voneinander abheben. Die *Arapesh* behandeln einen Säugling als ein weiches, verletzliches, kostbares kleines Objekt, das beschützt, genährt, gepflegt werden muß. Nicht nur die Mutter, auch der Vater muß diese übermäßig beschützende Rolle spielen. Nach der Geburt enthält sich der Vater jeder Arbeit und schläft neben der Mutter, und er muß sich, solange das Kind klein ist, jeglichen Geschlechtsverkehrs selbst mit seiner anderen Frau enthalten. Wenn die Mutter umhergeht, trägt sie das Kind unter ihrer Brust in einer Schlinge aus Rindenfasern oder in einem weichen Korb, in dem das Kind sich weiterhin wie einst im Mutterleib zusammenkrümmt. Wenn immer es bereit ist zu essen, wird es mit Teilnahme zärtlich gefüttert, selbst wenn es keine Anzeichen von Hunger zeigt. Die Rezeptivität des Mundes wird bei Knaben und Mädchen gleich stark betont. Während der langen, geschützten Säuglingszeit, in der die Kinder in Taschen von ihrer Mütter Stirn hängend oder hoch auf Vaters Schultern thronend auf den steilen Gebirgspfaden hinauf- und heruntergetragen werden und niemals zu schwierigen und aufregenden Aufgaben veranlaßt werden, bleibt ihr ganzes Interesse auf den Mund konzentriert. Nicht einmal die fast immer bereite Mutterbrust reizt einen Mund genü-

---

der Beziehung zwischen zwei Personen oder Gruppen entscheidend mitwirken. Nehmen wir die Handlungsfolge: A schlägt B, B schlägt A; wobei A der Vater, B ein Kind sei. Das kann man als *komplementär* betrachten, wenn der Schlag des Vaters in einem ganz anderen Sinn gegeben und empfangen wurde, als der Gegenschlag des Kindes: d. h. der Vater schlägt zur Strafe, das Kind ist ärgerlich und gibt schwach zurück. Es kann sich um eine *symmetrische* Handlung handeln, wenn der Nachdruck darauf liegt, daß sich Vater und Kind gegenüberstehen und sich mit ähnlicher Einstellung zueinander gegenseitig schlagen. Es kann als *reziprok* angesehen werden, wenn die relative Stärke oder Schwäche, die Frage der Strafe, der Hilfe, der Unvergleichbarkeit oder Vergleichbarkeit von Vater und Kind beiseite gelassen werden zugunsten der Betonung, daß ein *Schlag* gegeben und ein *Schlag* empfangen wurde. So angesehen ist es der *Schlag*, der gegeben oder ein *Geschenk*, das zurückgegeben wurde, was den Sinn der Handlungsfolge ausmacht.

Wie Gregory Bateson betont hat, ermöglicht erst die Art, wie die Verhaltensfolge von den Teilnehmern betrachtet wird, diese verschiedenen Typen zu Zwecken der weiteren Analyse zu unterscheiden.

gend, der von jeher so stark betont worden ist; und kleine Kinder spielen endlose zärtliche Spiele mit ihren Lippen, indem sie sie aufblasen, zupfen und leicht zwischen den Fingern drücken. Hingegen ist die zugreifende Funktion des Mundes niemals entwickelt worden. Eine bereitwillig dargebotene Brust braucht nicht heftig gepackt oder gebissen zu werden. Die Gewohnheit des Tragens legt keinen Nachdruck darauf, die Hand das Greifen zu lehren, was dort, wo es geschieht, die Greiffähigkeit des Mundes verstärken kann. Das *Arapesh*-Kind, männlich oder weiblich, fährt fort, alles, was ihm geboten wird, rezeptiv und passiv aufzunehmen und in Wut zu geraten, wenn die Nahrung jemals verweigert wird – und das kann manchmal notwendig werden, denn die Leute haben eine sehr knappe Ernährungsbasis.

Die Körperzonen

Durch Benutzung des Mundes haben Knaben wie Mädchen ihre ersten Lehren über das Leben erhalten. Wenn sie ihre Augen gebrauchen, spiegeln sie die gleiche passive, erwartende Einstellung wider. Die Augen leuchten auf, und der Mund jauchzt vor Aufregung, wenn ihnen irgendeine lebhafte Farbe gezeigt wird, aber die Hände greifen nicht aggressiv zu und die Augen prüfen und suchen nicht mit tätiger Neugierde. Die *Arapesh* sind ein Volk, bei dem die Kommunikation zwischen Kindern und anderen sehr ausgesprochen auf einen einzigen Teil des Körpers, den Mund, spezialisiert ist und überdies auf einen einzigen Aspekt dieses Teiles: auf passive Rezeptivität. Wie bei anderen menschlichen Wesen haben aber auch bei den *Arapesh* Männern wie Frauen die Aufgabe, schließlich einmal zu lernen, ihren gesamten Körper in Akten der reifen Sexualität, durch die Kinder gezeugt werden, einzusetzen. Für die *Arapesh*-Frauen ist das einfach genug[1]. Es erfordert nur eine kleine Schwer-

1 Ich arbeitete nicht ernsthaft mit dem Begriff der Körperzonen, bis ich 1931 zu den Arapesh kam. Wenn ich auch im allgemeinen mit Freuds grundlegender Arbeit vertraut war, sah ich doch nicht, wie man den Begriff bei der Feldarbeit anwenden könnte, bis ich den Feldbericht ‹Psychoanalysis of Primitive Culture Types›, *International Journal of Psychoanalysis*, Vol. XIII (1932) Teil 1–2 (Róheim Australasian Research Number) von Géza Róheim gelesen hatte.

Ich bestellte mir aus Amerika eine Zusammenfassung von K. Abrahams Arbeit. Später wurde ich mit Erik Homburger Eriksons systematischer Behandlung dieser Ideen bekannt, und sie wurden zum Bestandteil meines theoretischen Rüstzeugs. Ein Teil der Darstellung in ‹*Balinese Character*› ist auf sie hin angelegt, vor allem die Tafeln 38–44. Während ich diese Darstellung ausarbeitete, setzte Gregory Bateson Eriksons Zonendarstellung systematisch mit den Kategorien des *komplementären* Verhaltens in Beziehung. Eine Zwischenstufe der Darstellung findet sich in Margaret Mead, ‹Research on Primitive Children› im *Manual of Child Psychology*, herausgegeben von Leonhard Carmichael, Wiley, New York, 1946, S. 670 bis 672.

punktsverschiebung, die Haltung angenehmer Erwartung, einer sanften, optimistischen Aufnahmebereitschaft vom Mund zur Vulva zu verlagern. Bei den *Arapesh* kann man sehen, wie eine vernachlässigte Frau ihrem sie vernachlässigenden Gatten eifrig Nahrung bringt, rührend dankbar, wenn er sie zu sich nimmt; aber ich habe niemals eine Frau sich über die sexuelle Leistungsfähigkeit ihres Mannes beklagen hören. Keine Schimpfereien über zu geringe Potenz erfüllten die Abendluft, wenn ein Streit im Gange ist. Wenn das übliche Schema der Eheschließung befolgt wird, nach dem der Ehemann als Knabe von zwölf bis vierzehn Jahren anfängt, die ihm verlobte Frau zu füttern und dabei genau die gleiche Rolle zu spielen, die seine Mutter — und auch sein Vater — ihm gegenüber gespielt haben, und die Ehe nicht unterbrochen wird, dann befindet sich die Frau in einer psychologischen Situation, die eine genaue Weiterentwicklung ihrer Kindheitserlebnisse darstellt — sie bleibt passiv, abhängig, umhegt. Ihrerseits behandelt sie dann die eigenen Kinder in genau der gleichen Art.

Einweihungsriten

Aber was geschieht mit dem *Arapesh*-Mann? Was für eine Art der Vorbereitung für das Leben in der rauhen Gebirgslandschaft Neu-Guineas — umgeben von Stämmen wilder Kopfjäger und erpresserischer Zauberer — stellt es dar, daß er gelernt hat, die hauptsächliche Beziehung zu anderen Menschen sei entweder passive Aufnahmebereitschaft oder das Darreichen von Nahrung und Trank? In seiner eigenen Gesellschaftsform wird er kein Homosexueller werden, obwohl es viel Zwanglosigkeit, Wärme und kichernde Geziertheit unter den Knaben gibt. Aber die umgekehrte Haltung, der Wunsch zu beherrschen, sich aufzudrängen, der eine Basis für aktive Homosexualität abgeben würde, ist zu schwach entwickelt, auch wird offener Widerstand gegenüber Passivität nicht genügend entwickelt, als daß er in einen Typus der Homosexualität paßte, bei dem die aktive und passive Rolle abwechseln könnten. Erwachsen entwikkeln sich die Männer zu Heterosexuellen, die äußerst mißtrauisch gegenüber den fremden, geschlechtsbetonten Frauen anderer Stämme bleiben, die etwas von ihrem Samen stehlen und für ihre Zauberei aufheben wollen. Selbst gegenüber ihren eigenen jungen Frauen, die sie ernährt und gepflegt haben, gibt es kein volles Vertrauen, sondern nur eine Zeremonie, bei der die Geschlechtsausscheidungen jeden Partners dem anderen zeremoniell anvertraut werden. Denn selbst die Paarung innerhalb des genau umgrenzten häuslichen Bereichs kann am Ende gefährlich sein. Sie beschäftigen sich sehr wenig mit Kriegsführung, sie lassen sich von ihren aggressiveren Nachbarn erpressen, übertölpeln, einschüchtern und ausrauben. Sie bewundern die künstlerischen Produkte anderer so sehr, daß sie praktisch keine eigene Kunst entwickelt haben. Wenn sie jagen, bauen sie Fallen und warten, bis das Tier hereinfällt oder aber ‹sie wandern im Busch umher, um nach Beute Ausschau zu halten› und streiten sich mit ihren Jagdpartnern, wer die Tiere zuerst erblickte. Die Männer-Zeremonien der *Arapesh*, von denen Frauen ausgeschlossen sind, betonen symbolisch das Wesen der Mutterschaft. Sie schneiden sich in die Arme, lassen das Blut herausfließen, mischen es mit Kokosnußmilch und geben es den Novizen zu trinken, die dadurch ihre Kinder werden. (Denn das Kind hat bei der Geburt lediglich das Blut der Mutter.) Von allen verschiedenen strengen Einweihungsriten, wie Subinzision, Peitschen mit Nesseln und anderem mehr, glaubt man, sie bewirkten ein Wachsen des Novizen. Junge Männer, die sorglos von verbotener Nahrung genossen haben — ein Ausdruck, der auch auf sexuelle Promiskuität angewandt wird — schneiden sich in den Penis und lassen Blut herausfließen, um ihre Gesundheit wiederherzustellen.

So betont die *Arapesh*-Form der Kinderaufzucht die Komplementarität in einer Weise, die von den Frauen sehr leicht in eine erwachsene feminine Geschlechtsrolle umgewandelt wird. Nur jene Frau leidet, die trotz dieser Erziehung noch positiv geschlechtlich ist und Interesse an der Klimax um ihrer selbst willen hat. Aber es ist eine Gesellschaft, die es viel schwieriger macht, ein Mann zu sein; besonders in all den bestimmten, schöpferischen, produktiven Lebensaspekten, von denen die gesamte Struktur einer Kultur abhängt. Während diese Erziehung für die meisten Frauen paßt, paßt sie nur für wenige Männer.

Aber die Empfänglichkeit ist nur eine von zwei Weisen des Verhaltens, die dem Mund des kleinen Kindes eigen sind und die auf andere Teile des Körpers übertragen werden können. Der Mund ist nicht nur weich und aufnahmefähig; die Kinderlippen sind zu mehr geeignet als nur zum sanften Pressen gegen die Brustwarze; der Mund ist ebenso auch ein greifendes, forderndes Organ, und die kleinsten zahnlosen Kinderkiefer sind bereits fähig, wild an einer Brust zu kauen, die sie nicht befriedigt. Wenn die Mutter ihr Kind zuerst in den Armen hält, kann sie es als eine empfängliche kleine Kreatur betrachten, aber auch als ein aktives, forderndes Wesen, das bereits mit Willen und Zähnen versehen ist. Diese aktive Beziehung ist immer noch eine wechselseitige, der Säugling fordert, die Mutter entspricht dem, entweder resigniert oder in aktivem Zusammenspiel, sie kann auch ihre Brust ärgerlich wegziehen, wenn das Kind zu große Anforderungen stellt. Wir finden unter den *Jatmul*-Kopfjägern das empfängliche und das fordernde Verhalten gut entwickelt. Von Geburt an wird der Säugling .behandelt, als wäre er ein abgesondertes kleines Wesen mit eigenem Willen; und gleich nach der Geburt, bevor noch die Mutter Milch hat, stößt ihm seine Amme ihre Warze liebevoll in den Mund, doch schon mit einem Anflug jener Gebärde, mit der Mütter später Wutanfälle ihrer Babies beenden, indem sie ihnen ihre Warzen, wie Korken in Sodawasser-Flaschen, in den Mund stoßen.

Sobald das *Jatmul*-Kind einige Wochen alt ist, schleppt die Mutter es nicht mehr überall mit sich herum oder läßt es auf ihrem

Schoß sitzen, sondern setzt es in einiger Entfernung auf eine hohe Böschung, wo es kräftig schreien muß, bevor es gefüttert wird. Hat sie sich vergewissert, daß es hungrig ist, geht die Mutter zu ihm und füttert es freigebig und bereitwillig; aber ein Kind, das lange nach seiner Nahrung schreien mußte, trinkt entschiedener, und mit erhöhter Heftigkeit stößt die Mutter ihre Warze in seinen Mund. Bevor das Kind den ersten Zahn hat, werden ihm Stücke zähen Vogelfleisches zum Kauen gegeben; und wenn seine Zähne hervorbrechen, kräftigt es sie an runden Muschelornamenten, die von seiner Mutter Hals herabhängen. In diesem Wechselspiel zwischen Mutter und Kind wird das Gefühl des Mundes als eines positiven, fordernden Organs geweckt, das sich nimmt, was es von einer Welt, die im ganzen nicht übermäßig ungern gibt, bekommen kann. Eine Haltung lernt das Kind der Welt gegenüber: wenn man hart genug kämpft, wird manches, was einen als etwas gleich Kräftiges behandelt, nachgeben, und Zorn und Selbstbehauptung werden belohnt[1]. Kinder beiden Geschlechts bilden sich Anschauungen, die später ihre gefühlsmäßige Stellung zur Paarung bestimmen werden; das Mädchen formt ein aktiveres Bild ihrer eigenen Rolle, der Knabe ein aktiveres Bild der weiblichen. Später werden bei den Initiations-Zeremonien den eingeweihten Männern riesige Vulva-Modelle auf die Köpfe gestoßen[2].

Frauen verabscheuen das Kindergebären

An einem Nebenfluß des Sepik leben die *Mundugumor*, unter denen die aktive Haltung der *Jatmul*-Frauen ihren Kindern gegenüber noch viel weiter getrieben wird. Die *Mundugumor*-Frauen verabscheuen geradezu das Kindergebären und mögen Kinder überhaupt nicht. Die Kinder werden in harten, dunklen Körben getragen, die ihre Haut kratzen, und später weit weg von der Brust auf den Schultern der Mutter. Die Mütter nähren ihre Kinder im Stehen und stoßen sie fort, sobald sie halbwegs satt sind. Ein gelegentlich adoptiertes Neugeborenes wird lange hungrig gelassen, damit es heftig an der Brust einer Frau saugt, bis Milch einschießt. Hier wird ein Charakter entwickelt, der zornige, eifrige Gier betont. Im späteren Leben wird der Geschlechtsverkehr wie die erste Runde eines Wettkampfes durchgeführt, und Beißen und Kratzen sind wichtige Teile des Vorspiels. Haben die *Mundugumor* einen Feind gefangen, verzehren sie ihn und lachen, wenn sie nachher davon sprechen. Als ein *Mundugumor* so wütend wurde, daß sich sein Zorn gegen ihn

1 Gregory Bateson ‹Social Planning and the Concept of ‚Deutero-Learning'›, in *Science, Philosophy and Religion, Second Symposium* (Conference on Science, Philosophy and Religion). New York, 1942, S. 81 bis 97. Dieser Artikel umreißt den allgemeinen Begriff des Lernens, wie er in diesem Buch benutzt wurde.

2 Eingehend beschrieben in Gregory Bateson ‹*Naven*›. Cambridge University Press, 1936.

selbst wandte, stieg er in ein Kanu und trieb den Fluß hinunter, um sich vom nächsten Stamm auffressen zu lassen.

In jedem dieser drei Stämme spielt der Mund eine wichtige Rolle als ein Weg, auf dem die Erwachsenen dem heranwachsenden Kind ihre eigene organisierte Haltung der Welt gegenüber mitteilen. Es scheint glaubhaft, daß jedes Kind, wenn es genährt wird, etwas über die Bereitwilligkeit der Welt lernt, Nahrung zu geben oder zurückzuhalten; verschwenderisch zu geben oder sparsam auszuteilen. Aber um als echte Übermittlung der Art zu dienen, die das Fundament für des Kindes Verständnis seiner Kultur und seiner Geschlechtsrolle abgeben soll, muß der Mund für den Erwachsenen ebenso von Interesse sein wie für das Kind. Wenn eine Frau ihr eigenes Bild von weiblicher Rezeptivität ursprünglich aus der Art geformt hat, wie sie als Kind ernährt wurde, wird ihr dieser Vorgang gegenwärtig sein, wenn sie ihre aufgerichteten Warzen in den Mund ihres Neugeborenen steckt; und von diesem Austausch scheint das grundlegende Lernen herzukommen. Natürlich unterscheiden sich die Kinder in der Empfindlichkeit ihrer Lippen, in ihrem Hunger-Rhythmus, in der Stärke ihrer Saugimpulse. Diese individuellen Unterschiede, die vielleicht wirklich systematisch mit Konstitutionstypen in Verbindung stehen, sind sehr wichtig für die Grundlegung des individuellen Charakters; jede dieser Individualitäten wird sich als eine Variation jener Haupthaltung entwickeln, die in der Gesellschaft, der Klasse oder der der Religion vorherrscht, in der das Kind aufgezogen wird.

Die Beherrschung der Eingeweide

In einigen Kulturen sind die Erwachsenen weniger interessiert am Mund und statt dessen mehr bemüht, das Kind zu einer frühen Beherrschung seiner Eingeweide zu erziehen. Das Nähren kann auf eine weniger beteiligte Art geschehen, dafür die Haupterziehung des Kindes auf das andere Ende des Magen-Darm-Kanals eingestellt sein, dessen Verhaltensmodi nicht passive Rezeptivität und aktive Aufnahme sind wie beim Mund, sondern Zurückhalten und Entleerung. Hier wechselt der Nachdruck von der komplementären Bezogenheit zu einer Betonung der Beziehung zwischen dem Kind und dem, was es zuerst aufnimmt und dann herausläßt. Hier werden Mensch-Ding-Beziehungen gelernt; reziproke Beziehungen werden stärker betont als die einfach komplementären. Die spätere Verschiebung einer Einstellung, die um die Ausscheidung kreiste, auf die Genitalien, ist für Prüderie, Hast und das Fehlen der Lust und der Vorspiele beim Geschlechtsakt verantwortlich. Dieser Charakter-Typ, bei dem die nachdrücklichste Verbindung zwischen Eltern und Kind in einer Betonung der Beherrschung der Ausscheidung bestanden hat, kommt recht häufig in unserer eigenen Gesellschaftsform vor. Wir finden ihn ganz hoch geachtet unter den *Manus*-Stämmen der Admiralitäts-Inseln, einer Gruppe betriebsamer Puritaner, deren Frauen niemals ihre Grasröcke schwenken — Grasröcke sind übrigens Artikel in dem unentwegt stattfindenden Güteraustausch —, deren Mädchen niemals zu flirten erlaubt ist und bei denen alle Liebe, selbst die Zuneigung zwischen Bruder und Schwester, in Waren gemessen wird. Hier, in diesen kleinen steinzeitlichen Dörfern, gab es Prostitution, und der Eigentümer der kriegsgefangenen Dirnen machte Geschäfte. Hier lockert eine Frau ihren Grasrock niemals, selbst nicht in den Höhepunkten der Geburt. Zwischen Ehegatten ist das Geschlechtliche eine hastige, heimliche, schamerregende Angelegenheit; und sonst ist es Unzucht, die von wachsamen, puritanischen Wachegeistern schwer bestraft wird. Die Rollen der Frauen und Männer sind sehr schwach differenziert; beide haben wichtigen Anteil am religiösen System, beide betreiben Geschäfte. Ist ein Mann dumm, suchen ihm seine Verwandten eine kluge Frau, um seine Mängel auszugleichen. Der Geschlechtsakt wird eine Art von gemeinsam vollzogener Exkretion; und das Verhalten, das beide Geschlechter während ihrer Kindheit gelernt haben, wird dabei ausgenutzt; allerdings nicht gleichmäßig, denn die sexuelle Rolle der Frau wird vollkommen herabgesetzt, während der Mann bis zu einem gewissen Grad weiter eine pflichtgemäße Aktivität ausübt. Aber die allgemeine Geringschätzung von Geschlecht und geschlechtlicher Anziehung ist derart, daß der Unterschied der Begriffe Mann und Frau wenig bedeutet. Ein gewisses Maß von Unzucht unter den jungen Leuten ist eine natürliche Begleiterscheinung eines solchen Erziehungssystems.

Weiter wiederum kann es Leute geben, die viel weniger Interesse an den beiden Enden des Magen-Darm-Kanals zeigen. Sie werden ihre Säuglinge sehr nüchtern, ohne emphatischen Nachdruck nähren, ihre Ausscheidungen als beiläufige Angelegenheit betrachten und verständigen sich statt dessen mit den Kindern durch die Art, wie sie sie tragen, wie sie ihre Arme und Beine im Zaum halten, ihre Haut drücken und das Zusammenspiel zwischen Kind und Träger in feste Form bringen. Die *Balinesen* repräsentieren ein Volk, das einen Teil des Kontakts durch den Mund leitet; aber der nachdrückliche Teil dieses Kontaktes liegt auf der vorgekauten (das ist soviel wie vorverdauten) Nahrung. Eine Mischung von Bananen und Reis wird zu einem kleinen Berg auf des hilflosen Kindes Mund gehäuft und unbarmherzig hineingestoßen, sobald das Kind den Mund öffnet, um zu protestieren. Aus diesem Angriff auf den Mund erfolgt, nicht unerwartet, im späteren Leben eine große Neigung, den Mund zu bedecken oder zu verstopfen. Gegessen wird mit großer Scham, während Trinken, dessen Prototyp das Trinken an einer aufgerichteten Brust darstellt, über der das Kind getragen wird, etwas recht Vergnügliches ist. Ein fundamentaler Widerspruch geht durch das *balinesische* Leben, zwischen heiter und ernst, fester Nahrung und deren Ausscheidung einerseits, flüssiger Nahrung und Urinieren andererseits, zwischen dem Schlafen mit der eigenen Frau und dem mit einer zufällig getroffenen Fremden. Das Kind begegnet der Zweiteilung zuerst in der Nahrungs-Situation. Aber ungleich den anderen vier Völkern, die ich gerade beschrieben habe, legen die *Balinesen* schon früh Nachdruck auf die Genitalien. Der Penis eines kleinen Jungen wird ständig von seiner Mutter, der Kinderpflegerin und der ganzen Umgebung gezupft, gezogen, geschnippt und geklopft. Bei dem leisen Kitzeln werden ständig die Worte ‹schön, schön, schön› wiederholt – ein Adjektiv, das nur auf Männer angewandt wird. Die Vulva des kleinen Mädchens wird sanft geschlagen mit dem begleitenden weiblichen Adjektiv ‹hübsch, hübsch, hübsch›. Es besteht sehr wenig Unterschied in der Art, wie eine Frau ein männliches Kind und der Art, wie sie ihres Kindes Penis anfaßt. Dasselbe Zupfen, dasselbe Klopfen geschieht immer wieder, während die Umstehenden das Kind in ihren Armen ebenso behandeln, wie sie eines kleinen Kindes Penis berühren.

Männliche und weibliche Homosexualität

Aber das meiste, was das *Balinesen*-Kind lernt, kreist um seinen ganzen Körper, darum, wie es von seiner Mutter als Teil ihres Körpers getragen wird; es ist passiv und entspannt, schwingt in einer Schlinge, wenn sie Reis gräbt oder mit schnellen rhythmischen Bewegungen arbeitet. Es entwickelt eine Teil-Gesamt-Beziehung zur Welt, in der jeder Teil seines Körpers ein Ganzes und doch jeder Teil des Ganzen ist. Die Wertschätzung der Sexualität ist zuerst einmal Wertschätzung des Penis selbst. Männliche Homosexualität ist nicht eine Frage ergänzender Betätigung, sondern eine Suche nach soviel Männlichkeit wie nur möglich; und wo weibliche Homosexualität vorkam – wie in den Palästen der alten Radschahs –, gehörten Penis-Attrappen wesentlich zum Spiel. Wenn kleine Kinder ihre Finger in den Mund stecken, scheint der Nachdruck eher auf der Erregung der Oberfläche der Finger als auf den Empfindungen der Lippen oder der Mundhöhle zu liegen. Liebesaffären sind Sache der Augen, das Vorspiel konzentriert sich fast vollkommen auf ein Blicke austauschendes Hofmachen; der Ausdruck für diese Augensprache ist ‹wie zwei kämpfende Hähne, die sich gegenseitig betrachten›, und das Gefühl der Spannung fällt rasch nach diesem ersten Aufeinanderprallen der Gefühle ab.

Selbst diese sehr skizzenhafte Darlegung des Weges, auf dem Angehörige verschiedener Kulturen einige ihrer eigenen ausgearbeiteten historischen und kulturellen Haltungen ihren Kindern übermitteln, wird wohl gezeigt haben, wie unendlich kompliziert der Prozeß des Formens eines Bildes von der reifen sexuellen Rolle für menschliche Wesen ist, die durch so viele Jahre hindurch solch ausgestalteten Druckverhältnissen der Erwachsenen ausgesetzt sind. Der Körper des Kindes mit seinen Öffnungen ist mannigfachen Eindrücken, Reizen, Verboten und Bewertungen ausgesetzt. Das Kind wird, je nachdem, nur von Frauen, von Männern und Frauen, von kleinen Mädchen oder von kleinen Jungen betreut. Er kann als Teil der Mutter behandelt werden, als eine ganze andere Person, als Insekt oder als ein Gott. Aber wie auch die Einzelheiten während der Lehrzeit des Kindes beschaffen sein mögen, der Geschlechtsakt der Erwachsenen selbst bleibt doch ein komplementärer Vorgang: der Mann geht ein, in die Frau wird eingegangen, wie sehr auch immer diese anatomischen Fundamente überdeckt und verzerrt werden mögen. Jedes Kind macht sich durch die Art, in der Erwachsene beiderlei Geschlechts es behandeln, ein Bild seines eigenen Körpers und ein Bild vom Körper des anderen Geschlechts, das letzten Endes Teil seiner eigenen geschlechtlichen Fähigkeit und seiner sexuellen Rolle sein wird. Wahrscheinlich erzeugt die Betonung des Mundes als einer Zone der Kommunikation zwischen Erwachsenen und Kindern die lebhafteste Bildwelt für den Geschlechtsakt; aber gleichzeitig birgt sie außerordentliche Gefahren, weil eine zu starke Wertschätzung des Lohnes der Rezeptivität mit einer erwachsenen männlichen Rolle unvereinbar ist und sogar zur Inversion führen kann; zu starker Nachdruck auf dem betont fordernden Aspekt des Mundes kann ein weibliches Bild aufbauen, das über-aktiv, überfordernd und bedrohend ist. In ehelichen Streitereien unter den *Jatmuls* beklagen sich die Männer bitter, daß ihre Frauen zuviel von ihrer Paarungskraft verlangen.

Aktivität und Passivität

So haben wir gesehen, wie der Nachdruck auf Mund oder Genitalien einen grundlegend komplementären Charakter hat und dazu neigt, die Einstellungen in der Richtung Aktivität gegen Passivität, Aufforderung gegen Antwort, Eindringen gegen Aufnehmen auszubauen. Wir haben ebenso gesehen, wie die Betonung der Entleerung sehr leicht eine Betonung der Reziprozität, des Aufnehmens, des Zurückhaltens und Wiederhergebens, des abgemessenen Gebens und des abgemessenen Empfangens erzeugen kann. Um solches Verhalten symmetrisch zu organisieren, ist es notwendig, diese Teil-Beziehungen, die alle wesentlich asymmetrisch sind, zu übergehen oder zu verzerren. Wo solches Verzerren aktiv geschieht, finden wir Situationen wie bei einem Streit zwischen *Jatmul*-Frauen, wo eine sagt: ‹Ich werde dich beschlafen!› und die andere mit gleicher Wut antwortet: ‹Womit?›. Der *Balinesen*-Mann bewahrt symmetrische Beziehungen durch ein spezifisches Abweisen komplementärer Situationen. Er bedeckt seinen Mund, schließt die Augen, verleugnet seine Reaktionsbereitschaft und Rezeptivität und weigert sich, sich durch Rhetorik beeinflussen zu lassen. Er beugt sich nieder, und wenn ein sozial Höherstehender auch nur einen Anflug höchst andeutungsweisen komplementären Verhaltens versucht, übersteigert er sofort sein eigenes Verhalten ins Komplementäre und bringt den über ihm Stehenden in die Gefahr, zu fallen. Der Höherstehende muß das komplementäre Stück Arroganz aufgeben, um sein eigenes Gleichgewicht wiederherzustellen.

Aber eine nicht minder bedeutsame Reihe von Lehren, eine Reihe, die später in die Auffassung des Kindes von seiner eigenen geschlechtlichen Rolle verwoben sein wird, wird dem Kind durch die Größenunterschiede in der Umwelt dargeboten. Die Größenunterschiede zwischen Eltern und Kindern scheinen oberflächlich gesehen festzustehen und daher unveränderlich zu sein; tatsächlich machen indessen die Kulturen sehr verschiedene Dinge daraus. Die Erwachsenen können die Ähnlichkeit des Kindes mit den Eltern betonen, indem sie das Kind wie einen Erwachsenen anziehen, den Größenunterschied verkleinern und den Geschlechtsunterschied vergrößern. In Teilen Alt-Japans konnte ein vierjähriger Knabe, weil er ein Mann war, seine Mutter und die anderen weiblichen Hausbewohner terrorisieren. Seine Männlichkeit machte den Größenunterschied wett, der es irgendeiner der Frauen möglich gemacht hätte, ihm eine gesunde Tracht Prügel zu geben. Jedesmal, wenn Gleichheit des Geschlechts auf Kosten des Gegensatzes in der Größe betont wird, werden die Bedeutung und der komplementäre Charakter der beiden Geschlechter hervorgehoben. Aber wenn Kinder als den Erwachsenen beider Geschlechter in Größe und Stärke unterlegen zusammengefaßt werden, dann werden Geschlechtsunterschiede verkleinert. Manche Kulturen variieren das eine Thema, andere beide. So gibt es bei den *Jatmuls*, die eine starke Vorliebe für symmetrisches Verhalten haben, wo symmetrisches Verhalten nicht möglich ist, ausgeklügelte Mittel, die Möglichkeiten des komplementären Verhaltens zwischen Männern in der Hand zu behalten. Das kleine Kind lernt gleichzeitig die Möglichkeiten der Passivität und Rezeptivität dadurch, wie die Mutter es nährt und dadurch bestätigt, und die Vorteile der Selbstbehauptung dadurch, daß es nicht gefüttert wird, bevor es nicht selbst sein Recht geltend gemacht hat. Mütter behandeln ihre Neugeborenen nicht nur, als wären sie selbständige Wesen mit eigenem Willen, es ist auch ein gewohnter Anblick, zu sehen, wie eine Mutter ihren Willen einem Zweijährigen gegenüber durchzusetzen versucht, der mit Schreckensschreien vor ihrem erhobenen Stock davonläuft — vor einem Stock, der jedoch niemals schlagen wird. Dem bis zum äußersten erregten Kind wird erlaubt zu entweichen, die Mutter kehrt zu ihrer unterbrochenen Arbeit zurück und murrt über seine große Stärke und Halsstarrigkeit. Erwachsene Männer überschütten kleine Knaben mit Steinwürfen; zornige Väter laufen durchs Dorf und stoßen Verwünschungen gegen ihre achtjährigen Knaben aus, die etwa gerade ein wertvolles Sago-Feld niedergebrannt haben. Auf tausendfache Art sagt die Welt der Erwachsenen dem Kind: ‹Du bist sehr stark. Stärker als du aussiehst und stärker als du dich fühlst. So stark, daß du unser vielleicht erfolgreichster Rivale bist.› Und wenn die Mutter Nahrung aufhebt, um zu essen, schreit das Kind vor Wut und veranlaßt sie, ihm das erste Stück zu geben.

Aber trotz dieser großen Prämie auf die Stärke werden kleine

Knaben mit kleinen Mädchen und Frauen zusammen den Männern gegenüber eingeordnet, die die stärksten von allen sind oder es sein möchten. Kleine Knaben sitzen mit ihren Müttern in den Trauerhäusern, sitzen mit genauso anmutig geneigten Rücken wie kleine Mädchen über ihrem Spiel-Kochzeug und tragen liebevoll die Babies umher. Sie hören Dutzende von Worten für Unzucht, die im Dorf herumgeschrien werden, ganz gleich, welchen Geschlechts der Schreier ist; aber wenn zwei kleine Knaben versuchen, das auszuführen, was sie gehört haben, bewaffnen ältere Knaben sie mit Stökken und zwingen sie, gegeneinander zu kämpfen. Im Erwachsenenleben sind gewisse komplizierte Riten ein häufiges Element des zeremoniellen Lebens, bei denen Männer sich als Frauen verkleiden, um deren Minderwertigkeit zu karikieren, und Frauen als Männer, die den prahlerischen männlichen Bombast karikieren.

Und doch sind in jeder Gesellschaftsform Männer durchschnittlich größer als Frauen und meist auch stärker als sie; und Erwachsene sind größer und stärker als Kinder. Ein kleiner Knabe kann fühlen, daß seine Männlichkeit tief und endgültig in Frage steht, weil er so viel kleiner ist als ein erwachsener Mann; oder aber er fühlt, daß seine Männlichkeit ein unübertragbarer und absoluter Besitz ist, weil sie ihm eine Position des Beherrschens oder des Vorzugs über eine viel größere Frau gibt. Ein Mädchen kann, wenn die Kinder beiden Geschlechts der Erwachsenen-Welt gegenübergestellt werden, seine Kindheit damit verbringen, daß es auf gleicher Basis mit Knaben kämpft, von denen viele kleiner oder schwächer als es selbst sind, und so begreifen lernen, daß es ebenso stark oder stärker ist als ein Mann. Ein Mädchen kann, während es noch ein kleines Kind ist, mit so übertriebener Ritterlichkeit behandelt werden, daß es einen Wert auf seinen weiblichen Charme legt, der niemals erlernt werden könnte, wenn er ihr nicht von Männern überragender Größe und Wichtigkeit zuerkannt worden wäre.

So ziehen sich diese drei Themen: Komplementarität, Reziprozität und Symmetrie durch den langen Prozeß des Lernens, einander durchdringend und umformend, bis etwa eine Seite der Komplementarität so nachdrücklich betont wird, daß sie eine Form symmetrischen Verhaltens wird und nur durch den Altersunterschied die einzige Asymmetrie hervorgerufen wird. So ist es bei den *Arapesh*, wo die Ehemänner wesentlich älter wirken als ihre Frauen, weil deren Rezeptivität und Ansprechbarkeit so sehr betont werden, oder die bejahende, angreifende Seite des Stillverhältnisses kann für Mutter und Kind beherrschend und so können beide Geschlechter selbstsicher und fordernd werden. Die Wege des Körpers werden über den Körper selbst erlernt.

Im vorhergehenden Kapitel verfolgten wir den Weg, auf dem die wechselseitige Verständigung des Kindes mit seiner Umwelt, vor allem mit seiner pflegenden Mutter, seine ersten Erwartungen und sein erstes Verständnis des komplementären Charakters der Geschlechtsbeziehungen formte. Nun wollen wir betrachten, wie diese sieben Südsee-Völker in Ritual und Zeremonie die relative Rolle von Mann und Weib festgelegt, wie sie die grundlegenden anatomischen Unterschiede bewertet oder entwertet haben.

Aus den Aufzeichnungen über Männer-Häuser mit hoch sich erhebenden geschnitzten Säulen, über Frauen, die fischen, während ihre Männer Reden halten; oder über Männer, die Ochsen treiben, während ihre Frauen Dankopfer abhalten; über Männer mit Locken, deren Frauen lebhaft, kahlköpfig und geschäftstüchtig sind; oder über Frauen, die so gehen, daß ihre Grasröcke fortwährend um sie herumschwingen, und über Männer, die alt werden vom Kindertragen, könnten wir in zweifacher Richtung Aufklärung gewinnen. Sie geben uns nicht allein Aufschluß über die Möglichkeiten in unserer eigenen Gesellschaft — oder in irgendeiner uns gut bekannten —, sie machen es uns auch möglich, einige der fundamentalen Beziehungen zwischen Mann und Weib, die durch die Verworrenheit und Mannigfaltigkeit unserer modernen Lebensart verdunkelt werden, klarer zu sehen.

Wände trennen uns in den wichtigsten Momenten unseres Lebens voneinander. In den Schulen trennen wir ein Alter vom anderen, Kleider trennen uns von unseren eigenen Körpern wie vom Körper anderer. Die wenigen Gelegenheiten, bei denen wir die Wände niederreißen, z. B. das eine Begräbnis, dem man unmöglich fernbleiben kann; die eine Hochzeit, wo sich die Bedeutung der Heirat noch dem weinumnebelten Bewußtsein der Hochzeitsgäste aufdrängt, die unwillkürlich weinen, es bereuen und nicht wissen, warum sie weinten; die eine Geburt, wo Kleidung und Aufwand (ausreichend für hundert *Samoaner*-Kinder) beredt davon sprechen, wie unvorbereitet Vater und Mutter zu Eltern werden — alle diese Gelegenheiten dienen uns eher dazu, unser Bild von uns selbst und vom anderen Geschlecht noch phantastischer und weniger unmittelbar zu gestalten als umgekehrt.

Puritanische Regeln

Vielleicht ist es in der Mitte des 20. Jahrhunderts in den Vereinigten Staaten schwerer, über die einfachen körperlichen Umrisse unseres Menschentums nachzudenken, als es in früheren Perioden der Fall war, weil wir in einer jener Zeiten leben, in denen das Pendel vorübergehend stark nach einer Seite ausschwingt. Denken wir nur an die Hemmungslosigkeit während des Krieges oder auch an die wachsende Unanständigkeit unserer Reklamen und unserer Ausdrucksweise. Das *Pin-up-Girl* mit noch so langen Beinen gibt dem

Mann, der es sich an die Wand heftet, keineswegs das Gefühl des Zu-Hause-Seins in seinem eigenen Körper oder in dem dieses Mädchens. Unsere Gesellschaftsform hat uns dazu erzogen, unsere Körper aus unserem Denken auszuschalten. Das kostet uns um so mehr Anstrengung, als uns überall Bilder mit halbbekleideten, verführerischen Frauen entgegentreten. Der Puritaner mag in seinen schwachen Augenblicken häufiger, aber nicht leichter sündigen, und die Nähe zu ihrem körperlichen Selbst wird unweigerlich noch immer von denen als Bedrohung empfunden, deren Maßstäbe von Beherrschung, Verantwortung und Schicklichkeit auf dessen Verleugnung aufgebaut sind. Die Lösung für die Schwierigkeiten einer puritanischen Gemeinschaft liegt nicht in einer Reihe von *Pin-up-Girls*, deren zur Liebe geschaffene Brüste ausdrücklich nicht zum Nähren ihrer Kinder gedacht sind. Sie liegt darin, uns in unseren Kleidern behaglicher zu fühlen; sie auszuziehen, vergrößert nur unsere Angst.

Wenn wir exotische Völker studieren, deren ganze Lebensart fremdartig aufgebaut ist und die überdies in einem Klima leben, in dem Nacktheit Anpassung bedeutet und nicht einfach fehlende Geschicklichkeit, Ledergewänder zu nähen oder Sohlen auf die Schuhe zu machen, haben wir Gelegenheit, dem Körper durch seinen Wachstumsprozeß zu folgen, Erwachsene und Kinder zu beobachten, wie sie durch die Art, in der der Körper des Kindes behandelt wird, miteinander verbunden sind – und behalten dennoch unsere Kleider an. Ohne direkten Bezug zu uns selbst und in hinreichender Distanz zu modernen Büstenhaltern und der Reaktion des Großvaters, wenn seine Enkelin einen trägt, können die Wege des Körpers aus genügendem Abstand in feinem Umriß verfolgt werden, und vielleicht keimt uns dabei ein neues Verständnis dafür auf, was menschliche Wesen sind und welche Kräfte ihnen eigen sein können, wie es uns kein Entblößen einer irritierten und empfindlichen Haut zu Hause jemals lehren könnte. Die Suche des 18. Jahrhunderts nach dem edlen Wilden, nach den von den Ränken der Schlange noch unberührten Bewohnern des Paradieses, erscheint als eine Flucht, als ein Stück Voyeurismus oder als eine Suche nach Verständnis. Und selbst der abgehärtetste und seinem Wesen entfremdete Geschäftsmann, der zu Hause ein vorbildliches Benehmen zeigt, ergibt sich erheblich der Ausschweifung, wenn er in die Großstadt geht, und kommt er, durch die auf den Plakaten zur Schau gestellten Brüste angelockt, nach Bali, dann steht er da und fragt: ‹Warum sind die Leute so zufrieden?›

Kinderspiele vom Kinderkriegen

Wenn wir also zu den kleinen Jungen und Mädchen zurückkehren, die in einer Welt leben, wo die Körper von Männern und Frauen jeden Alters leicht bekleidet sind und das als selbstverständlich gilt, so finden wir, daß das kleine Mädchen lernt, sie sei ein Weib und müsse nur einfach warten, um eines Tages selbst Mutter zu sein. Der kleine Knabe lernt, daß er ein männliches Wesen ist, und daß er eines Tages, wenn er seine männlichen Aufgaben richtig erfüllt, ein Mann sein wird, der fähig ist zu beweisen, wie männlich er ist. Wenn er Mädchen und Frauen ansieht und ihre Körper mit dem seinen vergleicht, hat er die Wahl, ganz unparteiisch zu sagen: ‹Ich bin ein Mann, und sie kann es niemals werden› oder ‹Ich bin ein Mann und kann in eine Frau umgewandelt werden› oder ‹Sind die Frauen nicht in Wahrheit auch Männer?› Es scheint möglich, daß die Gegenwart so vieler unverheirateter und kinderlosen Frauen in der abendländischen Gesellschaft einer der Faktoren ist, die das männliche Gefühl blind dafür machen, daß Frauen Kinder gebären und der Mann nicht, und die sein Empfinden verstärken, daß Frauen unvollkommene, kastrierte, unvollständige, verstümmelte Männer seien, die niemals so wichtig werden könnten wie er, weil sie nicht so voll ausgerüstet sind wie er. Ähnlich wird dem kleinen Mädchen der modernen Gesellschaft, das die Frauen um sich herum beobachtet, nicht mehr die sichere Empfindung vermittelt: ‹Ich werde eines Tages ein Kindchen bekommen, weil ich ein Mädchen bin›. Der Unterschied zwischen den Geschlechtern, der den Kindern in unserer Welt eingemauerter, abgesperrter Wohnungen nachdrücklich aufgezwungen wird, hat mit Unterschieden der Beschäftigung, der Kleidung und der Vorrechte zu tun. Nicht alle Frauen haben Kinder, aber die meisten Männer brauchen kein Geschirr abzuwaschen. Es sind Männer, die Flieger, Gangster, Schiffskapitäne und Polizisten sind; Männer, die Skisprungmeisterschaften gewinnen und Präsident werden. Bezeichnenderweise waren die Vereinigten Staaten nicht in der Lage, passende Rollen für die Frau des Präsidenten und für seine Kinder zu finden; sie haben beide nur vorübergehende und mittelbare Funktionen.

Aber in Gesellschaften, in denen jede Frau heiratet und selbst die sterile Frau wahrscheinlich ein Kind adoptieren und stillen lassen kann, wo Schwangerschaft ein einschneidendes und interessantes Ereignis ist, lernen kleine Knaben, daß sie keine Kinder haben können, wieviel sie auch spielen, daß sie es könnten, und sie drücken solche Wünsche später kollektiv in Zeremonien aus, die Schwangerschaft und Gebären nachahmen. Sicherlich, die ganze soziale Umgebung, die Zusammenfassung von Männern und Frauen in Familien, die Verwandtschaftsbezeichnungen sagen ihnen, daß sie Väter sein werden, aber das Vater-Sein ist schwerer zu erfassen als das Mutter-Sein. Das kleine Mädchen legt seine Hand auf den schwellenden Leib seiner Mutter: dort ist ein Baby, und eines Tages wird in seinem Körper, der wie der seiner Mutter geformt ist, auch ein Baby sein. Es geht fort, um im Sand zu spielen, bedeckt seine Vulva mit Sand, um sich, das einst selbst Gefäß eines neuen Lebens werden wird, einzuhüllen. Es setzt eine Puppe, einen jungen Hund, eine Spielzeug-Gurke oder seine kleine Schwester sanft in einen eingehegten Platz und kann sich direkt in die Zukunft hineinversetzen. Seine gegenwärtige sexuelle Fähigkeit ist negativ, während die des Bruders positiv ist. Er kann mit seiner Männlichkeit prunken, während das Mädchen nur auf seine Mutterschaft warten kann.

Seine Ausrüstung zur Liebe ist selbst dem kleinsten Knaben offenbar, aber was bedeutet es, Vater zu sein? Das ist etwas, was außerhalb des eigenen Körpers in dem eines anderen vor sich geht. Außerdem beansprucht es eine lange Zeit. Einer der Gründe, warum es so schwer ist, die Leute von der Bedeutung richtiger Ernährungsweise zu überzeugen, gegenüber der Wichtigkeit der bloßen Nahrung, ist, daß die Auswirkungen eines Vitamin C-Mangels erst so spät sichtbar werden, daß selbst viele Erwachsene einfach nicht daran glauben können. Kleine Kinder, deren Zeitspanne viel kürzer und deren Begreifen der Zukunft viel unsicherer ist, können die ganze Frage der Befruchtung, der die Geburt so viele Monate später folgt, viel schwerer begreifen als Schwangerschaft und Geburt. Die eingehende Symbolanalyse von Spielen kleiner Kinder ergibt, daß kleine Knaben, die ihre Fingerzeige dem Erwachsenenleben entnehmen, Paarung und Schwangerschaft spielen; viel seltener aber Schwängerung, einen Ablauf, den sie selber einleiten, aber jemand anders vollenden muß. Der Mann und die Frau nehmen die Einbildungskraft des kleinen Knaben gefangen: er als Liebhaber und Handelnder, der seine Männlichkeit beweisen muß, sie als diejenige, die Kinder hervorbringt und manchmal als weniger großer und manchmal als größerer Vollender angesehen wird. ‹Warum paarst du dich nicht mit deiner Frau, anstatt sie zu schlagen?› ruft der sechsjährige kleine *Manus*-Knabe. Seine Wahrnehmungen des Geschlechtsaktes sind zahlreich und vielfältig, so zahlreich und vielfältig wie die Praktiken und Emotionen, denen die Erwachsenen seiner Gesellschaft Ausdruck geben, aber sein Begriff von Vaterschaft ist vage, unbestätigt von seinem eigenen Körper.

Begriff der Vaterschaft und der Mutterschaft

Ganz gleich, ob die Erwachsenen ein aktives oder verbietendes Interesse an den Genitalien des Kindes nehmen, die Kinder selbst werden ihre Unterschiede gewahr. Beide Geschlechter erfahren Momente stürmischer, orgiastischer Lust, und Knaben scheinen diese Momente leichter mit ihren Genitalien in Verbindung zu bringen als Mädchen. Beide Geschlechter lernen allmählich — oder zuweilen auch plötzlich —, daß die verschiedenen Namen, Redensarten und Verhaltensweisen, mit denen sie als Knaben oder Mädchen bedacht werden, wie: ‹ein kleiner Mann› oder ‹eine kleine Frau›, oder ‹ein männliches Ding› oder ‹ein weibliches Ding›, besonders auf ihre Genitalien Bezug nehmen. Diese Erkenntnis wird jedoch sehr verschiedene Bedeutung bekommen, je nach dem Ausmaß, in dem es dem Kind möglich ist, den stetigen Zusammenhang zwischen seinem kleinen Kinderkörper und dem der Erwachsenen zu begreifen.

Die Welle ernsthafter Bestrebungen, einige der Tabus wegzuräumen, die nicht mehr in eine Gesellschaft passen, die sich seit deren Entstehung so grundlegend gewandelt hat, hat kürzlich in den Vereinigten Staaten eine Epidemie elterlicher Versuche erzeugt, ihre

Kinder vor einigen der falschen Vorstellungen, die die Psychoanalyse bei neurotischen Patienten entdeckt hatte, dadurch zu schützen, daß sie sich vor ihnen nackt zeigten. Als der nächste Schub von Neurotikern — diesmal kleine Kinder — ins Sprechzimmer kam, gab es neuen Alarm, denn die Kliniker mußten zugeben, daß diese Methode nicht das Allheilmittel sei, für das es angesehen wurde. Die Kinder würden meist erschreckt und verwirrt und könnten ihre Sexualität nicht begreifen.

Diese wohlmeinenden Reformer hatten ein wichtiges Glied in der Kette der Erfahrungen übersehen. Was das kleine Kind in einer primitiven Gemeinschaft erfährt, und was es heute in unseren Strandbädern auch mehr und mehr erfährt, ist die Sicherheit, daß es eine kontinuierliche Reihe von Stufen zwischen seinem kleinen Körper und dem des Erwachsenen gibt. Der kleine Knabe muß die Veränderungen in Körperform und Haar, die allmählich sich entwickelnden Genitalien, das Sprießen der Haare auf der Brust und in den Achselhöhlen und den ersten weichen Wangenflaum, den kein Barbier erkennen kann, sehen, um das Gefühl seines Selbst, das noch so klein und unentwickelt ist, mit dem Mann zu verbinden, der er einmal werden wird. Und das kleine Mädchen muß, um gleichermaßen sicher zu sein, wissen, daß es eines von vielen Mädchen ist, die sich über das heiratsfähige Mädchen mit knospenden Brüsten zur reifen jungen Frau und schließlich bis zur schwangeren, hochschwangeren, zur Frau nach der Geburt und zur stillenden Mutter entwickeln. Das ist möglich in jenen primitiven Gesellschaften, in denen der Körper kaum bedeckt ist und die meisten körperlichen Veränderungen dem Auge des Kindes sichtbar sind. Der Erwachsene kann dabei sittsam sein, im tiefsten Sinn des Wortes Sittsamkeit, und niemals dem unvorbereiteten Auge des anderen irgendeinen entblößten Körperteil aufdrängen, der ihn erschrecken oder verlegen machen könnte, — wie etwa der männliche *Balinese*, der nackt gebadet hat und beim Weggang vom Bad seine Genitalien leicht mit der Hand bedeckt. Aber dem Auge des Kindes wird das ganze Schauspiel menschlicher Entwicklung von früher Kindheit bis zur vollen Reife sichtbar, wenn dieses Auge zum Sehen freigeblieben ist und nicht erschreckt oder in Blindheit gestoßen wurde. Die verwirrenden und erschreckenden Vergleiche zwischen dem kleinen Knaben und seinem Vater — die einzige Verkörperung der Männlichkeit, deren Anblick ihm in einem mühsam genug aufgeklärten Zuhause gestattet wird — zeigen nicht die charakteristischen Züge einer solchen Erfahrung.

Grausame Einführungsriten

Solche Erfahrungen können natürlich selbst in einer Gesellschaft ohne Kleider erschreckend gemacht werden. Primitive Völker können dem heranwachsenden kleinen Knaben sehr tiefe Ängste einflößen Die Einbildungskraft des Menschen hat so viele subtile Wege entwickelt, die mystischen Bedingungen seines Daseins zu verschleiern, daß es in Süd-Amerika, Afrika und in der Südsee Stämme gibt, bei denen der Widerstand der alten Männer gegen die aufblühende Sexualität der Jungen Ängste erzeugt, die später durch Pantomimen und grausame Einführungsriten ausgedrückt werden, in denen die jungen Männer beschnitten werden, ihre Zähne ausgeschlagen bekommen, auf verschiedene Weise entwürdigt, herabgesetzt und gedemütigt werden, und nach denen ihnen dann erst gestattet wird, Mann zu sein. Der Kontrast zwischen klein und groß, besonders wenn er sich mit der Erkenntnis verbindet, daß eines Tages Handeln erforderlich ist, besteht immer, und auf ihm kann eine ganze Kultur, aber auch die verwirrte oder übersensitive Einbildungskraft eines einzelnen Kindes spielen.

Doch wir wollen jene Gesellschaftsformen betrachten, in denen das kleine Kind das ganze normale Wachstum und den ganzen Ausdruck des erwachsenen Körpers erlebt und in denen die Initiationsriten nicht von solch überwältigenden Kastrationsempfindungen begleitet wird. Der kleine nackte Knabe geht mit unsicheren Schritten und schwankendem Gleichgewicht im Dorfe umher. Wenn er ausgleitet, greift seine Hand zum Penis, um das Gleichgewicht zu wahren. Oder er faßt, wenn er gestolpert ist, nach dem Penis, um sich zu vergewissern, daß er noch da sei und auch, um Unterstützung zu finden. Es gibt keine dunklen Stellen in der Sprache, die es verhindern, daß man den Penis überhaupt bei Namen nennt, oder die ihn entwerten und so tun, als wäre er nicht vorhanden, wie das in Sprachen geschehen kann, in denen Prüderie die menschliche Zunge aller Worte für die Zeugungsorgane oder den Zeugungsakt beraubt hat — gewöhnlich wegen einer unglücklichen Über-Assoziation mit Akten der Exkretion. Die Leute sprechen zu ihm von seinem Penis, wie sie es von seinen Armen oder Beinen, seinen Augen oder seiner Nase tun. Es ist etwas, das er unzweifelhaft endgültig hat. Er ist ein Mann. Er ist klein, aber eines Tages wird er über die Stufen, die die heranwachsenden Knaben um ihn herum vertreten, zum Erwachsenen werden. Er wird ein Mann sein und keine Frau.

Primitive Völker ohne Prüderie

Der Leser, der in der Literatur über Neurotiker der Mittelschicht der gegenwärtigen abendländischen Gesellschaft bewandert ist, wird sich wundern, warum ich nicht zuerst die Erlebnisse des kleinen Mädchens erörtere, die verwundende Erfahrung, daß es weniger gut als sein Bruder für den Lebenskampf ausgerüstet ist. Aber dieses abendländische Erlebnis, das unzweifelhaft oft genug vorkommt, um ein sehr häufiges Charakteristikum jener Frauen zu sein, die ihren Weg zur Couch des Analytikers finden, geschieht auf einem Hintergrund einer schamhaft bekleideten Gesellschaft, in einer Gemeinschaft, die männliche Stellungen so bevorzugt hat, daß der Neid auf die Rolle, die der Vater spielt, mit einem Erkennen der augenfälligeren anatomischen Ausrüstung des kleinen Bruders oder des Freundes unlöslich verschmelzen kann. Wie wir später in einer Untersuchung über die Ausformung der Geschlechtsrolle, die die Gesellschaft entwickelt hat, sehen werden, ist der Neid auf die Rolle des anderen Geschlechts bei einigen Individuen in jeglicher Gesellschaft beinahe unvermeidbar, aber heftiger Neid auf die Anatomie des anderen Geschlechts ist eine ganz andere Sache, die sich herausbilden kann, aber nicht muß.

Den kleinen nackten Kindern, die flink in der Sonne unter den Palmen umherlaufen, ist die Geschlechtszugehörigkeit des kleinen Mädchens ebenso klar wie die ihres Bruders; aber das Mädchen kann weniger damit anfangen. Wenn es stolpert oder fällt, faßt es sich an den Kopf oder versucht, seine Arme über der Brust zu falten. Seine Weiblichkeit liegt tief in ihm verborgen: nichts, was es berühren, sehen, auf das es sich verlassen oder mit dem es prunken kann. In jenen Gesellschaften, in denen die Geschlechtszugehörigkeit der Kinder von Erwachsenen anerkannt wird und Männer das kleine Mädchen mit schmeichelnder Aufmerksamkeit behandeln, wo Frauen die kleinen Knaben foppen und reizen, antworten die Mädchen mit Bewegungen des ganzen Körpers, der sich in anmutigem Genuß seiner weiblichen Ausdrucksmöglichkeit schlängelt und offenbart. Der kleine Knabe spreizt sich, zuweilen mit besonderer Betonung seines Penis, öfter aber schwingt er, wenn er herumspringt oder spielt, Beil, Messer, Stock und Stange über dem Kopf. Sein Benehmen ist, insofern es männlich ist, eine konzentrierte, wenn auch symbolische, phallische Übertreibung, während das seiner Schwester verschwommener ist und den ganzen Körper einschließt. Der kleine Knabe ist seiner spezifischen Männlichkeit sicher; aber es scheint nicht so sicher zu sein, daß er richtig mit ihr umgehen kann. Zur Ergänzung braucht er verschiedene symbolische Objekte. Sehr oft schreit er auch, um die Kraft seiner Haltung durch die seiner Stimme zu verstärken.

Das kleine Mädchen sieht in solch einer Gesellschaftsform auch, wie Schwangerschaft mit der größten Offenheit und Selbstverständlichkeit behandelt wird. Die Geburt selbst kann vor den Augen aller Nicht-Erwachsenen verborgen werden; Kinder können von der Geburt fern bleiben, wie in *Bali*, weil sie durch Erzählungen von Hexen erschreckt werden, die unterwegs sind, um das Neugeborene wegzuschnappen; sie können von den Erwachsenen sorgsam ferngehalten werden, wie bei den *Arapesh*; sie mögen mit einem Hagel kleiner Steine weggescheucht werden und wiederkommen, um durch die Risse in den Wänden zu spähen, wie in *Samoa*. Aber nirgendwo wird in diesen sieben Gesellschaften die Schwangerschaft verborgen; und es bedarf tatsächlich schwerer Kleidung, verschlossener Häuser und eines Wirtschaftssystems, das Frauen von fast jeder produktiven Arbeit abhalten kann, um zu erreichen, daß die Schwangerschaft vor den Augen der Welt verborgen bleibt, wie es gewisse Klassen in Europa im letzten Jahrhundert machten. ‹J Wajan ist schwanger; eines Tages wirst du schwanger sein. Meine Güte! Was für ein fettes, kleines Bäuchlein du hast! Bist du vielleicht jetzt schon schwanger?› In *Bali* spazieren die kleinen Mädchen zwischen zwei und drei Jahren häufig mit absichtlich vorgeschobenen Bäuchen herum, und die älteren Frauen berühren sie spielerisch, wenn sie vorbeigehen. ‹Schwanger›, scherzen sie. So lernt das kleine Mädchen — obgleich die Zeichen seiner Zugehörigkeit zum eigenen Geschlecht schwach sind, seine Brüste nur kleine Knöpfe, nicht größer als die seines Bruders, und sein Genital eine einfache, unmerkliche Falte —, daß es eines Tages schwanger sein, eines Tages ein Kind haben wird. Und ein Baby haben ist im ganzen eine der aufregendsten und deutlichsten Leistungen, die den Augen kleiner Kinder in dieser einfachen Welt gezeigt werden können, in dieser einfachen Welt, in der die größten Gebäude nur viereinhalb Meter hoch sind und das größte Boot gegen sechs Meter lang ist. Das kleine Mädchen lernt weiterhin, daß es nicht deshalb ein Baby bekommt, weil es stark oder energisch oder unternehmungslustig ist, nicht weil es arbeitet, sich abmüht, versucht und am Ende Erfolg hat, sondern einfach, weil es ein Mädchen ist und kein Knabe, und weil Mädchen zu Frauen werden und zum Schluß Kinder bekommen, wenn sie nur ihr Weibtum schützen. Ihre Gesellschaft schreibt für ältere Mädchen gewisse Vorsichtsmaßnahmen vor — sie haben Nahrungs-Tabus einzuhalten oder sich mit stechenden Nesseln abzureiben, um das Wachstum der Brüste zu fördern; aber durchweg liegt der Nachdruck auf dem Schutz einer natürlichen Entfaltung, vor allem einer leichten Vergrößerung der Brust, nicht auf Anstrengung und Kampf. Seine Geschlechtszugehörigkeit mag jetzt noch nicht so sichtbar sein wie die seines Bruders; aber es hat nur zu warten, zu sein, und eines Tages wird es ein Kind haben.

Neid auf das andere Geschlecht

Was bedeutet indessen seine gegenwärtige und zukünftige männliche Rolle für den kleinen Knaben, der in einer Gesellschaft aufwächst, in der die Rolle der Frau bei der Fortpflanzung so in die Augen springt? Hier können wir zwischen diesen sieben Gesellschaften scharfe Unterschiede verzeichnen. Nicht gerade zwischen jenen Gemeinschaften, in denen die Leistungen der Männer ganz besonders auffallen im Gegensatz zu denen, wo sie es am wenigsten tun; denn die großen Männer-Häuser des Sepik-Flusses sind die auffälligsten Leistungen irgendeiner der sieben Gesellschaften. Die Unterschiede werden nicht in jenen Gesellschaften besonders markant, in denen Mann und Weib am deutlichsten physisch differenziert sind. In *Bali*, wo die anatomische Männlichkeit hoch gewertet wird, soweit man dort überhaupt von Neid sprechen kann, sehen sich die beiden Geschlechter außerordentlich ähnlich. Die Männer sind meist nicht sonderlich muskulös gebaut und haben gut entwickelte Brüste; die Frauen sind zart mit kleinen, hohen Brüsten. Was wir innerhalb dieser sieben Gemeinschaften finden, ist, daß es in jenen Gesellschaften, die die am meisten komplementäre Beziehung, das Saugen, betonen, die stärkste symbolische Beschäftigung mit den Unterschieden zwischen Männern und Frauen gibt, am meisten Neid, Überkompensation, rituelles Nachahmen des anderen Geschlechts usw. Mit der Betonung der Stillbeziehung geht natürlicherweise ein größerer Nachdruck auf die Beziehung zwischen Mutter und Kind oder wenigstens zwischen stillender Frau und Säugling Hand in Hand. Das Kind kann nicht allzu lange in der Obhut eines Vaters, Großvaters oder einer Pflegerin gelassen werden: die Bindung an die Brust ist stark und zentral. Wenn außerdem noch eine Trennung der Männer von den Frauen sich zu einer festen Institution entwikkelt hat, mit einem Männer-Haus und männlichen Einweihungszeremonien, dann verschärft sich dieses ganze System selbst endlos weiter. Jede Generation kleiner Knaben wächst zwischen Frauen auf, identifiziert sich mit ihnen, beneidet die Frauen und isoliert sich dann selbst von ihnen, um die gefährdete Sicherheit ihrer Mannheit zu schützen. Ihre Söhne wieder wachsen ähnlich an Frauen gebunden auf und benötigen ihrerseits wieder überkompensatorische Zeremonien, um sich selbst zu sichern.

Wie klar es auch dem kleinen Knaben sein mag, daß er ein männliches Wesen ist und eines Tages ein Mann sein wird, so bleibt doch noch das Problem der Identifikation mit einem Erwachsenen. Er mag wissen, daß er ein Mann sein wird; aber dies ist keine sichere Garantie dafür, daß er wünscht, ein Mann zu sein, so wie in unserer gleich einseitigen Gesellschaft das Wissen eines Mädchens, daß es ein Mädchen ist, noch keine Garantie dafür darstellt, daß es sich auch wünscht, eine Frau zu werden. In der Tat ist es sehr wohl möglich, daß man als Erwachsener mit der eigenen Geschlechtsrolle gerade dann besonders unzufrieden wird, wenn das Gefühl für die eigene Geschlechtszugehörigkeit schon in einem Alter klar und unzweideutig wird, in dem nur die aufdringlichsten und sichtbarsten Zeichen der entgegengesetzten Geschlechtsrolle gesehen werden können: daß Frauen Kinder bekommen und Männer Pferde reiten und Feinde töten. Erst später wird das Mädchen lernen, daß die Furcht, man könnte keinen Löwen töten, der Mühe nicht wert ist, oder der Knabe darauf kommen, daß das Kinderaustragen ein langsamer, geduldiger, neun Monate langer Preis für einige Momente dramatischer Vollendung ist.

Langsame Entwicklung des Kindes

Diese sieben Südseevölker liefern uns praktisch alle Variationen über dieses besondere Thema. In *Samoa* und *Bali*, wo der Nachdruck darauf liegt, ein Kind als ein Ganzes zu behandeln, mit einer spezifischen und klaren Stillbeziehung, und wo man sich praktisch nicht viel um die Ausscheidung kümmert, wächst das Kind in einer zweigeschlechtigen Welt auf; in einer Welt, in der weder Männer noch Frauen auf eine Weise behandelt werden, die bedeutungslos und für beide gleich wäre. In *Samoa* lernt das Baby den Haushaltsvorstand nicht deshalb zu respektieren, weil er ein Mann ist, sondern weil er der ‹*matai*› ist. Knaben und Mädchen werden gleicherweise weggescheucht und kriechen beide zurück, um ein Fest oder ein Liebespaar im Mondlicht zu beobachten. Männer und Frauen haben ihre eigenen Zeremonien; aber die größten Feste von allen sind die, bei denen die Zeremonien-Königin, die ‹*taupou*›, und der Oberhäuptling, oder der ‹*manaia*›, sein anerkannter Erbe, miteinander tanzen und beide Kopfschmuck von Menschenhaar tragen. Weder Knaben noch Mädchen werden ehrgeizig vorgetrieben oder gedrängt. Der Knabe, der vor zu starker Anforderung an seine junge Mannheit fliehen würde, existiert in *Samoa* schwerlich; das ehrgeizige und geschäftige Mädchen hat viele Möglichkeiten, sich in dem rührigen, zweckmäßig organisierten Leben der Frauengruppen auszutoben. Sicherheit des eigenen Geschlechts, keine Betonung der Ausscheidung, um Geschlechtsbeziehungen mit Scham zu umhüllen, und ein Bild der Erwachsenenwelt, in der Männer und Frauen befriedigende Rollen haben, all dies miteinander macht es den *Samoanern* möglich, sich zu zufriedenen, ausgeglichenen menschlichen Wesen zu entwickeln, deren Ausgewogenheit so sicher ist, daß selbst jahrelange Abwesenheit von *Samoa* ihre wesentliche Symmetrie nicht stören kann.

Bali kontrastiert in vieler Beziehung stark mit *Samoa*. Das *samoanische* Leben wird durch Lässigkeit und Mangel an Fleiß charakterisiert; durch lange Mondlichtabende, an denen die Leute die gleichen einfachen Tänze tanzen und bereitwillig einem Scherz applaudieren, den sie schon oft gehört haben. Die christliche Religion ist einfach als eine gefällige und befriedigende soziale Form aufgenommen worden, in der Chöre singen, verheiratete Frauen Hüte tragen und Pastoren in den schönsten Ausdrücken beten und predigen. Im Gegensatz dazu gleicht das Leben auf *Bali* einer scharf geschliffenen Messerklinge. Hier wenden sich Menschen, deren Affekte während der Kindheit zuerst stark gestrafft und dann gelöst wurden, von persönlichen Beziehungen ungeheuer komplizierten, miteinander verwobenen künstlerischen und religiösen Formen zu; hier füllen Frauen ihre Tage damit aus, schwierige Opfer darzubringen, Männer üben monatelang, um ein Orchesterstück zu vollenden, kleine Kinder werden etwa darin geübt, im Trance auf glühenden Kohlen zu tanzen, und jedermann lebt ein Leben, das so abhängig ist von seiner genau umgrenzten Stellung in Zeit und Raum und Kaste, daß schon eine Reise von 20 Meilen traumatisch wirkt. Aber auch hier sind Männer und Frauen nicht voneinander getrennt; nur, daß die Männer manchmal ihre Zeremonien haben und die Frauen die ihren. Wie in *Samoa* die Frau des Spruch-Häuptlings auch Spruch-Häuptling ist, so kann in *Bali* die Frau des brahmanischen Hohepriesters eine Hohepriesterin sein, und der Älteste des dörflichen Tempelritus kann durch seine Frau ersetzt werden. Die Arbeitsteilung ist endgültig festgelegt; aber wenn sie einmal umgekehrt wird, kümmert sich niemand darum. Die leichte Überbetonung der Männlichkeit, die mit der etwas größeren Rolle der Frau im Vergleich zum Vater beim Aufziehen des Kindes einhergeht, ist eine symbolischanatomische, mehr eine Überbewertung und ein Überinteresse an der Beanspruchung der männlichen Organe als ein Interesse an der größeren Leistung der Männer.

Abwertung des Geschlechts

Auch bei den *Manus* herrscht im ökonomischen und religiösen Leben eines Dorfes ein hoher Grad von Ausgeglichenheit. Handel wird mehr betont als Krieg — der ursprünglich vor allem angefangen wurde, um Eigentum zu erwerben oder gelegentlich einen Totschlag zu rächen —, und in Handel und Religion kann eine Frau eine hervorragende Rolle spielen. Das Bedeutsamste in der *Manus*-Kultur ist eine Abwertung des Geschlechts und des Bandes zwischen den Ehegatten. Die Prüderie, das Gleichsetzen des Geschlechtsaktes mit Ausscheidung, die enge Verbindung von Frau und Eigentum, das Kreisen aller ökonomischen Anordnungen um die Heirat, so daß Ehebruch immer ein Vergehen gegen das Wirtschaftssystem ist, all dies dient dazu, das Los der Frau weniger anziehend als das des Mannes zu machen. Als Repräsentanten der unerlaubten Tätigkeiten des Körpers, als das Geschlecht, das tatsächlich mehr mit seinem Körper leistet, werden die Frauen stärker eingeengt. Wenn Frauen klatschen, werden die männlichen Geister sehr ärgerlich; wenn eine Frau mit jemandem sündigt, stiften die Geister Verwirrung. Aber *Manus*-Männer können jenseits der Stammesgrenzen ohne weiteres sündigen, wenn sie nur die wirtschaftlich wichtigen Frauen ihrer Stammesgenossen aus dem Spiel lassen. All das wirkt auf die Kinder zurück. Wenn man Kinder auffordert, Männer und Frauen zu zeichnen, werden die Männer mit Penis gemalt, die Mädchen mit Grasröcken. Wenn eine Frau ein Kind bekommt, wird sie einen Monat lang von ihrem Gatten isoliert, bis er sie mit einer großen Zahlung von ihrem Bruder loskaufen kann; und währenddessen kann er frei im Dorf mit dem mutterlosen Kind spielen. Das in diesen frühen Jahren zwischen Vater und Sohn geknüpfte Band ist warm und dauerhaft; das kleine Mädchen jedoch schließt sich zuerst an seinen Vater an und muß dann mit fünf oder sechs Jahren zu den Frauen zurückkehren, denn die Verbote und Tabus, die mit Heirat und Heiratsplänen verbunden sind, würden die Männer und Knaben stören, unter denen sich sein Vater und sein Bruder frei bewegen. Seine Identifikation mit der weiblichen Gruppe ist niemals so glücklich oder so vollkommen wie die seines Bruders mit der männlichen Gruppe. Als erwachsene Frau geht es ohne Schwung in den Hüften, die schweren Schmuckstücke, die es als Braut oder später jeweils am Jahrestag seiner Hochzeit niederdrücken, sind mehr Wertgegenstände als Schmuck. Sie ist meist zu müde, sie herumzuschleppen, so daß sie sich von dem Fest entfernen kann, ohne daß jemand auf sie achtet, wenn nur die Schnüre Muschelgeld vorher gezählt sind. Der Austausch von Besitzstücken, nicht die Braut, ist der Mittelpunkt des Hochzeitsfestes.

Dieses Beispiel der *Manus* ist sehr lehrreich, weil es einen Fall darstellt, wo Frauen ihre Weiblichkeit nicht als positiv empfinden; nicht, weil den Männern gegebene öffentliche Auszeichnungen ihnen vorenthalten würden — Einfluß, Macht und Reichtum stehen auch Frauen offen —, sondern weil die sinnliche, schöpferische Bedeutung der weiblichen Rolle als Frau und Mutter so unterbewertet wird. Selbst der Tastsinn ist geregelt und reglementiert, die einzige Frau, mit deren Brüsten ein Mann spielen darf, ist seine Kreuz-Base, zu der er keine zärtlichen Beziehungen hat — Zärtlichkeit ist für seine Schwester reserviert — und mit der er nicht schlafen darf. In unserem geläufigen abendländischen Theoretisieren hat man oft übersehen, daß Neid auf die Rolle des Mannes ebenso von einer Unterbewertung der Rolle von Frau und Mutter herrühren kann, wie von einer Überschätzung der öffentlichen Aspekte der Leistungen, die dem Mann vorbehalten sind. Wenn sich alle Bewährung außerhalb des Hauses vollzieht, hassen es Frauen mit Unternehmungsgeist und Initiative, wenn man ihnen sagt, daß sie sich auf das Haus beschränken sollen, doch wenn das Heim selbst unterschätzt wird, werden die Frauen sich nicht mehr freuen, Frauen zu sein, und die Männer werden die weibliche Rolle weder beneiden noch schätzen.

Das Initiationssystem

Auf dem *Neu-Guinea*-Festland kennen die meisten Stämme eine Vielzahl Männer-Initiationen nach ähnlichem formalem Schema. Ich habe in vier dieser Kulturen mit Initiation — den *Arapesh, Mundugumor, Tchambuli* und *Jatmul* — gearbeitet, und es ist lehrreich, zu vergleichen, was bei diesen vier verschiedenen Bevölkerungsgruppen geschehen ist, die innerhalb eines gemeinsamen Rahmens wirken. Eine Initiationskultur mit einem Männer-Haus, in dem die Männer zu Zeremonien zusammenkommen und von dem Frauen und uneingeweihte Knaben ausgeschlossen sind, ist eine sehr starke soziale Institution, die mit jedem anderen Aspekt der Kultur so verwoben ist, daß gewöhnlich das ganze kulturelle System zusammenbricht, wenn das Initiationssystem zerbricht, wie das etwa unter dem Einfluß der Mission geschieht. Durch den zufälligen Einfluß einer ausgezeichneten Persönlichkeit, durch Seuchen oder unter dem Einfluß eines Kontakts mit Nachbargruppen können sich Bevölkerungsgruppen im Laufe der Zeit in vielen Richtungen von ihrer ursprünglichen Kultur entfernen, zu der ihr besonderes Initiationssystem paßte. Den Erfolg sehen wir aus den Berichten, wie verschiedene Gesellschaften in *Neu-Guinea*, die nahe beieinander leben, die gleichen Speisen essen und Sprachen sprechen, die mannigfache Zeichen einer Verwandtschaft aufweisen, die streng einheitliche Institution des Männer-Hauses und der Initiation abwandeln und verändern. Und gerade diese Berichte liefern uns einen wertvollen Schlüssel zu der Beziehung zwischen sozialen Institutionen und der

Entwicklung der Einstellung zur Geschlechtszugehörigkeit und zur geschlechtlichen Rolle.

Wir können die *Jatmul*-Kultur des mittleren Sepik-Flusses mit ihren ungeheuren Häusern, den eindrucksvollen Dörfern, ihrer hervorragenden Kunst und den großen Kanus als Typus einer Kultur betrachten, in dem das Initiationssystem gerade durch die Kompliziertheit und den Eklektizismus der Kultur selber stabilisiert ist. Jeder patrilineare Clan hat im Dorf seinen eigenen Landstreifen, mit den großen Wohnhäusern unter den Bäumen; die Giebelwände werden überragt von großen, geschnitzten Gesichtern und hohen, gutgebauten Leitern, die zu den oberen Stockwerken führen. Näher bei dem großen, trägen Fluß, der bei Hochwasser das Dorf überflutet, so daß die Bewohner in ihren Kanus herumfahren müssen, steht das Männer-Haus — es ist tabu für Frauen —, und am Flußrand sind im Schlamm die Kanus aufgereiht, die von Männern und Frauen benutzt werden. Zusätzlich zu den kleinen Männer-Häusern rühmt sich jedes Dorf noch eines oder mehrerer großer Männer-Häuser. Sie werden mit Hilfe mehrerer Clans gebaut, fest genug, um mehrere Jahrzehnte zu überdauern, wenn sie nicht bei einem feindlichen Überfall niedergebrannt werden. Die Dachkammern sind mit den großen geschlitzten Gongs, mit Flöten, Masken und der ganzen eindrucksvollen Ritualausstattung des Männerkultes angefüllt. Innerhalb des Zeremonienhauses gehen all die wichtigen Ereignisse des ausgeklügelten männlichen Ritus, Kriegsplanung und Debattieren vor sich; hier werden die Vorbereitungen zur Krokodiljagd und zur Kriegsführung getroffen. Gewöhnlich bleibt das untere Stockwerk offen, so daß Frauen und Kinder in respektvoller Entfernung etwas von dem sehen können, was sich täglich hier abspielt. Doch bei der Initiation und anderen Zeremonien wird eine große Umzäunung von Blättern aufgerichtet. Durch diese, manchmal durch ein Tor, das selbst die Form eines Krokodils zeigt, werden endlich die Novizen, nachdem sie in Angst gejagt, geritzt und gedemütigt wurden, hereingelassen. Sie nehmen dann ihren Platz unter erwachsenen Männern im Männer-Haus ein, das, bezeichnend genug, ein Schoß genannt wird. Die Initiations-Mythen erzählen, wie die geheiligten lärmmachenden Gegenstände ursprünglich von Frauen entdeckt wurden. Diese gaben das Geheimnis den Männern weiter und baten sogar darum, getötet zu werden, damit die Männer das Geheimnis für alle Zeiten hüten könnten.

Währenddessen geht das alltägliche Leben des Dorfes in den großen, geräumigen Wohnhäusern weiter. Die Frauen kommen und gehen während des Fischens und Körbeflechtens, sie bewegen sich in Trupps das Dorf hinauf und herunter, und mit ihnen gehen die kleinen Knaben und Mädchen. Wenn die Männer in ihre eigenen Häuser heimkommen, haben sie keine spezielle Rolle. Sie streiten mit ihren Frauen, und ihre Frauen keifen mit schön symmetrischer Wut zurück. Einer Gruppe von Männern gegenüber sind die Frauen — ausgenommen bei besonderen Gelegenheiten — bewundernde Zuschauer; dem einzelnen gegenüber sind sie aufrechte Mannweiber.

Innerhalb des Hauses hält der Vater oft seinen Säugling oder wiegt das Zweijährige auf den Knien, und zwar mit denselben Gebärden und demselben Tonfall wie die Mutter. Wie die Mutter ruft er nach den Kindern, tut so, als seien sie stärker als er und treibt sie bis an die Grenzen ihrer Kraft; er belohnt sie für ihre Festigkeit und hilft ihnen, die Fähigkeit auszubilden, sich an Passivität zu freuen, ein Teil des *Jatmul*-Charakters, dem sie als erwachsene Männer nicht nachgeben dürfen. Das ist noch die Zeit, in der die Knaben das volle Leben der Frauen teilen dürfen und selbst an den großen Trauerzeremonien teilnehmen, von denen die Männer ausgeschlossen sind, sie sehen dann das Leben der Männer entweder als eine blasse Abart des Lebens ihrer Mütter — während ihre Väter daheim in den Wohnhäusern sind — oder aus der Entfernung als eine prächtige phantastische Schaustellung. Später wenn die Knaben initiiert sind, verdunkeln sich diese bewußten Erinnerungen aus der Kindheitsperiode. Sie sagen dann: ‹Meine Mutter muß mich mitgenommen haben, um Tote zu beweinen, denn ich sehe Frauen andere kleine Knaben mitnehmen. Aber ich erinnere mich nicht mehr daran›. Aber wenn wir elf- und zwölfjährigen Knaben Spielzeug gaben, spielten sie am liebsten Trauergesellschaft. Sie wandten sich so in ihrer Phantasie rückwärts der Kindheit zu, die sie mit der Mutter geteilt hatten, und blickten nicht vorwärts auf den Glanz und die Pracht des männlichen öffentlichen Lebens. Kleine Knaben sorgen für die Säuglinge genauso liebevoll wie die Mädchen; und selbst heranwachsende Jünglinge verbringen viel Zeit im Spiel mit Babies. Sie sind in ihrer Art überraschend feminin und biegsam und lassen sehr wenig von dem Bombast und dem erhabenen, halsstarrigen Benehmen vorausahnen, das sie später als Erwachsene kennzeichnet.

Sie identifizieren sich zuerst unvermeidlich mit Frauen, mit Frauen, die männliche und weibliche Säuglinge gleich behandeln, symmetrisch, als zornige kleine Bündel von Willenskraft, komplementär, als Dinge, deren Münder durch eine eingeführte Brustwarze gestopft werden können. Später, mit etwa dreizehn Jahren und lange bevor sie selbst fortzugehen wünschen[1], werden sie weggejagt, um initiiert zu werden, und dann verbringen sie mehrere elende Monate oder gar Jahre, in denen die Frauen sie wegjagen — wie nur ein Haufen sittsamer Nymphen einen Eindringling von ihrem Badeplatz wegjagen könnte —, während sie selbst recht abgeneigt sind, sich mit den Männern zu vereinen. In der Männergruppe dagegen herrscht ein lautes und überbetont männliches Verhalten, beständig schwirren Worte herum, die ihren Bilderreichtum von phallischen Attacken auf Männer sowie auf Frauen beziehen. Außerdem gibt es auch ein sehr strenges Tabu für alles, was Passivität verrät, und innerhalb der Gesellschaft entwickelt sich keine männliche Homosexu-

---

1 Diese Beschreibung bezieht sich auf das Jahr 1938 und das Dorf Tambunum. Die Gewohnheit, in Kontrakt-Arbeit auf Plantagen zu gehen, hat das Initiationsalter beträchtlich herabgesetzt, da zurückgekehrte junge Arbeiter zu alt und zu selbstsicher für die Initiationsriten sind.

alität. Das kleinste Zeichen von Schwachheit oder Rezeptivität wird als Versuchung betrachtet, und die Männer gehen oft, ihre kleinen runden Holzschemel auf komische Weise fest gegen ihr Hinterteil gepreßt, umher.

Ein männliches Kind von einem andern Dorf oder Stamm wird ein willkommenes Opfer, und jungen Arbeitern aus *Jatmul* wird nachgesagt, daß sie aktive Homosexuelle werden, wenn sie in der Fremde bei der Arbeit Männer von anderen Stämmen treffen. Aber innerhalb der Gruppe hält das System stand und beweist augenfällig, wie es möglich ist, die Erziehung jedes Mannes so zu steuern, daß seine Neigung und die Versuchung, in seine Beziehungen zu anderen Männern Sexualität hineinzubringen, sehr stark sind und doch fest unter Kontrolle gehalten werden.

Die weibliche Technik der Verführung

Die sexuellen Beziehungen zu Frauen sind aktiv und kraftvoll. Eine weibliche Technik der Verführung besteht entweder darin, die Virilität des Mannes zu bezweifeln, in dem man ihm durch einen Vermittler ein kleines Liebespfand und eine der bereits berichteten spöttischen Fragen zustellt: ‹Hast du keine Knochen?› oder ‹Bist du ein Mann oder eine Frau?›, oder aber darin, daß man sich in einer zum Angriff reizenden Stellung darbietet. Das Gleichgewicht zwischen Verteidigung gegen Angriff und Bereitsein zum Angriff durchsetzt die ganze Erziehung. Kinder sind so wachsam, daß ein Klaps absolut ohne Warnung gegeben werden muß, um sein Ziel zu erreichen. Bei der leichtesten Anspannung eines Erwachsenenkörpers zerstreut sich eine ganze Gruppe von Kindern wie Blätter im Wind. Um die Männer zu irgendeiner Art von Aktivität zu bewegen, sind Hagel von Beschimpfungen und Herausforderungen von einer anderen Dorfseite oder einem anderen Clan nötig. Dagegen rast die einzelne Frau, deren Speisekammer leer ist, in ihrer höchsten Stimmlage gegen den Gatten, dessen Trägheit, Unvorsichtigkeit und allgemeiner Energiemangel sie, ihre Kinder und ihn selbst vor seinen Schwägern bloßstellt.

Energische Jatmulfrauen

Wenn wir diese gleiche Initiationsstruktur, die Frauen und Kinder von den Männern trennt, in drei anderen, kleineren, weniger eindrucksvollen *Neu-Guinea*-Kulturen verfolgen, finden wir wertvolle Aufschlüsse, wie eine so starre Institution verändert werden kann. Die *Tchambuli*-Dörfer des lieblichen, ebenholzschwarzen Sees, der im Südwesten des Sepik-Flusses liegt, haben oberflächlich gesehen dieselbe Struktur wie die *Jatmul*: Haufen von Clan-Häusern mit Männer-Häusern am See; Initiation und sorgfältig ausgearbeitetes Zeremoniell, das von den initiierten Männern zum Staunen und zur Bewunderung der Frauen durchgeführt wird. Aber der weibliche *Tchambuli*-Charakter ist aus rauherem, wirklichkeitsnäherem Holz geschnitzt als der der *Jatmul*-Frauen. Während die *Jatmul*-Frau ihr Kind als ebenso stark, ebenso fähig zum Eigensinn, zu Bestimmtheit und zu nützlichem Zorn behandelt, wie sie selbst es ist, betont die *Tchambuli*-Frau ihre eigene Stärke. Sie nährt ihr Kind leicht und heiter; entweder mit der Brust oder mit einer Vielfalt von Süßigkeiten, Lilienwurzeln, süßen Samen oder Früchten. Während die *Jatmul*-Mutter ihr herumstreunendes Zweijähriges mit einem 10-Fuß-Paddel jagt und droht, es zu töten, wenn sie es erwischt — und es doch niemals tun würde —, nimmt die *Tchambuli*-Mutter einfach kleine Sünder unter ihren zuverlässigen Arm. Bei den *Jatmul* tragen die Frauen und Kinder Schnüre mit Schmuck; bei den *Tchambuli* sind es die Männer und die Kinder, die Frauen gehen mit geschorenem Kopf, ungeschmückt und sind mit entschlossenem Eifer bei ihrer Arbeit. Bei den *Jatmul* ist der Mann Herr in seinem eigenen Haus, obwohl er darum mit einem Weib kämpfen muß, das praktisch genauso stark ist wie er. Seine Frauen streiten sich untereinander und erleichtern so seine Herrschaft. Bei den *Tchambuli* heiratet ein Mann die Tochter eines der Clan-Brüder seiner Mutter, so daß ein junges Mädchen als Braut das Haus von seines Vaters Schwester betritt. Als Tante und Schwiegermutter behandelt seine Mutter die junge Frau gut. Die Frauen des Hauses bilden eine einzige, große, feste Masse, sie sind immer zusammen, arbeiten munter, während sich die kleinen Knaben unbeachtet zwischen ihnen tummeln. Die jungen Männer sitzen vorsichtig am Rande der Frauengruppe und fliehen dann zum Männer-Haus.

An Stelle der großen kollektiven Initiationen der *Jatmul* werden die kleinen *Tchambuli*-Knaben in einer Familien-Zeremonie einzeln eingeweiht und blutig geritzt, dabei liegt der Nachdruck auf der Zeremonie und dem Austausch von Wertgegenständen und nicht auf ihnen selbst. *Jatmul*-Knaben werden zu Männern gemacht; ihr vormännlicher, femininer Zustand wird unbarmherzig in betonter Weise unterstrichen, maskierte Figuren werden unter Schmähungen in ihren Mund gestoßen und riesige Vulvas auf ihre Köpfe geklatscht. *Tchambuli*-Knaben aber werden einfach geritzt und mehrere Monate in einer Art von *purdah* gehalten.

Klatschsüchtige Männer

Erwachsene Männer sind in *Tchambuli* scheu, vorsichtig gegeneinander und an Kunst, Theater interessiert und für tausenderlei nichtige Beleidigungen und Klatsch zugänglich. Verletzte Gefühle beherrschen die Atmosphäre, nicht die heftige und zornige Reaktion des *Jatmul*-Mannes, der in seinem verwundbarsten Punkt getroffen ist, sondern die Empfindlichkeit dessen, der sich schwach und isoliert fühlt. Die Männer tragen reizvolle Ornamente, sie kaufen ein, sie schnitzen, malen und tanzen. Schon vor der britischen Kontrolle war die Kopfjagd auf das rituelle Töten gekaufter Gefangener beschränkt worden, und sie leisteten den vielen Plünderungen durch die benachbarten *Jatmul* keinen wirksamen Widerstand, sondern flohen stattdessen landeinwärts, um erst wiederzukehren, als es ihnen die *Pax Britannica* möglich machte. Männer, deren Haar lang genug war, trugen Locken, die anderen machten sich falsche Lokken aus Palmringen.

Dies ist die einzige Gesellschaft, in der ich gearbeitet habe, in der kleine Mädchen von zehn und elf Jahren aufgeweckter und unternehmender waren als kleine Buben. Selbst die Verwirrungen der Erziehung bei den *Jatmuls* hindern die kleinen Knaben nicht daran, kühner und wißbegieriger zu werden als die Mädchen. Bei den *Tchambuli* aber werden die kleinen, gefoppten, verzärtelten, vernachlässigten und isolierten Knaben launenhaft, flüchtig und unfähig, mit den Dingen fertig zu werden.

Der Initiationskult *Neu-Guineas* ist eine Einrichtung, die voraussetzt, daß Männer nur durch eine rituelle Geburt zu Männern werden und indem sie als kollektive Gruppe alle Funktionen übernehmen, die natürlicherweise die Frauen erfüllen. Die *Tchambuli* haben diesen Kult jedoch so abgeändert, daß er zu dem speziellen Bedürfnis von Leuten paßt, die das Interesse am kriegerischen Ideal verloren haben. Sie haben ihre Gesellschaftsform nur einseitig ihrem Hauptinteresse angepaßt: den Künsten. Der *Tchambuli*-Mann ist zu einem Künstler geworden und steht einem streng praktischen Weib gegenüber, das ihn ausbeutet und beherrscht. Die langnäsigen, schwarzen und weißen Masken, die er schnitzt, gehören zu den reizvollsten Masken des ganzen Gebiets; aber sie mahnen unweigerlich an Werwölfe.

Komplizierte Verwandtschaftssysteme

Die *Mundugumor* des Yuat-Flusses – zwei Flüsse und einige fünfzig Meilen weiter entfernt – haben hingegen mit dem Initiationssystem etwas ganz anderes angefangen. Auf dem Verwandtschafts-Schema dieses Gebiets, das ständig zwischen einem Übergewicht der Bindungen durch die Mutter und der Bindungen durch den Vater zu schwanken scheint, haben sie ein System aufgebaut, das Mann von Mann gründlicher trennt als irgendein anderes bekanntes Verwandtschaftssystem. Abstammungsreihen werden ‹Seile› genannt und bestehen aus einem Mann, seinen Töchtern, den Söhnen seiner Töchter, den Töchtern der Söhne seiner Töchter usw. Alle Kostbarkeiten, einschließlich der heiligen Dinge, die zum Männerkult gehören, wandern durch diese Reihen. Selbst wenn ein Mädchen durchbrennt, versucht sie, die reich ornamentierte heilige Flöte ihres Vaters zu stehlen. Wenn eine Frau zwei Söhne hat, die demnach zum gleichen ‹Seil› gehören, trennt sie ein Tabu, das verlangt, daß sie niemals von demselben Gericht essen noch zueinander sprechen dürfen, es sei denn im Zorn. Knaben und Mädchen wachsen gleichmäßig in einer Welt auf, die feindlich und mit sich selbst uneins ist. Den

Knaben werden ihr Platz in der Gemeinschaft, ihre Verwandtschaftsbeziehungen und die sorgfältig ausgearbeitete Serie der Verwandtschaftsverbote von den Müttern beigebracht, den Mädchen von ihren Vätern. Beide Geschlechter sind unabhängig, feindselig und kräftig; und Knaben und Mädchen gehen als sehr ähnliche Persönlichkeiten daraus hervor. Es gibt dort kein Männer-Haus, in dem alle Männer zusammenkommen, denn nie setzten sich zwei Männer ohne Furcht miteinander hin. Die Einheit der Gemeinschaft ist der Hof, das *Kampong,* wo die Frauen eines Mannes unbehaglich und steif zusammen leben und die Töchter bis zu einem gewissen Grad untereinander solidarisch sind, während jede Mutter ihren Sohn in einen Feind seines Vaters und seiner Halbbrüder verwandelt. Die Initiation ist kein kollektiver Akt mehr, in dem Männer zusammengeschweißt werden, sondern eine Schaustellung, die ein einflußreicher Mann veranstaltet, und bei der alle, die noch nicht initiiert sind — ganz gleich welchen Alters —, von den schon Initiierten verwundet und tyrannisiert werden können. Mädchen werden initiiert, indem sie lediglich Tabus beachten.

Benachteiligte Frauen

In solch einer Gesellschaftsform sind die Frauen auf Grund ihres Frauseins benachteiligt. Schwangerschaft und Nähren werden gehaßt und, wenn möglich, vermieden; und die Männer verabscheuen ihre Frauen, wenn sie schwanger sind. Die Männer betrachten die Frauen als eine Art von menschlichen Wesen, um die der Kampf geht und durch die sie Einbuße erleiden können. Wenn man keine Schwester in Tausch zu geben hat, muß man mit einer wertvollen Flöte für eine Frau bezahlen. Und so kommt es zu der merkwürdigen Situation, daß Flöten, diese ausschließlich männlichen Symbole des Männerkults, die Frauen anderswo nicht ansehen dürfen, ohne die ganze männliche Gesellschaft zu gefährden, den Frauen gleichgesetzt werden, daß sie beinahe, jedoch nicht ganz so wertvoll sind wie Frauen und etwas sind, was Frauen mit weniger Verwirrung ansehen dürfen als Knaben. Die ganze Vorstellung der Knaben von sich selbst ist die von kämpfenden Männern, die durch Frauen in gefährlicher Weise mit anderen kämpfenden Männern verbunden sind. Die Frauen sind bis zu solch einem Grad vermännlicht, daß jeder feminine Zug zu einem Nachteil wird, mit Ausnahme ihrer höchst spezifisch genitalen Sexualität. Männer sind es bis zu dem Grad, daß jeder Zug ihrer Persönlichkeit, der ein Echo des Femininen oder Mütterlichen bedeuten könnte, eine verwundbare, exponierte Stelle darstellt. Die Teilung der Gesellschaft in zwei Gruppen, erwachsene Männer auf der einen Seite, Frauen und Kinder auf der anderen, ist praktisch gesprengt worden; allerdings um einen Preis, der, wie bei den *Tchambuli,* die Lebensfähigkeit der Gruppe selbst bedroht. Denn die feindseligen Gewohnheiten der *Mundugumor* waren so stark, daß sie begannen, Leute ihrer eigenen Sprachgruppe aufzufressen.

Es gab tatsächlich keine Stammessolidarität, und es war wahrscheinlich ein bloßer historischer Zufall, daß sie sich der Mission unterwarfen, ehe sie von plündernden Nachbarn vernichtet wurden.

Harmonische Ehen

Die Gebirgs-*Arapesh* sind die vierte hier behandelte Gemeinschaft, deren soziales Leben auf einer Teilung zwischen Männern und Frauen aufgebaut ist, in der männliche Wesen durch Initiation in die Erwachsenengruppe zu Männern gemacht werden müssen. Die *Arapesh* besaßen dieselben Kultgegenstände des Männerkults wie die anderen Stämme, die ich beschrieben habe: den Stierschreier, die heiligen Flöten, die Masken, die Einzäunung, in der der Novize geritzt wird, und die spezielle Beziehung des Initiierenden zum Novizen. Aber während das *Tchambuli*-System unter einer Umkehrung des Ethos von Mann und Weib zerbröckelte, und das *Mundugumor*-System durch die Betonung eines allgemein feindlichen Ethos angefressen und aufgelöst wurde, dem jede Kontrapunktik oder jeder komplementäre Charakter über die baren Tatsachen der sexuellen Anatomie hinaus fehlt, wurde das *Arapesh*-System durch die Betonung der mütterlichen, elterlichen Aspekte von Mann und Frau harmlos. *Arapesh*-Männer und -Frauen leben beide in ihren kleinen Gebirgshütten gemütlich zusammen und sorgen gemeinsam für ihre Kinder. Sie haben keine Verwendung für ein Männer-Haus, außer für Zeremonien, und große Häuser sind schwer zu bauen. Arbeitskraft ist immer äußerst knapp und wird besser für die Ernährung der Kinder verwendet. Alle Riten sind ins Beschützende übersetzt, und die Männer halten die bösartigen Verkörperungen des übernatürlichen Wächters des Männerkults davon ab, seine Wildheit den Frauen und, wenn möglich, den Initianten gegenüber zu zeigen.

Gemeinsames Aufziehen der Kinder

In solch einer Gesellschaft wachsen kleine Knaben und Mädchen zusammen auf und haben die Eltern beiderlei Geschlechts als Vorbild vor Augen. Die Knaben wissen durch ihre Körper, ihre Namen und durch die Fertigkeiten, die sie erlernen, daß sie Knaben sind. Die Mädchen erfahren es durch ihre Namen, ihre Körper und durch die kleinen Tragkörbe, die ihre Mütter ihnen auf den Kopf setzen. Beide Geschlechter sitzen an frostigen Morgen fröhlich um das Feuer herum und klappern mit ihren Zähnen. Die kleinen Mädchen sehen, wie ihre Mütter die Lasten in Netzen tragen, und die kleinen Knaben beobachten, wie ihre Väter sie auf Tragestäben schleppen. Die Knaben wissen, daß sie später an Männergeschäften teilnehmen und vielleicht sogar Reden halten oder Kämpfe austragen werden. Dies sind Männern auferlegte Pflichten, und sie sehen, wie erschöpft die Männer sind, wenn sie von den seltenen Gelegenheiten heimkommen, wo die Flöten im Dorf spielen und die Männer die ganze Nacht wach bleiben müssen. Die Frauen müssen zum Dorfrand fliehen, wenn die Flöten einsetzen oder wenn das mythische Ungeheuer des Männerkults um das Dorf geht und seine riesigen Fußspangen aus Blättern hinterläßt, oder die Spuren auf dem Boden, wo seine Hoden aufgeklatscht sind. Die Männer müssen sich von jener Ecke des Dorfes entfernt halten, wo die Frauen ihre Kinder gebären, und überlegen sich mit ängstlicher, nie befriedigter Neugierde, was es mit dem Kindergebären eigentlich auf sich hat. Knaben und Mädchen müssen ihr Wachstum behüten, auf daß sie gute Eltern werden. Beide werden sie durch die Elternschaft erschöpft: der Mann nicht weniger als die Frau. ‹Du hättest sehen müssen, was für ein gutaussehender Mann er war, bevor er alle diese Kinder hatte.›

Diesen Rhythmus stören keine Identifikationen komplexer Art, aber er bedeutet wahrscheinlich für die meisten Männer eine größere Modifikation der angeborenen Haltung als für die Frauen. Selbst hier, wo das Männer-Haus wirklich durch ein Heim ersetzt wurde, in dem Eltern beiderlei Geschlechts Kinder beiderlei Geschlechts aufziehen, selbst hier ist die Änderung der grundlegenden Institutionen des Initiationskults nicht gelungen, ohne eine gewisse Einbuße bei der Anpassung an die Geschlechterrolle zu bewirken.

Imitationen der Geburt

Nachdem wir diese vier Variationen über das Thema Initiation verfolgt haben, wird es nützlich sein, nun die zugrunde liegende Struktur dieses Einweihungskults zu untersuchen, weil sie solch strikten Gegensatz zu unseren abendländischen Ideen über die Beziehung zwischen den Geschlechtern darstellt. Nach unserer abendländischen Lebensanschauung können Frauen, die aus des Mannes Rippe gemacht sind, höchstens erfolglos danach streben, die überlegenen Kräfte und höheren Anlagen des Mannes nachzuahmen. Das Grundthema des Initiationskults ist dagegen, daß die Frauen kraft ihrer Fähigkeit, Kinder hervorzubringen, die Geheimnisse des Lebens bewahren. Die Rolle des Mannes ist ungewiß, undefinierbar und vielleicht unnötig. Mit großer Anstrengung ist der Mann auf eine Methode gestoßen, sich für diese grundlegende Minderwertigkeit einen Ausgleich zu schaffen. Ausgerüstet mit verschiedenen mysteriösen, lärmmachenden Instrumenten, deren Macht darauf beruht, daß ihre wirklichen Formen denen unbekannt sind, die die Töne hören — das heißt Frauen und Kinder dürfen niemals wissen, daß diese Instrumente in Wahrheit Bambusflöten sind oder ausgehöhlte Klötze oder elliptische Holzstücke, die an Schnüren herumgewirbelt werden —, können sie die männlichen Kinder von den Frauen wegholen, sie als unvollständig brandmarken und dann die Knaben zu Männern machen. Frauen — das ist wahr — machen menschliche Wesen; aber nur Männer können Männer machen. Diese Imitationen der Geburt gehen manchmal mehr, manchmal weniger öffentlich vor sich. Die Neulinge werden von dem Krokodil verschluckt, das die Männergruppe darstellt, und kommen neugeboren am anderen Ende wieder heraus. Sie werden in einem ‹Uterus› untergebracht und von männlichen ‹Müttern› mit Blut ernährt, gemästet, mit der Hand gefüttert und gepflegt. Hinter dem Kult liegt der Mythos, daß eigentlich all dies von den Frauen einmal gestohlen worden ist; manchmal wurden die Frauen sogar deshalb getötet. Die Männer verdanken ihre Mannheit einem Diebstahl und einem theatralischen Possenspiel, das sofort zu Staub und Asche zerfiele, wenn die wahre Beschaffenheit seiner Bestandteile bekannt würde. Ein zerbrechliches Gebäude, das, geschützt durch endlose Tabus und Vorsichtsmaßnahmen, gewaltsam aufrecht gehalten durch die Scham der Weiber bei den *Jatmul*, die unbestimmte Angst der *Arapesh*-Frauen um ihre Fähigkeit, Kinder zu gebären, die gutmütige Lässigkeit der männlichen Eitelkeit bei den *Tchambuli* und durch die Tricks und Kniffe der merkwürdig verkehrten Identifikation von Flöte und Weib bei den *Mundugumor*, nur so lange lebensfähig ist, als sich jedermann an die Spielregeln hält. Die *Jatmul*-Männer, die ihre ganze soziale Ordnung durch die eindringenden Europäer bedroht sehen, drohen unter Tränen der Wut, sie völlig zu zerstören, indem sie ihren Frauen die Flöten zeigen – und der Missionar, der den Frauen die Flöten zeigt, hat die Kultur mit Erfolg zerbrochen.

Dem Abendländer, der in einer Kultur aufgewachsen ist, die die Errungenschaften des Mannes erhöht und die Rolle der Frau herabsetzt, scheint all das an den Haaren herbeigezogen, es wird ihm erst recht weit herbeigeholt vorkommen, wenn er sich klar macht, daß diese Männer, die ihre Mannheit von einem phantastischen Gebilde abhängig machen, bei dem Bambusflöten in einem Gehege von Blättern, das einen künstlichen Uterus nachahmt, gespielt werden, keine friedlichen Schäfer sind, sondern tapfere Kopfjäger, Männer von sechs Fuß, gut gebaut und eines prachtvollen Zornes fähig. Doch wenn offenbar ganze Gesellschaften ihr Zeremoniell auf dem Neid auf die weibliche Rolle aufbauen können, dann sollte es leichter sein, die Möglichkeit zu untersuchen, daß Neid auf das andere Geschlecht und Zweifel an der Authentizität des eigenen etwas ist, was in der Lebensgeschichte beider Geschlechter auftreten kann, etwas, das durch kulturelle Einrichtungen ungeheuer gesteigert werden kann, das aber stets gegenwärtig ist.

3. Eltern und Jugendsexualität

In jeder Gesellschaft begegnet das heranwachsende Kind nicht nur den Wandlungen seines eigenen Gefühls – des Gefühls für sich selbst und für andere menschliche Wesen –, sondern auch den Gefühlen, mit denen jene anderen menschlichen Wesen, vor allem seine Eltern, ihm begegnen. Sobald Kinder vier oder fünf Jahre alt werden, beschäftigen sie sich mehr mit ihrem Geschlecht, und auch die sie umgebenden Erwachsenen wenden dem erhöhtes Interesse zu. Dazu kann etwa gehören, daß ihm strikt verboten wird, die eigenen Geschlechtsteile zu berühren, oder daß man, vor allem bei Mädchen, anfängt darauf zu bestehen, daß sie Kleider tragen. Das Benehmen der Erwachsenen den Kindern gegenüber ändert sich. Die Tatsache, daß es in allen diesen Gesellschaften die Mädchen sind, welche zuerst dauernd bekleidet werden, ist wiederum ein Ausdruck dafür, daß sie wartende Frauen sind, während die Knaben ihre Männlichkeit erst noch erwerben müssen. Ältere Knaben und Männer finden kleine Mädchen von vier oder fünf Jahren ausgesprochen weiblich und reizvoll, und dieser Reiz muß genau so verhüllt und geschützt werden, wie das männliche Auge vor der Anziehung ihrer älteren Schwestern und Mütter beschützt werden muß. Es scheint, daß je vollkommener die Femininität der Frauen — als etwas Positives, nicht als bloße Negation der Männlichkeit — anerkannt wird, desto mehr wird man ihnen beibringen, sie zu schützen. Ein kleines, hübsch angezogenes und reizvolles Mädchen ist eine hinreichende Versuchung für einen erwachsenen Mann, so daß die Gesellschaft für gewöhnlich Vorkehrungen trifft, um es zu beschützen und einzugrenzen, es zu lehren, seine Sexualität nicht zu zeigen, die zu dämpfen es von sich aus nicht genügend Verstand besitzt. Ein kleiner Knabe hingegen, mag seine Mutter ihn auch noch so sehr als Mann behandeln, bedeutet weniger eine Versuchung für ihre Weiblichkeit als eine Ausweitung ihrer Mütterlichkeit, während sich in dem Knaben selbst längst eine schützende Abwehr gegen die Attraktion durch seine Mutter gebildet hat. Mutter-Sohn-Inzest ist die seltenste Form von Inzest in der Welt, und es bedarf sorgfältiger kultureller Arrangements, um Liebesaffären zwischen älteren Frauen und Männern, die jung genug sind, um ihre Söhne zu sein, wirklich reizvoll zu machen. Zweifellos wird das Fundament für die größere Anziehung des jüngeren Weibes für den älteren Mann und des älteren Mannes für das jüngere Weib in früher Kindheit gelegt.

Furcht vor Passivität

Bei den Knaben liegt der Schwerpunkt der Empfindungen ganz anders. Man muß nur einmal den verängstigten kleinen Knaben in *Bali* beobachten, der sich vorsichtig um eine Gruppe von Männern herumschleicht, die ihn beim Vorbeigehen vielleicht an seinem Penis gezogen hätten, oder den zornigen kleinen *Jatmul*-Knaben, der von seines Vaters Schwester höchst zeremoniell verprügelt wird, um zu begreifen, daß sexuell betonte Berührungen mit Erwachsenen für ihn erschreckend sind, und, falls überhaupt irgend etwas, dann seine Passivität hervorlocken und Erinnerungen an die Rezeptivität und Passivität wachrufen, die er als Säugling an der Mutterbrust gelernt hat. Jeder Kontakt löst eine dreifache Furcht in ihm aus: die, seinen Penis zu verlieren, die, niemals ein voller Mann zu werden, oder die, wieder ein passives, abhängiges Kind an der Brust zu werden.

Sobald die Furcht vor Passivität, auch in den Gemütern der Erwachsenen, Platz greift — das heißt, wo in einer Gesellschaft Homosexualität, sei es mit Zustimmung, sei es mit Mißbilligung, anerkannt wird —, verstärkt sich die Furcht. Die Eltern beginnen auf dem Kind herumzuhacken, sein Verhalten zu kritisieren, es auf die Probe zu stellen oder über seine Sanftheit zu klagen. Warum saß der achtjährige kleine *Balinesen*-Junge Gelis den ganzen Tag mit den Frauen und Mädchen herum, seinen Kopf an irgendein bequemes Knie gekuschelt, anstatt die Ochsen aufs Feld zu bringen? Seine bäuerlichen Eltern in dem *Balinesen*-Dorf Bejoeng hatten sehr wahrscheinlich niemals einen lebenden transvestierten Homosexuellen gesehen — einen *bantjih*, wie sie in *Bali* genannt werden —, und dennoch machten sie sich Sorgen. Mit einer Initiative und Verantwortlichkeit, die *Balinesen*-Eltern selten entfalten, da sie geschult sind, das Leben als einen schon belichteten Film zu behandeln, der sich zu passender Zeit selbst entwickelt, folgerten sie, daß Gelis' Passivität vielleicht etwas mit dem Verkaufsstand zu tun hätte, der vor ihrem Hause aufgestellt war, und wo er dauernd seinen Mund mit Süßigkeiten vollstopfen konnte; so überredeten sie den Verkäufer dazu, fortzuziehen. Ist ein Knabe zu weich und zu passiv, so wird er niemals ein Mann werden. Die amerikanischen Prärie-Indianer, die Mut im Kampf über alle anderen Qualitäten stellten, beobachteten ihre kleinen Knaben mit verzweifelter Intensität, griffen eine ganze Anzahl von ihnen heraus und ließen sie den Kampf aufgeben und Frauenkleider anlegen.

Es scheint, wir haben allen Grund anzunehmen, daß, mit Ausnahme der gelegentlich vorkommenden anatomisch mißbildeten Hermaphroditen, Homosexualität eine Kombination von Erwartungen und Befürchtungen der Erwachsenen und einer latenten Möglichkeit in vielen Kindern ist, die niemals zu einem vollen Ausdruck gelangt, wenn sie nicht soziale Anerkennung erhält oder wenn die komplementäre Haltung nicht erlaubt ist — wie das unter den *Jatmul* der Fall ist. Die Sorge, daß Knaben nicht zu Männern heranwachsen, ist viel weiter verbreitet als die, daß Mädchen nicht zu Frauen werden; und in keiner dieser Südsee-Gemeinschaften erscheint die letztere Furcht überhaupt. Solange die Frau als die Mutter angesehen wird und nicht als ein potentieller Gegner in irgendeinem Leistungsbereich oder als ein vielleicht nicht willfähriges Weib, mag ein Hauch von Knabenhaftigkeit bei einem kleinen Mädchen einer der Wege sein, auf denen es vor Störungen durch erwachsene Männer geschützt ist, bis es älter wird. Die amerikanischen Indianer machten sich in einigen Fällen Sorge, daß ihre Frauen männliches Benehmen offenbaren könnten; aber sie mußten dafür bezahlen: jedes Mädchen der Omaha-Indianer, das allein gelassen wurde, diente als sanftes, willfähriges Opfer. Als Gegengewicht dazu, daß sie auf solcher Nachgiebigkeit bei dem Mädchen bestanden hatten, mußten die Erwachsenen sie begleiten, während die Männer solch aggressiven Nutzen aus der unterschiedslos willfährigen Frau zogen, daß eine Frau von etwas ungewisser Tugend Gegenstand der Notzucht durch ganze Gruppen von Männern wurde.

Oedipus-Konflikt

Wenn kleine Knaben und kleine Mädchen das Alter erreichen, in dem sie mit ihrer keimenden Sexualität experimentieren, gelangen sie auch in eine Krise ihrer Beziehungen zu Erwachsenen, die in der psychoanalytischen Theorie mit dem Fachausdruck Oedipus-Situation benannt wird, nach der griechischen Sage von *Oedipus*, der seinen Vater tötete und seine Mutter heiratete. Möglichst allgemein ausgedrückt, ist das die Entwicklungsperiode, in der Kinder, die intensiverer Gefühle fähig sind und eine Bereitschaft zur Lust besitzen, aber noch nicht den Reifungsgrad, der für die zeugenden Beziehungen der Erwachsenen nötig ist, ins Einvernehmen mit ihren Eltern und ihrer eigenen Unreife kommen müsse. Der Knabe muß einen Teil seiner leidenschaftlichen Anhänglichkeit an seine Mutter und seiner Rivalität gegen den Vater aufgeben, das Mädchen seine Anhänglichkeit zum Vater und seine Rivalität gegen die Mutter. Jeder muß den Elternteil gleichen Geschlechts auf irgendeine Art und Weise als Vorbild für seine eigene zukünftige Haltung akzeptieren. Zu gleicher Zeit müssen sie einen Aufschub der vollen geschlechtlichen Befriedigung hinnehmen, und dies schließt das Annehmen der Erkenntnis ein, daß ihre Eltern zueinander gehören und nicht zu den Kindern. Wenn die überlebenden Formen dieses Konfliktes in Träumen und freien Assoziationen untersucht werden, ist es für die Erwachsenen schwierig, mit den heraufbeschworenen Bildern fertig zu werden. Die Bezeichnung ‹Oedipus-Konflikt› hat eine Aura von Unannehmbarkeit angenommen, weil sie sich von einem Versagen herleitet — von dem unglücklichen *Oedipus*, dem es nicht gelang, einen Konflikt zu lösen — und nicht von den gelungenen (wenn auch oft kompromißhaften) Lösungen, die jede Zivilisation ausgearbeitet hat.

Die Latenzzeit des Knaben

In allen bekannten Gesellschaften finden wir unter Knaben einige Beweise dessen, was die Psychoanalytiker ‹Latenzzeit› nennen; eine Periode, in der das offene sexuelle Interesse unterbrochen ist und die Knaben in ihrer eigenen Welt leben, gleichgültig und unverhüllt feindlich gegen die Mädchen und bemüht, Kraft und Herrschaft übereinander zu gewinnen. Sie sind den eifrig aufgenommenen Sinnesreizen der Kindheit entwachsen und doch noch nicht reif genug für die Lustmöglichkeiten der Reifezeit, die mehr voraussetzen. Ob es irgendeinen inneren psychologischen Mechanismus gibt, der ein Kind ‹in die Latenz› zwingt, wissen wir nicht, aber sicherlich befindet sich das Kind im Alter von fünf oder sechs Jahren in einem Dilemma, was es während der nächsten sechs bis sieben Jahre mit seinen Beziehungen zu Erwachsenen, mit dem anderen Geschlecht und mit seinem eigenen Körper anfangen soll. Dies Dilemma wird verschärft, wenn das Kind in einer kleinen biologischen Familie lebt, wo seine einzige weibliche Gesellschaft eine Mutter ist, die es genährt, liebevoll gepflegt und eine große Abhängigkeit in ihm entwickelt hat, und seine männliche Gesellschaft ein Vater ist, der, wenn auch freundschaftlich, ein Rivale in dieser Liebe zur Mutter ist. Es kommt dann ein Augenblick – in dem der kleine Junge einer gebildeten englischen Familie zur *Boarding-School* geschickt wird, in dem das nächste Kind geboren wird oder er selbst seine Milchzähne verliert –, in dem sich seine Beziehung zu seiner Mutter nicht länger lediglich so darstellt, daß er der Säugling und sie das hilfreiche weibliche Wesen ist. Je mehr die Erwachsenen Männlichkeit und Weiblichkeit betonen, um so schärfer fühlt der kleine Knabe den Druck der Situation, die Rivalität des Vaters, den potentiellen Geschlechtsgegensatz zur Mutter. Um so mehr wird noch die Mutter, als Frau auf ihre Beziehung zu erwachsenen Männern bedacht, bereit sein, ihn loszulassen. Anders liegen die Dinge, wenn die Weiblichkeit der Frau und die Männlichkeit des Mannes betont werden. Dann kann die Mutter sich wohl an den heranwachsenden Knaben klammern, und seine Männlichkeit muß sich mehr als Gegengewicht zu ihrer Mütterlichkeit als in Rivalität gegen seinen Vater entwickeln. Wo die Männlichkeit der Männer rauh ist und ihre elterlichen Gefühle schwach entwickelt sind, neigen sie aber dazu, selbst das kleinste männliche Wesen als Rivalen zu betrachten, der Vater wird den Sohn-Rivalen in einer Weise behandeln, die darauf abzielt, seine eigene Furcht vor dieser Rivalität zu vermindern, indem er ihn oftmals dazu zwingt, mehr wie ein Mann zu handeln, und weniger wie ein Baby, was eine andere Art ist zu sagen: ‹Geh weg von deiner Mutter.›

So ist selbst vor der Geburt jedes Kind eine mögliche Bedrohung und ein Rivale für beide *Mundugumor*-Eltern, die so sehr auf ihre Männlichkeit und Weiblichkeit bedacht sind und die Elternschaft verabscheuen. Bei den *Mundugumor* schützen die vorgeburtlichen Tabus die Eltern, während sie in anderen, nahegelegenen Gesellschaften das Kind schützen. Wenn der Gatte mit seiner schwangeren Frau schläft, bekommt er Beulen oder zeugt ein zweites Kind und steht damit vor der doppelten Katastrophe von Zwillingen. Aber bei den *Arapesh*, wo die elterlichen Rollen die Sexualität überschatten, gehen Geschlechtsverkehr und Schwangerschaft für lange Zeit nebeneinander her, in der das Baby Stück für Stück zusammengesetzt wird, und erst, wenn man glaubt, das Kind sei vollständig geformt, hört der Gatte zum Schutz für das gewünschte Kind auf, mit seiner Frau zu schlafen. So wirft die Oedipus-Situation ihre Schatten schon in die vorgeburtliche Zeit, und es gibt bereits zu dieser Zeit Anzeichen dafür, wie die potentielle Rivalität zwischen Vater und Sohn oder zwischen Mutter und Tochter behandelt werden wird.

Das Kind im Alter von fünf oder sechs Jahren ist außerdem noch auf einer Stufe, auf der es alles, was es bis dahin gelernt hat, festigt und für den Zugang zu einer neuen Welt umbildet. Während das Kind noch immer eng mit seiner Mutter verbunden ist, an deren Brust nun schon ein anderer Säugling liegt – wenn nicht ihr eigener, dann der einer Nachbarin –, jüngere Brüder und Schwestern hütet, die ihre Entleerungen noch nicht beherrschen können, und während es sich über sein eigenes Geschlecht klar werden muß, wird sein gegenwärtiges Verhalten auf sein ganzes späteres Leben tiefgreifenden Einfluß ausüben. Daß das so sein muß, ist in dem langen Zwischenraum begründet, der zwischen der Fähigkeit menschlicher Wesen, geschlechtliche Erregungen zu empfinden, und ihrer Bereitschaft zur Elternschaft liegt. Zugleich ist es auch in der Natur der menschlichen Familie begründet, in dem Umstand, daß auch Eltern einst Kinder waren und daß ihr Erwachsensein auf ihrer Kindheitserfahrung aufgebaut ist. So liegt innerhalb jeder Gemeinschaftsform die Art, in der fünfjährige Kinder ihre hervorbrechende, noch unreife, sozial funktionslose Sexualität erleben, in dem elterlichen Charakter eingebettet. Wenn der Vater seinen fünfjährigen Sohn beobachtet, wie er mit einem Speer ausholt, einen Pfeil gerade und genau ins Ziel schnellt, wie er um die Mutterbrust bettelt oder als zu alt für solche Verzärtelung weggestoßen wird, erlebt er wieder seine eigenen Gefühle, wie damals, als er im gleichen Alter genauso behandelt wurde.

Schwestern als Tauschobjekte

In homogenen, sich langsam wandelnden Gesellschaften arbeitet dieses Wiederaufleben alter Erinnerungen recht sicher, denn alle Erwachsenen, denen der kleine Knabe begegnet, haben Erfahrungen gemacht, die genauestens aufeinander bezogen sind. In *Mundugumor* ist der Vater von seinem eigenen Vater und seiner Mutter streng behandelt worden und hat gelegentliche Nachsicht von anderen Männern, halbwüchsigen Knaben, den Brüdern der Mutter und von Nachbarsfrauen erfahren. Er ist darauf vorbereitet, seinen eigenen Sohn so streng zu behandeln, wie er behandelt wurde, und so verewigt sich das Schema. Keine regelwidrige Nachsicht wird den kleinen Knaben verwirren, der mit einer Welt kämpft, von der er schon lernte, sie sei feindlich, als er noch seiner Mutter widerwillig gegebene Brust bekam. Fünfjährige *Mundugumor*-Kinder werden bereits als Geiseln zu zeitweilig verbündeten anderen Stämmen gesandt, um mehrere Monate lang unter ihnen zu leben. Der kleine Knabe, dessen Leben verwirkt ist, wenn sich der Kriegsplan ändert, muß das Volk, unter dem er lebt, gut genug hassen können, um ihre Sprache zu lernen und ihre Wege auszuspionieren, damit er später, wenn er größer wird und sie Feinde und nicht Verbündete sind, ein wertvoller Späher im Kriege sein kann. Keine Weichheit, kein Beschütztwerden haben gegen seine Fähigkeit gearbeitet, eine solche Probe zu bestehen. Als sein jüngerer Bruder geboren wurde, mag seine Mutter ihn wieder an die Brust herangelassen haben; zum erstenmal ohne Groll, um des Vergnügens willen, den Kampf zwischen den beiden kleinen Männern zu beobachten. Gegen den Vater ist die Mutter seine Verbündete. Sie versucht, seine Schwester ihrem Sohn als Tauschobjekt für ein Weib zu bewahren und den Vater davon abzuhalten, die Schwester im Tausch gegen ein anderes Weib für sich selbst herzugeben. Umgekehrt wacht der Vater eifersüchtig über die Tochter und tauscht sie, wenn er kann, gegen ein junges Weib ein, solange sein Sohn noch zu jung ist, um sich zu widersetzen. Die Wege zeichnen sich klar ab: Die Oedipus-Situation ist auf eine Weise gelöst, die jeden Mann zum Gegner jedes anderen macht. Der *Mundugumor* wächst auf, um in einer harten Welt zu leben, aber sein Lachen ist kraftvoll, er grinst, wenn er beschreibt, wie er in das Fleisch seines Feindes beißt. Seine Sage, wie der Tod in die Welt kam, lautet, daß die Menschheit das Geheimnis verlor, den Fluß des Blutes aufzuhalten, und daß damit Wunden tödlich wurden. Er ist von einer Feindseligkeit gegen alle Männer, einer Gewalttätigkeit gegen alle Frauen, die ihn in einer anderen Gesellschaft in die größten Schwierigkeiten bringen würden, oder die dort ihren Ausdruck in lichtscheuen und wahrscheinlich kriminellen Handlungen finden müßten, die so fest ineinander griffen, daß sie jeder Umerziehung, Bekehrung oder psychoanalytischen Behandlung Trotz böten. Aber bei den *Mundugumor* ist das Schema existenzfähig. Jeder Vater zieht einen Sohn auf, der wütend und lachend der Härte des Lebens standhält, weil er den heißen Zorn seiner Kindheit wieder aufleben läßt.

Verschiedene Formen der Vaterschaft

So studieren wir bei primitiven Völkern die Rolle des Vaters nicht aus Erinnerungen der Individuen, die genügend gestört sind, um im Sprechzimmer eines Psychiaters oder eines Sozialfürsorgers zu landen, sondern indem wir beobachten, wie lebendige Menschen aufeinander einwirken, wie Väter ihre kleinen Kinder liebkosen oder antreiben, wie sie sie anerkennen oder verhöhnen und wie die Kinder darauf reagieren; und indem wir die Tabus analysieren, die ihre Beziehungen zueinander festlegen. Wir stellen fest, daß die Rolle des Vaters seinem Kind gegenüber, die Rolle der Mutter, die Rolle des Weibes hinlänglich festgelegt sind, so daß jeder einzelne Vater, ob jung und stark, alt und schwach, oder alt und stark, jede einzelne Mutter, ganz gleich, ob ihre Brüste von Milch überfließen oder nur ein paar magere Tropfen geben, so daß sie von anderen Frauen, die aushelfen, abhängt, fest im Rahmen dieses einheitlichen Bildes steht. So ist es möglich, recht eingehend zu beschreiben, welche Form die Lösung des Oedipus-Problems annimmt. Man hört bei uns oft: ‹Wenn sein Vater ein anderer Mensch gewesen wäre, würden seine Probleme ganz andere sein.› Es wäre aber noch richtiger zu sagen: ‹Wenn er in eine Gesellschaft mit einer anderen Form der Vaterschaft hineingeboren wäre...› Wo der Stil der Vaterschaft große Stärke und zurückhaltende Würde erfordert, gefährdet ein schwacher Vater die Entwicklung des Sohnes so, daß dieser Sohn weniger Chancen hat als die Söhne seiner Nachbarn. Aber wo die Vaterschaft einen freundlichen, zugänglichen und eng mit dem Sohn verbundenen Vater verlangt, wird ein starker, zurückhaltender und mächtiger Vater zur Gefährdung. Selbst in unserer höchst mannigfaltig geformten Gesellschaft, in der jede kleine Familie von anderen so isoliert ist, daß niemand weiß, wie eigentümlich oder normal die Gefühle oder Haltungen sind, die hinter jeder Wohnungstür verborgen bleiben, gibt es noch allgemeingültige Richtlinien, auf die, wenn auch vielleicht zu Unrecht, individuelle Handlungen bezogen werden.

Die Last der Jungfräulichkeit

Kulturen unterscheiden sich sehr dadurch, in welchem Umfang es Kindern erlaubt ist, ihre Sexualität im Spiel zu betätigen und mit ihr zu experimentieren, und wo ihnen die Last der Zurückhaltung auferlegt ist. In *Samoa* erwartet man von der Persönlichkeit, daß sie jemand sei, dem die Sexualität ein köstliches Erlebnis bedeutet, in das er sachkundig eingeführt ist und das doch nicht so überhand nimmt, daß die soziale Ordnung gestört würde. Die *Samoaner* verzeihen leichte Liebesaffären, verabscheuen aber Akte leidenschaftlicher Wahl und haben keinen wirklichen Platz für jemand, der trotz gegenteiliger sozialer Erfahrungen ständig fortfährt, eine bestimmte Frau oder einen bestimmten Mann einem gesellschaftlich passenderen Gefährten vorzuziehen. Die Forderungen, daß man gleichzeitig empfänglich für die Annäherung vieler Liebhaber sein und dennoch bei der Heirat die Zeichen der Jungfräulichkeit tragen solle, sind ziemlich unvereinbar; der Zwiespalt wurde zunächst dadurch gelöst, daß man die Last der Jungfräulichkeit nicht der ganzen jungen weiblichen Bevölkerung auferlegte, sondern der *taupou*, der Zeremonien-Königin des Dorfes. Sie wurde besser bewacht als andere Mädchen, und so jede Versuchung ferngehalten. Als zusätzlicher Schutz konnte das Blut der Jungfräulichkeit immer noch vorgetäuscht werden. Die *taupou*, die ihren Beschützern nicht gestand, keine *taupou* mehr zu sein, und dadurch in ihrer Hochzeitsnacht das Dorf bloßstellte, konnte totgeschlagen werden — nicht wegen ihres Fehltritts, sondern weil sie es unterlassen hatte, für einen entsprechenden Vorrat an Hühnerblut Sorge zu tragen. Die Heiraten wurden zwischen den Familien abgemacht, wobei man etwas auf die Wünsche der Jugendlichen einging. Die Jugendlichen andererseits unterhielten mit passenden Partnern lang andauernde Liebschaften, die zu Schwangerschaften führten und als geeignete Vorbereitung für die Ehe angesehen wurden, und behielten sich flüchtige Affären ‹unter den Palmen› für die weniger passenden Partner vor. Voreheliche und außereheliche Angelegenheiten wurden so leicht genommen, daß sie die dauerhaften Geschlechtsbeziehungen zwischen verheirateten Paaren nicht störten. Diese Beziehungen zwischen den Gatten sind so zuverlässig, daß dort die Bevölkerung in einem so überaus großen Maße zugenommen hat, wie kaum sonstwo in der modernen Welt.

Wenn wir untersuchen, wieso diese Fähigkeit zu sicherem sexuellem Reagieren eine gesellschaftliche Ordnung, die fest auf ganz dauerhafte Ehen aufgebaut ist, weder bedroht noch zerstört, so stellen wir fest, daß die Beziehung zwischen Kind und Eltern frühzeitig auf viele Erwachsene gleichmäßig verteilt wird. Die *samoanische* Mutter nährt ihr Kind großzügig, oder wenn ihr die Milch fehlt, so nährt es eine ausgesuchte Amme. Das Stillen ist eine leichte, aber sehr spezifische körperliche Beziehung. Jedenfalls wird das Kind von allen Frauen der Großfamilie genährt, getröstet und herumgetragen, und später tragen es kindliche Pflegerinnen im Dorfe umher, die sich mit der Last auf ihren Hüften zu Gruppen vereinigen. Es wird gefüttert, wenn es hungrig ist, getragen, wenn es müde ist, und kann schlafen, wann es will. Wenn es unrecht tut — wenn es etwa schreit und die Würde einer Beratung der Älteren stört, das Haus verunreinigt oder einen Wutanfall hat —, wird nicht das Kind bestraft, sondern die kindliche Pflegerin; denn ihre Pflicht ist, es nicht zu solchen Unfällen kommen zu lassen und das Kind außer Hörweite zu bringen, wenn es schreit. Kinder sind zu jung, um zu wissen, wie man sich benimmt; aber man vertraut darauf, daß sie mit der Zeit das Gefühl dafür — *mafaufau* — entwickeln. Bis dahin wird die erwachsene Gemeinschaft vor ihnen geschützt, und sie brauchen nicht zu fürchten, daß sie selbst durch ihre unsichere Schließmuskelbeherrschung, ihr lautes Wehklagen oder ihre zudringlichen Forderungen die normale Ordnung des Daseins stören. Wenn sie älter werden, können die Älteren beträchtliche Zeit damit verschwenden, ihnen zu sagen, was sie tun sollen, während sie es ja bereits tun. Ich wurde stets ungeduldig, wenn die Zehnjährigen den Vierjährigen, oder die Zwanzigjährigen den Zehnjährigen sagten: ‹*Soia, soia, soia*›, ‹Ruhig, ruhig, ruhig›, während die betreffenden Kinder schon mit ehrbar gekreuzten Beinen und respektvoll starrenden Augen wie erfrorene Mäuse dasaßen. In der Tat werden manche positiven Anweisungen gegeben, die eigentlich unnötig sind, so daß das Kind gewissermaßen in einem Gehäuse hin- und herklappert, das ihm viel zu weit ist. Es macht kaum jemals die Erfahrung, daß etwas von ihm verlangt wird, das zu schwierig wäre, das zu große Selbstbeherrschung oder zu langes Sitzen mit gekreuzten Beinen und Armen erfordert, ohne daß es nach der Fliege unter dem Kinn schlagen darf. Es wird eher davon zurückgehalten, etwas zu tun, was es durchaus schon tun könnte, so, als würde diese Begrenzung nicht nur als Sicherheitsfaktor benutzt, sondern auch als eine Art Ansporn zur Vervollkommnung seiner Leistungen. Alle Erwachsenen haben irgendwie Teil an der Würde des Hausherrn, in dessen Beisein man nur in sehr formeller Weise die Mahlzeiten einnimmt, sich nicht kratzen oder kitzeln, weder kichern noch sich herumräkeln darf. Aber gefräßig und nachlässig zwischen den Mahlzeiten essen, sich kratzen, kitzeln, kichern und räkeln — all dies ist außerhalb des formalen Lebensbereiches erlaubt; außerhalb des Hauses, oder auch im Hause selbst, wenn dort gerade kein

Akt des förmlichen Lebens abläuft. Die zwischen Eltern und Kindern entwickelte Förmlichkeit bricht niemals vollkommen zusammen. Die Eltern erörtern keine Geschlechtsprobleme mit ihren Kindern, obgleich Eltern und Kinder gemeinsam Tänzen zuschauen, bei denen es recht hemmungslos zugeht. Die Förmlichkeit ist daher ortsgebunden, und lange Zeit wird das Kind für sie nicht verantwortlich gemacht. Die Eltern stoßen das Kind nicht zurück, es wird nicht gehemmt; die kindliche Pflegerin schleppt das Kind, das anfängt zu schreien, einfach außer Hörweite der Erwachsenen, damit deren Würde nicht leidet. Das Kind lernt: ‹Du hast einen Körper und eine Menge Impulse, die unpassende Dinge tun können; aber das kommt nur daher, weil du jung bist. Niemand ist deswegen auf dich böse, aber man wird sehr böse auf deine kleinen Wächterinnen, wenn sie dich, der du unschuldig bist, Unfug machen lassen.› Diese ‹noch-nicht›-Eigenschaft der kindlichen Affekte wird bei jeder Gelegenheit durch ein System verstärkt, das diese wesenhafte Unfertigkeit des Kindes als natürlich und zugleich wünschenswert betrachtet. Die Pilgerschaft zur Reife geht so langsam vor sich, daß der Drang, zurückzugleiten, ungewöhnlich unentwickelt ist. Sobald ein *samoanisches* Kind gelernt hat, stillzusitzen, und daher friedlich dort bleiben darf, wo es will, zeigt es nur sehr selten den Wunsch, sich wieder in eine stoßende, schreiende Bedrohung der Würde der Situation zu verwandeln.

Wenn die Kinder fünf oder sechs Jahre alt sind, mögen sie es nicht mehr, daß man sie gegen ihre eigene Maßlosigkeit und Triebhaftigkeit, die die Würde des Lebens beeinträchtigen könnten, schützt. Die kleinen Mädchen werden ihrerseits zu Kindermädchen, die nun selbst andere Babies außer Hörweite tragen müssen. Die kleinen Knaben laufen größeren Knaben nach, um fischen, schwimmen, ein Kanu handhaben, Bäume erklimmen und alle die anderen kleineren männlichen Fertigkeiten zu lernen. Die Aufmerksamkeit des Mädchens richtet sich darauf, das häusliche Leben zu erleichtern und für die Babies zu sorgen, die für ziemlich schwierig gehalten werden und die darum mehr eine Bürde als eine Verantwortung darstellen. Die Aufmerksamkeit des Knaben geht nun dahin, Stufe um Stufe eine Leiter der Geschicklichkeit und Meisterschaft zu erklimmen, und er brennt darauf, in die Gesellschaft der älteren Knaben aufgenommen zu werden. Die Erlaubnis, ältere Knaben zu begleiten, bedeutet offenbar einen mächtigen Anreiz zu gutem Benehmen; und es vollzieht sich das sichtbare Wunder der Verwandlung von fordernden, unbeherrschten, zu Wutanfällen neigenden Menschenjungen in verständige kleine Kindermädchen und in verständige kleine Wasserträger und Ködersammler.

Die ersten Liebesbeziehungen

Die Kluft zwischen der Knaben- und der Mädchengruppe ist auf dieser Stufe sehr tief und wird noch verstärkt durch das stärkste Tabu der *samoanischen* Gesellschaft, das ‹Bruder-Schwester-Tabu›.

Dies schließt nicht nur die eigene Schwester, sondern auch die Basen und natürlich alle Mädchen des eigenen Haushalts ein. Brüder und Schwestern dürfen niemals gelegentlich oder leichthin miteinander reden, niemals miteinander gehen oder sich berühren oder derselben unformellen, auf Vergnügen ausgehenden Gruppe zugehören. Da ein Viertel, ja ein Drittel aller Mädchen im eigenen Dorf ‹Schwester› genannt werden kann, teilt das tatsächlich die älteren Kindergruppen, die zu Mutwillen und Spaß neigen, in ein-geschlechtige Gruppen. Es zerreißt ebenso das Band zwischen kindlicher Pflegerin und ihrem Schützling, wenn der junge Schützling ein Knabe ist. Die Bezeichnung *tei* — junger Verwandter — ist ein Wort, das zärtlich von Frauen gebraucht wird. Die Bruder-Schwester-Beziehung ist für das männliche Kind der eigentliche Grund der Kluft zwischen der munteren, gefühlsbetonten frühen Kindheit, in der es seine etwas ältere Schwester zu seiner Verfügung hatte, und einer späteren Stufe der Kindheit, wo es als noch sehr schwacher, unwichtiger und ungeschickter kleiner Mann in die Gruppe der älteren Knaben gehört. Die Anwendung des Tabus liegt in des Knaben eigenen Händen. ‹Wenn er sich schüchtern fühlt, wenn er sich beschämt fühlt›, wird er allmählich seine ältere Schwester oder Base oder seine junge Tante meiden, die so unkritisch für seine kindlichen Bedürfnisse gesorgt haben. Nichts wird in Eile durchgesetzt; er lernt einfach aus der Beobachtung anderer, aus deren Bemerkungen, deren Ausdruck und den Blicken seiner Umgebung, daß er das Alter erreicht hat, durch eigene Initiative einen Wall zwischen sich und seiner impulsiven unverantwortlichen Kindheit aufzurichten, selbst das Tabu in Kraft zu setzen. Durch die ganze Periode der Kindheit und Adoleszenz bewegen sich Knaben und Mädchen in getrennten Gruppen. Sie halten diese Trennung durch einen gewissen Grad von zeremonieller Feindseligkeit aufrecht; manchmal in Worten, manchmal in richtigen Feldschlachten mit leichten Wurfgeschossen. Wenn später jedes dazu bereit ist, werden von den älteren Knaben, die ihrerseits von älteren Mädchen ins volle sexuelle Erleben eingeweiht wurden, Mädchen für die ersten Liebesbeziehungen erwählt. Es wird vorausgesetzt, daß in jeder geschlechtlichen Partnerschaft einer der Partner sicher und erfahren ist. Die einzige ernsthafte Anpassungsschwierigkeit, die ich in *Samoa* erlebte, kam daher, daß zwei unerfahrene Jugendliche miteinander ihr erstes Liebesverhältnis hatten und durch ihre eigene Ungeschicklichkeit ein Trauma davontrugen.

Die Geschlechtsanpassung der Erwachsenen in *Samoa* kann als eine der reibungslosesten in der Welt angesehen werden. Leidenschaft und Verantwortlichkeit sind so vermischt, daß die Kinder geliebt, versorgt und in großen, festen Familien aufgezogen werden, die ihre eigene Sicherheit nicht auf irgendein dünnes und schwaches Band zwischen zwei einzelne Eltern gründen. Die erwachsene Persönlichkeit ist stabil genug, um auch außerordentlichem Druck der Außenwelt zu widerstehen und ihre Heiterkeit und Sicherheit zu bewahren. Der Preis, den sie für ihr sanftes, glattes, großzügig-willfahrendes System bezahlen, ist das Fehlen spezieller Begabungen, besonders Intelligenz und Intensität. In *Samoa* ist kein Platz für Männer und Frauen, die großer Leidenschaft, komplizierter ästhetischer Gefühle oder tief religiöser Ergebung fähig sind. Den Preis für die Vermeidung all dieser Höhepunkte, der mit der Prämie auf langsam sich entwickelnde Sicherheit Hand in Hand geht, kann man gewissermaßen in boshaftem Klatschen, Verleumdung und hinterhältigen, aber schlauen politischen Intrigen sehen. Die Schädlinge sind die Begabten, sind die, deren größere Intensität mit der vollen Kraft einer Oedipus-Situation, die beide Eltern als Hauptdrama aufführten, hätten fertig werden können. Aber es gibt hier kein Drama. Ein *samoanischer* Vater ist viel zu sehr mit der harmonischen Beziehung zu seiner ganzen sozialen Gruppe beschäftigt, und sein Gefühl ist zu gut über seine ganze Familiengruppe verteilt, als daß er den inständigen Wunsch seines kleinen, krabbelnden Sohnes nach seiner Mutter als etwas empfände, das ihn bedrohen oder interessieren könnte. Er erschrickt nicht vor seiner eigenen Sexualität, bangt nicht um seine Fähigkeit, sein Weib zufriedenzustellen, noch hält er seine Frau für unbeständig und anspruchsvoll, und daher erwachen in ihm auch keine Impulse, die ursprünglich dem Selbstschutz dienen, seinen Sohn herauszufordern oder ihn zu beschützen. Ebensowenig wenden sich die Mütter von einem unbefriedigten Leben mit ihren Ehegatten, an das sie Forderungen stellen, die nie und nirgends erfüllt werden können, dem hoffnungslosen Wunsch zu, ihre Söhne mögen statt dessen diese Forderungen erfüllen. Die *samoanische* Kultur beweist vielleicht deutlicher als jede andere bekannte, wie sehr die tragische oder die leichte Lösung der Oedipus-Situation von der gegenseitigen Beziehung zwischen Eltern und Kindern abhängt und daß sie nicht einzig und allein aus biologischen Impulsen des jungen Kindes erzeugt wird.

Wenn wir uns *Samoa* und *Mundugumor* nebeneinander denken, sehen wir zwei Gesellschaftsformen, die ihre Kinder zu Erwachsenen heranziehen, die eine, indem sie jede Intensität zwischen Eltern und Kindern herabschraubt, die andere, indem sie die Feindseligkeiten und sexuellen Besonderheiten zwischen Eltern und Kindern aufstachelt. Beide erziehen ihre Kinder zu Erwachsenen, die sich in der aktuellen Gesellschaft behaupten können. Aber die beiden Gesellschaften sind nicht gleich lebensfähig.

Die Primitiven und die Technik

Die *Samoaner* haben unter allen bekannten Völkern den Zusammenstoß mit der abendländischen Kultur am produktivsten aufgefangen und sich der Kultur am geschicktesten angepaßt. Von der europäischen Technik übernahmen sie Tuch und Messer, Laternen und Petroleum, Seife, Stärke und Nähmaschinen, Papier, Feder und Tinte; aber sie behielten ihre bloßen Füße, ihre kühlen, kurzen Sarongs und ihre Häuser, die aus heimischem Material gebaut und mit Kokosfaserseilen befestigt sind. Kommt der Hurrikan, fliegen die metallenen Dachplatten auf den Häusern des weißen Mannes fort und töten manchmal auch Menschen. Das Haus selbst ist zerstört. Das *samoanische* Haus dagegen fällt bei Beginn des Sturmes elegant zusammen und wird später aus denselben Pfosten wieder aufgebaut. Sie nahmen das protestantische Christentum an, formten aber einige seiner strengeren Lehrsätze ins Leichtere um. ‹Warum soll man etwas bitter bereuen›, fragt der *samoanische* Prediger, ‹wenn Gott nur die ganze Zeit darauf wartet, dir zu vergeben?› Weder geistige Bildung noch Missionen noch die moderne Technik haben letzten Endes die Leichtigkeit und Biegsamkeit gestört, mit der diese Bevölkerung, deren Kultur auf lockeren, aber warmen, menschlichen Beziehungen aufgebaut ist, sich dem Wandel angepaßt hat. Die *Mundugumor* waren immer in Gefahr auszusterben; sich in so viele kleine Gruppen zu zersplittern, daß die Kultur verschwinden mußte; so viele ihrer Zeremonien zu vernachlässigen, daß die Zeremonien selbst vergessen wurden. Eine Lösung des Oedipus-Konfliktes, die jeden Mann zum Feind jedes anderen Mannes macht, kann für den einzelnen eine vollkommen tragbare Lösung darstellen. Der *Mundugumor* verbringt seine Zeit mit Feindseligkeiten gegen alle Welt, aber er ist herzlich und lacht viel. Der Unterschied zwischen den beiden Lebensarten wird erst wirklich wesentlich, wenn wir die Gesellschaft unter dem Gesichtspunkt ihrer Fähigkeit betrachten, unerwarteten Ereignissen und Veränderungen gegenüberzutreten und größere soziale Einheiten zu bilden.

Die *Mundugumor* haben sich neuen Ereignissen gegenüber spröde verhalten. Sie kämpften lieber, als daß sie sich anpaßten. Ein kleiner Mann, der mit fünf Jahren seinem Vater getrotzt und das Haus verlassen hat, mit sechs Jahren als Geisel unter Feinden lebte und mit fünfzehn Jahren ein Weib hat, das er gegen erwachsene Männer verteidigen muß, beugt sich selbst vor natürlichen Ereignissen nicht leicht. Man sagt, die *Mundugumor* hätten selbst dann noch das Wasser gehaßt und gefürchtet und die Kanus ungeschickt gehandhabt, als der Fluß, an dem sie jetzt leben, seinen Lauf veränderte und die *Mundugumor* in zwei Völker teilte [1]. Sie haben die Art ihrer Kin-

---

1 Die Rekonstruktion vergangener Ereignisse ist bei einem Volk ohne schriftliche Überlieferung stets höchst unbefriedigend. Die Veränderung des Flußlaufs, von dem die *Mundugumor* berichten, und auf die vor allem ihr Verhalten bezüglich der Kanus zurückzuführen ist, wird verständlich, wenn man sich mit dem Verhalten der Neu-Guinea-Flußbewohner beschäftigt. Es ist auch möglich, daß die außerordentliche Ungeschicklichkeit im Handhaben der Kanus, die Unfähigkeit zu schwimmen, die Furcht vor dem Ertrinken der Kinder, die Kluft zwischen den Stammesgenossen diesseits und jenseits des Flusses, der wachsenden Unfähigkeit der Anpassung an eine veränderte Umgebung zuzuschreiben ist. Sie mögen aber auch einfach das Resultat einer nicht schriftlich festgehaltenen und vergessenen Umsiedlung sein. Die *Mundugumor* sind vielleicht näher und näher an den Fluß gezogen und haben ihn schließlich selbst überquert, um ihn später zu beschuldigen, er habe ihr Territorium geteilt und ihr Leben kompliziert. In jedem Fall bleibt der springende Punkt derselbe: ob die Veränderung auf den Fluß oder auf ihre eigene Wanderung zurückzuführen war: sie wurden mit der neuen Situation schlecht fertig.

dererziehung nicht dem Leben an den Ufern eines reißenden Flusses angepaßt, und das Dorfleben ist mit mühsamen Versuchen durchsetzt, die Kinder vom Wasser fernzuhalten, anstatt sie zu lehren, nicht hineinzufallen. Von Zeit zu Zeit gab jemand einem Impuls nach und stieß ein Kind oder einen hilflosen Schwachsinnigen in das Wasser, um ihn zu ertränken. Niemand forderte, daß Kinder zu ihrem eigenen Schutz überwacht werden müssen, sondern nur weil es unbequem war, das Wasser woanders holen zu müssen; denn wo jemand ertrunken war, wurde das Flußwasser als Trinkwasser tabu. Sie behaupten auch, daß sie Angehörige ihrer eigenen Gruppe weniger häufig gesehen hätten, nachdem das Wasser sie voneinander trennte. Und irgend jemand meinte, es könne vielleicht möglich sein, selbst Angehörige der eigenen Sprachgruppe ohne gräßliche Folgen zu verspeisen. Man kann die *Mundugumor* als ein Volk betrachten, dessen Anpassung sich für den einzelnen im Rahmen des Erträglichen hält, die sich aber in Institutionen ausdrückte, die für ein Gesamtüberleben sehr günstige Umweltbedingungen verlangte.

Strafexpeditionen der Europäer

Solange die *Mundugumor* ihre weniger aggressiven Nachbarn berauben konnten, die auch die meiste notwendige Handwerks-Arbeit für sie verrichteten, und solange Nahrung reichlich war und hauptsächlich von Frauen gesammelt wurde, die ihre aktiven und aggressiven Triebe darin ausleben konnten, daß sie fischten und besser als die Männer aßen, oder schmackhaftere Gerichte auftrugen als die Mit-Frauen ihres gemeinsamen Gatten, blieb die Gesellschaft am Leben. Als die Europäer kamen, versuchten sie zunächst, die *Mundugumor* durch Strafexpeditionen zu unterwerfen. Aber die *Mundugumor* lachten über verbrannte Dörfer oder Dorfbewohner, die bei einer Polizei-Strafexpedition erschossen wurden. Auf solche Art müssen Männer eben sterben. Nur daß ‹große Männer› — Männer mit vielen Frauen — eingesperrt wurden, wenn sie sich Regierungskontrollen nicht unterwarfen, konnten die herrschenden großen Männer nicht aushalten, denn Untätigkeit gepaart mit heftiger Eifersucht auf den, der ihre Frauen übernahm, ertrugen sie nicht.

Die *Arapesh*-Lösung der Oedipus-Situation ist genauso speziell wie die der *Mundugumor* und paßt auch nur zu einer Gesellschaft, deren Fortbestand von besonders günstigen Umweltbedingungen abhängt. Während die *Mundugumor* die wilden Geschlechtsbindungen zwischen Eltern und Kindern rege betreiben und die daraus entspringende Eifersucht und den Wettbewerb zwischen allen Männern und den meisten Frauen verstärken, dämpfen die *Arapesh* jedes Interesse an geschlechtlichen Bindungen zwischen Erwachsenen und Kindern. Es ist gut, Kinder von beiderlei Geschlecht zu haben; und Väter und Mütter behandeln die Kinder beiderlei Geschlechts tatsächlich gleich. Ein Kind mit größerer Intensität des Gefühls kann versuchen, eine stärkere Beziehung zum Elternteil des anderen Geschlechts herbeizuführen, doch nur, wenn dieser Elternteil auch einige Intensität hat, wird es einen Sinn haben. Knaben und Mädchen werden in das Netz kleiner, verwandter Familien hineingezogen. Jede Familie ist darauf bedacht, Nahrung einzubringen, Schweine und Kinder zu füttern und auf die Pläne der anderen einzugehen. Kinder von fünf und sechs Jahren können heftige Wutanfälle bekommen, wenn ihnen die Nahrung verweigert wird; Wutanfälle, die die Erwachsenen eher besänftigen, als daß sie versuchen, sie zu zügeln oder zu bestrafen. Diese gleichen Wutausbrüche, die das Kind hinreißen, dessen maßlose Ansprüche nicht erfüllt wurden, treten im späteren Leben erneut auf und bedeuten eine Gefahr für die Gesellschaft der Erwachsenen. Der wütende Erwachsene, dessen Bitte um Hilfe bei einem Fest oder um das Ausleihen von Nahrung zurückgewiesen wurde, stiehlt körperliche Abfallprodukte des Verwandten, der ihn beleidigt hat, und schickt sie zu einem Zauberer. Das Kind lernt, daß Wutanfälle unerträglich sind und auf einen Ausbruch drängen. Als Erwachsener hilft es den Mann zu bestrafen, der einen anderen herausfordert, aber nicht den, der sich durch die Herausforderung zur Gewalt hinreißen läßt. Weil im Verkehr miteinander das Gewicht ständig auf der Nahrung liegt, auf der Forderung, abwechselnd zu nähren und genährt zu werden, ist der Unterschied in den Rollen von Vater und Mutter — beide nachsichtig, liebevoll, gelegentlich ohne sichtbaren Grund schlechter Laune — sehr gering. Die *Arapesh* betrachten nur die Adoleszenz ihrer Kinder mit einiger Unruhe und nicht das Benehmen der Fünf- oder Sechsjährigen, die man für zu jung und schwach hält, um wirklich zu stören.

Kinder werden verheiratet

Charakteristischerweise gibt es keine feste Gestaltung der Latenz. Die kleinen Knaben werden nicht aus einem Heim getrieben, in dem eine Mutter ihre Männlichkeit zu sehr aufkommen läßt oder zuviel von ihr fordert oder in dem ein Vater darauf aus ist, sie als Rivalen oder mögliche Opfer zu behandeln. Statt dessen ziehen die Kinder allein oder zu zweit, mit älteren Knaben, Männern oder Frauen herum, wie es gerade kommt. Nur wenn sie sich der Adoleszenz nähern, schließen sie sich etwas mehr aneinander an. Die Mädchen lernen dann die Riten der Menstruations-Hütte kennen und flüstern erregt miteinander davon, wie ihre Brüste wachsen, während die Knaben mit der ernsthaften Aufgabe beginnen, gewisse Nahrung für tabu zu erklären, um das Wachsen ihres Genitals zu beschützen. In der Adoleszenz werden die Tabus umgekehrt, durch die die Eltern ihre eigene Sexualität gezähmt haben, um ihre Kinder zu schützen. Die Jugendlichen müssen ihre Eltern schützen und, besonders wenn ihre lang geplanten Heiraten vollzogen sind, sich hüten, ihren Eltern oder Schwiegereltern Nahrung zu geben, die auf einem Feuer gekocht ist, neben dem sie geschlechtlichen Umgang gehabt haben. In dieser Gemeinschaft, in der die Männer nicht der Wettbewerb um die Frauen, sondern ihr gemeinsames Geschäft, Leute jeden Alters und Geschlechts zu ernähren, eint, wendet sich die Aufmerksamkeit von der Eigentümlichkeit des Oedipus-Kampfes dem inneren Kampf zu, den jedes Individuum mit seinen eigenen Trieben ausfechten muß, wenn es wieder fruchtbar und fähig sein soll, menschliche Wesen aufzuziehen. Die Eltern bleiben Verbündete beim Kampf des Kindes, legen ihm keine schweren Verbote auf, schlagen nicht zurück und reizen das Kind nicht, indem sie sich ihm als einem starken und gefährlichen Gegner stellen. Jeder Kampf im eigenen Leben kann in Tätigkeit zum Nutzen der Kinder verwandelt werden; z. B. brachen die Stammesbrüder WABE und OMBOMB, beide recht schwierige, abwegige Persönlichkeiten, ihre Streitereien mit ihren Frauen ab, indem sie Pläne machten, ihre Neffen mit Frauen zu versorgen und, in WABES Fall, ein Kind zu adoptieren. So werden bei den *Arapesh* die Sechsjährigen sanft behandelt, ihr Geschlecht wird wenig beachtet und ihr Bedürfnis nach Nahrung und Schutz wird stark betont, bis sie zu Wächtern ihres eigenen Wachstums werden können. Der Knabe wird dann Beschützer seines kindlichen Weibes, das er ernährt, und das Mädchen Wächter seines eigenen Körpers und damit seiner zukünftigen Kinder.

Ausbeutung durch Zauberer

Dieses System ist verwundbar. Es ist auf Unfälle und Tod nicht genügend eingerichtet. Die *Arapesh* sind sanft und sehr arbeitsam. Sie klettern in den kalten Morgennebeln die Berge hinauf und herunter, um anderen zu helfen und einander mit Nahrung zu versorgen; sie beherrschen ihre eigenen Triebe und richten ihre Aufmerksamkeit auf das Wohl der anderen. In solch einem System ist kein Spielraum für ‹schlimme Zufälle›. Wenn jeder Kinder füttern möchte, müßte eigentlich immer Nahrung vorhanden sein. Aber manchmal gibt es keine. Das Land ist arm und der Gartenbau sehr unzureichend. Wenn ein Mann willens ist, seine Frau aufzuziehen und viele Jahre auf ihre Reife geduldig zu warten, damit beider Fähigkeit zur Elternschaft gesichert ist, und die Frau andererseits gewillt ist, diese Schuld des Wartens und Ernährtwerdens anzuerkennen, ist es offensichtlich unbillig, wenn einer von ihnen stirbt und das ganze Gefüge umwirft. Der Tod selbst ist unbegreiflich, es sei denn, es stirbt ein Greis oder ein Kind mit einem Geburtsfehler. Die Verbindung zwischen einer unzureichenden Erklärung für den Tod und den impulsiven Wutanfällen, die in der Kindheit durch die Verweigerung der Nahrung von denen heraufbeschworen werden, die behaupten, sie geben zu wollen, machen die *Arapesh* für Zauberei anfällig und für innere Zwietracht, die aus dem Verdacht der Zauberei entsteht. In einer Welt wie Neu-Guinea, wo Nahrung rar und Hunger und Kälte tägliche Begleiter des Lebens sind, ist es nicht genug, daß Eltern liebevoll und sanft und vor allem mit ihren eigentlichen elterlichen Funktionen beschäftigt sind. Es genügt auch nicht, wenn die Eltern ihre Kinder davon überzeugen, daß der Ärger in ihrer Stimme, wenn sie den Kindern nicht vorhandene Nahrung verweigern, nicht den Kindern gilt, sondern der Tatsache, daß keine Nahrung da ist; denn in ihren Stimmen klingt noch ihr eigener kindlicher Ärger nach, als ihre Eltern ihnen die Nahrung verweigerten. Die Außenwelt, die Zauberer des nächsten Stammes — gewichtige Männer mit finsteren Gesichtern — können leicht den kindlichen Zorn oder das ungehörige Benehmen des Dummen und Ungeschickten unter den *Arapesh* ausbeuten, und schon ist die Zwietracht da. Wären ihre Ländereien fruchtbar und ihre Wälder voller Wild, könnten sie ihre Kinder ernähren. Kein Kind brauchte mit tränenüberströmtem Gesicht im Staub der Dorfstraße zu liegen und nach einer Kokosnuß zu schreien, weil die einzigen Kokosnüsse des Dorfes für das seltene, magere Fest aufbewahrt werden, bei dem all seine Verwandten, die zu Gast sind, doch wieder hungrig nach Hause gehen müssen.

Aber es ist ebenso unwahrscheinlich, daß diese Länder, wenn sie fruchtbar und die Wälder wildreich wären, überhaupt Leuten wie den Gebirgs-*Arapesh* gehören würden. In ganz Neu-Guinea gehören die fruchtbaren Ebenen, die fischreichen Flüsse, die Hochländer, in denen Kokosnüsse wachsen, und die Sago-Sümpfe, die sich verschwenderisch selbst erneuern, den aggressiveren Völkern. Die gleiche elterliche Haltung, die in den Bergen jeden Nahrungsmangel zu solch einer Bresche im sorgfältig errichteten Wall ihrer sozialen Abwehrmaßnahmen werden läßt, macht sie auch unfähig, sich offen mit ihren kriegerischen Nachbarn zu messen, von deren Entscheidung es abhängt, ob sie sie erpressen oder offen angreifen wollen. Erpressung, nämlich erpresserische Ausnutzung ihrer Gastfreiheit durch die Bewohner der Ebenen bei deren ausgedehnten Zügen von der Ebene zur Küste, macht sich für die Nachbarn besser bezahlt, und so existieren die Gebirgs-*Arapesh* in einer Welt, die so viel weniger befriedigend ist als ihre Träume, unter dem ständigen Alpdruck, daß in jeder Generation die Kinder, die zu ernähren, sie so schwer gearbeitet hatten, kleiner und kleiner werden.

Jatmul-Dreikindersystem

Eine andere Lösung der Oedipus-Situation ist das Dreikindersystem, in dem jedes Kind jeden Geschlechts zuerst begünstigt, dann verstoßen wird und schließlich in der Familiengruppe bleibt, um zu sehen, wie dem Usurpator sein Platz wieder entrissen wird [1]. Dieses System der Kindererziehung richtet die Aufmerksamkeit des Kindes, das schließlich aus der Oedipus-Situation herausgelangen und einen abwartenden Platz in der Welt der Kindheit einnehmen muß, auf

1 MARGARET MEAD, ‹Age Patterning and Personality Development›, *American Journal of Orthopsychiatry*, Vol. XVII (1947), S. 231—240; GREGORY BATESON and MARGARET MEAD, *‹Balinese Character›*, Tafel 74; MARGARET MEAD, ‹The Family in the Future›, in *Beyond Victory*, hrsg. von Ruth Nanda Anshen, Harcourt, Brace, New York, 1943, S. 66—87.

ein verwickeltes Drama, in dem beide Eltern und jüngere Geschwister eine Rolle spielen. Bei den *Jatmul* und in *Bali* ist das ‹Gartenkind› das dritte Kind, der Brennpunkt des Dramas zwischen elterlicher Welt und dem Kinde selbst. Während die *Mundugumor* und die *Arapesh* schon vor der Geburt beginnen, die Beziehung zwischen Eltern und Kind festzulegen, und sich dort starke Spannungen in der Entwöhnungs-Periode ergeben, wenn das nächste Baby geboren wird, bleibt in *Bali* und bei den *Jatmul* das entwöhnte Kind in nächster Nähe der Mutter als Glied eines Quartetts von Mutter und drei Kindern, in dem das nächstälteste Kind die Rolle der Pflegerin gegenüber dem jüngeren übernimmt.

Frühe sexuelle Gefühle bei Kindern

Es gibt noch viele andere Lösungen als diejenigen, die man bei diesen sieben Völkern findet. Knaben können all die Jahre zwischen früher Kindheit und Initiation zu den mütterlichen Großeltern geschickt werden, um dann nach Jahren der Nachsicht, fern von den Vätern, deren Rolle die Strenge ist, durch die Initiations-Zeremonien abrupt in die Wirklichkeit des Erwachsenenlebens zurückgerufen zu werden, wie dies bei den Ba Thonga [1] der Fall ist. Oder die sexuelle Zugänglichkeit kleiner Kinder wird etwa, wie bei den Kaingang Brasiliens, bei Gelegenheit ausgenutzt. Aber keine bekannte Gesellschaftsform hat diesen am meisten in die Augen fallenden Aspekt unserer Menschlichkeit ignorieren können, dieses vorzeitige (zweiphasige) Aufblühen der sexuellen Gefühle beim Kind, das noch so unreif für die Fortpflanzung ist. Jeder Erwachsene trägt seine eigenen Kindheitserinnerungen in sich, bereit zur Wiedererweckung, gleichsam auf der Zungenspitze, und diese erzeugen im Zusammenspiel mit den Trieben des Kindes die Dynamik des Dramas, das jede neue Generation durchleben muß. Für jede Kultur ist das Wesen dieses Dramas anders. In einer sich wandelnden Gesellschaft fallen die Teile des Systems aus dem Schritt. Einer Kindheit, die zu einer ausdrucksvollen Adoleszenz paßt, folgt vielleicht eine voller Einschränkungen; oder einer beengten Kindheit folgt das Verlangen nach einer Adoleszenz voller Ausdrucksmöglichkeiten. Dann gerät das ganze Schema in Verwirrung, mehr und mehr Kinder haben jene notwendige Folge von Ereignissen nicht erlebt, die in dieser Kultur das richtige Vorspiel fürs Leben als Erwachsene darstellen. Die Aufgabe, daß menschliche Gesellschaften, die sich wandeln und auf andere Gesellschaften treffen, die sich ebenfalls verändern, durch die lebendige Anpassung der menschlichen Wesen, aus denen sie sich zusammensetzen, die Ordnung wiederherzustellen haben, ist ohne Ende und kehrt immer wieder. Die Fähigkeit, solche Anpassungen zu vollziehen, ist ein Teil unserer menschlichen Erbschaft, gleich der Fähigkeit, eine Vielfalt lebensfähiger Ernährungsgewohnheiten zur Kultur aus-

1 Afrikanischer Negerstamm. (Anm. d. Übers.)

zukristallisieren, ein Teil des Entwicklungs-Mechanismus, der dem Menschen seine einzigartige Geistigkeit gegeben hat. Ohne Einsicht angewandt, ist sie eine plumpe, unsichere, im Dunkeln tappende Fähigkeit, die manchmal Kulturen von großer Schönheit und Stärke hervorbringt, manchmal Kulturen, die sogar jene wenigen Aspekte unserer Menschlichkeit noch verdrehen, verzerren und verwerfen, denen sie überhaupt einen Ausdruck gestatten.

Aber wir haben noch zu beweisen, daß wir eine neue Einsicht entwickeln können. Eine Einsicht, die, vom Glauben an eine freie Humanität geleitet, die Verschwendung der Jahre der Unschuld vermeiden kann, ohne einem passiven Zynismus anheimzufallen; die vielmehr eine neue Unschuld aufzubauen vermag, die nicht auf menschlicher Preisgabe begründet ist.

4. Geschlecht und Temperament

Von der Lösung der Oedipus-Situation wird es zum größten Teil abhängen, auf welche Art und Weise der Knabe oder das Mädchen seine Geschlechtszugehörigkeit zunächst akzeptiert. Aber es genügt für ein Kind nicht, einfach und klar zu entscheiden, daß es seinem eigenen Geschlecht angehöre, anatomisch gesehen männlich oder weiblich sei und eine vorbestimmte reproduktive Rolle in der Welt habe. Denn heranwachsende Kinder stehen einem anderen Problem gegenüber: ‹*Wie* männlich, *wie* weiblich bin ich?› Der Knabe hört mit an, daß Männer als feminin gebrandmarkt und Frauen als maskulin verdammt, daß andere als richtige Männer und wirkliche Frauen gepriesen werden. Er hört von Beschäftigungen, die für mehr oder weniger männlich und dem Mann angemessen gehalten werden, und von anderen, die der Weiblichkeit einer Frau der allgemeinen Meinung nach mehr oder weniger Abbruch tun. Er hört, daß Kategorien wie Empfänglichkeit, Verwöhntheit, Sensibilität, Mut, Stoizismus und Geduld eher dem einen als dem anderen Geschlecht zugesprochen werden. Er bemerkt in seiner Welt nicht ein einziges Vorbild, sondern viele, an denen er sich messen kann. Daraus ergibt sich sein Urteil über sich selbst, so daß er sich stolz und sicher, verwirrt, minderwertig und unsicher fühlt, oder aber verzweifelt und bereit, überhaupt zu resignieren.

Geschlechtsumkehrung

In jeder menschlichen Gruppe ist es möglich, Männer und Frauen auf einer Skala so anzuordnen, daß zwischen einer sehr maskulinen und einer sehr femininen Gruppe sich andere einschieben, die in die Mitte zu gehören scheinen, weil sie weniger von den ausgesprochenen Merkmalen zeigen, die für das eine oder andere Geschlecht kennzeichnend sind. Dem ist so, ob wir uns auf sekundäre Geschlechtsmerkmale beschränken wie Form der Schambehaarung, Bart,

Fettschichten usw. oder primäre betrachten wie Brüste, Beckenbreite, Hüft-Proportionen usw. Diese Stufung der Unterschiede wird noch auffälliger, wenn man Tatsachen wie Haut-Empfindlichkeit, Stimmlage oder die Modulation der Bewegungen betrachtet. Auch findet man in den meisten Gruppen, ganz gleich wie groß, nur äußerst wenig Individuen, die darauf bestehen, die Rolle des anderen Geschlechts in Beschäftigung, Kleidung oder Geschlechtsbeziehungen zu spielen. Ob vollkommenes Transvestitentum vorkommt, scheint eine Frage der kulturellen Anerkennung dieser Möglichkeit zu sein. Unter vielen amerikanischen Indianer-Stämmen war der *bedache*, der Mann, der sich wie eine Frau kleidete und lebte, eine anerkannte soziale Institution und bildete ein Gegengewicht zu der übertriebenen Betonung der Tapferkeit und Kühnheit der Männer. In anderen Teilen der Welt, wie z. B. im Süd-Pazifik, gibt es zwar bei zeremoniellen Gelegenheiten eine große Zahl ritueller Geschlechtsumkehrungen, dennoch wird dort in vielen Stämmen nicht erwartet, daß irgendein einzelnes Individuum eine vollkommene Vertauschung vollzieht.

Es gibt Völker, die die Geschlechtsumkehrung für beide Geschlechter vorsehen, wie es unter den sibirischen Ureinwohnern üblich ist, wo Geschlechts-Umkehrung mit Schamanismus verbunden ist, oder die sie den Männern erlauben und den Frauen verbieten; oder aber sie setzen überhaupt keine feste Regel dafür voraus. Aber der Gegensatz zwischen dem sichtbaren Transvestitentum der Mohave-Indianer [1], bei denen die Transvestiten Schwangerschaft und Geburt mimisch darstellen, indem die Männer außerhalb des Lagers in einer Zeremonie von Steinen entbunden werden, und den *Samoanern*, die kein Transvestitentum anerkennen, unter denen ich aber einen Knaben fand, der gern zwischen den Frauen saß und Matten webte, ist zweifellos sozialen Ursprungs. Eine Gesellschaft kann sorgfältig durchdachte Rollen vorsehen, die viele Individuen anziehen, die sie niemals spontan übernommen hätten. Die Furcht, daß Knaben ein feminines Verhalten zeigen könnten, mag viele Knaben dazu bringen, ihre Zuflucht geradezu in einer offenen Femininität zu suchen. Wird einer, der etwas weniger Haare auf dem Kinn oder eine etwas flachere Brust hat, als jemand angesehen, der besser zum anderen Geschlecht paßt, so kann das eine soziale Abwegigkeit hervorrufen. Wollen wir diese Erlebnisse interpretieren, die alle Kinder haben, so müssen wir nach einer Theorie dafür suchen, was diese Unterschiede bedeuten.

Potentielle Bisexualität

Alle diese Arten von Überbau haben wir beiseite gelassen, wenn wir uns auf die Gegenwart oder Abwesenheit, die Anerkennung oder Toleranz transvertierter sozialer Institutionen oder die offene Unter-

1 GEORGE DEVEREUX, ‹Institutionalized Homosexuality of the Mohave Indians›, *Human Biology*, Vol. 9 (1937), S. 498—527.

drückung homosexueller Praktiken beriefen, aber auch dann finden wir noch Unterschiede, die einer Erklärung bedürfen. Nachdem wir Erkenntnisse gesammelt haben, die wir aus detaillierten Krankengeschichten unserer abendländischen Gesellschaft gewonnen haben, und die zeigen, wie Zufälle bei der Erziehung, fehlerhafte Identifikationen mit dem falschen Elternteil oder außergewöhnliche Furcht vor dem Elternteil entgegengesetzten Geschlechts Knaben und Mädchen in die sexuelle Inversion treiben können, stehen wir immer noch vor dem Grundproblem. Nebeneinander in eine Reihe gestellt, zeigen die Männer einer jeglichen Gruppe verschiedene Grade deutlicher Maskulinität sowohl des Aussehens als des Verhaltens. Die Frauen jeder Gruppe zeigen eine ähnliche Variationsbreite, ja eine noch größere, wenn wir außer den täuschenden Becken-Profilen, die über die reproduktive weibliche Leistungsfähigkeit nichts aussagen, noch Röntgenbilder einbeziehen [1]. Sollen wir diesen augenfälligen Streuungsbereich auf Unterschiede im endokrinen Gleichgewicht zurückführen und sie mit unserer Erkenntnis in Verbindung bringen, daß jedes Geschlecht von einer richtigen Funktion männlicher und weiblicher Hormone und von der Wechselwirkung zwischen diesen Hormonen und den anderen endokrinen Faktoren abhängig ist? Trägt jedes Individuum eine potentielle Bisexualität in sich, die physiologisch durch Hormonmangel oder -überschuß, psychologisch durch Abnormitäten des individuellen Reifeprozesses aktiviert werden kann, die ihrerseits wieder soziologisch bedingt sind und etwa dadurch entstehen, daß Knaben nur mit Frauen heranwachsen oder daß sie von den Frauen vollkommen getrennt werden; oder aber dadurch, daß man verschiedene Formen sozialer Inversion vorzeichnet und fördert? Wenn menschliche Wesen — oder Ratten — durch soziale Umstände dazu veranlaßt werden, als Erwachsene sexuell auf Angehörige ihres eigenen Geschlechts zu reagieren, und zwar lieber als auf Angehörige des anderen Geschlechts, nutzt diese Tatsache eine echte, bisexuelle Basis der Persönlichkeit aus, die bei verschiedenen Mitgliedern der Gruppe in ihrer Struktur stark variiert?

Körperbau und Fortpflanzung

Auf den ersten Blick scheint es überaus wahrscheinlich, daß wir eine derartige Hypothese aufstellen müssen. Betrachten wir eine Gruppe kleiner Knaben, so scheint es einzuleuchten, daß es leichter wäre, diejenigen, die jetzt ‹mädchenhaft› erscheinen, an eine invertierte Rolle zu gewöhnen, und daß aus einer Gruppe kleiner Mädchen das ‹jungenhafte› Mädchen am leichtesten dazu erzogen werden könnte, sich mit dem anderen Geschlecht zu identifizieren. Und bedeutet nicht

---

1 William Walter Greulich und Herbert Thoms unter Mitarbeit von Ruth Christian Twaddle, ‹A Study of Pelvic Type and its Relationship to Body Build in White Women›, *Journal of American Association*, Vol. 112 (1939), S. 485—493.

‹am leichtesten› hier den höchsten Grad physischer Bisexualität? Die vorhandenen Tatsachen lassen uns jedoch innehalten. Der sorgfältigsten Untersuchung ist es nicht gelungen, das endokrine Gleichgewicht mit tatsächlich homosexuellem Verhalten in Verbindung zu bringen. Jene seltenen Kreaturen, die männliche und weibliche primäre Geschlechtsorgane haben, stellen natürlich stärkste Anomalien und Entwicklungsstörungen dar, haben aber bisher wenig Licht auf das allgemeine Problem geworfen. Der absolute Mangel an Korrelationen zwischen einem Körperbau, der als hypermaskulin und hyperfeminin betrachtet werden kann, und erfolgreicher Fortpflanzung ist in jeder Gruppe markant. Ein Mann mit höchst männlichen Kennzeichen hat etwa keine Kinder, während irgendeine bleiche, feminin aussehende Maus von Mann einen ganzen Stall voll zeugt. Die Frau mit großem Busen und starken Hüften kann steril bleiben oder, wenn sie Kinder gebiert, unfähig sein, sie zu nähren.

Noch stehen wir der Frage gegenüber, ob es eine Wechselbeziehung gibt zwischen der Neigung zur Homosexualität von Männern und Frauen und einem Körperbau, der zum anderen Geschlecht hin abweicht. Im primitivsten Stamm, der keine Inversion anerkennt, sieht der Knabe, der sich zum Mattenflechten entscheidet, mehr dem weiblichen Typ des Stammes ähnlich, und die Frau, die jagen geht, wird eher wie ein Mann aussehen. Bedeutet diese augenfällige physische Beschaffenheit nichts, ist sie bloß ein Zufall innerhalb einer normalen Variationsbreite? Wenn der Stamm Behaarung als wünschenswertes männliches Kennzeichen ansieht, werden die weniger Behaarten deshalb über ihre geschlechtliche Rolle unsicher, während, wenn die Stammesangehörigen glauben, daß Behaarung einfach ein tierisches Merkmal sei, der sehr Behaarte beinahe sexuell geächtet und der fast nicht Behaarte deswegen als nicht weniger männlich angesehen wird? Das wäre eine extreme Antwort, die Umwelteinflüsse als ausschlaggebend ansieht, während die Zurückführung auf eine sehr subtile, bisher noch nicht erforschte strukturelle und funktionelle Variation in der biologischen Basis der Geschlechtszugehörigkeit eine extreme biologische Antwort wäre.

Biologische Variationen

Ich schlage eine andere Hypothese vor, die dem Verhalten der sieben Südsee-Völker, die ich erforscht habe, besser angemessen scheint. Der *Balinese* ist beinahe haarlos; so haarlos, daß er seine Barthaare einzeln mit der Zange auszupfen kann. Seine Brüste sind beträchtlich entwickelter als die eines Abendländers. Beinahe jeder männliche *Balinese* würde, in eine Reihe mit West-Europäern gestellt, ‹feminin› aussehen. Andererseits hat die *balinesische* Frau schmale Hüften und kleine, hohe Brüste, und beinahe jede *balinesische* Frau würde ‹knabenhaft› aussehen, wenn man sie in eine Gruppe west-europäischer Frauen stellte. Man könnte viele von ihnen verdächtigen, unfähig zum Stillen zu sein oder aber einen infantilen Uterus zu haben. Aber sollten diese Tatsachen dahin ausgelegt werden, daß die *Balinesen* bisexueller, weniger sexuell differenziert seien als die West-Europäer, daß die Männer weniger maskulin, die Frauen weniger feminin sind, oder einfach dahin, daß der *balinesische* Typ der Maskulinität und Femininität verschieden von unserem ist?

Die extremen Verfechter eines variierenden bisexuellen Gleichgewichts werden behaupten, daß in einigen Rassen die Männer weniger differenziert, femininer und so weiter als in anderen sind, und dasselbe Argument auch auf die Frauen anwenden. Aber im ganzen muß man zugeben, daß zum mindesten einige der Punkte, in denen ein *Balinese* feminin erscheint, Dinge sind, die seine Maskulinität keineswegs wirklich beeinträchtigen: seine kleine Statur, sein Umfang, Behaarung und ähnliches. So muß man vielmehr einräumen, daß nicht nur gewisse Normen für Maskulinität und Femininität bei Rassen, die sich so sehr unterscheiden wie *Balinesen* und Nord-Europäer, Andamanesen-Zwerge und Nubische Riesen, nicht mehr anwendbar sind, sondern auch, daß tatsächlich Fälle vorkommen können, wo etwa die Andamanesen-Männer, was ihre Größe anbetrifft, gegenüber einer größeren Gruppe in den Variationsbereich der Frauengröße fallen würden.

Aber alle menschlichen Gruppen, von denen wir überhaupt etwas wissen, zeigen eine beachtliche Variation ihres biologischen Erbgutes. Selbst unter den isoliertesten Gruppen mit starker Inzucht kann man sehr starke Unterschiede im Körperbau und sichtbarem Temperament finden, und trotz der hochgradigen Gleichförmigkeit, die die Praxis der Kinderaufzucht bei vielen primitiven Stämmen charakterisiert, erscheint jeder Erwachsene nach den Maßstäben des Stammes mehr oder weniger maskulin beziehungsweise mehr oder weniger feminin. Man wird ferner Variationsreihen finden, die, wenigstens dem Augenschein nach – denn wir haben keine detaillierten Unterlagen –, sich von einer Gruppe auf die andere anwenden lassen. Obgleich beinahe jeder *Balinese* in den allgemeinen Typus eingereiht werden könnte, den man fachlich als ‹asthenisch› bezeichnet, steht der asthenische *Balinese* doch immer noch in einem Gegensatz zu dem *Balinesen*, der von robusterem Knochenbau oder kürzer und rundlicher ist. Innerhalb der Grenzen des allgemeinen Typus kommen die gleichen Unterschiede sowohl bei Männern wie Frauen vor. Solange wir keine feineren Meßmethoden besitzen, die nicht die individuelle Konstitution, sondern auch die Erbanlage erfassen, wissen wir nicht, ob es auf der Ebene des Verhaltens eine echte Übereinstimmung zwischen den schlanken, schmalgebauten *Arapesh, Tchambuli*, Schweden, Eskimos und Hottentotten gibt, oder ob ihr Verhalten, wenn auch vielleicht konstitutionell begründet, doch keineswegs auf etwas zurückgeführt werden kann, von dem man behaupten könnte, es wäre ihnen gemeinsam. Bis solche Messungen entwickelt und solche Untersuchungen durchgeführt worden sind, kann man nur auf der Basis sorgfältiger Beobachtung mutmaßen, ohne ein besseres Vergleichsinstrument als das menschliche Auge. Aber der Gebrauch dieses Instruments bei sieben verschiedenen Völkern hat mir die Hypothese aufgedrängt, daß wir innerhalb jeder menschlichen Gruppe, wahrscheinlich in verschiedenen Verhältniszahlen und möglicherweise nicht immer in allen, Vertreter der gleichen Konstitutions-Typen finden, die wir in unserer eigenen Bevölkerung zu unterscheiden beginnen. Und ich vermute ferner, daß das Vorhandensein dieser kontrastierenden Konstitutions-Typen eine wichtige Bedingung dafür ist, wie die Kinder die Vollständigkeit ihrer Geschlechtszugehörigkeit einschätzen.

Täuschungen des Körperbaues

Wenn wir das Vorhandensein vergleichbarer Reihen des konstitutionellen Typus in jeder menschlichen Gesellschaft anerkennen, so kann doch die einzelne Reihe, die wir von den verschiedenen Typen konstruieren, als irreführend angesehen werden, besonders für das Auge des heranwachsenden Kindes. Wir sollten statt dessen eine Reihe von Typen erläutern und sie innerhalb jeder dieser verschiedenen Typen vom höchst maskulinen zu dem am wenigsten sexuell differenzierten Mann führen. Der schlanke, kleine Mann ohne Bart und Muskeln, der eine ganze Kinderschar zeugt, würde dann nicht als solche Anomalie erscheinen, sondern könnte als die maskuline Version eines menschlichen Typs angesehen werden, in dem beide Geschlechter schlank, mager und relativ unbehaart sind. Das große Mädchen, dessen Brüste kaum sichtbar sind, das aber ihr Baby vollkommen zufriedenstellend stillen kann, da ihre Milch in beinahe stetigem Strom über ihre Brust zu fließen scheint, kann nicht als unvollkommen entwickelte Frau angesehen werden — dieser Diagnose widerspricht die erfolgreiche Art, in der sie Kinder gebiert und nährt, und ihre schöne Haltung während der Schwangerschaft —, sie gehört aber als Frau zu einem besonderen Konstitutions-Typ, bei dem die Brüste der Frauen kleiner und weniger betont sind. Den großen Mordskerl mit Haaren auf der Brust, von dessen Maskulinität so oft behauptet wird, sie sei bläßlich und nicht überzeugend, wird man bloß als eine weniger maskuline Version eines Typs ansehen, bei dem enorme Muskeln und Behaarung üblich sind. Die Frau, deren geringe Fruchtbarkeit in so seltsamem Widerspruch zu ihren wogenden Brüsten und Hüften steht, kann als Vertreterin eines Frauentyps mit sehr stark betonten Brüsten und Hüften angesehen werden — ihre geringe Fruchtbarkeit wird nur dadurch sonderbar, daß die meisten der Frauen, mit denen man sie vergleicht, kleinere Brüste und weniger üppige Hüften haben. Der augenscheinliche Widerspruch zwischen Becken-Röntgenbildern und äußeren Becken-Messungen könnte wohl ebenfalls aufgeklärt werden, wenn man ihn von diesem Standpunkt aus betrachtete.

Und wie mit dem körperlichen Typus, so steht es auch mit anderen Aspekten der Persönlichkeit. Die feurige, initiative Frau brauchte nur mit feurigen, initiativen Männern ihres eigenen Typus zusammengestellt zu werden, um nicht wie ein Löwe zu wirken, sondern nur wie eine Löwin in ihrer eigenen Umwelt. Wenn der bescheidene, kleine Unschuldskerl nicht neben einen Preisboxer, sondern neben die bescheidenste weibliche Version seiner selbst gesetzt wird, erscheint er wohl viel maskuliner als sie. Wenn man den plumpen Mann mit weichem Brustfleisch, Doppelkinn und ausladendem Hinterteil, dem man bloß eine Haube aufzusetzen brauchte, um ihn in eine Frau zu verwandeln, neben die entsprechend plumpe Frau setzen würde, hätte er nicht so zweideutige Umrisse; seine Maskulinität ist noch immer eindeutig, wenn man ihn anstatt mit dem Mann einer anderen Art mit einer Frau seiner eigenen vergleicht. Und die schlanken männlichen und weiblichen Tänzer ohne Hüften und Busen erscheinen dann nicht als weibische Männer und knabenhafte Frauen, sondern als Männer und Frauen eines besonderen Typus. Ebenso wie man das Geschlecht eines männlichen Kaninchens nicht dadurch feststellen kann, daß man sein Benehmen mit dem eines Löwen, eines Hirsches oder eines Pfaus vergleicht, sondern indem man den Kaninchenbock mit dem weiblichen Kaninchen, den Löwen mit der Löwin, den Hirsch mit der Hindin, den Pfauhahn mit der Pfauhenne vergleicht, könnte es möglich sein, daß wir den Kindern ein viel verständlicheres Problem aufgeben würden, wenn wir uns von dem Irrtum befreien könnten, alle Männer und alle Frauen zusammenzuwerfen und uns dann über die Bärte der einen und die Brüste der anderen den Kopf zu zerbrechen, und statt dessen in ihnen Männer und Frauen verschiedener Typen sehen würden.

Eine große Anzahl sehr verwirrender theoretischer Fragen würde ebenfalls richtig eingeordnet werden können. Nehmen wir zum Beispiel die Frage nach dem Grad der sexuellen Aktivität und der größeren Aktivität, die Männern von früher Reife zugesprochen wird. Sind solche Männer maskuliner, oder sind sie einfach ein anderer Typus? Nehmen wir die Frauen, die selbst bei einem Volk wie den *Arapesh*, das keinen Begriff des Orgasmus für Frauen kennt, in Geschlechtsdingen aktiv fordernd und in ihrem sexuellen Appetit sehr spezifisch sind. Oder nehmen wir diejenigen Frauen unter Leuten, die wir die *Mundugumor* die Frauen als unmütterlich und spezifisch sexuell ansehen, die immer noch mütterlich und verantwortungsbewußt sind. Diese Abweichungen würden dann nicht länger als Anzeichen größerer oder kleinerer Femininität, sondern nur als verschiedene Frauen-Typen betrachtet werden, als Typen, die biologisch so fest eingewurzelt sind, daß der ganze Apparat kultureller Bedingungen unfähig war, sie vollkommen zu dem Typ umzuformen, den diese bestimmte Kultur als wirklich feminin oder maskulin zu betrachten gelernt hat.

Kind und Geschlechtsunterschiede

Das heranwachsende Kind jeder Gesellschaftsform steht Individuen — Erwachsenen, Jugendlichen und Kindern — gegenüber, die von seiner Gesellschaft nach den am stärksten sichtbaren primären Geschlechts-Merkmalen in zwei Gruppen, Männer und Frauen, eingeteilt sind, aber tatsächlich eine große Variationsbreite und große Verschiedenheit im Körperbau und im Verhalten zeigen. Die meisten Kinder nehmen Männlichkeit oder Weiblichkeit als erste Identifikation ihrer selbst, weil die primären Geschlechtsunterschiede von so enormer Wichtigkeit sind, indem sie des Kindes Erfahrung von der Welt durch seinen eigenen Körper und durch die Reaktionen der anderen auf seine Geschlechtszugehörigkeit so entscheidend formen.

Ist aber erst einmal diese Identifizierung vollzogen, so beginnt das heranwachsende Kind sich nicht nur im Physischen mit seiner Umgebung zu vergleichen, sondern, was viel wichtiger ist, auch in bezug auf Impulse und Interessen. Sind all seine Interessen die seines eigenen Geschlechts? ‹Ich bin ein Knabe›, aber ‹ich liebe Farben und Farben interessieren nur Frauen.› ‹Ich bin ein Mädchen›, aber ‹ich bin leichtfüßig und liebe es, zu laufen und zu springen. Rennen und Laufen und Bogenschießen ist etwas für Knaben, nicht für Mädchen.› ‹Ich bin ein Knabe›, aber ‹ich liebe es, weiche Gewebe durch meine Finger gleiten zu lassen. Das Interesse daran ist feminin und wird mich entmannen.› ‹Ich bin ein Mädchen›, aber ‹meine Finger sind ungeschickt. Sie können besser eine Axt handhaben als Perlen aufziehen; eine Axt zu schwingen ist etwas für Männer.› So wird das Kind, indem es sich selbst erlebt, gezwungen, solche Teile seiner besonderen biologischen Erbanlage zu verwerten, die im heftigen Widerspruch zu dem Geschlechtsklischee seiner Kultur stehen.

Widersprüche im Geschlechtsklischee

Überdies ist ein Geschlechtsklischee, das die Interessen und Beschäftigungen jedes Geschlechts festlegt, gewöhnlich nicht völlig ohne Basis. Die Idee des Männlichen in einer gegebenen Gesellschaft kann sehr eng mit dem Temperament irgendeines männlichen Typs übereinstimmen. Die Idee des Weiblichen *kann* mit der Frau übereinstimmen, die zu dem gleichen Typ gehört, möglicherweise aber auch mit der Frau eines anderen Typs. Für die Kinder, die nicht zu diesen bevorzugten Typen gehören, werden nur die primären Geschlechtsmerkmale bestimmend sein, die ihnen helfen, sich selbst einzuordnen. Ihre Impulse, ihre Vorlieben und späterhin vieles von ihrem Körperbau können abweichend sein. Sie sind das ganze Leben hindurch dazu verdammt, unter den anderen Gliedern ihres Geschlechts zu sitzen und sich als weniger männlich oder weiblich zu fühlen, bloß weil das kulturelle Ideal auf einer Anzahl von Anhaltspunkten basiert, die nicht weniger gültig, aber anders geartet sind. Und der kleine, kaninchenähnliche Mann sitzt traurig da und vergleicht sich mit einem löwenähnlichen Mann, neben dem er bestimmt nicht männlich wirkt, und gerade deswegen seufzt er vielleicht sein ganzes Leben lang nach einer löwenähnlichen Frau. Inzwischen kann die löwenartige Frau, in ihrer innersten Seele von dem Mangel an Weiblichkeit überzeugt, wenn sie sich mit den kaninchenähnlichen Frauen um sich her vergleicht, in entsprechender Verzweiflung finden, nun sei es schon gleich, und einen kaninchenhaften Gatten nehmen. Der kleine Kaninchen-Mann, der so herrlich ungestüm und entschieden maskulin geworden wäre, wäre er in einer Kultur aufgewachsen, die ihn als ganzen Mann anerkannt und ihn für fähig gehalten hätte, eine Gefährtin zu wählen, für sie zu kämpfen und sie zu erhalten, kann gänzlich resignieren, sich als Frau ansehen, ein wirklicher Invertierter werden und sich irgendeinem Mann anschließen, der die prächtigen Eigenschaften besitzt, die ihm versagt geblieben sind.

Die Deutung der Variationen

Manchmal hat man Gelegenheit, zwei Männer zu beobachten, die im Körperbau und im Verhalten vergleichbar sind, beide vielleicht Künstler oder Musiker, der eine von ihnen hält sich für voll männlich und bringt mit seinen hellschimmernden Haaren und strahlenden Augen einen ganzen Raum voller Frauen dazu, sich sofort weiblicher zu fühlen, nur weil er den Raum betreten hat. Der andere fühlt sich als Liebhaber von Männern, seine Augen strahlen nicht, sein Auftreten ist nicht sicher; er besitzt dafür eine Haltung, als ob er sich entschuldigen müsse, wenn er einer Gruppe von Frauen begegnet. Und dennoch können die beiden Männer in ihren körperlichen Maßen, im Geschmack und in den Geistesgaben beinahe auswechselbar sein. Der eine jedoch ist zum Beispiel in einem Grenzgebiet aufgewachsen, der andere in einem kosmopolitischen europäischen Bereich; der eine in einer Welt, in der ein Mann nichts anderes in die Hand nimmt als eine Flinte, ein Jagdmesser oder eine Reitpeitsche, der andere in einer Welt, in der Männer die empfindsamsten Musikinstrumente spielen. Wenn man ein Paar wie dieses untersucht, scheint es fruchtbarer, nicht auf irgendwelche möglichen endokrinen Unterschiede zu achten, sondern auf die offenbare Diskrepanz — die für den einen um so vieles deutlicher ist als für den anderen — zwischen seinen eigenen Lebensneigungen und denen, die seine Gesellschaft für Männer als angemessen erklärt.

Wenn es demnach so echte Differenzierungen innerhalb der konstitutionellen Typen gibt, daß Männlichkeit für den einen so verschieden von der des anderen sein und sogar Attribute des Weiblichen haben kann — wie es bei einigen anderen Typen vorkommt —, so führt das zu tiefgreifenden Folgerungen, nicht nur für die Deutung der Variationen innerhalb jeden Geschlechts, nicht nur für die Formen der Inversion und geschlechtlichen Versagens, die in einer Gesellschaft vorkommen, sondern auch für die vorgezeichneten Formen der Beziehungen zwischen beiden Geschlechtern. Einige einfache Gemeinschaften und einige Kasten innerhalb komplexer Gesellschaften scheinen ihre Geschlechtsideale für beide Geschlechter aus dem gleichen konstitutionellen Typus ausgewählt zu haben. Die Aristokratie, die Viehzüchter- oder die Ladenbesitzer-Klasse mögen das Ideal des empfindsamen, zartknochigen, sensitiven Typs für Männer und Frauen pflegen oder das der großen, feurigen, unendlich stolzen, sexuell besonders feinnervigen und erregbaren Männer und Frauen oder das der dicken, ruhigen Männer und Frauen. Wir wissen aber nicht, ob die männlichen und weiblichen Ideale einer gegebenen Kultur sich in dieser Art und Weise ergänzen. Wenn die idealen Vorbilder für die beiden Geschlechter folgerichtig zusammengehören, so ist es wahrscheinlich, daß eine viel feiner gesponnene, biologisch direktere Beziehung in Form einer idealen Ehe eingegangen werden kann, und die Eheformen werden eine größere Dauer haben. Wenn aber Männer und Frauen, die nicht mit dem bestimmten Ideal-Typ übereinstimmen, sich dessen Eheformen zu bedienen versuchen — des fein ausgewogenen Balletts oder der heftig stolzen Zurückhaltung oder der gemütlichen warmen Milch nach dem Essen, die zu passenden und entwickelten Formen gerade dieses Idealtyps geworden sind —, sehen sie sich zumindest einem festen und geformten wenn auch fremden Schema gegenüber, das leichter erlernt werden kann.

Der ideale Typ

Wir wollen uns zum Beispiel eine Aristokratie vorstellen, in der es als Ideal für Männer und Frauen gilt, groß, temperamentvoll, stolz, individuell und sexuell sehr sensitiv zu sein. In solch einem aristokratischen Haushalt wird ein Knabe geboren, der plump, gleichgültig, gefräßig und sexuell unausgeprägt ist. Seine ganze Kindheit hindurch wird er zu einem Verhalten erzogen, das einem von ihm sehr verschiedenen Typ angemessen ist; und dazu gehört, daß er ein Mädchen zu seinem weiblichen Idealtyp erhebt, das feurig, reserviert und sexuell betont ist. Heiratet er solch ein Mädchen, hat er schon einen guten Teil seiner eigenen Rolle gelernt, die sie andererseits von ihm zu erwarten gelernt hat. Heiratet er ein Mädchen, das ebensosehr wie er von dem erwarteten Standard abweicht, so haben sie dennoch übereinstimmende Rollen gelernt: er behandelt sie, als ob sie sensitiv und stolz wäre, sie behandelt ihn ebenso. Ihr Leben mag mehr Künstlichkeit in sich haben als das jener Menschen, die tatsächlich den Typen näherstehen, für die ihre kulturellen Rollen vorgezeichnet sind; aber gerade die Eindeutigkeit des vorbildhaft festgelegten Musters männlicher und weiblicher Rollen macht sie zu Rollen, die wirklich gespielt werden können. In jedem solchen streng geprägten Milieu gibt es einzelne, die rebellieren, die Selbstmord begehen — wenn Selbstmord ein kulturell anerkannter Ausweg ist —, die sexuell wahllos, die frigid, enthaltsam oder wahnsinnig werden; oder aber, wenn sie dafür begabt sind, neue Variationen des

Musters erfinden. Aber die meisten von ihnen erlernen das Muster einfach, so fremd es ihnen auch sein mag.

Das abweichende Verhalten

So ist es in jeder der Gesellschaften, die ich erforscht habe, möglich gewesen, Menschen zu unterscheiden, die sehr scharf von dem erwarteten Körperbau und Verhalten abwichen und verschiedene Arten der Anpassung versuchten, je nach der Beziehung zwischen dem eigenen Konstitutions-Typ und dem kulturellen Ideal. Der Knabe, der zu einem großen, stolzen und widerspenstigen Mann heranwächst, dessen ausgeprägter Stolz ihn sensitiv macht und Komplikationen aussetzt, erleidet in *Bali*, *Samoa*, bei den *Arapesh* und *Manus* ein verschiedenes Schicksal. Bei den *Manus* nimmt er seine Zuflucht zu den Überbleibseln von Rangordnung, die die *Manus* behalten haben, er nimmt mehr an den Zeremonien als am Handel teil und betreibt die Polemik der üblichen Handels-Schimpfreden mit einem viel tieferen Zorn. In *Samoa* wird solch ein Mann viele, viele Jahre für zu heftig gehalten, um mit der Führung eines Haushalts betraut zu werden; das Dorf wartet so lange, bis seine Neigung zu Zorn und intensiven Gefühlen durch Jahre nagenden, sanften Widerstandes gegen seine unziemliche Überbetonung niedergerungen ist. In *Bali* kann so ein Mann mehr Initiative entwickeln als seine Kameraden, um dann in schlechte Laune und Verwirrung zurückzufallen, weil er unfähig ist, durchzuhalten. Bei den Maori von Neu-Seeland wäre er wahrscheinlich das kulturelle Ideal gewesen, da seine Fähigkeit zum Stolz zu der Forderung nach Stolz und seine Heftigkeit zu der Forderung nach Heftigkeit gepaßt hätten, sein leidenschaftlicher Edelmut würde den Edelmut der idealen Frau vollendet ergänzen.

Aber in komplexen modernen Gesellschaften gibt es keine so klaren Ausblicke, keine so vollkommen gepaarten Erwartungen; weder für eine Klasse, eine Berufsgruppe, noch eine ländliche Region. Die stereotyp geprägten Rollen für Männer und Frauen passen nicht unbedingt zueinander, und es besteht, welcher Männertyp auch das Ideal sein mag, wenig Wahrscheinlichkeit, daß der passende Frauentyp auch dem Ideal entspricht. Zufälle der Wanderung, der Ehen über Klassenunterschiede hinweg, der Grenzland-Bedingungen können die Vorbilder für das weibliche Ideal einem anderen Typ entlehnen als dem, dem das männliche Ideal entnommen ist. Das Klischee kann durch verschiedene abweichende Erwartungen verwischt und verwirrt werden und dann wieder so aufgeteilt sein, daß der ideale Liebhaber nicht der ideale Bruder oder Gatte ist. Das Muster der Beziehungen zwischen den Geschlechtern, der Reserve oder Intimität, der Annäherung oder des Rückzugs, der Initiative und des Eingehens auf sie, kann eine Mischung mehrerer biologisch übereinstimmender Typen des Verhaltens darstellen, anstatt klar auf ein Verhalten bezogen zu sein. Wir benötigen viel mehr Material darüber, in welchem Umfang diese Arten konstitutioneller Typen tatsächlich identifiziert und studiert worden sind, bevor wir weitere Fragen über die verschiedene Stärke, Stabilität und Flexibilität der Kulturen beantworten können, deren Ideale eine Mischung, eine Zusammensetzung oder ein einfaches Thema sind. Ideale, die so vieles einschließen, daß jeder Mann und jede Frau einen ziemlich unscharf festgelegten Platz in ihnen einnehmen kann, oder die so scharf und eng umrissen sind, daß viele Männer und Frauen gegensätzliche Formen außerhalb dieses Ideals entwickeln müssen.

Die richtigen Vorbilder für Kinder

Eine richtige Bewertung dieser Möglichkeiten würde einen großen Teil unserer gegenwärtigen Praxis der Kindererziehung verändern. Wir würden aufhören, das Verhalten eines Knaben, der Interesse an Beschäftigungen hat, die für weiblich gehalten werden, oder der eine größere Sensibilität als seine Kameraden besitzt, als zur ‹weiblichen Seite› neigend zu schildern und könnten statt dessen fragen, was für eine Art Mann er wohl werden mag. Wir würden hingegen die primäre Tatsache der Geschlechtszugehörigkeit als eine die Konstitutionstypen überschneidende Klassifikation betrachten, so wie in einem größeren Umkreis die Tatsache des Geschlechts dazu benutzt werden kann, männliche Kaninchen, männliche Löwen und männliche Hirsche in eine Klasse einzuteilen. Dies würde aber niemals gestatten, uns ihre wesentlichen Merkmale als Kaninchen, Löwen und Wild zu verdunkeln. Dann müßte das kleine Mädchen, das ein größeres Bedürfnis zeigt, die Dinge anders als die meisten kleinen Mädchen zu nehmen, nicht mehr als Frau einer bestimmten Gattung klassifiziert werden. In solch einer Welt würde kein Kind dazu gezwungen werden, seine Geschlechtszugehörigkeit deshalb zu verleugnen, weil es kleiner oder größer, magerer oder plumper, mehr oder weniger behaart als ein anderes ist. Kein Kind brauchte mit dem Verlust des Gefühls für seine Geschlechtszugehörgkeit die besonderen Gaben zu bezahlen, die ihm, obgleich ein Knabe, einen feinen Tastsinn verliehen, oder die es, obgleich ein Mädchen, ein Pferd mit ungestümer Sicherheit reiten lassen.

Wenn wir einen Antrieb zur Überwindung der Prüfungen und Hindernisse dieser schwierigsten Periode in der Geschichte liefern wollen, muß der Mensch durch ein Bild einer so lohnenden Zukunft unterstützt werden, daß kein Opfer zu groß ist, um sich weiter in dieser Richtung zu bewegen. In diesem Bild von der Zukunft ist der Grad äußerst wichtig, bis zu dem Männer und Frauen sich mit ihren eigenen Körpern vertraut und in ihren Beziehungen zum eigenen und zum anderen Geschlecht befriedigt fühlen können.

Bei der Wahl unserer Hypothesen über die Menschheit ist unsere Verantwortung tiefgreifend und bindend. Als Wissenschaftler, die sich zur Suche der besten Hypothesen beauftragt fühlen, haben wir gewisse klare Verpflichtungen. Als Mitglieder der menschlichen Gesellschaft unserer Zeit haben wir außerdem die deutliche Verpflichtung, aktiv diejenigen Hypothesen zu erforschen, die das nächste wichtigste Forschungsgebiet zu eröffnen scheinen. Hypothesen über Konstitutionstypen sind zweischneidige Schwerter. Indem sie den Nachdruck darauf legen, es beständen tiefreichende unveränderliche Unterschiede zwischen den Individuen, laden sie geradezu zu einer gefährlichen Ausweitung auf Rassengruppen ein. Es ist sehr leicht, irgendeinen menschlichen Typus festzustellen und dann diesen Typus mit einer lokalen Gruppe durcheinanderzuwerfen, etwa mit dem nördlichen Europäer, und nur weil Typus A als individueller Typus groß und schlank ist, seine Charaktermerkmale einer Gruppe von Menschen zuzusprechen, die zufällig größer und schlanker ist als eine andere Gruppe. Der nächste Schritt in solch einer falschen Denkweise führt zu einem erneuten groben Ausbruch eines Rassenwahns neuer Sorte mit all den Gefahren, die man dabei gewärtigen muß. Der Richtung zur Ordnung scheint in der heutigen Geschichtsperiode daher weit besser mit einer Betonung der modifizierbaren Merkmale des Menschen gedient zu sein als mit einer der unwandelbaren. Der Erforscher der Konstitutionstypen braucht nur zwei Fehler zu machen — die kulturelle Verhaltensinstitution, die mit einem bestimmten Typus zusammen auftritt, mit dem angeborenen Temperament dieses Typus und den relativen Körperbau innerhalb einer Gruppe mit dessen Stellung innerhalb der menschlichen Gattung zu verwechseln —, und schon sind wir bei einem ganz gefährlichen Zustand unvernünftigen Rassenwahns angelangt. In Anbetracht dieser Gefahr muß man bei der Verfolgung von Forschungsmethoden, die den Folgeerscheinungen von konstitutionellen Unterschieden nachgehen, mit einem außerordentlichen Verantwortungsgefühl arbeiten.

5. Regelmässigkeiten der menschlichen Sexualentwicklung

So mannigfaltig auch die Arten sein mögen, nach denen verschiedene Kulturen die Entwicklung des menschlichen Wesens prägen, gibt es doch grundlegende Regelmäßigkeiten, die keine bekannte Kultur jemals umgehen konnte. Nach unseren Betrachtungen über die gegensätzlichen Erziehungsmethoden von sieben verschiedenen Gesellschaften können wir nunmehr die Regelmäßigkeiten zusammenstellen, mit denen jegliche Gesellschaft rechnen muß.

Dabei werden wir finden, daß das Gefühl des Kindes für seine eigene Geschlechtszugehörigkeit und die Methoden, nach denen der Wert dieser Geschlechtszugehörigkeit eingeschätzt wird, im Rahmen einer Reihe von Bedingungen betrachtet werden müssen. Da ist zunächst einmal der Bau des eigenen Körpers, bei dem das Mädchen die Erfahrung macht, daß die neuen Deutungen von Schwängerung, Empfängnis und Geburt ohne weiteres zu ihren frühesten Erlebnissen bei der Nahrungsaufnahme passen. Der Knabe dagegen kann die gleichen ersten Erfahrungen höchstens zur Deutung der weiblichen Rolle verwenden, fände sich aber in die größte Verwirrung versetzt, wollte er versuchen, sie zur Deutung seiner eigenen Rolle zu benutzen. Das Mädchen, das glücklich die Mutterbrust empfangen hat, braucht keine neue, strukturell verschiedenartige Anpassung vorzunehmen, um eine reife Geschlechtsbeziehung annehmen zu können. Aufnehmen ist eine Weise des Verhaltens, die in den wesentlichen biologischen Rhythmus seines Daseins paßt. Weil aber in der Phantasie so leicht ein Körperteil an die Stelle eines anderen gesetzt werden kann, wenn nur die Formen und Arten des Verhaltens übereinstimmen, kann auch ein Mädchen Irrwege der Entwicklung einschlagen, wenn sie außer ihrem allgemein-menschlichen Interesse am Rennen und Springen, am Erforschen und Handhaben übermäßig an ihrem rudimentären Phallus, ihrer Klitoris, Interesse gewinnt. Die Beobachtungen in vielen Gesellschaften stützen aber keineswegs die gewöhnliche Annahme der Forscher, deren Beobachtungsmaterial sich auf unsere eigene Gesellschaft beschränkt, diese ‹phallische› Phase bilde für die Mädchen eine regelmäßige Hürde, die genommen werden müsse, ja sie stelle eine genauso systematische Schwierigkeit bei der vollen Geschlechtsanpassung dar wie die Ausweitung der Rezeptivität — die ursprünglich mit dem Essen assoziiert war — für den Knaben. Wenn derartige Störungen auftreten, darf man weder den unangebrachten Nachdruck, den der Knabe aufs Einverleiben legt, noch die übermäßige Betonung des Eindringens beim Mädchen unmittelbar mit dem menschlichen Körperbau in Beziehung bringen. Wir müssen vielmehr erkennen, daß es sich um Deutungen von körperlichen Erlebnissen handelt, die kleine Kreaturen vornehmen, die in einer zweigeschlechtigen Welt leben, in einer Welt, in der Vertreter beider Geschlechter sämtlicher Altersstufen leben und in der Kopulation, Schwangerschaft und Geburt — Verhaltensweisen, die eine Geschlechtsdifferenzierung verlangen — gleich bedeutsam sind wie Essen, Trinken, Verdauen und Entleeren, die nicht geschlechtsdifferenziert sind.

Die kindliche Deutung des eigenen Körpers

Die Hinweise, die des Kindes eigener Körper mit seinen Spannungen und Verhaltensregeln gibt, seine Fähigkeiten, aufzunehmen, zurückzuhalten, freizugeben, entweder teilweise ergänzend oder systematisch als Ganzes mit anderen menschlichen Wesen zusammenzuwirken oder in rein wechselseitige Beziehungen zu treten, können wir niemals als eine Entwicklungsfolge für sich betrachten. Immer sitzt neben dem Kind, das die neue Empfindung erlebt, etwas mit seinen frisch durchgebrochenen Zähnen zu Stücken zu zerbeißen, der Erwachsene, der bereits streng geprägte Empfindungen für Beißen, Zerreißen, Aufschneiden, Zerlegen und Analysieren entwickelt hat. Das Kind beißt unschuldig forschend in einen Apfel. Die Hand des Erwachsenen strafft sich mitempfindend bei der Erinnerung an das Krachen des Apfelfleisches zwischen seinen Zähnen; in gespannter Erwartung, wenn er sich klarmacht, das Kind würde nun bald fähig, andere zu beißen und anzugreifen, und müsse in Schranken gehalten werden; verstohlen freut er sich in der Erinnerung an einen verborgenen, aggressiven Tagtraum, der lange Jahre aus seinem Gedächtnis ausgelöscht war.

Die leichte Straffung des mütterlichen Arms, die kleine Bewegung, mit dem ihre Zähne aufeinandermahlen, der Druck ihrer umklammernden Hand — all dies dringt in das Kind ein, um ihm zu sagen, was das Beißen eigentlich ist. Manchmal sind die Phantasien der Erwachsenen so weit von den beobachteten Realitäten entfernt, daß des Kindes eigener Körper ein Organ oder ein Verhalten ins Bewußtsein eindringen läßt, das die Erwachsenen seiner Umgebung total zu leugnen suchen. Dann werden wir es für wichtig halten, die Tatsache immer wieder zu betonen, daß das Kind einen Körper hat, was die Erwachsenen auch immer sagen, fühlen oder verdrängen mögen; daß der Mund zuerst saugt und dann beißt, daß er spucken und die ganze Nacht die Nahrung wie ein Eichhörnchen in der Backe behalten kann; daß das Kind nicht nur nicht ein unbeschriebenes Blatt, sondern ein kräftiger, reifender Organismus ist mit Verhaltensregeln, die seinem Alter und seiner Stärke angemessen sind.

Aber es ist kein reifender Organismus hinter Glas oder in einem Sprechzimmer. Die künstlichen Bedingungen des gut erleuchteten Zimmers, in dem das Kind von sechs Winkeln aus photographiert werden kann, sind nützliche Einrichtungen, um ein abstraktes Bild des Verhaltensschemas zu erlangen, das das Kind bei seinem Heranwachsen unter anderen menschlichen Wesen entwickelt hat. Von den anderen menschlichen Wesen mag man im Augenblick absehen und das Kind als einen sich entwickelnden Organismus betrachten, der seinen eigenen Weg bis zum Erwachsenenalter verfolgt. Aber in der ganzen menschlichen Erfahrung geschieht so etwas niemals. Kein Knabe muß sich über seine Männlichkeit klarwerden, außer in Beziehung zu anderen Wesen beider Geschlechter; kein kleines Mädchen sitzt je da und horcht nur auf den Rhythmus seines eigenen Herzens. Wenn die Mutter sich dessen so bewußt ist, daß das Kind in ihren Armen eines Tages beißen wird, und der saugenden Kraft des Neugeborenen so entgegenkommt, als ob es bereits beiße, lernt das Kind aller Wahrscheinlichkeit nach etwas über das Beißen, bevor es den ersten Zahn hat. Es hat aber über das Beißen nichts durch sein Zahnfleisch noch durch den latenten Wunsch, seine Mutter aufzuessen, gelernt, sondern vielmehr durch die Art, in der seine Mutter, die Zähne hat, etwas empfindet, was der Mund eines anderen lebenden Wesens ihr oder einem Gegenstande antut, ja selbst durch ihre Reaktion auf eine bloße Straffung seines Körpers, wenn er in seiner Freiheit eingeschränkt wird.

Beachtet man nicht, wie stark das Kind bei der Deutung der Eigenschaften seines eigenen Körpers von anderen menschlichen Wesen abhängt, so entsteht der Eindruck, als seien die Kliniker in unserer eigenen Gesellschaft in die phantastischsten Konstruktionen verstrickt. Der Kliniker berichtet von einem nicht ungewöhnlichen Fall eines kleinen Jungen, der glaubt, daß Kinder aus dem After geboren würden, und belegt diesen Bericht mit anschaulichem Material aus Spielen, wörtlichen Äußerungen und vielleicht Alpträumen, in denen der kleine Junge glaubt, er bekomme ein Kind. Der Hörer oder Leser, der diesem Material einen Sinn abgewinnen will, glaubt, der Kliniker habe behauptet — und häufig glaubt auch der Kliniker selbst, er müsse dies behaupten —, der kleine Junge habe aus seinen körperlichen Erfahrungen beim Essen, Verdauen und Entleeren die hübsche Phantasie einer Anal-Geburt entwickelt. Tatsächlich ist es nicht so einfach gewesen. Aus all seinen Erfahrungen mit Männern und Frauen jeden Alters, verbunden mit den Fingerzeigen, die ihm sein eigener Körper geben konnte, hat der kleine Knabe dann — und erst dann — seine eigenen Phantasien ausgearbeitet. Je mehr die Gesellschaft diese Verbindungen verdunkelt, die menschlichen Körper durch Kleider vermummt, Ausscheidungen mit Prüderie umgibt, Kopulation mit Scham und Geheimnis verhüllt, Schwangerschaft tarnt, Männer und Kinder aus dem Geburtszimmer verbannt und das Stillen verbirgt, um so individueller und bizarrer werden die Versuche des Kindes ausfallen, sein recht unvollkommenes Wissen um die Lebenszyklen beider Geschlechter mit den Begriffen seines eigenen faktischen Reifezustandes zusammenzubringen.

Aber selbst in Gesellschaften, wo wenige dieser verdunkelnden Bedingungen vorliegen, wo das Kind menschliche Körper jeden Alters und Reifezustandes einschließlich Toter sieht, wird die besondere, aber auch vielfältige Art, in der die Erwachsenen Annahme und Ablehnung ihrer eigenen Geschlechtszugehörigkeit entwickelt haben, dem Kinde übermittelt und stellt so in jeder Generation das erwartete Gepräge des Charakters oder irgendeine Verzerrung davon wieder her. Jedes sogeartete System trägt in sich nicht nur ein zentrales Schema — oder mehrere für verschiedene Kasten und Klassen —, sondern auch die Grenzen einer möglichen Abweichung.

Ein *Manus*-Knabe kann aufwachsen und dann fremde Frauen vergewaltigen, ein Voyeur, ein Satyr werden, und dennoch gesund sein; aber er wird niemals zu einem sanften, rücksichtsvollen Liebhaber werden. Solch eine Möglichkeit liegt nicht in den Grenzen dessen, was er von den Erwachsenen seiner Umgebung lernt. Ein *Arapesh* kann im Kontakt mit einem Mitglied eines anderen Stammes ein passiv Homosexueller werden, er kann impotent werden, er kann die hygienischen Riten, die ihm anbefohlen werden, zu einem autoerotischen Ritual umbilden; aber Vergewaltigung und aktive Homosexualität liegen außerhalb seines sozial vorgezeichneten Schemas — es sei denn, er sei vollkommen wahnsinnig.

Wir müssen demnach Kinder als Wesen betrachten, die ständig ihre Erlebnisse neu deuten, weil sich ihr Körper entwickelt und ihnen gleichzeitig Jugend, Reife und Alter der Erwachsenen sichtbar werden. Und wenn wir dies tun, wenn wir immer an eine zweigeschlechtliche Welt, an menschliche Wesen verschiedenen Alters und verschiedener Größe denken, werden wir finden, daß es gewisse biologische Regelmäßigkeiten gibt, die unweigerlich eine Rolle bei diesen Interpretationen spielen.

Die erste dieser Regelmäßigkeiten ist die, daß Knaben und Mädchen von der Mutter gestillt werden. Das bedeutet, daß ein Geschlecht ein Bild stillschweigenden, komplementären Verhaltens innerhalb seines eigenen Geschlechts empfängt, und das andere, das männliche, zunächst einer komplementären Beziehung mit dem anderen Geschlecht begegnet. Wie groß oder klein auch die Fähigkeit des drei Monate alten Kindes sein mag, selbständig den Unterschied zwischen den Geschlechtern zu realisieren, seine Mutter ist dessen völlig fähig; und ihr Lächeln, ihr Arm, die ganze Stellung ihres Körpers ist sich, wenn auch in verschiedenen Gemeinschaftsformen und bei verschiedenen Temperamenten auf verschiedene Art und Weise, dieses Gegensatzes bewußt. Das kleine Weibchen ist eine kleine Wiederholung ihrer selbst. ‹So, wie sie jetzt fühlt, fühlte ich einst› ist eine erkennende Feststellung der Mutter, die dem Kind leicht genug übermittelt wird. Das legt in einem Mädchen die Grundlage für eine Identifikation mit seinem eigenen Geschlecht, die einfach und unkompliziert ist, keiner Ausarbeitung bedarf und ohne weiteres akzeptiert werden kann. Für den Knaben aber muß die mütterliche Feststellung unweigerlich lauten: ‹Das ist für ihn alles anders›. Aufnehmen ist für das männliche Wesen nicht dasselbe wie für das weibliche. Es ist, in die Begriffswelt der Erwachsenen übersetzt, eine Umkehrung der männlichen und weiblichen Rolle, in der ‹ich, die Frau, eindringe, und er empfängt. Bevor er ein Mann ist, muß er einen Wechsel von diesem passiven Einverleiben weg vollziehen›. So ist das erste Erlebnis des weiblichen Kindes ein Erlebnis der Nähe zu seiner eigenen Natur. Mutter und weibliches Kind passen zusammen in ein Schema, die Annahme der Mutter, daß ihre Pulse im gleichen Rhythmus schlagen, verleiht der Entwicklung des Kindes eine Unmittelbarkeit. Das kleine Mädchen lernt: ‹Ich bin›. Der kleine Knabe jedoch lernt, daß er beginnen muß, sich von der ihm nächsten Person zu unterscheiden, daß er niemals ganz er sein wird, wenn er das nicht tut. Seiner Mutter Lächeln, das leicht kokette oder auch aggressive Umschlingen ihres Armes, die besondere Passivität, mit der sie ihm die Brust gibt, sagen ihm, daß er herausfinden muß, wer er ist; daß er männlich ist und *nicht* weiblich. So wird dem Knaben sofort am allerersten Anfang seines Lebens eine Anstrengung, der Versuch zu größerer Selbst-Unterscheidung aufgezwungen, während dem Mädchen eine entspannte Annahme ihrer selbst nahegelegt wird.

In den ersten Kapiteln wurde auf einige der Wege hingewiesen, auf denen verschiedene Gemeinschaften die Zugehörigkeit zu einem oder dem anderen Geschlecht verdreht, verzerrt und überbetont, überbewertet oder unterbewertet haben. In diesem Kapitel dagegen möchte ich die biologischen Regelmäßigkeiten betonen, die hinter diesen enormen Verschiedenheiten liegen. Ob Frauen es lieben, Frauen zu sein, oder es tief bedauern, sie lehren ihre kleinen Mädchen, daß sie zu demselben Geschlecht, ganz gleich, ob dieses Geschlecht als glücklich oder unglücklich gilt, und ihre Knaben, daß sie zu einem anderen Geschlecht gehören. Diese fundamentale Regelmäßigkeit ist natürlich mit dem Stillen verbunden sowie damit, daß man es zu einem sozialen Schema umgebildet hat, daß die Frauen es sind, die für die Kinder zu sorgen haben, weil sie sie an ihrer Brust nähren. Wenn das Stillen als eine Form des Kindernährens vollkommen aufgegeben würde — immerhin eine Möglichkeit in unserer technisch orientierten Gesellschaft — und Väter und Brüder die gleiche Verantwortlichkeit für das Kind zu übernehmen hätten, würde diese biologische Regelmäßigkeit verschwinden. Anstatt daß die Mädchen lernen, daß sie einfach da sind, und die Knaben, daß sie etwas werden müssen, würde sich die Betonung auf Dinge wie relative Größe und Stärke verschieben, das Hauptinteresse des heranwachsenden Kindes würde sich ändern und damit wohl die ganze Psychologie der Geschlechter. Augenblicklich ist diese Nebenerscheinung des Stillens noch überall fest verankert, denn in allen Gemeinschaften hält man die Sorge für die Säuglinge mehr für eine Arbeit der Frauen als der Männer. Wir können daher auch nicht sagen, ob der männliche Trieb zur Bestätigung des Männlichen durch Leistung, die ihn von den Frauen unterscheidet, noch eine andere Basis hat als diese früheste. Kulturen wie die der *Arapesh* zeigen, wie leicht dieser Trieb im Männlichen gedämpft werden kann, wenn die Eltern nicht streng zwischen dem Geschlecht ihrer Kinder unterscheiden und die Männer eine nährende Rolle übernehmen. Aber dieses Dämpfen scheint im ganzen teuer genug zu sein, so daß man sich fragt, ob es nicht eine Anzahl anderer, vielleicht von der Abstammungslehre her bestimmte Wurzeln für die Bewährungstendenz beim menschlichen Männchen gibt. Wie dem auch sei: die Mutter-Kind-Situation schafft einen vollkommenen Zusammenhang, in dem Mädchen lernen, zu sein, und die Knaben, daß sie handeln müssen.

Beim nächsten Schritt der Entwicklung, auf der Stufe, auf der die Beziehung zur Brust aktiv wird und das Kind die Brust sucht, die Mutter sie darreicht oder entzieht, ist die Lernsituation teilweise umgekehrt. Die Mutter kann es als ein männliches Verhalten deuten, wenn der männliche Säugling ihre Brust sucht, und diese suchende, fordernde Haltung bestärken, sie kann aber auch so durch die Kehrseite dieser Haltung voreingenommen sein, daß sie sein Suchen als etwas Vergewaltigendes empfindet, als etwas, das ihre Weiblichkeit mehr aushöhlt als ausfüllt. Ähnlich kann auch das Mädchen so behandelt werden, als sei sein heftiges Streben unziemlich für ein weibliches Wesen, oder so, als stelle es bloß eine Phase der natürlichen weiblichen Rezeptivität dar. Diese Periode, in der der Säugling von der passiven Aufnahme zum aktiven, eifrigen Suchen der Brust übergeht, bietet immer Gelegenheit für eine Verwirrung innerhalb der Grundbeziehung zwischen sich entwickelndem Mund und dargebotener Brust. Es kann nicht überraschen, daß sich hier offensichtlich viele Formen der Mutter-Kind-Beziehung entwickelt haben und daß eine eingehende Erforschung der Still-Situation vom zweiten Lebenstage bis zur Entwöhnung immer ihre Früchte trägt.

Das Ende der Stillperiode

Ob die Entwöhnung einsetzt, solange das Kind, noch zu jung zum Laufen, vornehmlich mit dem Aufnehmen beschäftigt ist, oder später, wenn es schon laufen kann, immer ist sie bis zu einem gewissen Grad gefühlsbelastet. Wenn der Bruch eintritt, verläßt das Mädchen die Mutter-Kind-Beziehung, doch eines Tages wird es sie wiederholen. Der Knabe verläßt sie für immer; er nimmt diese Beziehung nur insoweit wieder auf, als der Geschlechtsverkehr den Wiedereintritt in den Schoß symbolisch auszudrücken vermag. Unter den möglichen männlich-weiblichen Beziehungen mag die zwischen Mutter und säugendem Sohn diejenige sein, die Frauen für die beglückendste halten, und wenn dem so ist, teilen sie dieses Gefühl ihren kleinen Söhnen mit. ‹Noch einen Monat› dieser kostbarsten Beziehung, das schwingt verborgen in ihrer Stimme mit, wenn die Mutter den Rat der Umstehenden zurückweist: ‹Er ist groß genug, um entwöhnt zu werden›. Andererseits lernt der Sohn, daß dies die Beziehung ist, die Frauen am höchsten bewerten, und erwartet als Mann von seiner Frau, daß sie lieber seinen Sohn nährt als mit ihm schläft, und damit den Zyklus wiederholt. Für das Mädchen aber gilt die Feststellung, die ihr den Weg weist: ‹Du mußt nun anfangen, den Platz zu tauschen. Höre auf, ein Säugling zu sein, der von einer Frau gestillt wird, und mach dich auf den Weg, eine Frau zu werden, die selbst Kinder nährt.› Bei den *Arapesh* teilen die kleinen Mädchen mit den Müttern die außerordentliche Hochschätzung des Stillens und lassen sich genauso ungern entwöhnen wie die kleinen Knaben. Bei den *Manus* haben die Mütter ihre fehlende Begeisterung für die mütterliche Rolle ihren kleinen Töchtern bereits übermittelt, und wenn sie entwöhnt werden sollen, behandeln sie die mütterliche Brust leicht stolz-spöttisch. Wie die Nuance auch sein mag, für den Knaben bedeutet dieser Augenblick das Ende einer Verwandtschaftsart, während er für das Mädchen das Ende einer Seite der komplementären Einstellung und den Anfang der Vorbereitung für die andere Seite bedeutet.

Die Periode, in der kleine Kinder ihre Ausscheidungen zu regulieren lernen, schafft eine natürliche Basis für eine Deutung der Geschlechtszugehörigkeit. Es gibt gewisse Möglichkeiten, wo Verhaltensweisen des Afters und Verhaltensweisen, die mit dem Mund erlernt worden sind, zusammenhängen. Obgleich die Ausstoßung aus dem Mund entweder auf Krankheit, auf eine Überraschungsreaktion oder auf widerwärtige Emotionen zurückzuführen ist, bleibt die Entleerung doch ein Verfahren, das auch der Mund betätigen kann. Die Umkehrung der Richtung in der Speiseröhre beim Erbrechen ist ebenso krampfartig wie plötzlicher heftiger Stuhlgang, und die Unerträglichkeit des Erbrechens kann gefühlsmäßig auf die Haltung gegenüber dem Stuhlgang übertragen werden. Hat das Kind während des Stillens bereits feste Einstellungen zum Einverleiben, zur Verteidigung seines Mundes gegen Angriffe durch Personen und Sachen, oder die Gewohnheit, das Essen im Mund zu behalten und nicht schlucken zu wollen, erlernt, so kann das wiederum in sein Verhalten bei der Ausscheidung übernommen werden. Kulturen, in denen der schamhafte Charakter der Ausscheidung eine große Rolle spielt, verschleiern die Erkenntnis, daß der Magen-Darm-Kanal ein einziges System und an beiden Enden offen ist, in dem die Nahrung in einer bestimmten Richtung wandern sollte, die sich auch einmal umkehren kann. Des Kindes Interesse am Aufnehmen, Behalten und Herausgeben erwacht fast immer zu einem gewissen Grad bei dem Wechsel von Milch zu anderer Nahrung und bei der Benutzung von Hygieneeinrichtungen — alle bekannten menschlichen Gesellschaften kennen irgendwelche — und ist ein weiterer Punkt, wo dem Begriff der Männlichkeit und Weiblichkeit, dem Begriff von dem, was es bedeutet, ein Vertreter des eigenen oder des anderen Geschlechts zu sein, wieder eine neue Betonung gegeben wird. Die Erkenntnis, daß die Dinge nicht nur aufgenommen werden, sondern sich danach verändern und in anderer Form herauskommen, ist eine Erkenntnis, die tief auf die Bewertung von Empfängnis, Schwangerschaft und Geburt einwirkt. Wird das Produkt in der Weise betont, daß man es faktisch als einen Vorgang ansieht, mit dem eine gewisse Identifikation und für das ein gewisses Interesse dem Kind erlaubt wäre, dann kann die Bindung an die Geburt eng bleiben. Besteht aber eine allgemeine Prüderie darauf, die Produkte der Verdauung zu negieren, kann die Betonung der Art und Weise, in der die Nahrung zerstört und in etwas Ekelhaftes verwandelt wird, so groß sein, daß nur die zerstörende Art des Aufnehmens übrig bleibt, und Männer und Frauen gleichermaßen allen aufnehmenden Organen wie Vulva und Mund gefährliche, zerstörerische Eigenschaften beilegen.

Die ganze Angelegenheit kann auf einer kulturellen Ebene auch dadurch gelöst werden, daß man abstreitet, daß die Veränderung der Form irgendeine Bedeutung hat, oder daß der Körper etwas aus der Nahrung aufnimmt. So ist es bei den Trobriandern, die dafür berühmt sind, daß sie die biologische Rolle des Vaters bei der Zeugung leugnen, sie sprechen auch der Nahrung jede Nützlichkeit ab, sie geht angeblich nur in den Körper hinein und in wenig gefälliger Form wieder heraus. Die äußerste andere Ausdrucksform der Identifizierung von Essen und Paarung ist wohl in den Phantasien erreicht, die bei heranwachsenden Mädchen unserer Gesellschaft gefunden werden, die das Essen aus einer tiefen, unbewußten Angst heraus verweigern, weil sie glauben, daß Essen zur Schwangerschaft führen könnte.

Der doppelte Charakter des Ausscheidungs-Organs schafft auch einen Hintergrund für die Über- oder die Unterbewertung geschlechtlicher Unterschiede. Wenn jede Entleerung auf dieselbe Art behandelt wird, wie dies geschieht, wo äußerste Scham jede Entblößung und Entleerung umgibt, so daß das Urinieren sehr geheim vor sich gehen muß und ebenso stark mit Tabus umgeben wird wie der Stuhlgang, werden Geschlechtsunterschiede, soweit sie die Paarung betreffen, unterdrückt, obgleich die Unterschiede beim Gebären sogar übertrieben werden können. Hier besteht größere Wahrscheinlichkeit, daß Kinder den Exkrementen gleichgestellt werden. Wo eine unbetonte Einstellung zum Urinieren besteht, ist der Strukturunterschied zwischen Männern und Frauen meist viel leichter sichtbar. Obgleich die Frauen unter solchen Umständen gewöhnlich beim Urinieren stehen und daher der Ausdruck weiblichen Neides, den man im Westen bei den kleinen Mädchen findet – sie bestehen darauf, beim Urinieren zu stehen –, fehlt, sind kleine Knaben doch gern ziemliche Exhibitionisten beim Urinieren und prunken mit ihrer männlichen Leistung vor den Augen der Mädchen, wenn es die Kultur erlaubt, oder wenigstens voreinander. Hier liegt unzweifelhaft einer der Punkte, an dem der einfache männliche Stolz auf den Besitz eines männlichen Organs entwickelt oder dauernd geschädigt wird, und wo Bitterkeit oder Verzweiflung oder das Gefühl, daß alles zwecklos ist, bei der Frau entstehen können.

In jeder Diskussion über die Wege, auf denen die Haltungen gegenüber der Ausscheidung die Haltungen gegenüber dem Geschlecht formen, ist es viel mehr als in einer Diskussion über das Verhalten beim Stillen notwendig, die Untersuchung durch die Grenzen der in den einzelnen Kulturen erlaubten Möglichkeiten genauer festzulegen. Der ganze Vorgang des Essens, Verdauens und Ausscheidens ist sehr verwickelt und kann auf viele verschiedene Arten ausgelegt werden. Der Unterschied in der Struktur zwischen Knaben und Mädchen kann durch kulturelle Konvention sehr stark gedämpft werden, und man kann auf dieser Kindheitsstufe keinen eindeutigen und einfachen Weg angeben, von dem man behaupten dürfte, er trage zu dem Gefühl für Männlichkeit und Weiblichkeit bei, obwohl irgendein wesentlicher Beitrag immer erwartet werden darf.

Man muß jedenfalls nachdrücklich betonen, daß das Magen-Darm-System als Ganzes, in dem Nährstoffe aufgenommen und absorbiert, Abfallprodukte aber ausgeschieden werden, den Körper mehr mit den Dingen als mit Personen verbindet. Andererseits sind die ersten Nährverbindungen des Kindes auf eine Person bezogen, obgleich die Unterscheidung des Kindes zwischen sich selbst und der mütterlichen Brust so dämmerhaft sein kann, wie manche Beobachter der Kindheit es glauben. Gibt die Mutter dem Kinde künstliche Nahrung und Muttermilch, so hat die Beziehung des Kindes zum Objekt und zur Person einen einheitlichen Charakter; wird es ohne ergänzende Nahrung gestillt, so werden die Beziehungen unterschiedlichen Charakter annehmen. Beim Zahnen können sich diese Unterschiede verstärken. Bei den *Jatmul* brechen, wie bereits erwähnt, die Kinder ihre Zähne durch Beißen auf große, runde, weiße Muscheln durch, die um der Mutter Hals hängen. Verführen die Schmerzen des Zahnens das Baby zum Beißen, braucht die Mutter ihre Beziehung nicht vollkommen zu entpersönlichen, um ihre Brust vor den Bissen zu schützen: sie verweist das schmerzende Zahnfleisch nur auf ihr Halsband. Aber in *Bali* ist der Beißer des Kindes ein silbernes Kästchen, das dem Baby um den Hals geschlungen wird, und in dem traditionsgemäß einst ein Stück Nabelschnur verborgen war. Will das Kind beißen und erlebt es diesen Vorgang überhaupt als einen personellen, so lernt es, daß die personelle Richtung hier auf eine Ausweitung seiner selbst, aber nicht auf eine anderer Menschen hinführt. Nachdem die Mütter diese Kinder durch Necken übermäßig erregt haben, zieht das gleiche Kind häufig vor, an der eigenen Zehe zu saugen, auch wenn es die Mutterbrust haben könnte.

Der menschliche Körper als Fabrik

Wie der Übergang auch immer erfolgen mag, die Unterscheidung zwischen dem Körper der Mutter und dem eigenen Körper, so befriedigend oder unbefriedigend in menschlicher wie in sachlicher Hinsicht sie auch sein mag, ist immer bedeutsam. Wird die Stillsituation nicht betont und ist der ganze Prozeß des Essens und der Ausscheidung Mittelpunkt des Erwachsenen-Kind-Verkehrs, formt sich in dem Kind wohl ein Bild von der Welt, in dem die Dinge wichtiger sind als die Menschen, in dem die Verbindung zu anderen vornehmlich als Austausch von Dingen oder als Reziprozität angesehen wird und in dem die Produktion von Kindern mit der Produktion jedes anderen Objektes gleichgesetzt wird, so daß selbst die Geburt eine Art von Äußerlichkeit wird. In der Bildwelt unserer industriellen Gesellschaft wird der menschliche Körper eher zu einer Fabrik, die menschliche Wesen produziert, als daß die Fabrik ein unvollkommenes Abbild des menschlichen Körpers wird. Die Produkte des Körpers werden als nicht-persönlich erfahren, und die Orientierung des Individuums auf die Außenwelt hin wird im gleichen Maß stärker, in dem die Beziehung zum eigenen Körper zusammenschrumpft. Dies ist die Struktur des *Manus*-Charakters, aber auch eines Charakters, der sich recht häufig in der modernen Gesellschaft entwickelt. Aber sein Vorkommen auf einer solch primitiven Kulturstufe wie in der von Geistern bewachten, in Pfahlbauten lebenden, steinzeitlichen der *Manus*-Leute der Admiralitätsinseln läßt uns vermuten, daß er zwar zu Maschinen und Fabriken paßt, daß aber seine Dynamik tief in den Beziehungen des Menschen zu seinem Körper liegt. Diese Äußerlichkeit zeigt sich sehr deutlich in der Art, wie die *Manus* Fehlgeburten behandeln; sie bekommen alle Namen und man geht mit ihnen um, als wären sie voll entwickelte Menschen gewesen. Nach einigen Jahren wird die Mutter beim Zurückblicken nicht unterscheiden, ob es sich um eine Fehlgeburt im dritten Monat, ein totgeborenes Kind oder um ein Kind handelt, das etliche Tage nach der Geburt gestorben ist. Die Außenwelt hat sie alle in sich aufgenommen, in ihrem Namen wurde Eigentum übertragen und in der Erinnerung werden alle ganz gleich behandelt.

So verbindet das Kind mit der Deutung des eigenen Geschlechts durch seine Sexualorgane jene früheren Erlebnisse, die durch Wechselbeziehungen mit anderen Menschen die Rolle des eigenen Körpers verdeutlicht haben. Haben die Erwachsenen Unterschiede zwischen den Geschlechtern gemacht und haben sie dies in einer geglückten Art getan, dann wird der Knabe befähigt, Stolz zu empfinden, wenn er dessen inne wird, daß er männlich ist, und wird den Bau seines Körpers als eindrucksvoll empfinden, als etwas, das Prahlerei und Exhibitionismus wert ist. Das Mädchen wird beträchtlich weniger sicher sein, daß sie auf ihren gegenwärtigen Körperbau stolz sein kann. Sie hat schließlich weniger sichtbare Genitalien als ihr Bruder. Wie vollkommen sie auch mit ihrer Mutter identifiziert sein wird, noch hat sie keine Brüste, und ihr kleiner Leib ist noch sehr unentwickelt, selbst wenn sie ihn beim Gehen gern herausstreckt und dabei eher das zweifelhafte Vergnügen hat, mit dem spielerischen Ausruf ‹Bist du schwanger?› geneckt und getätschelt zu werden.

Während dem Knaben ein Maximum an Sicherheit gegeben ist, daß er ein Mann ist, solange er sich in Gedanken an seinen Phallus hält und nicht zu sehr an die Probleme der Vaterschaft denkt, die seine Einbildungskraft übersteigen, muß das Mädchen die Tatsache einfach glauben, daß sie eine Mutter *sein wird*. Die Mutterschaft ist viel leichter zu begreifen als Vaterschaft; dagegen sind die Wirkungen der bloßen anatomischen Maskulinität positiver als die der anatomischen Femininität. Je mehr die früheren Entwicklungsstufen biologisch angemessen waren, je mehr die Mutter ihren Sohn seine Männlichkeit und ihre Tochter ihre Weiblichkeit hat fühlen lassen, um so eher bringt diese Periode den Knaben Bestätigung und den Mädchen Ungewißheit.

Gleichzeitig macht diese Periode die ganze Oedipus-Lösung zu einer unterschiedlichen Angelegenheit für Knaben und Mädchen. Auf der Höhe des Bewußtseins seiner eigenen Männlichkeit muß der Knabe der Tatsache ins Gesicht sehen, daß er in Wahrheit noch nicht fähig ist, sich eine Frau zu nehmen, sei sie erwachsen oder noch ein kleines Mädchen. Er muß einsehen, daß er noch reif werden muß; daß er lernen muß, Handfertigkeiten und Kräfte mannigfaltiger Art zu meistern, bevor er mit erwachsenen Männern in Wettbewerb treten kann. Dies kann erschreckend werden, wenn sein Vater seine beginnende Männlichkeit als Drohung empfindet oder ihm seine eigenen Befürchtungen über das Ausmaß der Gefahr, je voll männlich zu werden, überträgt. Es kann den Knaben wütend machen, wenn man ihm erwachsene Männer als Wesen von so geringer Bedeutung darstellt, daß man leicht mit ihnen konkurrieren könnte. Andererseits kann es entsetzlich entmutigend für ihn sein, wenn der reife Mann in seiner Gemeinschaft als Wesen unvergleichlicher Stärke und Tapferkeit dargestellt wird, machtvoll und kriegerisch wie ein Indianer der Ebenen. Das Erwachsensein kann durch physische Größe markiert werden, durch das Erbeuten eines Kopfes oder dadurch, daß man genügend Eigentum gesammelt hat, um sich eine Frau zu kaufen. Aber fast immer wird die Erreichung der vollen Rechte eines Mannes auf die Gunst der Frauen davon abhängig gemacht, daß er auf besondere Weisen zu handeln lernt, die zeitweise schwierig erscheinen. Einige Gesellschaftsformen haben kein Interesse, ihm sexuelle Spiele, Exhibitionismus mit anderen Knaben oder Schein-Heiraten mit anderen kleinen Mädchen zu verbieten. Aber ob er geschlechtliche Spiele ausführen darf oder nicht: ihm wird ausgesprochen oder unausgesprochen beigebracht, daß ein langer Weg zwischen dem lustvollen, exhibitionistischen Selbstvertrauen des Fünfjährigen und dem Manne liegt, der in einer Welt voll anderer Männer eine Frau gewinnen und sie behalten kann.

Hier wiederum meint ‹Aufwachsen› etwas Entgegengesetztes für Knaben und Mädchen. Der Knabe lernt, daß er sich anstrengen muß, um in die Männerwelt einzutreten, daß seine erste Handlung, sich von der Mutter zu differenzieren, sich klarzumachen, daß sein Körper ihm gehört und von dem seiner Mutter verschieden ist, noch durch viele Jahre schwerer Anstrengung fortgeführt werden muß — wobei der Erfolg nicht sicher ist. Er trägt noch sein Wissen, daß Frauen gebären können und seine Schwester es auch einmal tun wird, als einen verborgenen Antrieb zu einem anderen Typus von Leistung in sich. Er macht sich auf den langen Weg des Reifens und der Vorbereitung, dessen Ergebnis noch ganz ungewiß ist, wenn er nicht nur eine Frau zu gewinnen imstande sein soll, sondern auch Vater zu werden.

Die Tabus der kleinen Mädchen

Das kleine Mädchen dagegen steht vor keiner ähnlichen Aufgabe. Die auferlegten Tabus und die Etikette, die ihr aufgezwungen wird, sind Mittel, ihre schon knospende Weiblichkeit vor erwachsenen Männern zu schützen. Sie lernt, ihre Beine zu kreuzen, ihre Fersen unter sich zu stecken oder ihre Beine beim Sitzen dicht nebeneinander ausgestreckt zu halten. Sie wird gekleidet, um sie gegen Angriffe und vorzeitige Defloration noch besser zu schützen. In den vielen Regeln, die ihr auferlegt sind, Verbote gegen jene Freiheit, den Exhibitionismus, das Herumstreifen und Plündern, die ihrem Bruder erlaubt sind, liegt die Botschaft: ‹Es könnte zu früh geschehen. Warte.› Und dies geschieht zu dem Zeitpunkt, wo ihr Bruder sich weit mehr in der Öffentlichkeit bewegen darf. Er kann nach Belieben nackt und ungekämmt herumlaufen, und gerade diese Achtlosigkeit der Erwachsenen zeigt deutlich, daß *er* noch nichts tun kann, was möglicherweise für irgend jemand bedeutsam sein könnte. Bei den *Jatmul, Arapesh, Mundugumor* und *Tchambuli* bindet sich der kleine Knabe ein Schamblatt um, wenn er Lust hat; das kleine Mädchen jedoch hat ihren Grasrock sorgsam um ihre winzige Taille geschlungen. Naht die Adoleszenz, so mehren sich die vordeutenden Zeichen, die das Mädchen umgeben. Bei den Gemeinschaften, die Wert auf Jungfräulichkeit legen, bewegt sich das Mädchen nicht mehr ohne Begleitung in der Öffentlichkeit. In Gesellschaften, die diesen Schutz nicht kennen, steigern sich die sehr deutlichen Annäherungen älterer Männer.

Aus der anfänglichen Ungewißheit über ihre zukünftige mütterliche Rolle entwickelt sich eine wachsende Sicherheit, die schließlich in primitiven und einfachen Gesellschaften, in denen jede Frau heiratet, vom Kinderkriegen gekrönt wird. Das Erlebnis ist so wirklich und gültig, daß nur ganz wenige und sehr kranke Frauen, die in Gemeinschaften aufwuchsen, die die Mutterschaft entwürdigt haben, fähig sind, es vollkommen zu verwerfen. So beginnt und endet das Leben der Frau mit Sicherheit. Zuerst durch die einfache Identifizierung mit der Mutter, zuletzt mit der Gewißheit, daß diese Identifizierung wahr ist und sie ein anderes menschliches Wesen hervorgebracht hat. Die Periode des Zweifels, des Neides auf den Bruder ist kurz und kommt frühzeitig; ihr folgen die langen Jahre der Gewißheit.

Das Streben des männlichen Kindes

Für den Mann ist das Gefälle gerade umgekehrt. Das früheste Erlebnis seines Selbst zwingt ihn, sich in der Beziehung zu seiner Mutter als verschieden von ihr anzusehen, als ein Wesen ungleich der Mutter, als ein Wesen ungleich denen, die auf unmittelbare, verständliche Weise mit ihrem Körper Kinder hervorbringen. Statt dessen muß er aus sich herauskommen, in die äußere Welt eintreten, sie erforschen, selbst in ihr schaffen und seine Ausdrucksmöglichkeit durch die Körper anderer finden. Seine kurze Periode selbstverständlicher Sicherheit, voll ausgerüstet für seinen Kampf zu sein — mag dieser einfach als Paarung oder als Taten der Kraft und Stärke angesehen werden —, wird von der Erkenntnis zunichte gemacht, daß er selbst zu dieser Aktivität noch nicht imstande ist. Die damit auferlegte Unsicherheit, diese Periode des Strebens und der Anstrengung, endet niemals wirklich. Er kann aufwachsen, einen Kopf erbeuten, sich einen Brautpreis zusammenraffen; er kann heiraten und sein Weib kann ein Kind haben; aber das Kind, das ihm seine Frau gebiert, bildet für ihn vermutlich nie die absolute Bestätigung, die sie für seine Frau ist. Wahrscheinlich geben Kulturen wie die der *Arapesh*, die die Geburt eines Kindes mit schwieriger und beständiger Arbeit beider Eltern in Zusammenhang bringen, indem das Kind durch stückweises Zusammenfügen aus dem Samen des Vaters und dem Blut der Mutter aufgebaut wird, dem Mann, der Vater eines Kindes wird, am ehesten das Gefühl, daß er damit auch von sich aus etwas geleistet habe. Aber die *Arapesh*-Version der Vaterschaft ist schließlich nur ein Mythos, der Hand in Hand geht mit dem übertriebenen Wert, den die *Arapesh* der Elternschaft beimessen. Auf der primitivsten Stufe der Gesellschaft war der Mensch nicht imstande, die Beziehung zwischen Paarung und Vaterschaft richtig einzuschätzen; erst als es üblich wurde, zusammenhängende und genaue Beobachtungen anzustellen, wurde des Mannes Rolle genauer als ein einziger, erfolgreicher Paarungsakt spezifiziert. Während die moderne Vererbungstheorie die Rolle des Vaters in bezug auf den genetischen Beitrag als eine der Mutter gleichwertige zu Ehren bringt, hat sie unsere Fähigkeit, zu beweisen, daß ein bestimmter Mann tatsächlich der Vater eines bestimmten Kindes ist, nicht gesteigert. Die Vererbungslehre hat lediglich unsere Möglichkeit vergrößert, zu beweisen, daß ein bestimmter Mann *nicht* der Vater eines bestimmten Kindes sein kann. Sie kann einen Mann in einem Prozeß schützen und ihm seinen Verdacht auf die Untreue seines Weibes bestätigen; sie verschafft ihm jedoch nie größere Gewißheit über seine Vaterschaft. Bei all unserem modernen biologischen Wissen bleibt die Vaterschaft etwas, bei dem wir auf Vermutungen angewiesen sind wie nur je, ja, sie ist heute vielleicht etwas weniger Beweisbares, als man in anderen Zeiten der Geschichte glaubte. Während so die Frau am Ende in den Gesellschaften, in denen jede Frau heiratet, praktisch sicher ist, all die Zweifel über ihre Geschlechtszugehörigkeit aufzulösen, die ihr im natürlichen Verlauf ihrer langen Säuglings- und Kinderzeit eingepflanzt wurden, bleibt der Mann genötigt, sich seine Mannheit immer wieder zu bestätigen, sie auf die Probe zu stellen und neu festzulegen.

Leistungen von Mann und Frau

In jeder bekannten menschlichen Gesellschaft ist des Mannes Bedürfnis nach Leistung erkennbar. Männer mögen kochen, weben, Puppen ankleiden oder Kolibris jagen; wenn jedoch solche Tätigkeiten als geeignete Beschäftigung für Männer angesehen werden, halten Männer und Frauen der ganzen Gemeinschaft sie für wichtig. Werden dieselben Beschäftigungen von Frauen ausgeübt, werden sie für weniger wichtig angesehen. In vielen menschlichen Gesellschaften ist die Sicherheit der Männer über ihre geschlechtliche Rolle eng verknüpft mit ihrem Recht oder ihrer Fähigkeit, eine bestimmte Tätigkeit auszuüben, die den Frauen nicht erlaubt ist. Tatsächlich muß ihre Männlichkeit dadurch unterstrichen werden, daß sie den Frauen den Eintritt in manche Gebiete oder die Vollbringung gewisser Fertigkeiten verwehren. Hier kann wohl der Zusammenhang von Männlichkeit und Stolz gefunden werden; das heißt ein Bedürfnis nach Prestige, das jenes Ansehen übertrifft, das einer Frau zuerkannt wird. Es scheint in keiner Weise überzeugend zu sein, daß der Mann in irgendeiner spezifischen Art die Frau übertreffen müßte, sondern eher leuchtet es ein, daß der Mann genötigt ist, in einer Leistung die Bestätigung seiner selbst zu finden, und dieses Zusammenhangs wegen bezeichnen Kulturen mit ‹Leistung› eher das, was die Frauen *nicht* vollbringen oder nicht vollbringen können, als direkt das, was Männer gut verrichten.

Es ist das immer wiederkehrende Problem der Kultur, die Rolle des Mannes – mag er nun Gartenbau treiben, Vieh züchten, Wild oder Feinde töten, Brücken bauen oder mit Bankaktien handeln – so zufriedenstellend festzulegen, daß der Mann im Laufe seines Lebens jenes sichere Gefühl von unwiderruflich sicherer Leistung erreichen kann, von dem er durch sein Kinderwissen um die Befriedigung des Kindergebärens einen Hauch verspürte. Damit die Frauen das Gefühl für endgültige Leistung bekommen, ist es lediglich nötig, daß ihnen durch die vorliegenden sozialen Einrichtungen nicht verwehrt wird, ihre biologische Rolle durchzuführen. Sind Frauen selbst angesichts des Kindergebärens ruhelos und suchend, dann müssen sie durch die Erziehung dazu gemacht worden sein. Damit Männer jemals ihre Ruhe finden, jemals sicher sein können, ihr Leben so geführt zu haben, wie es dessen Sinn verlangt, müssen ihnen außer der Vaterschaft noch kulturell vorgezeichnete Ausdrucksmöglichkeiten zur Verfügung stehen, die dauerhaft und sicher sind. Jede Kultur hat auf ihre Weise Formen entwickelt, die den Mann bei seiner konstruktiven Tätigkeit befriedigen, ohne das sichere Gefühl seiner Männlichkeit zu stören. Nur wenige Kulturen haben Mittel gefunden, auch den Frauen jene göttliche Unzufriedenheit einzupflanzen, die nach anderen Befriedigungen verlangt als die, die das Kindergebären zu liefern vermag.

III. DIE PROBLEME DER GESELLSCHAFT

1. Rhythmus von Arbeit und Spiel

Verlassen wir nun die Betrachtung der Möglichkeiten, durch die Kinder etwas über ihre geschlechtliche Rolle lernen, und sehen wir die ganze Frage von einem anderen Gesichtswinkel aus an. Soll eine menschliche Gesellschaft — ob klein oder groß, einfach oder komplex, ob auf den einfachsten Rudimenten von Jagd und Fischfang oder auf dem verschlungenen Austauschsystem fabrikmäßig hergestellter Produkte aufgebaut — überleben, so muß sie Prägungen des sozialen Lebens besitzen, die den Unterschieden der Geschlechter gerecht werden. Überschauen wir die gesamte bekannte Welt, so drängt sich uns die Frage auf: Welches sind die Probleme, die gelöst werden müssen, damit eine Gesellschaft überleben kann? Eines dieser Probleme liegt in der Frage, wie der Rhythmus von Tätigkeit und Ruhe festgesetzt wird, die von den meisten Gesellschaften auch so gestellt wurde, wie Arbeit — eine Tätigkeit, die zweckvoll und auf ein Ziel gerichtet ist, das außerhalb der Tätigkeit selbst liegt — und Spiel — eine Tätigkeit, die ihren Sinn in sich selbst trägt — abwechseln.

Die Beziehungen zwischen den physiologischen Rhythmen menschlicher Wesen und der Art und Weise, wie die Menschheit Tag und Nacht, Monate und Jahre in ein Schema brachte und das Leben selbst entweder als ein unendlich teilbares Kontinuum oder als eine Abfolge von Zyklen des Lebens und Sterbens betrachtete, rücken die verschiedenen Leistungen beider Geschlechter in ein grelles Licht. Wir können die physiologischen Rhythmen an sich betrachten und den Gegensatz bemerken, der zwischen dem Leben der Frau mit seiner scharf abgezeichneten Folge von Menarche, Defloration, Schwangerschaft, Geburt, Laktation und Menopause und dem des Mannes, das unmerklich von Kindheit zu Jugend, von Jugend zum Mannesalter übergeht und in dem der erste Pollutionstraum und der erste Geschlechtsakt, abgesehen von der Bedeutung, die das Individuum selbst diesen Ereignissen gibt, kein Zeichen am Organismus zurücklassen. Oder betrachten wir die sorgfältig ausgeformten Ausdruckserscheinungen der Kultur, in denen die Zeit in die komplizierten Periodizitäten von Mathematik und Musik geprägt wurde, zwei Bereiche übrigens, an denen die Frau so gut wie keinen schöpferischen Anteil nahm. Wir können die monatlichen Zyklen betrachten, durch die die Frau hindurchgeht, Zyklen gesteigerter und verminderter Spannung und Aufnahmebereitschaft, in denen sich der Körper unermüdlich auf die Schwängerung vorbereitet, die erfolgen kann oder doch nicht eintritt, und sie mit den stoßweise auftretenden Zuständen von Spannung und Verdrießlichkeit des Mannes vergleichen, die, soweit sie nicht mit den Periodizitäten ihrer Frauen verbunden sind, offenbar keinen Rhythmus besitzen, auf dem sich ein Kalender aufbauen ließe. Endlich haben wir noch die Meinung der Wissenschaftler zu berücksichtigen, die behaupten, die Frau besitze eine Befähigung für stetige, monotone Arbeit, die dem Manne abgehe, während der Mann dafür die Fähigkeit besitze, plötzlich große Energiemengen zu mobilisieren, gefolgt von einem Bedürfnis nach Ruhe, in der die Kraftreserven sich wieder auffüllen.

Diese Gegensätze sind so eindeutig, daß man unmittelbar einsieht: wäre eine Kultur auf den rhythmischen Besonderheiten und Fähigkeiten des einen Geschlechts aufgebaut, so müßte sie zu einem Schema werden, das nur sehr schlecht und grob fürs andere Geschlecht paßt, und daß alle Kulturen, in denen sich Mann und Weib in die Arbeit teilen, irgendwie einen Kompromiß zwischen den rhythmischen Periodizitäten des Mannes und denen des Weibes darstellen müssen. Die Wege aber, auf denen die verschiedenen Kulturen diesen Kompromiß erreicht haben, sind mannigfaltig und führen zu unterschiedlichen Ergebnissen.

Betrachten wir zuerst die Frage der monotonen, sich wiederholenden Arbeit im Vergleich zur Arbeit in Stößen der Anstrengung und Ruhe. Die Fähigkeit zu plötzlichen Anstrengungen kann eindeutig mit dem in Verbindung gebracht werden, was wir über die innere Sekretion des Mannes wissen. Es ist vielleicht physiologisch denkbar, ähnliche Bedingungen auch bei der Frau herzustellen, doch nur auf Kosten einer Vermännlichung der sekundären Geschlechtsmerkmale. Der Rest der Annahme — daß Männer, weil sie zu einer Arbeit in einzelnen Kraftstößen befähigt seien, Monotonie teurer bezahlen müßten, und daß Frauen biologisch von Natur aus befähigt seien, ohne psychische Benachteiligung monotone Betätigungen zu ertragen — scheint gegenwärtig im Untersuchungsmaterial keinerlei Stütze zu finden.

Balinesen ohne Müdigkeit

Die *Balinesen* zeigen weniger Ermüdung als irgendein Volk, über das wir Aufzeichnungen haben. Tag und Nacht sind die Wege mit Männern und Frauen angefüllt, die leichtfüßig unter so schweren Lasten einhereilen, daß mehrere Leute sie dem Träger auf Kopf oder Schultern heben müssen. Tag und Nacht ist die Luft erfüllt mit Musik, die die Männer nach vielen Arbeitsstunden, in denen sie knöcheltief im Schlamm der überfluteten Reisfelder gestanden haben, unermüdlich ausführen. Die Arbeit geht Stunde um Stunde weiter, schnell, doch ohne Eile, und gewöhnlich eher durch einen beständigen, leichten Fortgang gekennzeichnet als durch heftige Energiestöße. Die Arme der Männer sind meist ebenso frei von hervortretenden Muskeln wie die der Frauen. Die Möglichkeit zur Entwicklung starker Muskeln ist aber vorhanden; wenn *Balinesen* als Dockarbeiter unter der antreibenden Aufsicht des Europäers arbeiten, entwikkeln und härten sich ihre Muskeln. Aber in ihren eigenen Dörfern tragen sie lieber die Lasten, als daß sie sie aufheben und bieten gern für eine Aufgabe viele Hände auf. Wird ein Haus von einem Ort zum anderen bewegt oder ein riesiger, vierzig Fuß hoher Verbrennungsturm zum Verbrennungsplatz geschafft, so sind Hunderte von

Männern zu dieser Arbeit vereint, und keiner strengt sich sonderlich an. Bei einem Hausbau, einem Tempelfest oder einer Zeremonie gibt es immer mehr Arbeiter, als benötigt werden, und man hat beinahe immer noch Zeit übrig. Ohne Hetze arbeiten Männer und Frauen an Aufgaben, die so eingeteilt und wieder unterteilt sind, daß jeder seinen kleinen Anteil hat. Sie unterbrechen die Arbeit, um zu rauchen, Betel zu kauen, zu bummeln, mit dem Baby zu spielen und ein paar Takte auf einem der Instrumente zu spielen, die immer zur Hand sind — und beginnen dann wieder auf gleiche Art ihre Arbeit. Es gibt kein Wort für ‹ermüdet›, nur eins, das besser mit ‹zu müde› wiedergegeben werden kann und das bei den seltenen Gelegenheiten gebraucht wird, bei denen ein Zwang herrscht, zum Beispiel wenn die Männer bei den großen, exhibitionistischen Pflügevorführungen pflügen müssen, bei denen jeder Mann seine herausgeputzten Ochsen über die hohen, trockenen Reisfelder in den Bergen treibt und dann nach Hause geht, um viele Stunden lang zu schlafen, noch ganz erschöpft von solch einer plötzlichen Anstrengung, die der westliche Mensch als für Männer angemessen ansieht. Hier in *Bali* ist die Fähigkeit zur plötzlichen Mobilisation von Kraftreserven, mit denen man ein schweres Gewicht heben oder mit höchster Geschwindigkeit zuschlagen kann, vernachlässigt worden. Männer und Frauen tragen Lasten, bringen Opfer dar, gehen weite Strecken unter Lasten, die sie nicht aufheben können, aber unter denen sie einen leichten, schnellen Gang beibehalten, arbeiten viele Stunden auf dem Feld, erfrischen sich ein paar Minuten mit dem, was sie einen ‹Spaziergang, um zu vergessen› nennen, und fahren dann weitere stundenlang mit einer Tanzübung fort und schneiden Blätter oder Fleisch für Opfergaben. Würden wir keine anderen Leute als die *Balinesen* kennen, könnten wir niemals erraten, daß Männer geschaffen seien, starke Muskeln zu entwickeln und im Wechsel von kurzen energischen Anstrengungen und Zeiten der Erholung zu arbeiten.

Menstruationstabus

Ebenso wie der Arbeitsrhythmus der *Balinesen* die Fähigkeit der Männer, heftige Anstrengungen zu machen, nicht ausnutzt, paßt sich ihr Kalender der weiblichen Periodizität nicht an. Menstruation und Schwangerschaft sind rituell verunreinigend — eine menstruierende Frau darf keinen Tempel, nicht einmal das kleine Gartenheiligtum in ihrem eigenen Heim betreten; schwangere Frauen und solche, die kürzlich entbunden haben, dürfen weder die Häuser betreten, in denen besondere Gottheiten gehalten werden, noch einem Priester zu nahe kommen, dessen rituelle Reinheit bewahrt werden muß. Aber der Kalender, ein verwickeltes Schema, in dem Wochen von einem Tag, zwei Tagen, drei Tagen und so weiter bis zu zehn Tagen miteinander abwechseln und in dem jeder wiederkehrende Abschnitt für bestimmte Zeremonien besonders geeignet ist, duldet keine Anpassung an jene weiblichen Rhythmen. Das Fest kommt heran, und die menstruierende Frau kann ihm nicht beiwohnen. Ein Kind ist geboren, und die Eltern, die ein integrierender Teil eines kalendermäßig festgesetzten Festes gewesen wären, dürfen daran einfach nicht teilnehmen. Ein Tanz ist festgesetzt, und einen Tag vor der Durchführung menstruiert eine der kleinen Trance-Tänzerinnen zum erstenmal und fällt endgültig für diesen speziellen Tanz aus. Ohne Konzessionen geht das kalendarisch geregelte Leben weiter, und die Frauen, und durch sie auch die Männer, sind von der Teilnahme ausgeschlossen. Es ist daher nicht überraschend, daß Frauen das Menstruieren gewöhnlich als ‹unfähig sein, einen Tempel zu betreten› bezeichnen und im selben Atemzug von der Schwangerschaft wie von einer Wunde oder Verstümmelung sprechen, die sie vom zeremoniellen Leben ausschließt.

Doch gerade, als müsse diese Unfähigkeit, die möglichen Höhepunkte im Leben beider Geschlechter auszuschöpfen — die zyklischen und orgiastischen Höhepunkte der Mutterschaft, den orgiastischen Höhepunkt der Begattung und die Fähigkeit des Mannes zu heftigen körperlichen Anstrengungen —, in irgendeiner Art ausgeglichen werden, finden wir in dem religiösen Zeremoniell der *Balinesen* ekstatische Ausbrüche. Sie sind äußerst heftig, aber ohne jede spezifisch sexuelle Manifestation. Mit dem Kris bewaffnete Männer und Frauen kehren die Waffe gegen sich selbst und fallen nach plötzlichen, wilden, gespielten Selbstangriffen in Krämpfen zuckend zu Boden. Ist die Trance vorüber, wird das Haar der Frauen wieder um ihre Köpfe geschlungen, wie es zur Beruhigung während der Geburt getan wird — und kaltes, heiliges Wasser wird über die Gesichter von Männern und Frauen gegossen. Sie kehren zum gewöhnlichen Leben zurück, das keine Hast und keine Steigerungen kennt, ein Leben, in dem sich Männer wie Frauen voller Ruhe durch die Tage bewegen, die ins Unendliche durch ein künstliches System unterteilt sind, das das bekannte, aber unbeachtete Mondjahr nicht berücksichtigt, vielleicht weil es zuviel von einem natürlichen Rhythmus an sich hat, um sie ebenso zu befriedigen wie der zweihundertzehntägige Zyklus, auf dem ihr Hauptkalender aufgebaut ist.

Gleichmäßige Arbeitsteilung

Aber wir brauchen uns nur einer anderen Kultur zuzuwenden, um einen anderen Rhythmus zu finden. In der steilen Gebirgswelt der Torricelli-Berge Neu-Guineas, wo die Nahrung knapp ist und die Gärten weit auseinander liegen, verbringen die unterernährten Männer und Frauen der *Arapesh* ihre meiste Zeit damit, die steilen Hänge hinauf- und herabzusteigen; fest pressen sich unter dem Druck der Lasten, die an Schlingen von ihrer Stirne herab hängen, die Kiefer der Frauen aufeinander. Soll ein Fest gefeiert werden, so bedeutet das zu viel Arbeit für zu wenig Menschen, lange Stunden der Arbeit in den Sagosümpfen, aus denen Männer und Frauen ermüdet, mit blutunterlaufenen Augen und zu jeder weiteren Tätigkeit unfähig heimkehren. Jede Arbeit ist Schwerarbeit, alle Wege sind zu steil und zu weit und alle Lasten zu schwer für den Träger. Gemeinhin besorgen die Frauen das Lasttragen, denn ihre Köpfe sollen kräftiger sein. Die Männer schleppen Schweine und große Holzblöcke und reiben sich ihre Schultern unter den Tragstangen wund. An einem gelegentlich arbeitsfreien Tage sitzen Männer und Frauen mit leeren Händen unbeschäftigt da, die Frauen haben ihre Säuglinge an der Brust und man sagt dann: ‹Heute sind wir müde, wir wollen im Dorf schlafen.› Wie die Frauen an der schweren, anstrengenden Arbeit teilnehmen, helfen die Männer bei den üblichen leichten Arbeiten des Alltags, sie hüten die Kinder, machen Feuer und holen kleine Dinge aus dem Busch. Aber im ganzen gesehen, liegt der Arbeitsrhythmus näher bei dem als männlich angesehenen Typus von heftiger Energie-Aufwendung; charakteristischerweise fehlt die Handarbeit, die in so vielen Gesellschaftsformen die fleißigen Hände der Frauen beschäftigt. Nach den Strapazen des langen Tages sind die Hände der Frauen ebenso müßig wie die der Männer.

Es gibt hier keinen Kalender, der dem Ablauf der Tage ein Schema auferlegt, das aus des Mannes schöpferischer Idee die Zeit einteilt oder aus seiner sorgfältigen Beobachtung von Mond und Sternen entsprungen ist. Die Bewegungen der Plejaden wird zwar bemerkt, dient aber keinem bestimmten Zweck; die Yamswurzel, die anderswo nach dem Kalender geerntet wird, so daß es Zeiten der Fülle und Zeiten des Hungers gibt, pflanzen die Gebirgs-*Arapesh* zu jeder Jahreszeit. Derjenige Arbeitsrhythmus, den wir für den weiblichen halten, die Arbeit, die nie fertig wird und die immer erneut wiederkehrende Bedürfnisse an Nahrung und Sorge für andere, vornehmlich die Kinder, befriedigt, ist hier dem Arbeitsrhythmus angeglichen, den wir männlich nennen, bei dem unregelmäßige Kraftanstrengungen mit unregelmäßigen Ruheperioden abwechseln.

Geburtstabus für Männer

Männer und Frauen passen sich den weiblichen Periodizitäten an. Während der Menstruation bleibt die Frau in einem kleinen, schlecht gebauten Schuppen auf der anderen Seite des Hügels, der Mann muß für sich selbst und die Kinder sorgen und darf seinen Yamsgarten nicht betreten, von dem die Frau ausgeschlossen ist. Ebenso teilt er während der Schwangerschaft ihre Tabus und liegt nach der Geburt neben seinem eben entbundenen Weib, ruht von der schweren Arbeit des Kindergebärens aus, das den Mann ebenso altern läßt wie seine Frau. Betrachtet man nur die *Arapesh* und die *Balinesen,* so würde es recht schwer sein, sich irgendein Bild eines biologischen Unterschiedes im Rhythmus der beiden Geschlechter zu machen. Betrachtet man nur die *Arapesh,* würde man die Frauen für vollkommen fähig zu plötzlichen Kraftanstrengungen halten und die Männer den physiologischen Beeinträchtigungen der Menstruation und des Kindergebärens irgendwie mit unterworfen.

Bei den *Balinesen* gibt es auch keine strenge Unterscheidung zwischen Arbeit und Spiel. Der Unterschied zwischen einer Art von Arbeit und einer anderen ist vor allem eine Frage ihrer Heiligkeit, so daß also das Fleischschneiden im Tempel zwar Arbeit für die Götter ist, das Fleischschneiden im Hause aber gewöhnliche Arbeit. Doch das in Pfahlbauten lebende Fischervolk der *Manus* auf den Admiralitäts-Inseln macht Unterscheidungen zwischen Arbeit und Müßiggang, die denen unserer puritanischen Vorfahren sehr nahekommen. Beide Geschlechter arbeiten schwer: die Männer fischen, bauen Häuser und treiben auf langen Reisen Handel; die Frauen kochen, räuchern Fisch, besorgen den örtlichen Markt, machen Perlarbeiten und Grasröcke. Müßiggang ist eine Sünde und nur dann zulässig, wenn er durch besonders harte Arbeit verdient ist. So lungern etwa die Männer ums Dorf herum, nachdem sie eine ganze Nacht beim Fischen bis zum Gürtel in der kalten Lagune gearbeitet haben; oder eine Frau sitzt mit ihrem neugeborenen Kind herum, für kurze Zeit zur Ruhe gezwungen, bis ihr Mann genug Sago zusammengebracht hat, um sie wieder von ihrem Bruder zurückzukaufen. Denn hier, gerade einen Grad vom Äquator entfernt, arbeiten Männer und Frauen hart, geschäftig, von vielerlei Dingen beunruhigt, ständig getrieben von den Forderungen anspruchsvoller und heikler Geister — jede Krankheit wird gedeutet als Strafe eines Geistes für irgendein wirtschaftliches Versagen, eine nicht bezahlte Schuld, ein nicht gebautes Haus, ein nicht ins Werk gesetztes neues Unternehmen. Die Menstruation wird als etwas so Beschämendes betrachtet, daß sie versteckt werden muß; die Frau wird weder mit einem Tabu belegt, noch gestattet man ihr eine Ruhepause. Tabus verschaffen dem Vater des Neugeborenen eine Periode teilweisen Müßiggangs, während die Nahrungsmittel, die nötig sind, um die Tauschgaben für das Kind zu vervollständigen, angesammelt werden. Im ganzen gesehen ist bei den *Manus* das Bild zwischen beiden Geschlechtern gleich ausgewogen. Gatte und Gattin vereinen sich, wenn auch räumlich getrennt, nach der Geburt in einer kurzen Periode der Muße. Die Frauen leisten etwas mehr die laufenden Arbeiten des täglichen Bedarfs, doch die Männer sind so fleißig, daß der Gegensatz nur ganz gering ist. Wo Arbeit eine Sache der Pflicht ist, und zwar einer Pflicht, die durch religiöse Sanktionen unterstrichen wird, da können die vielleicht größere Fähigkeit der Frau für kleine, monotone Arbeiten und die wohl größere des Mannes für unregelmäßige Sonderanspannungen von einem Typus des Handelns überdeckt werden, der sein Schema einer erlernten Pflicht, fleißig zu sein, entnimmt.

Teilung der Arbeitsrhythmen

Unter den *Jatmul*-Kopfjägern des mittleren Sepik-Flusses finden wir eine Teilung der Arbeitsrhythmen, die den gegenwärtigen Theorien über Geschlechtsunterschiede sehr nahekommt. Hier arbeiten die Frauen in Gruppen gleichmäßig, aber heiter, ohne ein Gefühl, unziemlich angetrieben zu werden. Sie sind verantwortlich für den täglichen Fischfang, für den Fisch, den man auf den Markt bringt, für das Sammeln von Brennholz und das Wasserholen, für das Kochen und für das Flechten der zylindrischen Moskitokörbe, die kleine Schutzräume für Menschen gegen die gefräßigen Insekten sind. Den größten Teil des Tages sind sie beschäftigt und zeigen sehr wenig Ermüdung oder Gereiztheit gegenüber den beständigen Anforderungen des Haushalts und des Fischfangs. Die Arbeit des Mannes dagegen ist meist völlig episodisch — Häuserbau, Kanubau, gemeinsame Jagd auf Krokodile in der trockenen Jahreszeit oder Anlegen kleiner Rodungen durch Abbrennen des Grases oder Planen der sorgfältig ausgedachten theatralischen Inszenierung bei den Zeremonien. Kaum eine dieser Tätigkeiten muß zu einer bestimmten Zeit erledigt werden, und alle Arbeiten werden nur nach langen vorbereitenden Ansprachen, Drohungen, Anfeuerungen, Streit und Widerstreit getan, unter deren Druck die Gruppe der Männer sich erregt und ärgerlich wird, um schließlich mit großem Eifer an die Arbeit zu gehen. Bei langandauernden Arbeiten, die durchzuführen dieser zornige, exhibitionistische Arbeitswille nicht ausreicht, gibt es eine Menge erfolgloser Versuche. Werden Aufgaben bewältigt, dann mit großem Aufwand an Energie und Anstrengung, der ganze Körper wird einbezogen, und die *Jatmul*-Männer beklagen sich bitter, daß sie nach solchen Anstrengungen ermüdet sind.

Wenn kleine Knaben und Mädchen zusammen spielen, ahmen sie das Leben der Erwachsenen nach. Die Knaben jagen kleine Vögel, die Mädchen kochen sie, und zusammen imitieren sie Leichenzeremonien und Dämonenkulte. Und dann fügt der Erzähler oft hinzu: ‹Wir kehrten ins Dorf zurück. Die kleinen Mädchen sagten: ‚Laßt uns morgen weiterspielen', aber die kleinen Knaben antworteten: ‚Nein, wir sind zu müde, laßt uns morgen ausruhen.'› Die Fähigkeit der *Jatmul*-Frauen, beständig und ohne Langeweile oder Störungen des Rhythmus an uninteressanten Aufgaben zu arbeiten, und die Abneigung der Männer gegen alle derartigen Arbeiten werden durch eine Episode gut illustriert, die sich ereignete, als wir das erstemal ins Dorf Tambunum kamen. Wir beauftragen Tomi, einen der eingeborenen Männer, die als unsere Gewährsleute arbeiteten, etwas Lehm vom Fluß zu holen und damit die Zwischenräume zwischen dem Moskitodrahtnetz und dem unebenen Zementboden unseres Moskito-Zimmers auszufüllen. Tomi holte den Lehm und begann unlustig die Löcher auszufüllen. Dann schickte er nach seinen fünf Frauen. Er teilte den Lehm in zwei Teile, und mit einem Teil mußten seine Frauen die langweilige Arbeit fortsetzen. Mit dem anderen Teil modellierte er ein sehr hübsches Krokodil, um die Türschwelle damit zu schmücken.

Hätte der Theoretiker seine Theorien über den natürlichen Arbeitsrhythmen von Männern und Frauen bei den *Jatmul* aufgebaut, so wäre er zu dem Ergebnis gekommen, daß der Mann der direkte Nachkomme eines nomadischen Jägers sei, der zu einem großen Einsatz von Kräften fähig ist, aber lange Zeiten der Erholung braucht; die Frau von der Natur besser für die mechanischen Aufgaben des täglichen Lebens ausgerüstet sei, weil sie ohne Widerstand und Rebellion gegen eine Welt lebt, in der ihre Arbeit niemals fertig wird und ihre Hände kaum je zur Ruhe kommen.

Die *Jatmul* nehmen die Menstruation leicht. Man setzt voraus, daß eine menstruierende Frau nicht für ihren Mann kocht, es sei denn, sie ist auf ihn zornig und will ihm einen kleinen Schaden antun. Dank der Art, in der ein *Jatmul*-Haushalt organisiert ist, mit zwei Familien, die in einander entgegengesetzten Enden eines Hauses wohnen, und da außerdem gewöhnlich auch noch mehrere überzählige Frauen — Witwen, Extra-Frauen und unverheiratete Töchter — dazugehören, gibt es keine Schwierigkeiten für eine der Frauen. Bei der Geburt kann die Mutter zu ihrer eigenen Familie zurückkehren, wo sie von jeder Arbeit befreit ist; aber dem Gatten werden keine strengen Tabus auferlegt. Sozialer Druck wird hauptsächlich gegen die Ungerechtigkeit ausgeübt, mehr als eine schwangere Frau zur gleichen Zeit zu haben, und die Männer werden wohl dafür öffentlich von ihren Clan-Ältesten getadelt: ‹Wer glaubst du zu sein, daß du drei schwangere Frauen auf einmal hast? Wer tut jetzt die Arbeit in deinem Haus? Wer bringt die Feuerung herbei? Ich denke, du!› Die Männer müssen zur Arbeit beim Sagobau angetrieben werden, selbst wenn es sich nur um die Ernährung der eigenen Familie handelt. Die Luft im Dorf schrillt von den Schmähungen der Frauen, die durch Beleidigungen und Beschimpfungen ihre Männer zum Sagobau für ihren Haushalt antreiben.

Bei den *Samoanern* ist der Arbeitsrhythmus wieder gleichmäßiger verteilt.Obgleich die Männer gelegentlich Sonderanstrengungen beim Schildkröten- oder Haifischfang machen, die all ihre Energie in Anspruch nehmen, leisten sowohl Männer als auch Frauen die schwere, anstrengende Gartenarbeit und das ermüdende Fischen. Beide kochen, beide machen Handarbeiten, und selbst die Hände eines Häuptlings höchsten Ranges sind selten müßig. Wenn er mitten unter seinen Ratgebern sitzt, rollt seine Hand geschäftig *Sennit* (Kokosnußfaser-Schnur) auf seinem Schenkel oder flicht es zu vielen tausend Yard, um damit Häuser und Kanus zusammenzuhalten. Die Frauen flechten stundenlang Matten, so fein wie Leinen, als Aussteuer für die Töchter der Häuptlingsfamilien oder die groben Matten, die Bettzeug für das ganze Dorf abgeben. Arbeit wird vorwiegend nach dem Maßstab von Alter und Stellung, weniger nach dem des Geschlechts abgestuft. Männer und Frauen sind stark und muskulös, beide klettern, beide tragen Lasten, beide lassen Perioden schwerer Arbeit mit Perioden ruhiger Geschäftigkeit und langen, entspannenden Stunden mit Gesang und Tanz abwechseln. Den geschäftigen, fleißigen, genügsamen stehen Zeiten gegenüber, in denen ein ganzes Dorf auf Besuch geht, um eine Hochzeit zu feiern oder einfach zur fröhlichen Unterhaltung im eigenen Dorf. Dann wird zwei oder drei Monate lang überhaupt nicht gearbeitet, sondern die ganze Zeit wird dem Feiern von Festen gewidmet, die später *in natura* abgegolten werden müssen, das aber bedeutet viel harte Arbeit. Doch Männer und Frauen, jung und alt, nehmen an der Arbeit und den Festlichkeiten teil. Es gibt kein Gefühl wie Zwang oder Eile; nur herrscht viel gemachte Aufregung über Etikette- und Zeremonienfragen, und selbst fünfjährige Kinder laufen schreiend herum: ‹Was für Verwicklungen in unserem Haushalt!›

Die beste Arbeitseinteilung

So zeigt schon ein Überblick über fünf Gemeinschaften, wie willkürlich der Arbeitsrhythmus von Männern und Frauen eingerichtet werden kann. Wenn die Untersuchung schließlich ergibt, daß echte Unterschiede existieren in der Fähigkeit, Eintönigkeit zu ertragen oder mit Vorteil in unregelmäßigen Arbeitsimpulsen zu arbeiten, müssen wir immer noch überlegen, ob nicht die besten Erfolge dadurch erhalten werden, daß man eine Gesellschaft aufbaut, in der Frauenarbeit zwar monotoner und unaufschiebbarer, aber nach den Zyklen von Menstruation und Schwangerschaft verteilt wird, während Männerarbeit, die weniger monoton und dringend ist, die Arbeit darstellt, auf die man in jedem Bedarfsfall zurückgreifen kann, da die Männer nicht solch periodischem Steigen und Sinken ihrer Leistungsfähigkeit unterworfen sind wie die Frauen. Wenn wir alle Arbeitsleistungen so tief ansetzen, daß die Frauen während der periodischen Schwankung ihrer Leistungsfähigkeit nicht unter zu großen Anforderungen leiden, und Männer an konstruktiven Krisen, durch die sie glauben durchgehen zu müssen, nicht gehindert werden, so werden wir möglicherweise einen Gewinn aus dieser Anpassung an die Rhythmen beider Geschlechter erhalten, der größer ist als der Verlust, der dadurch entsteht, daß wir den Arbeitsrhythmus nicht so vollkommen wie möglich auf die unterschiedlichen Periodizitäten abstimmen.

Bisher haben wir die zeitliche Verteilung der Anstrengungen sowie die möglichen Unterschiede der angeborenen Fähigkeiten und der erlernten Verhaltensweise beider Geschlechter betrachtet. Es gibt aber noch einen anderen Gegensatz der Geschlechter, der genauso kraß ist wie ihre unterschiedlichen täglichen und monatlichen Rhythmen, das Eintreten und das Fehlen der Schwangerschaft, und das ist der Gegensatz in ihrem Lebensplan.

Die Linie der biologischen Laufbahn der Frau hat eine natürliche, durch Höhepunkte gekennzeichnete Struktur, die verdeckt, verschwiegen, verschleiert und öffentlich verleugnet werden kann, die aber für die Ansichten beider Geschlechter über sich selbst ein wesentliches Element bleibt. Denn man kann gar nicht genügend betonen, daß Kinder beiderlei Geschlechts sich ihr Bild der eigenen Sexualrolle nach den Erlebnissen mit beiden Geschlechtern bilden; was auch jeweils das besondere Wesen des anderen Geschlechts ist, immer wird es bezeichnet als ‹etwas, das ich nicht bin›, ‹etwas, das ich niemals sein kann›, ‹etwas, das ich gern wäre›, ‹etwas, das ich werden könnte›. Die besondere weibliche Klimax-Struktur trägt in sich die Möglichkeit für eine stärkere Betonung von Stadien des *Seins*, als es beim Mann sein kann. Ein Mädchen *ist* eine Jungfrau. Nachdem physischen Zerreißen des Hymen, falls sie einen besitzt, nach dem symbolischen, falls ihr Hymen strukturell bedeutungslos war, ist sie, durch Ausdehnung des Begriffes auf ihre ganze Person, *keine* Jungfrau mehr. Das junge *balinesische* Mädchen, das man fragt: ‹Dein Name ist I Tewa?› und das sich aufrichtet und antwortet: ‹Ich bin Men Bawa› (‹die Mutter von Bawa›), meint das absolut. Sie *ist* die Mutter von Bawa; Bawa kann morgen sterben, doch sie bleibt die Mutter von Bawa. Nur wenn er ohne Namen stirbt, würden ihre Nachbarn sie ‹Men Berlasin› (‹beraubte Mutter›) nennen. So steht in der Lebensgeschichte der Frauen Stufe nach Stufe unwiderruflich, unbestreitbar und vollendet. Dies gibt den kleinen Mädchen eine natürliche Basis, die das *Sein* mehr als das *Tun* betont. Der kleine Knabe lernt, daß er wie ein Knabe handeln, Dinge tun und wieder und wieder beweisen muß, daß er ein Knabe ist, während das kleine Mädchen lernt, daß es ein Mädchen *ist* und daß alles, was es zu tun hat, ist, sich davon zurückzuhalten, wie ein Knabe zu handeln.

Ablauf der Pubertät

Vor der Reihe der physischen Gewißheiten, die das Bild des weiblichen Lebens ausmachen, stehen die Jungfrau und die Kinderlose scharf abgezeichnet; ein Kontrast, wie er dem menschlichen Leben nur durch ausgesprochen kulturelle Ausformungen gebracht werden kann. Das kleine Mädchen ist eine Jungfrau; aber nach der Defloration ist es das nicht mehr; etwas genau Umschriebenes, Identifizierbares ist geschehen, das sehr verschieden von dem gradweisen Experimentieren des Knaben mit der Kopulation ist. Nur in Gesellschaften, die sexuelle Versuche sehr weit hinausschieben, so daß ein Knabe niemals den Körper eines Mädchens berührt hat, bis er als Erwachsener sich mit ihr zu paaren versucht, ist es möglich, den ersten geschlechtlichen Verkehr für Knaben als einen gleichbedeutenden dramatischen Einschnitt anzusehen, wie es die Defloration für Mädchen ist. Die Pubertät ist für Mädchen dramatisch und unmißverständlich, während für die Knaben die lange Reihe der Ereignisse langsam herankommt: brüchige und dann tiefer werdende Stimme, Wachsen der Körperhaare und schließlich Ejakulationen. Es gibt keinen genauen Zeitpunkt, an dem ein Knabe sagen kann: ‹Jetzt bin ich ein Mann›, wenn nicht die Gesellschaft einspringt und eine Definition gibt. Eine der Funktionen, die die Vielfalt der männlichen Initiations-Zeremonien, wie man sie in der ganzen Welt antrifft, erfüllt, bei denen die erwachsenen Männer die Jünglinge schneiden, subinzidieren, beschneiden, ritzen oder auf andere Weise verstümmeln und mißhandeln, ist die, daß die Riten dazu dienen, einen Wachstumsverlauf zu akzentuieren, der von sich aus keine scharfen Akzente besitzt. Ob es irgendein Verlangen nach solcher Akzentuierung, solcher Festlegung ohne die strenge Unwiderruflichkeit der weiblichen Menarche geben würde oder nicht, können wir nicht wissen. Auf jeden Fall bezeichnet die erste Menstruation eine Trennungslinie zwischen Kindheit und Frauentum. Was auch eine Kultur getan haben mag, um dieses Ereignis besonders zu markieren, keine überlieferte Kultur hat ihm jemals das Dasein bestritten[1].

Menstruationszeremonien

Die Menarche ist eine wichtige Zeremonie bei den puritanischen *Manus*, die von da an bis zur Heirat alle Menstruationen verbergen. Es gibt in ihrer Sprache kein Wort für ‹Jungfrau›, und das Bluten beim Zerreißen des Hymens wird einfach der Menstruation gleichgesetzt, von der man glaubt, sie werde durch die Heirat reaktiviert. Die Schamhaftigkeit des Volkes ist so außerordentlich groß — selbst Frauen im letzten Stadium einer Krankheit legen ihre Grasröcke nicht ab —, daß irgendeine Untersuchung der Genitalien undenkbar ist und der Hymen kaum wieder entdeckt werden kann. Der Ausdruck für Menstruation ist *kekanbwot* (‹Bein — ihres — gebrochen›), so daß die Menarche jene Idee einer Verletzung enthält, die bei vielen Völkern für ihre Haltung gegenüber der Defloration reserviert ist. Bei ihrer ersten Menstruation wird dem *Manus*-Mädchen eine große Zeremonie gewidmet; die anderen Mädchen aus dem Dorf kommen zum Schlafen in ihr Haus, es gibt einen großen Austausch von Nahrungsmitteln sowie zeremonielle und fröhliche Ausflüge auf die Lagune, die Männer sind davon ausgeschlossen, und die Frauen haben ein paar nette Tage miteinander. — Dann legt sich absolutes Schweigen über die späteren Menstruationen des Mädchens. Aber die entsprechende Zeremonie für Knaben, bei der ihre Ohren durchbohrt und ähnliche Zaubersprüche über sie gesprochen werden, ist eine blasse Angelegenheit. Etwas ist im Innern des Mädchens vorgegangen, das sie von einem physischen Zustand in einen anderen versetzt hat; etwas ist dem Knaben angetan worden, das ihn in eine andere soziale Stellung gebracht hat.

1 Nach unseren Erfahrungen über die Findigkeit, mit der der Mensch seine eigene Physiologie umzudeuten versteht, können wir uns tatsächlich Methoden ausmalen, wie man so etwas machen könnte. Der weibliche Säugling könnte von Geburt an jeden Monat rituell ‹bluten›, so daß sich die wirkliche Menarche glatt und reibungslos in ein bereits gefestigtes Verhalten einfügte. Eine noch künstlichere soziale Praktik ist die künstliche Fabrikation der Virginität in Bordellen, von der aus einigen Gegenden Europas berichtet wird. Bei jeder Betrachtung des Verhältnisses zwischen dem, was angeboren und dem, was kulturell geprägt ist, muß man mit derartig bizarren Möglichkeiten rechnen; man sollte sie aber auch nicht zu sehr betonen.

Bei den *Arapesh* erfolgt die erste Menstruation mehrere Jahre, nachdem ein junges, verlobtes Mädchen fortgezogen ist, um mit der Sippe ihres Mannes da zu leben, wo er und seine Sippe jagen und arbeiten, um Nahrung zu beschaffen, die ihr Wachstum ermöglicht. Ihre erste Menstruation ist Anlaß zu einer Zeremonie; ihre Brüder kommen und bauen ihr eine Menstruations-Hütte, die sie jenseits der Grenze des Dorfes sicher aufstellen, um das Dorf vor der gefährlichen, übernatürlichen Kraft zu schützen, die menstruierenden Frauen zugeschrieben wird [1]. Das Mädchen wird gewarnt, mit nach vorn gestreckten Beinen und angezogenen Knien zu sitzen. Dem Mädchen werden der alte Grasrock und ihre alten Armbänder abgenommen und diese werden entweder weggegeben oder vernichtet. Ältere Frauen bedienen und lehren sie, stechende Nesselblätter zu rollen und in die Vulva einzuführen, damit ihre Brüste wachsen. Diese Praktik erklärt es, warum es keine Erfahrung der Defloration gibt; es sei denn, ein junger Ehemann ‹stiehlt› sein Weib vor ihrer ersten Pubertätszeremonie. Das Mädchen fastet fünf bis sechs Tage und kommt dann heraus, um bemalt und geschmückt zu werden.

Die Frauen setzen ihr das alte Haarnetz, frisch mit *wheinyal*-Blättern verziert, auf den Kopf. In den Mund stecken sie ihr ein hellrotes, herzförmiges Blatt. Dies Blatt wird auch von den Novizen bei der *tamberan*-Zeremonie getragen. Dem Gatten ist aufgetragen worden, die Rippe eines Kokosnußblattes und einige *mebu*, die wohlriechenden Blumen des Bärlapp, auf einem Paar *aliwhiwas*-Blättern zu bringen. Er erwartet sie in der Mitte des *agehu*; sie kommt langsam herauf mit niedergeschlagenen Augen, ihre Schritte sind vom langen Fasten zögernd, und Frauen stützen sie unter den Achseln. Ihr Gatte steht ihr gegenüber. Er stellt seine große Zehe auf ihre. Er nimmt die Kokosnußrippe und schleudert, sobald sie ihm gerade ins Gesicht schaut, das alte Netz von ihrem Kopf — das alte Netz, das sein Vater ihr als Kind aufgesetzt hatte, als er die Verlobung festsetzte. Nun läßt das Mädchen das Blatt aus dem Mund herausfallen und streckt die Zunge heraus, die pelzig und schwer vom Fasten ist. Ihr Gatte wischt sie ihr mit der *mebu*-Erde ab. Dann setzt sich das Mädchen auf ein Stück Sago-Rinde; sie setzt sich sorgfältig nieder, stützt sich beim Niedergehen auf die Hand und sitzt dann mit gerade nach vorne ausgestreckten Beinen. Der Gatte gibt ihr einen in ein Blatt eingewickelten Löffel und die Schüssel mit Suppe, die er gekocht hat. Bei dem ersten Löffel Suppe muß er ihre Hand halten, um sie zu stützen und ebenso beim zweiten; beim dritten ist sie stark genug, den Löffel selbst zu halten. Nachdem sie die Suppe gegessen hat, nimmt er eine der *wabalal*-Yams und bricht sie in zwei Hälften. Eine davon ißt sie, die andere steckt er zwischen die Dachsparren ihres Hauses; das ist die Bürgschaft dafür, daß sie ihn nicht als Fremden behandeln und den Zauberern überliefern wird. Damit

---

1 vgl. hierzu auch Ruth Benedict, Urformen der Kultur, rde Bd. 7, S. 26 f.

sie dies nicht doch tut, übergibt ihm die Überlieferung ebenfalls einen Teil ihrer Persönlichkeit. Das Stück der Yamswurzel wird aufbewahrt, bis das Mädchen schwanger wird [1].

Die Sepik-Völker – *Jatmul, Tchambuli* und *Mundugumor* – haben wenig Menstruationszeremonien, da sie sich mehr mit der Ausgestaltung der männlichen Initiationsriten beschäftigen, als sich um die Sicherung der weiblichen Fruchtbarkeit zu kümmern.

In *Samoa* gibt es keine soziale Betonung der Menarche, aber eine ausführliche zeremonielle Anerkennung der Defloration. Eine duldsame Einstellung zur Sexualität wird mit einem ungewöhnlichen Stolz auf die Vorrechte des Rangs verbunden; die Tochter einer Familie von Stand sollte bei der Heirat eine Jungfrau sein; der offizielle Ratgeber des Bräutigams sollte den versammelten Gästen seine Finger zeigen können, die mit blutgetränktem weißen Stoff umwickelt sind; ein großes weißes Tuch aus Rinde, das mit Blut getränkt ist, sollte aus dem Haus heraushängen. Ist das Mädchen aber keine Jungfrau mehr, so muß sie den Mut haben, es den alten Frauen ihrer Familie zu beichten; und diese schaffen einen Ersatz von Hühnerblut herbei. Hier hat ein Volk, das die Forderungen des Körpers besonders geschickt mit den Förmlichkeiten eines anmutig geregelten Lebenslaufes verbindet, einen Weg gefunden, die voreheliche Defloration sozial anzuerkennen; sie wird dadurch wiederholbar, wenigstens der Form nach.

In *Bali* liegt die Betonung wieder auf der Menstruation. Kleine Mädchen, die früh menstruieren, suchen dies aus Angst zu verbergen, da sie dann mit Gatten verheiratet werden können, die ihnen ihre Eltern ausgesucht haben. Hingegen werden die Mädchen, die spät menstruieren, – besonders bei den oberen Kasten, wo sorgfältig vorbereitete und prächtige Zeremonien abgehalten werden – überängstlich und sind hocherfreut, wenn die Menarche eintritt.

Kinderlosigkeit sozial anerkannt

In *Bali* ist der Zustand der Kinderlosigkeit so in das Leben eingebaut worden, daß er den Sinn einer Wahl verschiedener Lebenswege angenommen hat. Ein Brahmanen-Mädchen kann eine jungfräuliche Priesterin werden – und dann braucht sie nicht zu heiraten – oder sie kann heiraten und später eine Priesterin werden. In den Gebirgsdörfern können kinderlose Männer und Frauen die zweithöchste Stufe der sozialen Hierarchie erreichen; haben sie aber Kinder, so muß eins ein Knabe sein, sonst ist ihre Stellung sozial unstabil. Man kann durch Kinderlosigkeit beinahe die höchste Stellung erlangen, und die Frau, die unverheiratet bleibt, wird als eine, die ‹den Himmel sucht› bezeichnet; aber zum vollen Rang in dieser Welt muß

1 M. Mead, *‹Sex and Temperament in Three Primitive Societies›*. New York, 1935 (auch in *‹From the South Seas›*. New York 1939), S. 94. (Dt.: Geschlecht und Temperament in primitiven Gesellschaften. rde Bd. 96. Anm. d. Red.)

ein Mann ein Kind haben, das außerdem männlich ist. Die *Manus* versuchen zu behaupten, daß das Kinderkriegen mehr vom Willen als von der körperlichen Beteiligung abhängt. Die Frauen adoptieren Kinder und geben sie als eigene aus und verneinen jede Einzelheit seines biologischen Ursprungs — genauso, wie sie die Erinnerung an ihre Fehlgeburten mit wirtschaftlichen Details überdekken, so als wären es lebende Kinder gewesen.

Aber wie auch immer viele Kulturen die Tatsache des Kindergebärens umgestalten, bleibt die Schwangerschaft sichtbar und unverhüllbar — außer innerhalb des Bereichs großer Städte oder komplexer Gesellschaften —, und der Unterschied zwischen der Frau, die ein Kind geboren hat und der, die keines hat, bleibt absolut. Einige Gesellschaften mögen jede Art von Empfängnis — selbst eine Fehlgeburt im zweiten oder dritten Monat — so einreihen, daß sie allein schon die Frau in die Klasse der Gebärerinnen versetzt, andere auf der Geburt eines lebenden Kindes bestehen, andere wieder mögen eine Frau, deren Kinder alle in irgendeinem Alter gestorben sind, als wirklich kinderlos ansehen. Aber eine Unterscheidung bleibt dennoch: absolut und unumkehrbar.

Bei der Menopause findet wieder ein scharfer, unabänderlicher Wechsel statt. Wo die Fortpflanzung als etwas Unreines angesehen wird, das von den Zeremonien ausschließt — wie in *Bali* —, wirken die Frau nach dem Klimakterium und die Jungfrauen bei Zeremonien zusammen, von denen Frauen im gebärfähigen Alter ausgeschlossen sind. Wo Bescheidenheit in der Sprache und im Auftreten von der Frau verlangt wird, wird ein derartiges Benehmen von älteren Frauen nicht mehr verlangt, die sich ebenso obszön, wenn nicht noch freier als Männer ausdrücken können. Und wieder geschieht letzten Endes einer Frau etwas, was einem Mann nicht zustoßen kann.

So ist das Leben der Frauen in strengen, unzusammenhängenden Abstufungen eingerichtet, wobei die Betonung beinahe unvermeidlich auf dem Sein liegt: eine Jungfrau, ein Mädchen, das keine Jungfrau mehr ist, eine kinderlose Frau, eine Frau, die ein Kind geboren hat, und eine Frau (nach der Menopause), die keine Kinder mehr gebären kann. Ihr Leben kann nicht ohne enorme Anstrengungen, ohne enorme kulturelle Konstruktionen, die die Physiologie der Fortpflanzung leugnen, bis ins Unendliche in Stufen verlorener Jungfräulichkeit, partieller Menarche oder in eine Reihe zunehmend erfolgreicherer Versuche, ein Kind vollkommen auszutragen, unterteilt werden.

Um eine vergleichbare dramatische Reihenfolge im Leben eines Mannes zu erreichen, muß entweder etwas seinem Körper angetan werden — wie Beschneidung, Einschneiden, Einkerben, Zähneziehen, Einritzen oder Tätowieren —, wobei Angehörige seiner Kultur, mit kulturellen Werkzeugen ausgerüstet, keinem klaren Rhythmus ihrer biologischen Erbschaft mehr folgen und seinen Körper verändern, deformieren oder verschönern. Oder aber die Gesellschaft selbst muß künstlich soziale Unterscheidungen einführen, muß verlangen, daß ein unverheirateter Mann für immer mit den

Knaben verbunden bleibt — wie in einem *balinesischen* Gebirgsdorf — oder ihm die Erlaubnis zum Fischen und Jagen verweigern[1], wie früher in den ersten Zeiten, da die französischen Kanadier eine Gesellschaft aufbauen wollten, die eine konkurrenzfähige Geburtenziffer garantieren sollte. Einige Kulturen gehen so weit, künstliche Männer-Menstruationen einzuführen: ein Blutabzapfen der Männer, bei dem sie sich ebenfalls von ihrem ‹schlechten Blut befreien und dadurch ebenso gesund wie die Frauen werden›. Wir haben gesehen, wie Neu-Guinea-Gesellschaften ganze Ritual-Systeme auf der Nachahmung des Kindergebärens und Kinderaufziehens durch Männer aufgebaut haben; aber all das sind künstliche Systeme, Schöpfungen der Einbildungskraft des einen Geschlechts, dem das Leben des anderen Geschlechts dramatisch und aufregend erscheint. Wie sich die mittlere Lebensdauer verlängert, wird auch die Menopause — die bei den Affen wohl wegen ihrer kurzen Lebensspanne unbekannt ist — zunehmend auffälliger, und wieder finden wir Versuche, die männliche Analogie zu betonen: denn während nur ein Mann unter hundert irgendeine körperliche Analogie zu einem ‹Wechsel im Leben› erlebt, wird das Klimakterium mit dazugehörigen Spannungen und Krisen jeder Bankpräsident spüren.

Wenn menschliche Wesen ihre biologische Erbschaft betrachten und überlegen, in welchem Umfange sie daran gebunden sind, erscheinen die Frauen sogleich als das schwerer zu verändernde Material. Empfängnis und Geburt sind ebenso unerbittliche Lebenszustände wie der Tod selbst. Sich mit den Rhythmen des weiblichen Lebens in Einklang setzen, heißt, sich mit dem Leben selbst in Einklang setzen, heißt, lieber die Befehle des Körpers annehmen als die Befehle einer künstlichen, von Menschen gemachten, vielleicht transzendental herrlichen Kultur. Die Betonung des männlichen Arbeitsrhythmus ist eine Betonung unendlicher Möglichkeiten; Betonung des weiblichen Rhythmus ist Betonung einer klar festgelegten Prägung, ist Betonung der Begrenzung. Der Einwanderer, der nach Amerika kommt aus einem kleinen europäischen Land, in dem alle Möglichkeiten, etwas neu zu bauen, durch die für ihn unumkehrbare Vergangenheit festgelegt sind — obwohl im Endeffekt jeder neue Weg einem prähistorischen Pfad folgen muß —, empfindet die weiten, unbebauten Ebenen von Kansas als eine aufregende Herausforderung, auf der alles aufgebaut werden kann. Vielleicht empfinden menschliche Wesen auch die weniger fest geprägte Physiologie des Mannes als solch eine offene Herausforderung. Es ist nicht überraschend, daß das Zeitalter, das sah, wie Kontinente erschlossen wurden, die Erde durch Schächte eröffnet und der Himmel in geordnete Verkehrswege verwandelt wurde, den Rhythmus der Frau vor allem als etwas Lästiges, als ein Hindernis ansah, das verkleinert, übergangen und ignoriert werden sollte. Es überrascht nicht, daß solch ein Zeitalter sich auf die schmerzlose Geburt für die ‹junge

---

1 Horace Miner, ‹*St. Denis, A French-Canadian Parish*›. University of Chicago Press, 1939, S. 5.

Mutter›, auf Pillen, durch die du ‹selbst in diesen Tagen glänzend aussiehst›, auf Fernseh-Säuglingspflege, künstliche Ernährung und ein ‹Aussehen wie ein junges Mädchen selbst als Großmutter› konzentriert hat. Solange menschliche Wesen durch die Betrachtung ihrer eigenen Herzschläge im Innersten ergriffen wurden, ist der verwickeltere, biologische Lebenslauf der Frau ein Modell für den Künstler, den Mystiker und den Heiligen gewesen. Wenn sich die Menschheit statt dessen dem, was in der äußeren Welt getan, verändert, gebaut und erfunden werden kann, zuwendet, werden alle natürlichen Eigenschaften der Menschen, Tiere oder Metalle eher zu Hindernissen, die umgeändert werden müssen, als zu Fingerzeigen, denen man folgen sollte. Viel von dem übellaunigen Geschimpfe gegen die Frauen, das die populären Schriften der letzten Jahre kennzeichnet, ist ein lauter Versuch, einen Weg zurück zu einem ausgeglicheneren Verhältnis zwischen unserem biologischen Selbst und der Welt, die wir uns erbaut haben, zu finden. So werden die Frauen dafür gescholten, daß sie Mütter sind, und dafür, daß sie keine sind; dafür, daß sie gern Nylonstrümpfe tragen, und dafür, daß sie keine tragen. Man fragt sich: ‹Was wurde aus den Unwiderruflichkeiten, die dem menschlichen Leben den Sinn gaben?›

2. Menschliche Vaterschaft als soziale Erfindung

Männer und Frauen aller Kulturen haben sich auf die eine oder andere Art mit dem Problem beschäftigt, was eigentlich die spezifischen Werte der Menschheit ausmache; auf welche Art, wie unwiderruflich, wie zuverlässig menschliche Wesen vom Rest der animalischen Welt getrennt seien. Die Beschäftigung mit diesem Problem kann dazu führen, daß man ständig den Akzent auf die Verwandtschaft des Menschen mit den Tieren, die er jagt und von denen er bei der Ernährung abhängt, legt, wie das unter jenen primitiven Völkern geschieht, die an ihrem Lagerfeuer die Masken der Jagdtiere tragen. Sie kann auch zu einem so kräftigen Abscheu vor dieser tierischen Bindung führen, wie man es bei der *balinesischen* Zeremonie findet, in der ein blutschänderisches Paar gezwungen wird, mit dem hölzernen Joch der Hausschweine auf allen vieren herumzukriechen, mit ihrem Mund aus dem Schweinetrog zu fressen und dann Abschied von den Göttern des Lebens zu nehmen, fortzugehen und im Lande der Bestrafung zu leben, wo sie nur den Göttern des Todes dienen. Bei der weitverbreiteten Art von Bräuchen, die man mit dem Fachausdruck Totemismus bezeichnet, bekunden Teile der Gesellschaft, Clans oder anders organisierte soziale Gruppen ihre Verschiedenheit voneinander durch den besonderen Anspruch auf eine enge Verwandtschaft mit einem bestimmten Tier, das sie als Maskotte behandeln, das ihnen allein zu essen erlaubt ist oder das für alle Zeiten unter Tabu steht. Bei all diesen Völkern wird die Tierwelt reichlich zu Schimpfworten und ebensooft zu Liebesbezeichnungen herangezogen; die Eltern beschimpfen das Kind, daß es sich wie ein Schwein oder ein Hund benehme, nennen es sorglos ein Kätzchen oder eine Taube, werfen ihm vor, daß es sich wie ein wildes Tier betrage, oder bewundern die Kühnheit oder Schnelligkeit, die es mit bestimmten Tieren im Walde gemein hat. Lange bevor DARWIN die Verwandtschaft von Mensch und Tier mit den Begriffen der Entwicklungslehre umschrieb, die für viele Mitglieder seiner Generation ebenso abstoßend war, wie es für den *Balinesen* ist, wenn er ein Kind wie ein Tier kriechen sieht, befaßten sich die Menschen schon mit ihrer Einsicht in die Ähnlichkeiten und Unterschiede von Mensch und Tier.

Unterschied zwischen Mensch und Tier

Diese Frage ist von den großen Religionen ausgearbeitet, in Poesie übertragen worden, wenn etwa FRANZISKUS den Vögeln predigte, zu einer ganzen Lebensweise ausgebaut worden, wenn sich etwa der Dschaina [1] weigert, Wasser zu trinken, das vielleicht eine Mücke enthalten könnte; sie wurde in den Gerichtsverhandlungen gegen Tiere im Mittelalter dramatisiert und war Anlaß zu schrecklichen Verdrehungen und Verkehrungen in den merkwürdigen Empfindlichkeiten derer, die zwar brutal gegen Menschen, doch zuweilen übermäßig besorgt in bezug auf Pferde sein konnten. Kinder träumen und wachen schreiend aus ihren Träumen von seltsamen, wilden und erschreckenden Tieren auf, die sie vernichten wollen — das Widerspiel zur elterlichen Beachtung von Impulsen des Kindes, die man als tierisch bezeichnet. Hinter der Poesie und dem Symbolismus, der beschwörenden Schönheit der großen Opfersymbole, in denen das Lamm Gottes für die Menschen leidet und die Verwandtschaft des Menschen mit allen Lebewesen bestätigt wird, hinter der Entwürdigung und der Beschimpfung, die Menschen nicht schlimmer entwürdigen kann, als sie mit den Tieren zu vergleichen oder sie zu beschuldigen, den sexuellen Gewohnheiten der Tiere zu folgen, hinter all dem liegt die ständig wiederkehrende Frage: ‹Worin besteht die Einmaligkeit des Menschen, und was muß er tun, um sie sich zu bewahren?› Lange vor den Philosophen, die systematisch über die Frage nachdachten, erkannten schon Männer mit verfilztem Haar und schmutzbedeckten Körpern, daß dies ihr Menschentum etwas sei, was verloren gehen kann, etwas Zerbrechliches, das mit Opfern und Tabus beschützt und in jeder folgenden Generation gepflegt werden muß. ‹Was müssen wir tun, um menschlich zu sein›, ist eine Frage, so alt wie die Menschheit selbst.

In dieser fortdauernden Frage liegt die Erkenntnis des Menschen, daß sein physisches Menschentum, seine aufrechte Gestalt, sein beinahe haarloser Körper, sein biegsamer Daumen, der sich den anderen Fingern gegenüber stellen kann, und die potentiellen Fähig-

---

1 Angehöriger einer indischen Religion, die dem Hinduismus ähnelt und heute noch rd. anderthalb Millionen Anhänger zählt. (Anm. d. Red.)

keiten seines Gehirns noch nicht das ganze Geheimnis seines Menschseins darstellen. Ja nicht einmal in der langen Zeit der Schwangerschaft, in der das Kind langsam einer Geburt entgegenreift, zu der es noch recht unfertig kommt, so daß ihm der volle Stempel einer komplexen Kultur aufgedrückt werden kann, liegt eine Garantie für beständiges Menschsein. Wir sprechen in unserer gangbaren Volkssprache vom Tier im Menschen, von dem dünnen Anstrich der Kultur, und jede dieser Feststellungen bedeutet einfach, daß wir es der Menschheit nicht zutrauen, ständig menschlich zu sein.

Denn unsere Menschlichkeit beruht auf einer Reihe angelernter Verhaltensweisen, die zu unendlich zerbrechlichen und niemals direkt ererbten Vorbildern verwoben sind. Der Ameise, die wir in einem Block Ostsee-Bernstein entdecken, dem der Geologe ein Alter von 20 000 000 Jahren zuschreibt, können wir zutrauen, daß sie überall ihr typisches Ameisenverhalten wieder hervorbringt, wo sie überleben kann. Das darf man aus zwei Gründen glauben: erstens, weil ihr komplexes Verhalten, durch das ihre Gemeinschaft in winzige Kasten unterteilt wird, die vorbestimmte Aufgaben lösen, in die Struktur ihres Körpers selbst eingebaut ist, und zweitens, weil sie anderen Ameisen nichts beibringen kann, selbst wenn sie etwas Neues lernen sollte. Die immer wiederholten Schemata, in denen unzählige Generationen einer einzelnen Spezies ein Schema wiederholen, das verwickelter ist als alle Träume eines technokratischen Utopisten, werden durch diese beiden Umstände beschützt: das Verhalten ist im Körperbau verankert, und es besteht eine absolute Unfähigkeit, neue Erfahrungen weiterzugeben. Aber der Mensch trägt selbst die einfachsten Formen seines Verhaltens nicht in der Weise in sich, daß man einem menschlichen Kind ohne andere menschliche Wesen, die es unterweisen könnten, das spontane Hervorbringen einer kulturellen Einzelheit zutrauen könnte. Lange bevor seine kleine Faust stark genug ist, wirklich einen Schlag zu führen, tragen die zornigen Gesten des Kindes nicht den Stempel seiner Säugetiervergangenheit, sondern den der keulenschwingenden und speerwerfenden Gewohnheiten seiner Eltern. Die Frau, die bei der Geburt ihres Kindes allein gelassen wird, beschwört nicht ein verläßliches, instinktives Schema herauf, das sie beim Abschneiden der Nabelschnur und beim Säubern des Neugeborenen leiten könnte, sondern tappt hilflos herum zwischen Stücken alter Folklore und Altweibergeschichten, die sie gehört hat. Sie mag aus dem Gedächtnis an das handeln, was sie Tiere hat tun sehen; aber in ihrem eigenen lebendigen Wesen findet sie keine verläßlichen Fingerzeige.

Wir können unsere Nasen oder Lippen, unsere relativ haarlosen Körper, unsere graziösen Arme und reizenden Hände noch so hoch schätzen, doch wenn wir vor einer menschlichen Deformierung zurückzucken, die einen Menschen fast wie ein Tier aussehen läßt, wenn wir vor Angehörigen anderer Rassen zurückschrecken und sie durch die besonderen Merkmale kennzeichnen, in denen wir sie tierähnlicher empfinden als uns selbst, z. B. die dünnen Lippen und die Behaartheit der Kaukasier, die platten Nasen einiger Mongolen, die Pigmentierung des negroiden Typs –, so liegt unter der manifesten Furcht vor Rassenmischung das Wissen, daß alle Formen kulturellen Verhaltens verlorengehen können, daß sie teuer erkauft sind und teuer bewahrt werden. Wann immer die Furcht des Menschen mit sozialen Mitteln ausgedrückt wird – in großen Ritualen, in denen die Sonne gebeten wird, sie möge wieder scheinen, beim *balinesischen* Neujahr, wo alle Menschen einen Tag lang ruhig sind, damit das Leben weiterfließen kann, bei den Irokesen, wo die Menschen einmal im Jahre ihre Träume auslebten, ihre Sünden beichteten und auf Geheiß des Traumes ins eisige Wasser sprangen –, wird auch der Ausdruck der Furcht zu einem Weg, sie zu dämpfen. Diese Rituale sind Wege, immer wieder festzustellen, daß die Menschen nur gemeinsam menschlich sein können, daß ihr Menschentum nicht vom Instinkt des Individuums, sondern von der traditionellen Weisheit ihrer Gesellschaft abhängt. Wenn die Menschen das Gefühl verlieren, daß sie sich auf diese Weisheit stützen können, sei es, weil sie unter solche geraten sind, deren Verhalten keine Garantie für den Fortbestand der Kultur bildet, sei es, weil sie die Symbole ihrer eigenen Gesellschaft nicht mehr benutzen können, werden sie verrückt, ziehen sich langsam zurück und führen verzweifelte Rückzugsgefechte, wenn sie Stück für Stück der kulturellen Erbschaft aufgeben, die mit so großer Schwierigkeit erlernt wurde, doch niemals so erlernt, daß die nächste Generation sicher ist.

Dies ist eine Furcht, die tatsächlich dem Menschen als Weisheit angerechnet, nicht aber als ein Beispiel besonderer Unvernunft angekreidet werden sollte. Sie ist so tief eingewurzelt, daß sie die kleinsten und belanglosesten Handlungen einschließt. Die kleinsten Einzelheiten der Sitten – welche Speise gegessen wird, wann, mit wem und auf Tellern welcher Art – können zu Bedingungen werden, an denen gefühlsmäßig sein Menschentum hängt. In Gesellschaften mit Kasten wie in Indien oder den südöstlichen Vereinigten Staaten, wo jedermanns kulturell gebundenes Menschentum unentwirrbar mit der Zugehörigkeit zu einer Kaste verbunden ist, bedeutet ein unerlaubter Verkehr mit einer anderen Kaste den Verlust des eigenen Menschentums selbst. Das Bewußtsein der eigenen Geschlechtszugehörigkeit ist tief mit solchen Einstellungen durchtränkt. So berichtet in SCHOLOCHOWS Roman die Kosakenfrau, die ihre Nase in die Sitten der fremden Türkin steckte, die zu den Kosaken gebracht wurde: ‹Ich sah sie selbst. Sie trägt Hosen ... Als ich sie sah, wurde mein Blut ganz kalt.› In Kulturen, wo Tafelsitten Kennzeichen des Menschentums sind, können die Leute unfähig sein, ihre Nahrung mit jemand, der anders als sie ißt, zu verzehren – besonders, wenn die Tischsitten noch klassen- oder kastenbedingt sind, so daß einen die Gegenwart eines Menschen, der anders ißt, automatisch in dessen Gruppe einreiht. Die kräftigen Männer West-Europas fühlen sich entmannt, wenn sie Leuten aus Ost-Europa begegnen, wo sich die Männer zum Urinieren hinkauern; und im modernen Australien empfinden die Frauen sich seltsam berührt, wenn amerikanische Frauen ihre Gatten bitten, die Cocktails zu holen. Jede kleine Höflichkeit, Zurückhaltung oder Ehrerbietigkeit von anderen wird als das geschätzt, was es ist, als etwas, das mit Mühe erlernt wurde und leicht verlorengeht.

Vor diesem Hintergrund können wir jene Einrichtungen betrachten, die die Beziehungen zwischen den Geschlechtern umgeben und die für die Erhaltung der menschlichen Gesellschaft wesentlich waren. Steckt in den tausend flüchtigen und belanglosen Symbolen — dem gelüfteten Hut des Gentlemans, den niedergeschlagenen Augen der Dame, der Geranie auf dem Fensterbrett des deutschen Bürgers oder den gescheuerten weißen Stufen der Fabrikarbeiter der englischen Midlands — ein gemeinsamer Kern, an dem alle Gesellschaften wo auch immer festhalten müssen, um die teuer erkauften, schwer erlernten Aspekte ihres Menschentums zu bewahren?

Das nährende Verhalten des Mannes

Überblicken wir alle bekannten menschlichen Gesellschaften, so finden wir überall irgendeine Form der Familie, irgendwelche beständigen Einrichtungen, auf Grund derer Männer den Frauen helfen, für die Kinder zu sorgen, solange sie klein sind. Der spezifisch menschliche Aspekt der Sache liegt nicht in dem Schutz, den der Mann den Frauen und Kindern angedeihen läßt — das haben wir mit den hochentwickelten Tieren gemein. Er liegt auch nicht darin, daß der Mann ein herrenmäßiges Besitzrecht über Frauen ausübt, um deren Gunst er mit anderen Männern kämpft — das haben wir ebenfalls mit den Affen gemein. Die Besonderheit liegt vielmehr in dem nährenden Verhalten des Mannes, der überall bei menschlichen Wesen Nahrung für Frauen und Kinder herbeischaffen hilft. Die sentimentalen Redewendungen, die in der modernen abendländischen Welt Allgemeingut geworden sind, in denen Bienen, Ameisen und Blumen heraufbeschworen werden, um die zweifelhafteren Seiten des menschlichen Wesens zu beleuchten, haben unsere Erkenntnis davon verdunkelt, wieviel in diesem Verhalten der Menschenmänner menschliche Erfindung ist. Es stimmt: die Vögel-Väter füttern ihre Jungen, aber die Menschen sind auf dem Entwicklungsstammbaum weit von den Vögeln entfernt. Männliche Kampffische machen Blasennester und fangen die Weibchen so lange ein, daß sie ihnen ihre Eier herausquetschen können, verjagen sie dann wieder und versuchen darauf, meist ohne großen Erfolg, die aus den Blasen herausfallenden Eier wieder zurückzulegen, und — falls sie die Eier oder die Jungen nicht auffressen — überleben einige Jungfische. Aber diese Beispiele aus der Welt der Vögel und Fische sind weit entfernt vom Menschen. Bei den uns dem Körperbau nach am nächsten stehenden Verwandten — bei den Primaten — ernährt das Männchen das Weibchen nicht[1]. Beladen mit Jungen geht das Weibchen allein

1 Ich verdanke meine Erkenntnis dieses wichtigen Unterschiedes und seiner sozialen Folgen Solly Zuckerman, *‹Functional Affinities of Man, Monkeys, and Apes›*. Harcourt, Brace, 1933.

seinen arbeitsreichen Weg und sorgt für sich selbst. Das Männchen wird wohl kämpfen, um sie zu beschützen oder sie zu besitzen, aber es ernährt sie nicht.

Angst vor der Verantwortung

Irgendwo in der Dämmerung der menschlichen Geschichte wurde eine soziale Erfindung gemacht, bei der die Männer anfingen, ihre Frauen und Kinder zu ernähren. Wir haben keinen Grund zu der Annahme, daß die ernährenden Männer irgend etwas von körperlicher Vaterschaft wußten; dagegen ist es möglich, daß das Ernährtwerden eine Belohnung für diejenige Frau darstellte, die in ihrer sexuellen Gunst nicht allzu unbeständig war. Überall, in jeder bekannten menschlichen Gesellschaft, lernt der junge Mann, daß eines der Dinge, die er, wenn er heranwächst, tun muß, um ein volles Mitglied der Gesellschaft zu werden, ist, Nahrung für eine Frau und ihr Kind herbeizuschaffen. Selbst in sehr einfachen Gesellschaften scheuen wohl ein paar Männer vor der Verantwortung zurück, werden Tramps, Tunichtgute oder Misanthropen, die für sich allein in den Wäldern leben. In komplexen Gesellschaften entzieht sich möglicherweise eine große Zahl von Männern der Last, Frauen und Kinder zu füttern, dadurch, daß sie ins Kloster gehen — und sich dort gegenseitig füttern — oder in einen Berufsstand eintreten, der ihnen nach der Bestimmung der Gesellschaft das Recht gibt, selber ernährt zu werden, wie in das Heer und die Flotte oder die buddhistischen Orden in Burma. Aber trotz dieser Ausnahmen beruht jede bekannte menschliche Gesellschaft fest auf dem erlernten Ernährungsverhalten der Männer.

Dieses Ernährungsverhalten, dieses Sorgen für Frauen und Kinder, anstatt sie für sich selbst sorgen zu lassen, wie es die Affen tun, kann viele verschiedene Formen annehmen. In beinahe allen Gesellschaften haben auch die Frauen Aufgaben beim Herbeischaffen oder Kultivieren der Nahrung, aber bei Völkern, die fast gänzlich von Fleisch und Fisch leben, sinkt die Tätigkeit der Frau zum Häuten, Kochen und Zubereiten der Beute herab. Wo die Jagd nur einen kleinen Teil der Nahrung liefert und die Nahrungsbeschaffung des Mannes vornehmlich im Jagen besteht, übernehmen die Frauen neun Zehntel der Aufgabe, nämlich die Hauptnahrung zu beschaffen. In einigen Gesellschaften, wo die Männer fortziehen, um in großen Städten für Geld zu arbeiten, muß dann alle Nahrung von den Frauen aufgebracht werden, die auf der Farm zurückbleiben, während der Mann von seinem verdienten Geld Werkzeuge und industriell hergestellte technische Artikel kauft. Die Arbeitsteilung kann auf tausend Arten geschehen — so daß die Männer einer bestimmten Gesellschaft recht müßig gehen oder aber die Frauen unverhältnismäßig frei von jeder Anstrengung bleiben, wie in dem kinderlosen amerikanischen Stadthaushalt. Aber der Kern bleibt bestehen. Der Mann, der Erbe der Tradition, sorgt für Frauen und Kinder. Wir besitzen keinen Hinweis, daß der Mann als Tier, der Mann ohne Beispiel der sozialen Erfahrung irgend etwas Ähnliches tun würde.

Für welche Frauen und welche Kinder jeweils gesorgt wird, hängt ganz von der Struktur der Gesellschaft ab; doch scheint das wichtigste Schema das zu sein, daß ein Mann für die Frau sorgt, die sein Sexualpartner ist, und für alle Kinder, die sie bekommt. Ob man von diesen Kindern glaubt, es seien die eigenen oder lediglich die Kinder eines Mannes aus dem gleichen Clan oder einfach Kinder seines Weibes aus einer früheren Ehe, mag ganz unerheblich sein. Sie können ebenso durch Adoption, Wahl oder als Waisen in sein Haus gekommen sein. Es kann sich um die noch kindlichen Frauen seiner Söhne handeln. Das Heim, das von einem Mann oder Männern und weiblichen Partnern geteilt wird, in das die Männer die Nahrung bringen und die Frauen sie zubereiten, ist das grundlegende allgemeine Bild in der ganzen Welt. Aber dies Bild kann abgewandelt werden, und diese Modifikationen zeigen, daß das Schema selbst nicht tiefer biologisch begründet ist[1]. Bei den Trobriand-Insulanern füllt jeder Mann das Yams-Haus seiner Schwester, nicht das seines Weibes. Auf der Insel Mentawie arbeitet jeder Mann im Hause seines Vaters, bis seine heimlich empfangenen Kinder alt genug sind, um für ihn zu arbeiten. Inzwischen werden die Kinder vom Vater ihrer Mutter adoptiert, und die Brüder der Mutter ernähren sie. Vom rein sozialen Standpunkt ist das Resultat das gleiche: jeder Mann braucht einen großen Teil seiner Zeit, um Frauen und ihre Kinder zu ernähren; in diesem Fall statt seiner eigenen die seiner Schwester. Bei extremen Formen des Mutterrechts arbeitet ein Mann für den mütterlichen Haushalt seiner Frau und muß im Fall einer Scheidung in seinen eigenen mütterlichen Haushalt zurückkehren, um dort von Nahrungsmitteln zu leben, die von den dort wohnhaften Gatten seiner Schwestern erzeugt worden sind, wie es in den Pueblos der Zuni üblich ist. Aber selbst hier, wo behauptet werden könnte, die soziale Verantwortung der Männer für die Frauen sei zum Erliegen gekommen, arbeiten die Männer weiterhin, um Frauen und Kinder zu ernähren. Eine noch extremere Form einer Gesellschaft, in der Männer weiter arbeiten, um Kinder zu ernähren, aber die Beziehung zur Mutter der Kinder äußerst schwach geworden ist, kann in modernen industrialisierten Gesellschaften gefunden werden, wo zahlreiche Kinder in zerrütteten Familienverhältnissen durch Steuern der Männer und Frauen höherer Einkommensklassen erhalten werden, so daß die schwer arbeitenden, gut beschäftigten Glieder der Gesellschaft die versorgenden Väter Tausender von Kindern werden, die mit öffentlichen Mitteln unterhalten werden. Auch hier zeigt es sich, wie schwach der männliche Drang ist, für die eigenen Kinder zu sorgen; denn er kann so leicht durch abweichende soziale Anordnungen zerstört werden.

---

1 Eine Übersicht über einige dieser Gegensätze befindet sich in MARGARET MEAD ‹Contrasts and Comparisons from Primitive Society›, *Annals of the American Academy of Political and Social Science*, Vol. 160 (1932), S. 22 bis 28.

Die mütterliche Ernährungsbindung an ihr Kind ist offensichtlich so tief in den tatsächlichen biologischen Bedingungen von Empfängnis und Schwangerschaft, Geburt und Stillen verwurzelt, daß nur recht komplizierte soziale Einrichtungen sie ganz zerreißen können. Wo menschliche Wesen gelernt haben, den Rang mehr als irgend etwas im Leben zu schätzen, und wo es mehr als alles andere gilt, eine gehobene Stellung zu erreichen, können Frauen ihre Kinder mit eigenen Händen erwürgen [1]. Wo die Gesellschaft das Ritual der Legitimität so übertrieben hat, daß die Männer nur auf Kosten einer gesellschaftlichen Verurteilung der unverheirateten Mütter dazu angehalten werden, gute Versorger zu sein, kann die Mutter eines illegitimen Kindes es verlassen oder sogar töten. Wo Kindergebären durch soziale Mißbilligung und ein Gefühl des Ehemannes, damit geschädigt zu werden, bestraft wird, wie bei den *Mundugumor*, machen die Frauen wohl jede Anstrengung, um keine Kinder zu gebären. Ist das Gefühl der Frau dafür, daß ihre geschlechtliche Rolle ihr angemessen ist, stark gestört, werden ihre Entbindungen durch Narkose verdeckt, die sie hindert zu erleben, daß sie ein Kind geboren hat, wird das Stillen durch ein vom Kinderarzt vorgeschriebenes Rezept ersetzt — dann werden wir auch ernsthafte Störungen in der mütterlichen Haltung finden, Störungen, die sich über eine ganze Klasse oder Region ausbreiten und ebenso soziale wie persönliche Bedeutung erlangen können. Aber der Augenschein zeigt, daß wir die Angelegenheit für Männer und Frauen verschieden kennzeichnen müssen: daß die Männer lernen müssen, für andere sorgen zu wollen; und dies Verhalten ist, da es erlernt ist, leicht zu stören und kann unter sozialen Bedingungen, die es nicht länger eindrucksvoll lehren, ziemlich leicht verschwinden. Von den Frauen dagegen kann man sagen, sie seien Mütter, falls man ihnen nicht beibringt, ihre kindergebärenden Qualitäten zu verleugnen. Die Gesellschaft muß ihr Gefühl für sich selbst verzerren, ihre ererbten Wachstumsschemata verdrehen, eine Reihe von Erziehungsgewalttaten an ihnen begehen, bevor sie aufhören, wenigstens für einige Jahre für das Kind sorgen zu wollen, das sie schon neun Monate in dem sicheren Kreislauf ihres eigenen Körpers genährt haben.

Das Familienleben der amerikanischen Neger

So bildet die Basis der traditionellen Formen, durch die wir uns unser erlerntes Menschentum bewahrt haben, irgendeine Form der Familie, in der Männer ständig für Frauen und Kinder sorgen und sie ernähren. Innerhalb der Familie lernt jede Generation junger Män-

1 Dies war üblich bei weiblichen Mitgliedern der Areois-Gesellschaft im alten Tahiti und bei Frauen in der Natchez-Indianer-Gesellschaft, die so ihren Rang erhöhen konnten.

ner das entsprechende Ernährungs-Verhalten und überlagert ihrer biologisch gegebenen Männlichkeit noch diese erlernte Vaterrolle. Bricht die Familie zusammen — wie es geschieht unter Sklaverei, gewissen Formen von Kontraktarbeit und Leibeigenschaft, in Zeiten äußerster sozialer Unruhe bei Kriegen, Revolutionen, Hungersnot und Epidemien oder in Perioden des plötzlichen Übergangs von einem Wirtschaftssystem zum anderen —, wird dieser zarte Faden der Übermittlung zerrissen. Die Männer mögen in solchen Zeiten, in denen die wichtigste Einheit wieder die biologisch gegebene von Mutter und Kind werden kann und die besonderen Bedingungen, unter denen der Mann seine sozialen Traditionen treu bewahrt hat, verletzt und verzerrt sind, völlig aus der Bahn geworfen sein. Bisher aber haben die menschlichen Gesellschaften in der uns bekannten Geschichte die zeitweise verlorenen Formen immer wieder hergestellt. Der Negersklave in den Vereinigten Staaten wurde wie ein Zuchtbulle aufgezogen, und seine Kinder wurden von ihm fortverkauft. Die Spuren des Verlustes der väterlichen Verantwortlichkeit lassen sich noch unter der Arbeiterklasse der amerikanischen Neger nachweisen, wo die primäre Ernährungseinheit die Mutter und die Mutter der Mutter ist; eine Einheit, der sich die Männer manchmal selbst ohne jeden wirtschaftlichen Beitrag anschließen. Aber sobald Erziehung und ökonomische Sicherheit wieder erreicht sind, wird diese zerrüttete Lebensweise verlassen, und der amerikanische Negervater der Mittelklasse ist vielleicht schon fast allzu verantwortungsbewußt.

Oft erfolgt die Besiedlung an der äußersten Grenze eines neuen Landes durch Männer allein, dann sind einige Jahre lang Prostituierte die einzigen weiblichen Wesen; später aber werden Frauen ins neue Land geholt, und die Familie ist wieder begründet. Bisher hat kein Bruch im Bestehen des Familienschemas lange genug gedauert, um die Erinnerung der Menschen daran, wie wertvoll es war, auszutilgen.

Diese Fortdauer der Familie bis heute, ihre Wiedereinsetzung nach katastrophalen oder ideologischen Zerstörungen ist jedoch keine Garantie, daß dies immer der Fall sein wird, so daß unsere Generation nachlassen und als sicher annehmen kann, das werde immer so bleiben. Menschliche Wesen haben unter schweren Mühen gelernt, menschlich zu sein. Sie haben sich ihre sozialen Erfindungen durch tausend kleine Wechselfälle bewahrt. Auch wenn sie in kleinen Gruppen isoliert waren und durch Flüsse und Gebirge, Ozeane, fremde Sprachen und feindliche Grenzwächter getrennt wurden, konnte immer irgendeine Gruppe die teuer erkaufte Weisheit, die andere kleine Gruppen verachteten, hochhalten. Genauso wie immer einige Gruppen die Epidemien, die die übrigen ausrotten, oder falsche Ernährung, bei der andere langsam schwach werden und aussterben, überstehen.

Es ist nicht ohne Bedeutung, daß die erfolgreichsten, umfassendsten Beispiele für eine Abschaffung der Familie nicht unter einfachen Wilden vorgekommen sind, die gerade an der Grenze der Existenzmöglichkeit leben, sondern in großen Nationen und mächtigen Reichen, die genügend Hilfsquellen, ungeheure Bevölkerung und beinahe unbegrenzte Macht besaßen. Im alten Peru verfügte der Staat über die Leute nach seinem Willen, er nahm viele Mädchen aus ihren Dörfern fort, machte die unansehnlichen zu Weberinnen in großen Nonnenklöstern und die reizvollen zu Konkubinen des Adels. In Rußland wurden die Leibeigenen vor 1861 auf Befehl des Landbesitzers verheiratet und mehr als Vieh, denn als lebende Wesen behandelt. Im Nazi-Deutschland wurde Illegitimität mit besonders sonnigen Pflegeheimen für Mutter und Kind belohnt, und der Staat übernahm völlig die männliche Pflicht zur Ernährung.

Wir haben keinen Grund zur Annahme, daß solch ein Vorgehen, wenn es nur lange genug von Nationen, die ihre Mitglieder von jedem Wissen um eine vergangene oder gegenwärtige andere Lebensweise isolieren können, ausgeübt wird, nicht die Oberhand gewinnen könnte. Sowjet-Rußland ist nach einem kurzen Experiment, die Ehebindungen zu lockern und die elterliche Verantwortung zu mindern, zu einer Betonung der Familie zurückgekehrt; aber das ist in einem weltweiten Zusammenhang und im Wettbewerb mit der übrigen Welt geschehen. Die mißglückten Versuche in der Geschichte, Gesellschaften aufzubauen, in denen der *homo sapiens* nicht als das uns bekannte menschliche Wesen funktioniert, sondern als eine Kreatur, die besser mit einer Ameise oder Biene verglichen werden kann, wenn auch mit erlernten statt ererbten starren Bräuchen, stehen als eine neue Warnung vor uns, die gegenwärtige Form unseres Menschentums in Ehren zu halten; als eine Warnung, daß es möglich ist, dieses Menschsein zu verlieren. Eindringlicher als jene Analogien, die der primitive Mensch zwischen dem eigenen Verhalten und dem der pelztragenden Kreaturen des Waldes empfand.

Dauer der Ehe

Wenn wir erkennen, daß die Familie, eine fest geprägte Einrichtung der beiden Geschlechter, in der die Männer eine Rolle bei der Ernährung von Frauen und Kindern spielen, stets eine grundlegende Bedingung dieses Menschentums war, können wir erforschen, welches die allgemeinen Probleme sind, die Menschen, die in Familien leben, lösen müssen, über jene primäre Bedingung hinaus, den Männern Gewohnheiten und Regeln des Ernährens einzupflanzen. Zuerst muß ein bestimmtes Maß der Dauerhaftigkeit gesichert sein; eine Sicherung, daß die gleichen Individuen zusammen arbeiten und planen wollen, wenigstens bis zur nächsten Ernte, gewöhnlich aber in der Erwartung, daß der Zusammenschluß lebenslänglich dauert. Wie leicht auch die Scheidung gemacht wird, wie häufig auch Ehen zusammenbrechen: in den meisten Gesellschaften gilt die Voraussetzung, daß Heirat etwas Ständiges ist, gilt die Idee, daß die Ehe solange wie das Leben dauern sollte. Die Ehefrauen können zurückgeschickt werden, weil sie unfruchtbar sind, oder ein anderes Weib kann von dem Clan der Frau verlangt werden; Brüder können ihre Frauen jüngeren Brüdern geben, zu denen sie besser passen; Frauen können ihre Männer und Männer ihre Frauen aus den nichtigsten Gründen verlassen — und dennoch bleibt diese Voraussetzung bestehen. Keine Gesellschaft hat jemals eine Form der Ehe, die allem standhalten soll, erfunden, die nicht die Voraussetzung ‹bis-der-Tod-uns-scheidet› enthält. Andererseits haben nur ganz wenige primitive Gesellschaften diese Voraussetzung so weit getrieben, daß sie nicht eine Vielfalt ehelicher Fehlschläge anerkannt hätten. Das legale Bestehen auf der lebenslänglichen Ehe unter allen Umständen paßt am besten zu jenen Gesellschaften, die so organisiert sind, daß die Gruppe das Individuum im Prinzip dazu zwingen kann, wie die tatsächlichen Beziehungen zwischen den Geschlechtern auch jeweils sein mögen. Heute ist eine der Bedingungen, die Familie als Form aufzubauen oder zu erhalten, das Angebot einer normalen, lebenslangen Gestaltung — in wenigen Fällen als eine Beziehung eher zu einer Schwester als zu einer Ehefrau —, immer aber liegt der Schwerpunkt auf lebenslänglich.

Wettbewerb der Männer um die Frau

Um eine Stabilität und Kontinuität der Verwandtschaft, die eine Familie bildet, sicherzustellen, muß jede Gemeinschaft die Frage des Wettbewerbs der Männer um die Frauen so lösen, daß die Männer sich nicht gegenseitig umbringen noch die Frauen so monopolisieren, daß eine große Zahl von Männern keine Frau hat, noch zu viele junge Männer forttreiben oder die Frauen und jungen Männer während des wetteifernden Werbens allzu grob behandeln[1]. Wenn wir uns zwei mit Keulen bewaffnete Männer vorstellen, die sich über der zusammenzuckenden Gestalt einer unbewaffneten Frau hinweg konfrontieren, glauben wir, dieses Problem gehöre zu unserer urzeitlichen Vergangenheit und sei kein Charakteristikum der modernen Gesellschaft. Aber Schemata, die den Wettbewerb bei der Wahl des Geschlechtspartners regeln, sind erlernte Schemata und können jederzeit zusammenbrechen; sie müssen ständig neu angepaßt werden, wenn sie nicht zusammenbrechen sollen, weil sie nicht mehr anpassungsfähig sind. Es wird behauptet, daß einer der Faktoren, der zum Aufstieg der Nazi-Partei führte, die selbstmörderische Praxis der Weimarer Republik gewesen sei, die Stellungen, die verfügbar waren, an ältere Männer zu vergeben und dadurch die jungen Männer unfähig zu machen, um die Gunst der Frauen zu wetteifern. Im Zweiten Weltkrieg war der unterschiedliche Sold des amerikanischen

---

1 B. Z. Seligman, ‹Incest and Descent, Their Influence on Social Organization›, *Journal of the Royal Anthropological Institute of Great Britain and Ireland,* Vol. LIX (1929), S. 231—272; Reo Fortune, ‹Incest› in der *Encyclopedia of the Social Sciences,* hsg. von Edwin R. A. Seligman und Alvin Johnson, Macmillan, New York, 1932, Vol. 7, S. 620—622.

GI und des britischen Tommy in England hauptsächlich deswegen bedeutsam, weil das der ersten Gruppe beim Kurmachen und Werben einen Vorteil vor der zweiten verschaffte. Wo immer es eine plötzliche Wandlung im Schema des Lebens gibt, in der Arbeitsteilung, im zahlenmäßigen Verhältnis der Geschlechter — wie in den Garnisonen auf den pazifischen Inseln während des letzten Krieges —, da kehrt sofort das Wettbewerbsproblem wieder. Es braucht nicht zu einzelnen Kämpfen mit Steinen oder Dolchen zwischen zwei Männern, die sich um eine Frau schlagen, zu führen, es führt dann statt dessen etwa zu Störungen in der Gruppenmoral, zur Verschärfung der Arbeitsschwierigkeiten, zur Bildung revolutionärer Parteien. Es kann die Beziehungen zwischen Verbündeten oder die Erfolgsaussichten in der Politik verhindern.

Wettkampf der Frauen um den Mann

In modernen Gesellschaften, in denen Polygamie nicht mehr sanktioniert wird und die Frauen nicht mehr von der Welt abgeschlossen werden, begegnen wir einem neuen Problem: dem Wettkampf der Frauen um die Männer. Hier haben wir ein Beispiel für ein Problem, das beinahe rein sozial bedingt ist; ein Produkt der Kultur selbst, das sich einem älteren biologischen überlagert hat. Auf dem einfachsten menschlichen Niveau war der Mann, auf den ständig der Reiz der Frauen wirkte, der über die größeren Körperkräfte verfügte und der durch keine Nachkommenschaft belastet wurde, von Natur aus in der Position des Kämpfers. Die Frauen, wenn auch nicht unbedingt passiv oder ohne Interesse am Kampf, bildeten auf jeden Fall mehr oder weniger die Bauern im Spiel. In dem Maß, in dem die Kultur Fäuste und Zähne zunächst durch Steinäxte, Messer und Schußwaffen, dann durch feinere Waffen des Prestiges und der Macht ersetzte, entfernte sich das Problem des Wettkampfes zweier Vertreter des einen Geschlechts um einen Vertreter des anderen immer weiter von seiner biologischen Basis. So können wir in den Gemeinschaften, die mehr Frauen als Männer haben — das normale Zahlenverhältnis bei uns im Abendland — und in denen die Monogamie Regel ist, beobachten, wie sich der Kampf der Männer um Frauen so verlagert, daß er auch einen Kampf der Frauen um die Männer einschließt. Vielleicht gibt es keinen eindrucksvolleren Beweis für das, was sich sozial bewerkstelligen läßt, als diese merkwürdige Verlagerung, die das biologisch für den Kampf meist benachteiligte Geschlecht in eine aktive Wettbewerbsrolle drängen kann.

Es gibt eine große Vielfalt menschlicher Lösungen des Problems, welcher Mann welche Frau haben solle, unter welchen Umständen und wie lange; und des ungewöhnlicheren, aber moderneren Problems, welche Frau welchen Mann nehmen solle. Manche Gesellschaften gestatten Perioden der Zügellosigkeit, in denen diejenigen, die glauben, das Zeug in sich zu haben, mit mehr Vertretern des anderen Geschlechts zu verkehren, als ihnen normalerweise erlaubt ist, die Möglichkeit finden, ihre Tagträume zu verwirklichen, ohne daß die soziale Ordnung zerstört wird. Einige Gesellschaften praktizieren ein Ausleihen von Frauen, einen Austausch der Frauen zwischen Freunden, so daß die Zusammenarbeit zwischen den Männern durch dieses sexuelle Band verstärkt wird. Wieder andere Gesellschaften gestatten, daß alle Männer, die zum gleichen Clan gehören, gegenseitig mit ihren Frauen Umgang haben, und man kann etwa die komische Ermahnung finden, daß eine Frau während der Schwangerschaft geschlechtliche Beziehungen nur zu ihrem Ehegatten haben solle. Unter den Usiai der Admiralitäts-Inseln wird den Knaben und Mädchen ein Jahr überwachter Lustbarkeit miteinander erlaubt; am Ende dieses Jahres darf jeder sich einen Partner für eine einzige Nacht suchen, nach der die jungen Mädchen mit älteren Männern, die Knaben an Witwen mit Besitz und Erfahrung verheiratet werden. In einigen Gesellschaften wird es den bedeutenden Männern, bedeutend als Kämpfer, Jäger, Ackerbauer oder als Hüter der Tradition erlaubt, mehr Frauen als die übrigen zu haben. Aber in allen Gesellschaften muß man nicht nur mit realen Situationen, wie dem relativen Mangel an Männern oder Frauen fertig werden, sondern auch mit den Tagträumen, die von den besonderen sozialen Einrichtungen gezüchtet werden. Ein *Mundugumor*-Mann behandelt seine Frau, weil der Idealmann in *Mundugumor* mehrere Frauen hat, als ob sie eine von mehreren Frauen sei, auch wenn er selbst, schwächlich und unbemittelt, nur ein lahmes Weib mit Krätze haben mag, während sein älterer Bruder acht oder neun besitzt. Aber ein *Arapesh*-Mann mit zwei Frauen, deren eine er von einem toten Bruder geerbt hat oder die von den aggressiveren Leuten der Ebene weggelaufen ist, wird jedes Weib wie sein einziges behandeln, das er durch eine lange Verlobungszeit ernährt und gepflegt hat. Die *Manus*, selber puritanische Monogamisten, aber von heiteren Polygamisten umgeben, glauben, es herrsche in der Welt ein schrecklicher Mangel an Frauen und verloben nicht nur ihre Söhne so früh wie möglich, sondern berichten auch von unziemlichen Balgereien in der Geisterwelt um die Seele jeder neuen toten Frau. Die Kiwai-Papuaner üben komplizierte magische Riten aus, um ihren Knaben Erfolg in der Ehe zu sichern, und die Eskimos praktizieren gleichzeitig weiblichen Kindesmord — weil es nach ihrer Theorie zu viele Mädchen gibt — und Polygamie, wobei sie anderen Männern die Frauen wegnehmen, weil es nicht genug Frauen gibt.

Die primären Inzest-Tabus

All diese Wettbewerbssituationen jedoch betreffen Erwachsene, ganz gleich, ob im Brennpunkt der Kampf zwischen stärkeren älteren und schwächeren jüngeren Männern oder der zwischen anziehenderen jüngeren Frauen und gesetzteren älteren oder endlich der Kampf zwischen Altersgenossen steht. Aber jede menschliche Gesellschaft muß noch ein anderes Problem lösen — das Problem der sexuell Unreifen, das den Kern des Inzest-Problems darstellt. Wir haben die verschiedenen Arten kennengelernt, in denen die erwachende Sexualität des Kindes behandelt wird, wie das *samoanische* Kind durch Inkraftsetzen des Bruder-Schwester-Tabus in die Jahre seiner sexuellen Inaktivität eintritt, wie die Identifikation eines Kindes mit dem Elternteil des eigenen Geschlechts spezifische Spannungen und Verbote in der Beziehung zum Elternteil des anderen Geschlechts mit sich bringt. Ist der Schutz des Kindes vor den Eltern erst einmal als wünschenswert begründet, dann schließt das auch die Notwendigkeit ein, die Eltern vor den Kindern zu schützen. Der Schutz eines zehnjährigen Mädchens vor den Annäherungsversuchen seines Vaters ist eine notwendige Bedingung sozialer Ordnung; aber der Schutz des Vaters vor der Versuchung ist eine notwendige Bedingung seiner eigenen ständigen sozialen Anpassung. Der Schutz, der im Kind gegen die Begehrlichkeit seiner Eltern aufgebaut wird, wird das wesentliche Gegenstück zu den Einstellungen der Eltern, die das Kind schützen. Gewöhnlich werden die primären Inzest-Tabus auf vielfache Art ausgeweitet, so daß das unreife Kind vor allen Erwachsenen geschützt ist; mag dieser Schutz auch minimal sein, wie bei den Kaingang, wo alle Kinder ein erhebliches Maß sexueller Reize von Erwachsenen erfahren, oder maximal, wie in der traditionellen französischen Erziehung der *jeune fille*. Diese Verbote werden zu formell nicht festgelegten Tabus gegen den ‹Mißbrauch Minderjähriger› und zur legalen Festsetzung eines ‹heiratsfähigen Alters› ausgebaut, das die Mütter der vorigen Generation ihren Töchtern als das Alter erklärten, in dem ‹ein Mädchen in ihren eigenen Ruin einwilligen kann›.

Die grundlegenden Inzest-Regeln erstrecken sich auf die drei primären Beziehungen innerhalb der Familie: Vater-Tochter, Mutter-Sohn und Bruder-Schwester. Die soziale Notwendigkeit für Regeln, die den Wettbewerb innerhalb der Familie verhindern, wird lebhaft durch die Verhältnisse bei den *Mundugumor* beleuchtet. Das Tabu auf Ehen zwischen verschiedenen Generationen brach, durch ein zu kompliziertes Heiratssystem überspannt, zusammen; und das gestattete den Männern, ihre Töchter gegen zusätzliche junge Frauen für sich selbst auszutauschen. Das aber verwickelte Vater und Sohn in einen Konkurrenzkampf um die Tochter-Schwester, die jeder gegen ein Weib eintauschen wollte. Die *Mundugumor*-Gesellschaft wurde zum Dschungel, in dem jeder gegen jeden die Hand erhob, und sie blieb nur dank der Erinnerung an frühere soziale Formen, die einige Männer noch zu erhalten versuchten, bestehen und wurde eben wegen dieser Erinnerungen unfähig, sich weiter anzupassen. Da es die erste Aufgabe jeder Gesellschaft ist, dafür zu sorgen, daß die Männer in irgendeiner Art von Kooperation zusammenarbeiten, ist jede Situation verhängnisvoll, die jeden Mann zum Gegner jedes anderen macht. Soll der Mann der ernährende Teil innerhalb der Familie bleiben, muß er seine abhängigen Söhne, Neffen und so weiter ernähren und nicht mit ihnen wetteifern. Soll er mit anderen

Männern in der Gesellschaft zusammenarbeiten, muß er feste Formen der Verwandtschaft zu Männern schaffen, bei denen sexuelle Konkurrenz ausgeschlossen ist.

Gesellschaften, die Hilfsbereitschaft zwischen Männern mehr betonen als den Wettbewerb, können die Inzest-Tabus so umgestalten, daß sie nicht die Notwendigkeit betonen, Verwandte vom Kämpfen abzuhalten, sondern die Notwendigkeit, durch Heiraten neue Bindungen zu schaffen. ‹Wenn du deine Schwester heiratest›, sagen die *Arapesh,* ‹hast du keinen Schwager. Mit wem willst du arbeiten? Mit wem jagen? Wer wird dir helfen?› Und der Zorn richtet sich auf den antisozialen Mann, der seine Schwester oder Tochter nicht verheiraten will; denn es ist die Pflicht des Mannes, durch die jungen Frauen seines Haushalts Bindungen zu schaffen. Doch sich selbst einen Schwager beschaffen, mit dem man jagen kann, wie bei den *Arapesh,* oder eine Schwiegertochter, die man beherrschen kann, wie bei den Japanern, oder selbst wenn königlicher Inzest zwischen Bruder und Schwester erlaubt wird, wie bei den alten Hawaiiern und Ägyptern, all das sind komplizierte Formen von Inzest-Regeln. Dazu gehören auch jene Regeln, die den halben Stamm einschließen oder im äußersten Fall, wie bei australischen Ureinwohnern, die Inzest-Regeln so weit ausdehnen, daß gewisse junge Leute überhaupt nur dank ganz weit hergeholter Fiktionen heiraten können. Im Grunde sind die Inzest-Regeln ein Weg, wie die Einheit der Familie bewahrt und die Beziehungen innerhalb dieser Einheit individualisiert und spezifiziert werden können. Die Ausweitung der Inzest-Regeln zu einer Vielfalt von Schutzmaßnahmen für alle jungen Menschen — die Kinder der ganzen Gesellschaft — gegen jede ausbeuterische oder unmenschliche Behandlung ist nur ein Beispiel dafür, wie die bewahrenden und beschützenden Erfindungen unserer menschlichen Geschichte als Modell für umfassenderes soziales Verhalten dienen.

3. Potenz und Empfänglichkeit

Zwar hängt die menschliche Familie von sozialen Erfindungen ab, die in jeder Generation von Männern den Wunsch hervorrufen, Frauen und Kinder zu ernähren, doch beruhen diese Erfindungen auf der spezifisch physischen Sexualverwandtschaft von Mann und Weib, die ihrerseits biologisch bestimmt ist. Ohne Paarungszeit, ohne eine Empfänglichkeit der Frau, die offen erkenntlich periodisch zu- und abnimmt, konnten menschliche Wesen stetige Geschlechtsbeziehungen zur Basis beständiger Gruppenbildung machen.

Bei den Primaten ist die volle sexuelle Aktivität noch der periodischen Bereitschaft des Weibchens unterworfen. Das Interesse des männlichen Affen am Weibchen hat wenig zu bedeuten mit Ausnahme der Perioden, in denen sie empfänglich ist. Es gibt Anzeichen, daß dieser Zyklus der Bereitschaft auch in der menschlichen Frau noch wirksam ist, aber nicht mehr die gleichen Wirkungen auf

Paarungszeit und Kindergebären ausübt[1]. Als wir Anthropologen damit anfingen, primitive Gemeinschaften sorgfältig zu untersuchen, entdeckten wir Gesellschaften, in denen es große voreheliche Freiheit, aber praktisch keine illegitimen Kinder gab. Nach der Heirat jedoch empfingen und gebaren diese Mädchen, die vorher ein Leben uneingeschränkter Freiheit geführt hatten, Kinder, ja sie empfingen und gebaren viele Kinder. Die *Samoaner* und die Trobriander sind hierfür die am gründlichsten untersuchten Beispiele, und beides sind fruchtbare Völker. Als mögliche Erklärung dafür wurde behauptet, daß es in manchen Stämmen, in manchem Klima oder bei einigen Bevölkerungsteilen eine Verzögerung zwischen Menarche und Ovulation gäbe, so daß Mädchen schon ein bis zwei Jahre reif erscheinen könnten, bevor sie wirklich fähig sind, zu empfangen[2]. Wenn das auch eine teilweise Erklärung liefern kann, scheint es doch nicht die vollständige zu sein. Wichtiger ist vielleicht die Verschiebung der Bestimmung über den Zeitpunkt des Verkehrs von der Frau zum Mann, der mit der Heirat stattfindet, und der auch symbolisch ist für das, was in der menschlichen Geschichte vor sich gegangen zu sein scheint. In diesen primitiven Gesellschaften entscheidet vor der Heirat das Mädchen, ob sie sich mit ihrem Liebhaber unter den Palmenbäumen treffen oder ihn mit den nötigen Vorsichtsmaßnahmen in ihrem Haus oder in ihrem Bett in dem Haus der jungen Leute empfangen will. Er mag werben und drängen, er mag ihr durch einen Vermittler Geschenke und schöne Ansprachen übersenden, die endgültige Wahl bleibt in der Hand des Mädchens. Wenn sie es nicht will, kommt sie nicht, hebt sie nicht den Zipfel ihrer Matte und wartet nicht unter den Palmbäumen. Eine Stimmung, eine Laune, eine leichte Abneigung, und der Jüngling wartet umsonst. In der Ehe ist das alles anders. Mann und Frau teilen Bett und Tisch. Das Bett kann eine Matte auf dem Boden, eine Hängematte im Dschungel, ein Moskito-Korb am Sepik-Fluß, ein Zehntel des großen Familienschlafsacks sein — immer hat der Mann — den verschiedensten Gesetzen der Etikette und des Tabu zwar untertan — von Rechts wegen Zutritt zu seinem Weib. Sein unperiodisches, drängendes Begehren beherrscht die Szene; nicht ihre launenhaften Stimmungen, die bei den einzelnen Frauen so unterschiedlich in ihrem Ausmaß sind, daß sich daraus keine für das ganze weibliche Geschlecht gültigen Gesetzmäßigkeiten ableiten lassen.

Viele Autoren, die über die Geschlechter und die menschliche Fa-

---

1 Therese Benedek and B. Rubenstein, ‹Correlations between Ovarian Activity and Psychodynamic Processes: I. The Ovulative Phase; II. The Menstrual Phase›, *Psychosomatic Medicine*, Vol. 1 (1939), S. 245 ff, 461 ff.

2 Diese Hypothese der Adoleszenzsterilität wurde mir durch Earl Engle bekannt, und ich habe meine Daten aus Samoa einer ersten Überprüfung unterzogen. Ashley Montague ist ständig an dem Problem interessiert gewesen (siehe ‹Adolescent Sterility›, *Quarterley Review of Biology*, Vol. 14 [1939]. S. 13—34; 192—219). Ich habe meine eigenen Bemerkungen hier in voller Erkenntnis der Hypothese des wechselseitigen Sterilisationseffekts der Samen mehrerer Männer vorgebracht; ich glaube, das ist keine Hypothese, die mit den Tatsachen der primitiven Gesellschaft zusammengeht.

milie schreiben, legen großen Wert auf die Tatsache, daß der menschliche Mann zur Notzucht fähig ist. Dies ist eine brüske und schrekkenerregende Art, etwas darzustellen, das tatsächlich viel subtiler ist. Bei den menschlichen Spezies ist der Mann dazu fähig, sich mit einer relativ unerregten und uninteressierten Frau zu paaren. Wir haben keine Hinweise darauf, daß Notzucht in der strengen Bedeutung des Wortes — das heißt Vergewaltigung einer vollkommen abgeneigten Frau — jemals ein sozial anerkannter Brauch geworden wäre. Sie kann sich unter einer Vielfalt spezieller sozialer Bedingungen als eine Form von Abwegigkeit entwickeln, wenn Männer von Frauen unter Bedingungen, die eine ungewöhnliche Feindseligkeit züchten, abgesondert sind, in *Kasten*-Situationen, für die keine passenden, tiefliegenden sozialen Sanktionen bestehen, die sie erträglich machen, oder wenn Notzüchter oder Opfer offensichtlich wahnsinnig sind. Doch damit eine Frau wirklich von einem geistig gesunden, unbewaffneten Mann vergewaltigt — d. h. gegen ihre ganze bewußte und unbewußte Entscheidung zum Sexualakt gezwungen wird, bedarf es besonderer Umstände, etwa ungewöhnlicher Größenunterschiede, derartiger kultureller Differenzen, daß durch die Ungewohntheit der Situation das Mädchen gelähmt oder der Mann desorientiert wird, oder irgendeines anderen ganz unerwarteten oder ungewöhnlichen Elements in der ganzen Lage. Im großen und ganzen kann ein normal kräftiger Mann innerhalb der gleichen homogenen, sozialen Gesamtheit eine normal kräftige und gesunde Frau nicht vergewaltigen. Es gibt viele primitive Gemeinschaften, in denen Notzucht ein Tagtraum des einen oder anderen Geschlechts, oder auch für beide Geschlechter ist; es gibt aber entsprechende soziale Maßnahmen, um sie nicht Wirklichkeit werden zu lassen. Selbst in unserer Gesellschaft gab es in jenen Tagen, da es noch so gut wie eine Aufforderung zum Angriff war — das heißt Bereitwilligkeit eher als das Gegenteil nahelegte —, wenn sich eine Dame nachts zu später Stunde noch allein auf der Straße zeigte, eine gut ausgebildete Hutnadel-Trick-Tradition. Der Dobu-Mann träumte von Notzucht, und die Dobu-Frau besaß eine wohlentwickelte Technik, seinen Erfolg zu verhindern. Die *Jatmul*-Männer sprechen ständig von Notzucht, phantasieren von Situationen, in denen ihnen eine hilflos ausgelieferte Frau Gelegenheit zur Notzucht bietet, in Wirklichkeit müssen sie ihre ganze Altersklasse aufbieten, um eine Frau — durch Notzucht — zu bändigen, deren Gatten es vollkommen mißlungen ist, sie zur Raison zu bringen. Notzucht kommt in modernen Gesellschaften vor, in denen es viele Stufen und Gruppen mit unterschiedlicher Sozialethik gibt, und in der Vertreter beider Geschlechter völlig außerstande sind, das Verhalten eines Vertreters des anderen Geschlechts, der aus einer anderen Umgebung stammt, richtig zu deuten, oder dann, wenn unsere Technik, Kriminell-Wahnsinnige zu diagnostizieren oder zu internieren, nicht ausreicht. Doch das ist ein gänzlich anderer Vorgang als das Verhalten, das man für die kleinen Gruppen von Kreaturen fordern könnte, die zu Beginn unserer Geschichte gerade die ersten sozialen Regeln erfanden.

Immerhin ist es ein riesiger Schritt von dem einfachen, periodisch festgelegten Paarungsakt der Primaten, bei dem die Männchen gerade in dem Augenblick miteinander konkurrieren und gerade dann in den Augen des Weibchens Gnade finden müssen, in dem dieses physiologisch empfänglich ist, bis zur menschlichen Familie, in der der Mann imstande ist, sein Verlangen gegen die Interesselosigkeit, das Gelangweiltsein, die Müdigkeit, Abneigung, ja, gegen tatsächlichen Widerwillen und Abweisung der Frau durchzusetzen. Im Augenblick, in dem die Verschiebung von der weiblichen Bereitschaft auf die des Mannes vollzogen ist, ist dem Mann eine Verantwortung für diese Bereitschaft auferlegt, die er auf früheren tierischen Stufen nicht zu tragen hatte. In einer Affenhorde zeigen sich die Weibchen periodisch empfänglich, und die Männchen, die reagieren, bespringen sie, soweit sie angenommen werden. Für das Männchen, das nicht in Erregung gerät, geschieht überhaupt nichts. Es läßt sich an diesem Tag nicht in Kämpfe mit anderen Männchen ein, sondern sitzt friedlich da und putzt sich. Vielleicht erwischt es sogar eine größere Portion Futter, weil seine sexuell tätigeren Genossen anderweitig beschäftigt sind. Es braucht keine Frau. Abgesehen von seinen sexuellen Bedürfnissen ist es außerordentlich selbstgenügsam; es findet und verbraucht sein eigenes Futter und kann sich seine Schuppen selbst absuchen. Es braucht auch nicht, wie der Eskimo, eine Ehefrau, die sein Schuhleder kaut oder, wie der Papua, eine, die seine Schweine füttert, oder wie Männer in anderen Gesellschaften eine, die ihm einen Platz im Gesellschaftsleben verschafft, ihm die Socken stopft oder die Häute des Wilds herrichtet, das er heimbringt. Es braucht natürlich auch keine Frau, um für seine Kinder zu sorgen. In diesem Sinne hat es keine Kinder. Die Weibchen haben die Kinder und sorgen für sie. So kann das zeitweise oder ständig weniger aktive Männchen dasitzen, während das überaktive Männchen mit seinen Genossen um den Zugang zu den empfänglichen Weibchen kämpft. Niemand macht ihm einen Vorwurf, die Weibchen verspotten ihn nicht. Er wird durch die Frage der Impotenz nicht beunruhigt.

Aber von dem Zeitpunkt an, wo sich wirklich langdauernde Verbindungen zwischen menschlichen Wesen entwickeln, bei denen Mann und Frau zusammenleben, und die Frau eine derartige Empfänglichkeit besitzt, daß sie jederzeit dem Verlangen des Mannes zugänglich ist, erhebt sich vor den menschlichen Wesen ein ganzer Berg neuartiger Probleme. Die Tätigkeit des Mannes als Liebhaber kommt in Konflikte mit seinem Bedürfnis nach einer Ehefrau, mit seiner Bindung an die Kinder, die zu ernähren er gelernt hat, mit seinem Stand innerhalb der Gesellschaft. Während die Primaten ein Weibchen nur aus unmittelbaren physischen Gründen und aus keinem andern brauchen, braucht ein Menschen-Mann selbst der frühesten Stufe sozialer Organisation, von der wir nur andeutende Hinweise haben, eine Ehefrau. Und eine Ehefrau wird überall, in allen bekannten Gesellschaften und unter allen bekannten Umständen als etwas betrachtet, das mehr ist als nur das Objekt oder Mittel zur Befriedigung physischen Begehrens. So kommt eine Vielfalt abgeleiteter, erlernter Verhaltensweisen ins Spiel, um die Einstellung des Menschen-Mannes zu Frauen zu komplizieren und zu prägen. Von jeder Konvention befreit oder beim Vorherrschen sozialer Konventionen, die die betreffende Frau lediglich als nützliches Sexualobjekt ohne andere gesellschaftliche Attribute kennzeichnet, kann die aktiv rezeptive Menschen-Frau in den meisten Männern immer noch dieselbe Art von Reaktion hervorrufen, die wir bei den Primaten finden. Der Mann, der sexuell aktiv ist, reagiert aktiv, der schwerfällige schwerfälliger oder gar nicht. Selbst unter weißen Ratten gibt es aktive und inaktive Männchen.

Aber immer von dem Moment an, wo die menschlichen Beziehungen dadurch geprägt werden, daß sie so etwas wie Brautstand, Heirat, Prestige, verwandtschaftliche Bindungen, eine gute Wohnadresse und so weiter miteinbeziehen, muß des Mannes eigentlich spontane Sexualwahl mit seinen anderen Wünschen Kompromisse schließen. Er will seine Frau behalten — das kann bedeuten, häufiger oder seltener mit ihr zu schlafen: ‹Denkt ihr Weiber›, fragt der erbitterte *Jatmul*-Gatte, ‹daß ich aus Eisenholz bin, um fähig zu sein, mich so oft mit euch zu paaren, wie ihr wollt?› ‹Paarung ist etwas Widerwärtiges›, sagen die *Manus*-Frauen. ‹Der einzig erträgliche Gatte ist der, dessen Annäherungen man kaum fühlt.›

Die gleichen sexuellen Ideale

Jede Kultur bestimmt, welche Männer und Frauen man als Ehefrauen, Gatten und Liebhaber vorzieht, und erlaubt mehr oder weniger individuelle Unterschiede zu entwickeln. Männern und Frauen, die in der gleichen Kultur aufgezogen wurden, haben die gleichen sexuellen Ideale. Ein Mann weiß, welche Art Mann als guter Liebhaber gilt und unter welchen Umständen seine Frau wahrscheinlich einen Topf nach ihm werfen, dem Baby einen Klaps geben und den Hund schlagen wird, die Hausleiter umstößt, so daß er nicht in ihre Hütte kriechen kann, oder ihm vorschlägt, auf dem Sofa im Ankleidezimmer zu schlafen. Statt eines einfachen, unkomplizierten Dranges, der durch die Periodizität des Weibchens in Schach gehalten wird, wie bei den Affen, findet der Menschen-Mann seinen Drang endlos mit anderen Erwägungen verwickelt. Aber die männliche Sexualfunktion scheint am leichtesten abzulaufen, wenn sie möglichst automatisch vor sich geht, wenn sie auf eine einfache Reihe von Signalen reagiert, die als sexuell erregend festgelegt sind, ganz gleich, ob diese Signale in körperlicher Entblößung, einem besonderen Parfüm, dem Ruf der Nachgiebigkeit einer Frau oder nur im Alleinsein einer Frau — auf einem Waldpfad oder in einer leeren Wohnung — bestehen. Ist die männliche Sexualfunktion erst einmal durch Vorstellungen über sentimentale Liebe, durch Prestige, moralische Anwandlungen, Theorien über die Beziehungen zwischen sexueller Betätigung und sportlicher Höchstleistung oder religiöser Berufung, oder zwischen Zeugungsfähigkeit und schöpferischer Kraft kompliziert, dann wird entsprechend die sexuelle Reaktion weniger automatisch und zuverlässig ausgelöst werden.

Es ist kein Zufall, daß sich bei den Elitegruppen — der Aristokratie, den Intellektuellen, den Künstlern — aller Kulturen eine Vielfalt unterstützender und ergänzender Praktiken entwickelt hat, um das männliche Begehren anzureizen, seien das nun Perversionen, ständiger Partnerwechsel, Homosexualität oder Dramatisierungen obskurer Tagträume. Sie treten mit erstaunlicher Regelmäßigkeit auf, während in den Teilen einer Bevölkerung, wo es weniger Auswahl, weniger Geschmack und weniger verwirrende Ideen gibt, der Beischlaf eine einfachere Angelegenheit bleibt.

Verglichen mit seinen animalischen Vorfahren scheint der Mann gegenüber der Frau eine viel größere Möglichkeit zur Initiative zu besitzen als die Primaten. Aber vielleicht gibt, als ein Beispiel der gewählten Zwangslagen, an denen die Geschichte der lebenden Materie so reich ist, gerade die Einrichtung, die diese Initiative konsolidiert, die Institution der Ehe, selbst wieder Anlaß zu vielen neuen Komplikationen. Auf die kürzeste Formel gebracht, kann man sagen: je mehr der Mensch denkt, desto weniger wird er sich kopulieren, es sei denn, Paarung und Denken werden auf jeder Stufe sorgfältig integriert[1]. In Kulturen, in denen alle Güter als beschränkt vorhanden betrachtet werden, geschieht es sehr leicht, daß man die Investierung von ‹Energie› in sexueller Aktivität als Verlust und als Hindernis für den Erfolg auf anderen Gebieten ansieht. Wo andererseits die pure aktive Männlichkeit als Jäger, Fischer und Liebhaber betont wird, da wird die Potenz wohl groß sein.

Das Keuschheitstuch der Indianer

Im allgemeinen kann gesagt werden, je mehr die sexuellen Beziehungen den gesamten Lebensablauf umfassen, je mehr die wirkliche Persönlichkeit des Partners, seine Stimmung, sein Ermüdungszustand, seine Einstellung zur Welt und zum Partner in Rechnung gestellt werden, um so größere Wahrscheinlichkeit besteht, daß eine gewisse Herabsetzung der eigentlichen sexuellen Aktivität stattfindet. Einige amerikanische Prärie-Indianer gestalteten die Bindung zwischen Gatten und Ehefrau nachdrücklicher und persönlicher als

1 Man vergleiche die altjüdische Regelung, daß ein Mann, der geringe Fähigkeiten zum Denken zeigt, nur einmal in der Woche mit seiner Frau schlafen und die Energie, die er besitzt, mehr für die Meditation aufsparen solle. Der Gelehrte aber sollte jede Nacht mit seiner Frau schlafen, um seinen Geist für das Studium frei zu machen. Man kann sagen, solch eine Konstruktion beschreibe einen anderen Typus der Potenz, ein Stück angelernten Verhaltens und kein automatisches mehr, das aber so gut mit der ganzen Charakterstruktur integriert ist, daß es zuverlässig und gut arbeitet. (*Babylonischer Talmud; Seder Nashin*, Vol. I, ‹Traktat Kethuboth›, in englischer Übersetzung, Soncino Press, London, 1936, Kap. V, S. 369 und 372.)

alle anderen primitiven Gruppen, von denen wir Nachricht haben. Die Werbung dauerte manchmal jahrelang, und die Braut wurde selbst Wochen nach der Heirat umworben, bevor endlich die Ehe vollzogen wurde. Alte Krieger sprachen mit Heimweh von den ersten Nächten ihrer Ehe, in denen sie die ganze Nacht wach lagen und nur ruhig mit ihren jungen Frauen sprachen. Und bei amerikanischen Indianern wurde auch die seltsame Einrichtung des Keuschheitstuches entwickelt: ein durchbohrtes Leinentuch, das ein Paar jeweils von einem Stammesältesten verlangen mußte, wenn es miteinander verkehren wollte. Hier konnten die Ehepaare auch sehr stolz darauf sein, daß zwischen ihren einzelnen Kindern ein großer zeitlicher Zwischenraum lag.

Viel von der Rücksichtnahme auf die Stimmung des anderen, die Ehen mit einer starken Betonung des Persönlichen mit sich bringen, kann natürlich zu kulturellen Formen kristallisieren, die den betroffenen Personen die Last des Denkens, der einschränkenden Selbstbeherrschung oder der erwarteten kalendermäßigen Regelung der Aktivität abnehmen. Alle diese pazifischen Kulturen, mit Ausnahme von *Bali*, verbieten den Verkehr während der Schwangerschaft. Der Mann braucht nicht auf die Stimmungen seines Weibes zu achten; der Verkehr ist einfach, mit einer Vielfalt schwerer Sanktionen, tabu. Bereiten die *Jatmul*-Männer eine Kopfjagd vor, so schlafen sie fern von jeder Versuchung zusammen im Männerhaus. Menstruierende Frauen werden bei den *Arapesh* in Hütten außerhalb des Dorfes isoliert und müssen wenig bekannte Pfade wählen, wenn sie spazierengehen. Bei vielen Aristokraten haben Mann und Frau getrennte Schlafzimmer, so daß die Würde der Dame nicht von Minute zu Minute bedacht werden muß und vor Zudringlichkeiten geschützt ist, die mit ihrer Stellung unvereinbar wären. Das Vorhandensein konkurrierender Tätigkeiten, deren Ausgang ungewiß ist, Kindergebären und Säugen, Jagen, Fischen, Kämpfen, Beten, das Herstellen von Kunstwerken, hat oft zur Festlegung von Zeiten der Abstinenz geführt, und damit wurde dem Individuum die Wahl zwischen sexueller Betätigung und anderen Tätigkeiten abgenommen.

Die spontanen Sexualimpulse

So ist es also für eine Kultur recht leicht, das aktive Verhalten des Menschenmannes zu regulieren, zu formen, zu isolieren und es auf bestimmte Zeiten und Orte zu begrenzen; all das hat die Tendenz, das Ausmaß der momentanen Aktivität zu verringern. Dagegen ist viel weniger einfach, mit dem Verlust von Spontaneität fertig zu werden, wenn entgegen den individuellen Wünschen des Augenblicks sexuelle Aktivität Pflicht ist. Irgendeine positive Gestaltung muß natürlich gefunden werden. Männer jeder Gesellschaft müssen lernen, je nach dem erwarteten Verhalten, für das Männer und Frauen erzogen wurden und von dem in der betreffenden Gesellschaft befriedigende Beziehungen zwischen den Geschlechtern abhängen, ihre Potenz zu modulieren, die Dauer oder die Häufigkeit des Verkehrs zu verringern oder zu steigern. Ist die Kultur aber so geprägt, daß von den Männern der Beischlaf mit einer bestimmten Frau zu einer bestimmten Zeit und an einem bestimmten Ort verlangt wird, dann kann es zu einer Rebellion kommen. Die Volksgebräuche der Hochzeitsnacht werden zusammenbrechen, wo der Vollzug der Ehe der öffentlichen Überprüfung unterstellt und die Ansprüche an die dementsprechende Spontaneität des Bräutigams zu groß sind. In der Tat gehört es zur Fähigkeit des Mannes, festen Prägungen, die seine Spontaneität zu sehr einengen, die das Wohl des einzelnen und somit der Gattung beeinträchtigen, Widerstand zu leisten und sie abzulehnen. Der Mann kann mit vollem Recht behaupten, daß eine Kultur, die seine spontane Sexualität nicht schützt, zum Schluß zugrunde gehen wird, weil keine Kinder empfangen werden, die sie fortführen können. Er kann nachdrücklich und mit voller sozialer Verantwortlichkeit verlangen, daß soziale Forderungen geändert werden, die seine Impulse hindern und zu genau festlegen. Das Bedürfnis nach kulturellen Formen, in denen spontane Sexualimpulse zufriedenstellend ausgedrückt werden können, dient als Prüfstein für jede menschliche Gesellschaft. Vielleicht werden aus diesem Grund die Männer so oft als das fortschreitende Element in der menschlichen Geschichte angesehen.

Das Menschenweib hat im Unterschied zum Affenweibchen eine größere Herrschaft über seine Sexualität erlangt und hat es gelernt, vielerlei andere Formen des Verhaltens an die Stelle des einfachen Impulses zu setzen. Das Affenweibchen ist dem Ovulationszyklus unterworfen; wenn die periodische Welle sexualer Empfängnis eintritt, dann ist es rezeptiv, sonst aber nicht. Es kann sich selbst manchmal als Entgelt für Futter und Schutz anbieten, wie das auch junge Männchen tun, aber das ist offensichtlich gröbste Prostitution. Das menschliche ‹Weibchen› hingegen, das in seiner Kindheit eine große Mannigfaltigkeit von Belohnungen zu schätzen und die verschiedensten Strafen zu fürchten gelernt hat, bemerkt, daß die Rezeptivität — wenn sie auch noch einen leichten Rest der Periodizität bewahrt hat — tatsächlich in weitem Umfang moduliert werden kann. Da die Rezeptivität von ihr so viel weniger verlangt — lediglich ein Nachgeben und ein Entspannen des ganzen Körpers und nichts von der spezifischen Bereitschaft und dem nachdrücklichen Begehren, das vom Mann verlangt wird —, kann die Frau lernen, einfache Gefälligkeit mit tausend anderen Erwägungen zu verbinden, wie sie einen Liebhaber oder Gatten gewinnen und behalten, wie sie die Stimmung des Augenblicks mit der von morgen ausgleichen und ihre Rezeptivität der ganzen Struktur einer Beziehung einordnen kann. Zweifellos tut der Mann, der gelernt hat, seine Sexualität auf verschiedene mechanische Arten anzureizen, um sich mit einer Frau zu paaren, die er im Moment nicht begehrt, seiner Natur viel mehr Gewalt an als die Frau, die den Mann nur anzunehmen braucht, der ihr zwar in vieler Hinsicht angenehm ist, den sie aber vielleicht nicht aktiv begehrt.

Die Institution der Ehe ist in allen Gemeinschaften ein Schema, innerhalb dessen die Spannungen, die die Kultur Männern wie Frauen aufzwingt, gelöst werden müssen; ein Schema, innerhalb dessen die Männer im Austausch gegen die Vielfalt weitreichender Vergünstigungen neue Formen erlernen müssen, in denen sexuelle Spontaneität doch noch möglich ist, während die Frauen lernen müssen, ihre Rezeptivität tausend anderen Erwägungen unterzuordnen. In monogamen Gesellschaften wird die Beanspruchung des Mannes in der Monotonie gesehen, immer mit einer und derselben Frau zu schlafen, aber in polygamen Gemeinschaften beklagt sich der Mann über die Forderungen zu vieler Frauen. In monogamen Gesellschaften beklagt sich die Frau, daß ihr Mann zu große Anforderungen stellt, während in polygamen jede Frau den Mann in ihre eigene Hütte zu locken versucht. So kann es leicht geschehen, daß in sich rasch wandelnden Gesellschaften die wachen und interessierten Männer anfangen, Romane zu schreiben und Theorien zu entwickeln, wie dieser Ausgleich im gegenwärtigen Augenblick arbeitet, und bei dieser Gelegenheit wieder entdecken, daß der Grundzwang, der durch die Kultur eingeführt wurde, die Verbindung von des Mannes Möglichkeit, jederzeit Zugang zu seiner Partnerin zu haben, und der Fähigkeit der Frau, ihre Rezeptivität zu beherrschen, der gleiche bleibt.

In gewissen Gesellschaften und in gewissen geschichtlichen Perioden wurde der Zwang, der den Männern auferlegt wird, stark betont. In einer Kultur, wo die Individuen so kristallen unpersönlich sind wie in *Bali* – wo selbst die Zuschauer eines Spiels, das alle erfreut, keine Beziehungen miteinander oder mit den Tänzern haben, wird die Frage der Impotenz sehr wichtig. Der beliebte Hochzeitsspaß ist dort die Pantomime vom Kris, der sich sogar vor der leicht gewobenen Blättermatte biegt, und die Männer machen sich Sorgen, daß zwischen den sozialen Konventionen, nach deren Gesichtspunkten sie ihre Frauen wählen, und den ungewissen Rhythmen ihres eigenen Körpers nur ein so loser Zusammenhang bestehen könnte, daß sie überhaupt nie Kinder bekommen. Es ist sehr bezeichnend, daß es bei ihnen schwere Sanktionen gibt, um Männer zum Heiraten zu zwingen und diejenigen gesellschaftlich zu strafen, die keine Kinder haben. Die Potenz wird in Bali als ein Problem der männlichen Unentschiedenheit angesehen, weil der Mann stets entwaffnet von der furchteinflößenden Frau zurückweicht. Reagiert er anfänglich auf ihre Schönheit, so ist er doch nicht fähig, die Beziehung aufrechtzuerhalten, weil es sich nur zu häufig herausstellt, daß sie nicht die schöne, sondern die häßliche Schwester ist, die auf der Bühne als Mutter und Schwiegermutter in Erscheinung tritt.

Bei den *Arapesh* sieht man das Problem nicht in der Bewahrung der Potenz, sondern im Widerstand gegen die Verführung durch stark positiv sexuelle Frauen. ‹Sie wird deine Wangen halten, du hältst ihre Brüste, deine Haut wird zittern, ihr schlaft miteinander, sie stiehlt einen Teil deiner Körpersäfte, gibt sie später einem Zauberer, und dann wirst du sterben.› Jenseits der sicheren Schranken des Heims, hinter den Raststätten auf Reisen, wo man eine Tante, Base oder die Verlobte eines Bruders findet, liegt die Welt fremdartiger Frauen, die einen leicht in den Tod verführen können. Kein *Arapesh* kam, um eine Medizin zur Wiederherstellung seiner Potenz zu verlangen; statt dessen bat er um Brechmittel, um den Schaden, der ihm durch Zauberei — nach der Verführung — angetan worden sei, wieder zu beheben. Aber seine verläßliche Potenz ist nicht unbedingt für alle *Arapesh*-Frauen eine Befriedigung, weil die seltene *Arapesh*-Frau, die trotz des kulturellen Rahmens aktiv und spezifisch empfindet, nur zu oft in das verdächtige Schema der Frauen paßt, die verführen, um dann zu töten.

Bei den *Manus*, die verstrickt sind in der so häufigen Bezeichnung der Kopulation als einer Art der Ausscheidung (oder ‹Ausfluß›, wie Dr. Kinsey es zu nennen vorzieht), besteht für Männer oder Frauen wenig Vergnügen an ehelichen Geschlechtsbeziehungen. Das ideale Heim ist vom Standpunkt beider Ehegatten ein Haushalt mit zwei Kindern; ein Kind, um mit dem Gatten auf einer Seite des Feuers, das andere Kind, um mit der Mutter auf der anderen Seite zu schlafen. Sind Mann und Frau zusammen gealtert und ihre Kinder beinahe erwachsen, können sie sich entspannen und miteinander sprechen, sogar zusammen essen, da sie jetzt von der ekelhaften Last einer Beziehung befreit sind, die für beide durch Widerstreben und Scham gekennzeichnet war. Die Geburtenziffer der *Manus* ist sehr niedrig. Die Potenz wiederum ist kein anerkanntes Problem. Es gibt keine offenen Hinweise, daß die Männer von sich viel erwarten, und die Abneigung ihrer Frauen gegen die Sexualität wirkt möglicherweise als genügendes Stimulans, um die Last der Scham zu überwinden; genauso wie die gefangene Prostituierte, in die sich eine Männergruppe teilt, ihr Symbol eines befriedigenden sexuellen Abenteuers ist.

Unter all den Völkern, die ich untersucht habe, haben die *Samoaner* die sonnigste und leichteste Einstellung zur Sexualität, indem sie den ganzen Nachdruck auf die rein menschliche Bedeutung des Geschlechtsaktes legen. Als ein erfolgreicher Liebhaber wird der Mann bezeichnet, der eine Frau sexuell zufriedenstellen kann und der selbst gerade darin seine Befriedigung empfindet. Der Stolz eines Mannes kann schrecklich verletzt werden, wenn ein Mädchen in derselben Nacht einen zweiten Liebhaber empfängt. Er gibt an seinen Niederlagen nicht seiner Potenz die Schuld, sondern seiner persönlichen Ungeschicklichkeit. Mit seiner charakteristischen Betonung der Langsamkeit sieht der *Samoaner* das Liebesspiel als etwas an, dem man sich schrittweise nähern muß, der Körper des Mädchens muß vorbereitet werden, einen Liebhaber zu empfangen. Die Aufmerksamkeit des Liebhabers wendet sich erst nach einer ängstlichen Überprüfung der eigenen Eignung zu seiner Verbindung mit einer Frau. Der sexuell ‹Unfähige› ist in *Samoa* der *moetotolu*, der Schlafbeschleicher; der Mann, der sich, und zwar durch Überrumpelung, stehlen muß, was er um seiner selbst willen nicht erlangen kann; der Mann, der damit rechnet, daß ein Mädchen seinen Liebhaber erwartet und der in der Dunkelheit statt dessen hineinschlüpft und aus der Rezeptivität des Mädchens Vorteil zieht. Aber diese *samoanische* Ausgeglichenheit in Geschlechtsbeziehungen wird nur durch das ganze System der Kindererziehung, das ich früher beschrieben habe, möglich, durch eine Erweiterung des Kreises persönlicher Beziehungen, in denen das Kind aufwächst, bis die Affekte der Kindheit eher verdünnt als, wie in *Bali*, zerbrochen werden. Wettbewerb wird gedämpft und kontrolliert, einige wenige strenge Forderungen für den persönlichen Erfolg gelten gleichermaßen für Mann und Frau. Die Liebe zwischen den Geschlechtern ist ein leichter und gefälliger Tanz, bei dem man entweder sehr anmutig oder, leider, sehr ungeschickt sein kann und dann keinen Partner findet. Im späteren Leben ist sie ein gutes Mahl, das oft miteinander voller Muße und mit Humor genossen wird, unbeeinträchtigt durch Scham oder Begehren, oder gar durch irgendeine Fähigkeit, tief zu lieben oder auch nur in die Seele des anderen einzudringen. In *Bali* ist die Luft niemals ohne Musik; in jedem Dorf beanspruchen Ritual und Opfer die Zeit der Leute; der Bildhauer arbeitet an einem halbfertigen Tempelrelief; Verbrennungstürme, die Wochen bis zu ihrer Vollendung brauchen, erheben sich in vergänglicher Schönheit über den Palmen. In *Samoa* sind die Tänze, deren die Leute selber niemals müde werden, einfach und hängen mehr von der Grazie als dem Erfindungsgeist ab, mehr von dem Glanz der menschlichen Haut, als von Kostümen. In der *samoanischen* Kultur lernt jedes Kind um einfache Dinge zu bitten und empfängt die Mittel, um Wünsche vollständig zu befriedigen.

Mangelnde weibliche Leidenschaftlichkeit

Ich habe dies Kapitel ‹Potenz und Empfänglichkeit› genannt, um den Unterschied in den Problemen zu betonen, denen sich Männer und Frauen, die in einer menschlichen Kultur leben, gegenübergestellt sehen. Der zivilisierte Mann läuft ständig Gefahr, daß die Zivilisation seine Spontaneität lenkt und dadurch vermindert. Die weibliche Fähigkeit zur Rezeptivität kann in der Regel durch die Zivilisation gesteigert werden: durch ihr Vermögen, zu planen, ihren Wunsch nach einem Heim, nach Heirat, Kindern, Nahrung und Geselllschaft, oder durch die Aufrechterhaltung jeder Art von Beziehung, die nicht ausdrücklich als Bekundung physischen Verlangens zu verstehen ist. Das Fehlen weiblicher Leidenschaftlichkeit kann natürlich unter bestimmten Umständen kritisch werden, wenn für kurze Zeit vorgesellschaftliche Zustände herrschen, unter denen es keine echte Paarung gibt, sondern nur flüchtige Verbindungen zwischen Männern und Frauen, wie z. B. in einer besetzten Stadt während des Krieges oder auch in außerehelichen Liebesaffären, die auf Leidenschaft aufgebaut sind. Unter solchen Umständen zählt die aktive Glut der Frau gerade deswegen, weil die Potenz des Mannes nicht durch jene tausend kleinen Erwägungen kompliziert wird, die im normalen menschlichen Leben eine Rolle spielen. Der Soldat, der eine Frau kalt findet, wendet sich einer weniger kalten Frau zu, wenn eine vorhanden ist. Der leidenschaftliche Liebhaber wendet sich von einer kalten Geliebten ab. Aber der Mann als zukünftiger oder jetziger Gatte, und dazu sind die meisten Männer den größten Teil ihrer Zeit durch das Wesen der Kultur bestimmt, hat immer andere Dinge im Sinn. Er sucht kein Weibchen als Partnerin bei einem glatt ablaufenden Säugetierdrang, als Partnerin, wie sie das läufige Affenweibchen dem Männchen anzubieten vermag, sondern eine Frau, die sich gewissermaßen mit seiner unperiodischen Potenz paart. Einer Potenz, die verstärkt oder geschwächt werden kann durch irrelevante Regungen wie Scham und Hoffnung, Stolz, Erfolg und Einkommen, Prestige und Macht, oder dadurch, ob er seine Erfolge im Männerhaus, bei der Eberjagd oder in der Komiteesitzung erringt.

Erwartete Rezeptivität

Es gibt viele primitive Gesellschaften, in denen die Rezeptivität alles ist, was von den Frauen erwartet oder verlangt wird, in denen die kleinen Mädchen von ihren Müttern und aus der Art, wie ihre Väter ihren Kopf tätscheln oder sie zart an sich drücken, lernen, daß man von Frauen erwartet, rezeptiv und nicht aktiv oder ausdrücklich sexuell zu sein. Daß ganze Gesellschaften die Klimax als Aspekt der weiblichen Sexualität ignorieren, muß mit einer sehr viel schwächeren biologischen Basis für eine solche Klimax in Verbindung gebracht werden. Es ist tatsächlich für menschliche Gesellschaften möglich, lebensfähige, kulturelle Systeme aufzubauen, die außerordentlich weit von jeder biologischen Basis gelöst sind. Vieles in unserem erlernten Benehmen, wie z. B. das Gehen, entwickelt sich erst, nachdem das Reflex-Verhalten, sein struktureller Prototyp, verschwunden [1] ist und GESELL, der an zwangsläufig wirksame Stufenfolgen der menschlichen Reifung glaubt, fand die Geschichte des Wolfskindes, das auf allen vieren mit den Wölfen lief, absolut glaubwürdig [2]. Unser ganzes Verhalten beim Essen ist so vollkommen von jeder spezifischen Weisheit des Körpers abgespalten, daß jedes künstliche Ernährungsschema, bei dem eine ausreichende Ernährung von ein oder zwei besonderen Nahrungsmitteln abhängen kann, die allein Träger eines bestimmten Nährwerts sind, durch soziales Lernen verstärkt werden muß, durch tief eingeprägte Gewohnheiten, nach denen bestimmte Nahrungsmittel, auf bestimmte Art bereitet, für bestimmte Tageszeiten die rechten sind. Wir wissen aus Experimenten, daß Kinder, denen man eine Vielfalt von Nahrungsmitteln vorlegt, die *alle* ernährungstechnisch geeignet sind, wohlausgeglichene, jedoch individuelle Auswahlen treffen; dabei gleichen sie an einem

---

1 MYRTLE B. MCGRAW, ‹*Growth: A Study of Johnny and Jimmy*›, Appleton-Century, New York, 1935.

2 ARNOLD GESELL, ‹*Wolf Child and Human Child*›, Harper, New York, 1941.

Tag eine übermäßige Einseitigkeit des Vortages aus, eine Einseitigkeit, die dem Ernährungsspezialisten bekannt ist, der die Nahrungsmittel analysiert hat [1]. Wir wissen aber auch, daß Ratten, denen man künstliche Nahrungsmittel — Vitamine und Mineralsalze in sauberen Glasröhren — vorlegt, eine bessere Auswahl zu treffen vermögen als der Biochemiker, der für sie eine Zuchtdiät zusammenstellt [2]. Wir wissen ferner auch, daß Ratten, die ohne Nahrung oder Wasser gehalten werden, klug genug sind, um eher in der Richtung zum Wasser und nicht zur Nahrung zu gehen, wenn sie beides nicht sehen oder riechen können; stellt man aber beides *nebeneinander* [3], so wählen sie eine Lieblingsnahrung, die ihren Durst erhöht und ihnen mehr Unbehagen macht als das neutrale, aber dringender benötigte Wasser.

Wir dürfen wohl, nach den eher spärlichen Beweisen, die uns zur Verfügung stehen, annehmen, daß menschliche Wesen die Fähigkeit besitzen, unter Nahrungsmitteln, die verschiedene wesentliche Nährstoffe enthalten, so zu wählen, daß ein biologisch gutes Ernährungsschema zustande kommt; aber diese Fähigkeit wird sich nur unter sehr bestimmten Bedingungen bestätigen lassen, die bis ins gegenwärtige Jahrhundert, in dem eine ernährungstechnische Analyse und Isolierung der Bestandteile möglich wurde, niemals bestanden haben. Inzwischen lernten menschliche Kinder in der Gesellschaft diejenige Nahrung essen, die auf dem langen Weg des sozialen Experiments und des Zufalls — zumeist völlig außerhalb des Bereichs jeder vernunftmäßigen Kontrolle — zum standardisierten feststehenden Speisezettel ihrer eigenen Gesellschaft geworden war. Das Kind lernt diese Nahrungsmittel und keine anderen essen, nicht indem es sich auf eine latente biochemische Sensibilität für ein bestimmtes Vitamin stützt — obgleich diese letzte Sensibilität die biologische Basis für entscheidende Entdeckungen gewesen sein könnte —, sondern dadurch, daß die Eltern Abscheu und Lust, Lohn und Strafe, kurz das ganze Arsenal der Sanktionen und Gepflogenheiten des Lernens, in Betrieb setzten. Das Kind lernt schließlich: ‹Dies ist Nahrung für mich. Dies kann Nahrung für andere sein, aber nicht für mich› und ‹Das ist Nahrung für Tiere, aber nicht für menschliche Wesen›, ‹Dies ist ungenießbar›. Die Zähne, die Form des Beckens, der Widerstand gegen bestimmte Krankheiten, die Heilungsfähigkeit von Wunden eines ganzen Volkes können von der Genauigkeit abhängen, mit der es erlernte, nicht eigens ererbte Fähigkeiten ausnutzt.

Es ist daher nach allem, was wir über menschliche Kultur wissen,

---

1 Clara M. Davis, ‹Self-Selection of Food by Children›, *American Journal of Nursing*, Vol. 35 (1935), S. 403—410.

2 C. P. Richter, L. E. Holt, Jr., and B. Barelare, Jr., ‹Nutritional Requirements for Normal Growth and Reproduction in Rats Studied by the Self-Selection Method›, *American Journal of Physiology*, Vol. 122 (1938), S. 734—744.

3 Paul T. Young, ‹Appetite, Palatability and Feeding Habit: A Critical Review›, *Psychology Bulletin*, Vol. 45 (1948), S. 289—320.

recht glaubwürdig, daß das erlernte Verhalten, das zur Fortpflanzung absolut wesentlich ist, die biologischen Gegebenheiten ersetzt habe. Die Frau zeigt eine Fähigkeit zur sexuellen Stimulation, und man könnte daraus schließen, daß die geringere Häufigkeit der Masturbation bei Mädchen, die in unserer Gesellschaft behauptet wird und die für alle Südsee-Gesellschaften charakteristisch ist, die ich untersucht habe, bloß eine Sache des Körperbaus sei. Die weiblichen Genitalien des Kindes sind wenig exponiert und daher mütterlichen oder eigenen Manipulationen weniger unterworfen. Wird Masturbation nicht sozial anerkannt und gelehrt, entweder die Kinder von den Eltern oder die jüngeren Kinder von den älteren, kann ein weibliches Kind sie unter Umständen spontan nie lernen.

Biologische Notwendigkeiten

Aber abgesehen von diesen Argumenten gibt es keine Beweise dafür, daß die Fähigkeit zum Empfangen mit dem Orgasmus der Frau auf dieselbe direkte Art verbunden ist wie die Fähigkeit zur Befruchtung mit der Ejakulation des Mannes. Bloße physische Potenz, sei sie noch so vom Seelischen isoliert und künstlich hervorgerufen, ist für die Befruchtung wesentlich. Sollte eine Gesellschaft Methoden der Kindererziehung erfinden, die die Erektions- und Ejakulationsfähigkeiten aller Männer unterdrücken, würde sie sich einfach nicht mehr fortpflanzen. Es scheint keinen einleuchtenden Grund für die Annahme zu geben, daß der Orgasmus bei den meisten Frauen von vergleichbarer Wichtigkeit für die Empfängnis sei. Es scheint daher vernünftig, anzunehmen, daß die Fähigkeit der Frau zum Orgasmus eher als eine Möglichkeit betrachtet werden muß, die durch eine gegebene Kultur oder im Laufe der speziellen Lebensgeschichte eines Individuums entwickelt werden kann oder nicht, denn als ein ererbter Teil ihres vollen Menschentums. Die Notwendigkeit der weiblichen Bereitschaft, befruchtet zu werden, ist ebenso unbezweifelbar wie die Notwendigkeit des Mannes, zu befruchten. Die männliche Fähigkeit zur Ausführung des Geschlechtsaktes kann viel richtiger mit der Bereitschaft der Frau verglichen werden, die ganze reproduktive Folge durchzuführen, zu empfangen und ein Kind zu gebären, als mit irgendeiner angenommenen weiblichen Fähigkeit zum Orgasmus. Es gibt einige interessante Experimente mit Ratten, bei denen der Forscher die einfache Paarung zum Vergleich zwischen Männchen und Weibchen heranzog. Dabei fand er die Fähigkeit zur Paarung und zum Erlernen des Aktes auf Männchen beschränkt, während das Weibchen uninteressiert blieb [1]. In den Erklärungen wurde betont, daß das männliche Benehmen beim Paarungsakt alles in allem viel komplizierter – und aufregender – gewesen sei als das des Weibchens. Als man jedoch die Experimente ein bißchen weiter verfolgte

1 Frank A. Beach, ‹*Hormones and Behavior*›, mit einem Vorwort von Earl T. Engle, Paul B. Hoeber, New York, 1948.

und die Lernfähigkeit der weiblichen Ratten mit ihrer Betätigung als Mutter, nicht als Kopulationspartner, verglich, fand man eine Beziehung gleicher Größenordnung wie zwischen der höheren Kopulations- und der höheren Lernfähigkeit der Männchen. Der biologische Beitrag des Weibchens liegt in seinen mütterlichen Funktionen als Ganzes — nicht im Paarungsakt, der nur die Fähigkeit zum Stillhalten erfordert.

Doch vor uns liegt immer noch gewisses Beweismaterial, das widerspruchsvoll ist. Es gibt Gesellschaften, in denen Frauen sexuell sehr aktiv sind, den Orgasmus kennen und mit derselben Freiheit wie der Mann suchen, und in denen die Frau, die nicht so aktiv sexuell ist, bestraft wird. *Mundugumor* ist die mir am besten bekannte Gesellschaft, in der von den Frauen erwartet wird, daß sie vom Sexus dieselbe Art von Befriedigung erlangen wie die Männer. Die Tatsache, daß manche Frauen doch keine derartige Befriedigung im Sexuellen finden, kann leicht durch geringen Spannungszustand oder ungünstige erste Erfahrungssituation usw. erklärt werden. Aber dann müssen wir uns mit Gesellschaften wie den *Arapesh* befassen, in denen, unbeschadet dessen, daß die meisten Frauen angeben, keinen Orgasmus zu kennen und das Phänomen sozial nicht anerkannt ist und keine Bezeichnung dafür existiert, doch einige wenige Frauen sehr aktive sexuelle Wünsche empfinden, die nur durch einen Orgasmus befriedigt werden können. Wenn jeder angeborene Trieb zum Orgasmus für die ganze weibliche Menschheit geleugnet wird, was ist dann diesen besonderen Frauen geschehen? Sind sie, wie manche Theorien annehmen möchten, männlicher im Sinne abweichender endokriner Funktionen? Sicherlich, wenn man sie mit den anderen Frauen der gleichen Gesellschaft vergleicht, erscheint die stärker sexualbetonte Frau manchmal näher am männlichen Typus zu stehen. Haben sie durch irgendwelche zufälligen Kindheitserlebnisse gelernt, daß der Orgasmus eine Möglichkeit jedes menschlichen Körpers ist und daraus ein spezifisches Verlangen entwickelt, so wie menschliche Wesen beiderlei Geschlechts ein besonderes Verlangen nach besonderer Zubereitung einer Speise entwickeln können, obgleich solche Ernährungsregeln keine grundlegende biologische Bedeutung haben? Dies ist ebenfalls möglich, und irgendeine derartige Theorie liegt der Art zugrunde, wie Puritaner den Unterschied zwischen einer ‹guten› Frau, die sie ‹unerweckt› nennen, und einer ‹schlechten›, die ‹geweckt› ist, ausdrücken. Aber der Theoretiker, der glaubt, daß der Orgasmus eine primäre Reaktion der Frauen sei, kann leicht die ‹unerweckte› Frau als eine Abnormität abtun, die die puritanische Kultur hervorgebracht hat.

Die Vielfalt erogener Zonen

Eine andere mögliche Theorie wäre die, daß die Fähigkeit zum Erlernen einer vollen orgastischen Reaktion bei allen Frauen verschieden ist, daß die Unterschiede vielleicht sogar sehr gering sind und von solchen Details abhängen, wie der relativen Empfindsamkeit der Vielfalt erogener Zonen. Es ist möglich, daß bei der ungenauen Prägung der sexuellen Rezeptivität der Frau bald der eine Teil des Körpers, bald ein anderer, bald die Brustwarzen, bald die Lippen usw. empfindlich genug sind, um einen auslösenden Effekt zu entwickeln. Gesellschaften wie die in *Samoa*, die Wert auf ein sehr abwechslungsreiches und differenziertes Vorspiel legen, werden ins Repertoire des Mannes Akte einbeziehen, die praktisch fast alle Frauen erregen, wie verschieden veranlagt sie auch sein mögen. Aber in Kulturen, in denen viele Formen des Vorspiels verboten oder durch einfache soziale Anordnungen ausgeschlossen sind, die darauf bestehen, daß beide Partner bekleidet sind, kein Licht ist oder jeder Körpergeruch durch parfümierte Desodoratien verdeckt wird, kann diese Möglichkeit, die unter günstigen Umständen alle Frauen entwickeln können, von einem großen Teil oder beinahe von allen unbeachtet bleiben. Es ist wichtig, sich auch zu vergegenwärtigen, daß solch eine nichtverwirklichte Möglichkeit nicht notwendigerweise als ein Versagen empfunden wird.

Verbotene Vorspiele

Es mag nützlich sein, hier einige der anderen Möglichkeiten und Variationen des weiblichen reproduktiven Zyklus zu betrachten, die durch kulturellen Druck unterdrückt oder entwickelt werden können. Die Übelkeit am Morgen bei der Schwangerschaft kann vollkommen unbekannt sein oder von jeder Frau erwartet werden, so daß fehlende Übelkeit die Ausnahme ist, oder es wird behauptet, daß sie nur beim ersten Kind vorkommt. Aber in den Gesellschaften, die sie nicht kennen oder nur beim ersten Kind, gibt es immer einige Frauen, die an sehr starker Übelkeit leiden. Erbrechen kann ein Zeichen der Ablehnung des kürzlich empfangenen Kindes sein; aber in Gesellschaften wie den unseren, wo die ganze soziale Erwartung auf Morgenübelkeit eingestellt ist und die Freundinnen sofort das Terrain vorbereiten, indem sie davon reden, wie scheußlich sie sich fühlen wird, muß wahrscheinlich jede einfache Hypothese, daß Erbrechen eine unbewußte Ablehnung des werdenden Kindes sei, ausgeschlossen werden. Übelkeit mit verzögerter Menses kann statt dessen einfach als ein erfreuliches Zeichen dafür angesehen werden, daß man schwanger ist; dann wird die Übelkeit lediglich als sozial anerkanntes Zeichen betrachtet und durch sehr heftiges Wunschdenken dem Körper aufgenötigt. In Gesellschaften, die Erbrechen nicht als passenden Ausdruck für schwangere Frauen anerkennen oder die es nur bei Müttern von ersten Kindern erwarten, *kann* Übelkeit ein Ausdruck der Ablehnung sein, kann aber auch eine weniger psychologische, spezifische Störung sein, die noch innerhalb des Normalen liegt, aber verhältnismäßig ungewöhnlich ist, und die sich trotz jeder kulturellen Erwartung äußert. (Das seltene Vorkommen von plötzlichem Erbrechen beim Mann als klimakterisches Phänomen *kann* auch eine hysterische Identifizierung mit der Frau darstellen, kann aber auch in einer seltenen Gleichgewichtsstörung des Organismus seinen Ursprung haben.) So können wir von der Übelkeit am Morgen sagen, daß da, wo sie kulturell als richtig für jede Zeit der Schwangerschaft oder für gewisse Schwangerschaften (wie etwa nur die erste) angesehen wird, der größte Teil der Frauen dieses Verhalten zeigen wird; wo sie es nicht ist, zeigen es nur wenige Frauen. Krampfhaftes Erbrechen ist eine Fähigkeit jedes menschlichen Organismus, die gefördert, übersehen oder weitgehend abgelehnt werden kann.

Dieselbe Art von Beobachtung kann man bei den Menstruationsbeschwerden machen. Die *Samoaner* kennen einen leichten Schmerz als normale Menstruationsbegleiterscheinung, und eine große Zahl von Mädchen bestätigt dies [1]. Die *Arapesh* kennen überhaupt keine Periodenschmerzen, möglicherweise, weil das äußerst unbequeme Sitzen auf einem Stück Rinde auf dem feuchten, kalten Boden einer undichten Blätterhütte im Gebirge, das Abreiben des Körpers mit stechenden Nesseln jede Beachtung vollkommen verdeckt. Sorgfältige Beobachtungen der Menstruationsschmerzen in Amerika haben keinen beständig auftretenden Faktor bei Frauen mit manifesten Beschwerden feststellen können, mit Ausnahme des einen, daß alle während der Kindheit unter dem Einfluß anderer Frauen standen, die ihnen von Menstruationsbeschwerden erzählten.

Obgleich die Möglichkeit einer innerorganischen Veränderung nicht ausgeschlossen worden ist, scheint Grund zur Annahme zu bestehen, daß wir es hier möglicherweise mit einem Phänomen der Aufmerksamkeit zu tun haben, vielleicht mit gewissen Phänomenen der Schmerzverursachung vergleichbar, bei denen sich stets selbst verstärkende Kreislaufprozesse in Gang gesetzt werden, so daß ein bestimmtes Individuum leidet, weil ihm Uterusverengungen bewußt werden, die anderen Frauen keine Schmerzen verursachen [2]. Die kulturelle Erwartung kann ein wichtiger Faktor sein, um solch ein Bewußtwerden zustande zu bringen, so wie Praktiken, ähnlich denen der Yogis, Individuen daran gewöhnen können, körperliche Prozesse bewußt wahrzunehmen, die normalerweise unter der Schwelle der bewußten Aufmerksamkeit liegen.

---

1 Siehe Margaret Mead, ‹Table showing length of time since puberty, periodicity, amount of pain during menses, masturbation, homosexual experience, heterosexual experience, and residence or non-residence in pastor's household›, *Coming of Age in Samoa.* William Morrow, New York, 1928, Anhang V, Tafel I, S. 285.

2 L. K. Frank, G. E. Hutchinson, W. K. Livingston, W. S. McCulloch and N. Wiener, ‹Teleological Mechanismus›, *Annals of the New York Academy of Sciences*, Vol. 50 (1948), S. 178—278, besonders W. K. Livingston, ‹The Vicious Circle in Causalgia›, S. 247—258.

Es gibt noch eine andere hierher gehörige Hypothese, die man anführen kann, um zu erklären, auf welcher Grundlage manche Gesellschaften bei Frauen einen aktiven, suchenden Typus spezifischer Sexualität entwickeln, der in einem Orgasmus gipfelt, während andere solche Frauen hervorbringen, deren geschlechtliche Reaktion zu keiner Klimax kommt und unkonzentriert ist. Es kann hierbei ein echter Unterschied vorliegen, der mit dem Konstitutionstypus in Zusammenhang steht; ein Unterschied der verschiedenen Körperbauarten z. B. eine größere oder weiter exponierte Klitoris, oder eine Klitoris, die näher am Scheideneingang sitzt, stark aufgerichtete Brustwarzen und so weiter – oder der mit feineren Dingen wie Spannung, Rhythmus und Einstellung des ganzen Nervensystems zusammenhängt. Hier wie anderswo kann eine Kultur ihre Richtlinien einem bestimmten Typus entlehnen und anderen konstitutionellen Typen ein erlerntes Verhalten auferlegen, das ihnen weniger angemessen ist als denen, von denen die Richtlinie entlehnt wurde. So paßt sich der in *Bali* gebräuchliche Vorgang des Stillens, bei dem das Kind hoch auf der Hüfte der Mutter gehalten wird und sich zum Trinken an den kleinen, hohen Brüsten herüberneigt, dem vorherrschenden Konstitutionstyp in *Bali* an und ist daher unangenehm und schwierig für Frauen mit hängenden Brüsten. Aber in solchen Gruppen, wo die Brüste so ausgedehnt werden, daß einige Frauen sie über die Schulter werfen können, würde die typische *balinesisch*e Frau in noch größerem Nachteil sein. Bei kleineren Völkern mit Inzucht können sich die Verhältnisse der Bevölkerung des einen Konstitutionstyps zu dem eines anderen radikal ändern, und so können konstitutionelle Vorbilder stetig ein kulturelles Lernen verstärken. In großen heterogenen Bevölkerungen wie der unsrigen ist eine so scharfe Trennung kaum möglich. Daher können sehr extreme Formen des Lernens mit äußeren Eingriffen in die Körperform vorkommen, wie zum Beispiel heute die Nachfrage nach chirurgischer Brustplastik und eine Diätdisziplin, der sich die Frauen unterwerfen, um dem heutigen amerikanischen Schlankheitsideal nahezukommen. Fände ich, daß ein wirklich konstitutionell bedingter Unterschied in der Fähigkeit zum Orgasmus mit der Konstitution verbunden ist, könnte dies einen Hinweis in der Richtung bedeuten, daß bei manchen Kulturen die weiblichen Reaktionen glücklicherweise unbestimmt, in anderen glücklicherweise eindeutig sind, während die Abweichungen überall mehr oder weniger unglücklich hinter dem vorherrschenden Stil herlaufen.

Das vergleichbare kulturelle Material gibt uns keinen Grund zur Annahme, daß ein Orgasmus ein angeborener, nicht anerzogener Teil der sexuellen Reaktion der Frau sei, wie er es bei den Männern ist, und legt es sehr nahe, daß der größere Teil des Kopulationsverhaltens bei den Frauen erlernt ist. Theorien, die den Frauen entweder große Anteilnahme oder großen Mangel daran als ‹natürlich› zusprechen und die große Bedeutung des Lernens vergessen, sind wahrscheinlich nicht nur wissenschaftlich gesehen unhaltbar, sondern unterstützen auch verschiedene soziale Haltungen, die der Natur der weiblichen Sexualität Gewalt antun und den Beziehungen zwischen den Geschlechtern eine unnötige Last aufbürden.

4. Die menschliche Fortpflanzung

Da wir heute in verstädterten Gesellschaften leben, in denen Kinder ein kostspieliger Luxus und die Gesellschaftseinheiten so groß sind, daß man mehr an fallende oder steigende Geburtenziffern als an die Bedeutung des einzelnen Kindes denkt, hat das Wort Fortpflanzungsproblem für viele Menschen die Bedeutung: Problem der Bevölkerungsbeschränkung angenommen. Es scheint ein tief verankerter Glaube zu sein, daß die Empfängnis ein fast automatischer Prozeß sei und daß jeder Geschlechtsakt zu einem Kinde führe, wenn nicht drastische Maßnahmen dagegen ergriffen werden. Das Märchen von dem König und der Königin, die keine Kinder hatten, ist durch Scherze über Fehlschläge mit empfängnisverhindernden Maßnahmen ersetzt worden. Selbst angesichts der steigenden Sterilitätsrate und der gelegentlichen chirurgischen Behandlung der Sterilität interessiert man sich im allgemeinen mehr für die Frage, wie man keine Kinder bekommt, als für die, wie man sie bekommt. In dieser einseitigen Betonung liegt nichts Geheimnisvolles. Jede Geschichtsperiode, in der eine soziale Umwandlung schneller vor sich geht, als das von der Charakterstruktur der Menschen, die in dieser sich wandelnden Gesellschaft leben müssen, aufgenommen werden kann, wird solche einseitig schiefe Einstellung erzeugen. In den Vereinigten Staaten sieht sich eine bewegliche Bevölkerung, die vor zwei Generationen noch vorwiegend bäuerlich war, einer sozialen Forderung nach kleinen Familien gegenüber, aber unsere Haltung zur Elternschaft ist noch voll von Huldigungen an die Mütter unzähliger Kinder, die man sich manchmal alle als lebend vorstellt, manchmal mit einer erheblichen Anzahl von Sterbefällen unter ihnen, und die moderne Frau scheint nur um Haaresbreite einem Schicksal, schlimmer als der Tod, zu entgehen: dem, hintereinander ein Dutzend Kinder zu gebären.

Aber so erklärlich die heutige Einstellung zur Fortpflanzung ist – das heißt, daß eine Fortpflanzung immer eintritt, wenn sie nicht verhindert wird, eine Anschauung, die Verteidiger und Gegner der ‹geplanten Elternschaft› teilen –, so ist sie natürlich doch einseitig. Jede menschliche Gesellschaft sieht sich nicht nur einem, sondern zwei Bevölkerungsproblemen gegenüber: wie man genügend Kinder zeugt und aufzieht, und wie man nicht zu viele Kinder zeugt und aufzieht. Die Definition von ‹genügend› und ‹zuviel› variiert enorm. In einem jungen Kolonialland oder einem aufstrebenden Militärstaat kann es nicht ‹zu viele› gesunde Kinder geben. Wenn die Fruchtbarkeit die Lebenskraft bedroht, können soziale Druckmaßnahmen gegen das Kindergebären entstehen. Agrarbevölkerungen mit begrenztem Landbesitz sehen sich automatisch der Notwendigkeit gegenüber, die Bevölkerung stabil zu erhalten, ihre jungen Leute auswandern zu lassen oder irgendeine Form von Industrie zu entwikkeln. Primitive Völker, die auf kleinen unfruchtbaren Landstreifen leben, kämpfen unaufhörlich mit der Frage des Gleichgewichts: wie sie die richtige Anzahl von Knaben und Mädchen bekommen, wie viele Kinder behalten und aufgezogen werden sollen, wann das Leben eines Kindes dem Leben eines der Geschwister geopfert werden soll — in seltenen Fällen sogar so, daß der Säugling einem der älteren Geschwister als Nahrung gegeben wird. Und auf primitiver Stufe wie in unseren komplexen modernen Gesellschaften herrscht die Furcht, daß die Reproduktionsrate so stark fallen könne, daß die Gesellschaft ausstirbt. Jeder neuen Situation gegenüber — der Ankunft des weißen Mannes im Pazifik, dem Verschwinden des Büffels auf den amerikanischen Prärien, der Einführung der Feuerwaffen, selbst einfach dem Zwang gegenüber, mit einem Fluß fertigzuwerden, wenn die Gruppe früher Waldbewohner war — kann eine Gruppe ihre sozialen Einrichtungen so verändert finden, daß es unmöglich ist, die Bewegung der Bevölkerungszahl stabil und in einer wünschenswerten Richtung zu halten. Viele kleine Südsee-Bevölkerungen begannen, ohne neue empfängnisverhütende Praktiken, mit dem Vorrücken des weißen Mannes auszusterben. Waren diese Gruppen sehr klein, starben sie manchmal ganz aus. Größere Gruppen taumelten unter dem Zusammenstoß mit einer neuen Welt eine Generation lang und gewannen dann genügend Festigkeit, daß es der Mühe wert war, weiterzuleben.

Solche Bevölkerungsrückgänge können ein genauer Maßstab für die Verzweiflung sein, aber wir wissen noch sehr wenig über die Mechanismen, die dabei wirken. Sehr oft kann man den Vorgang nicht auf so einfache soziale Bedingungen zurückführen wie ein späteres Heiratsalter oder niedrige Eheschließungsziffern oder auf sichtbare Praktiken wie Empfängnisverhütung, Abtreibung oder Kindesmord. Hinter all diesen uralten Kunstgriffen liegt ein feinerer Faktor, eine Bereitwilligkeit oder Abneigung, sich fortzupflanzen, die tief in der Charakterstruktur sowohl der Männer als auch der Frauen eingebettet ist. Wie diese relative Bereitwilligkeit und Abneigung funktionieren, an welchem Punkt des reproduktiven Prozesses Hindernisse eingeschoben werden, wissen wir noch nicht, aber der Augenschein läßt wenig Zweifel, daß es sie gibt.

Sozial festgelegte Rollen der Männer

Hinter den Tendenzen der Zu- oder Abnahme einer Bevölkerung, die in der Statistik erfaßt werden, hinter den deutlichen Ängsten in bezug auf die Größe der dörflichen Kampfkraft oder Jägergruppe oder dem Absinken der Bodenfläche, die für jedes Kind verfügbar ist, liegen die Einstellungen zum Kindergebären, die sich bei Mann und Weib entwickelt haben. Wir haben gesehen, daß es genügend Gründe gibt zu glauben, daß der Wunsch des Mannes nach Kindern erlernt ist, erlernt in vielleicht allen Fällen im Kindesalter durch Identifizierung mit der Mutter oder den Neid auf sie als Kindergebärerin, oder durch Identifizierung mit dem Vater in seiner sozial vollständig festgelegten Rolle als Zeuger und Ernährer der Kinder. Wie wir gleichfalls sahen, ist dieses besondere Stück des Lernens eines der grundlegendsten für die Erhaltung einer menschlichen Gesellschaft. In jeder Gesellschaft, die Bedingungen geschaffen hat, unter denen Männer Kinder zeugen und für sie sorgen wollen, wird sich der Mann, der keine Kinder wünscht, in gewissem Grad als anomal und abwegig empfinden. Er kann seinen Lerndefekt als Inversion abstempeln und homosexuell werden, er kann einen Stand wählen, in dem er selbst gefüttert und gepflegt wird wie ein Kind, und sein Leben in einem Kloster, in einem abgeschlossenen College oder in der Armee führen. Wenn ihn ein Psychiater untersucht, wird sich gewöhnlich zeigen, daß er von der allgemeinen Charakterstruktur bei Männern seiner Gesellschaftsform stark abweicht, und daß er nicht deshalb verwundbar ist, weil er unnatürlich ist, sondern weil er etwas von dem nicht gelernt hat, was die meisten anderen Männer seiner Klasse, seines Alters, seiner Intelligenzstufe und seines Sensibilitätstypus gelernt haben. Er ist nicht ‹unnatürlicher› als der intellektuelle Amerikaner mit kleinem Gehalt, der auf einer großen Zahl von Kindern besteht. Bei solch einem Patriarchen würde eine gleich eingehende psychiatrische Untersuchung wahrscheinlich gleich wichtige Lerndefekte enthüllen, obgleich solch ein Mann sich zweifelsohne weniger um sich selbst sorgen und weniger häufig zum Psychiater kommen wird, weil er die Stütze früherer Generationen hinter sich weiß. Beides, Lerndefekte wie Zuviellernen, können ernsthafte körperliche Einbußen mit sich bringen; somatische Begleiterscheinungen bei Abirrungen in der individuellen Karriere sind häufig genug [1]. Wir wissen nicht, ob die Kosten an sichtbaren körperlichen Symptomen für eine Verleugnung grundlegender biologischer Funktionen größer sind als der Preis, den einige Individuen in ähnlicher Münze zahlen müssen, wenn sie nicht eine bestimmte Art der Musik schreiben oder sich nicht so kleiden dürfen, wie sie gelernt haben, daß Angehörige ihrer Klasse sich kleiden sollten. Wenn daher gesagt wird, daß Männer keinen natürlichen Drang zur Vaterschaft hätten und darum nicht darunter litten, wenn sie die Vaterschaft ablehnen, so müssen wir doch erkennen, daß das Verweigern der Verantwortung der Vaterschaft in den meisten Gesellschaften für den einzelnen eine sehr kostspielige Angelegenheit ist.

1 Margaret Mead, ‹The Concept of Culture and the Psychosomatic Approach›, *Psychiatry*, Vol. 10 (1947), S. 57—76; Gotthard C. Booth, ‹Variety in Personality and Its Relation to Health›, *Review of Religion*, New York (Mai 1946), S. 385—412; Harold G. Wolff, ‹Protective Reaction Patterns and Disease›, *Annals of Internal Medicine*, Vol. 27 (1947), S. 944—969.

Bali ist ein ausgezeichnetes Beispiel einer Gesellschaft, in der schon die verschwenderische Fülle von Einzelheiten, mit denen eine Heirat belohnt wird, die Erwartung hervorhebt, daß die Menschen sich nicht nach der Ehe drängen. In dem Dorf Bajoeng Gedé wird einem Mann, der nicht heiratet, der volle soziale Status abgesprochen. Er bleibt für immer am Fuß der Leiter, der Älteste unter der Jugend; er ist ein alter junger Mann anstatt ‹in der Blüte der Jugend›. Ein kinderloser Mann kann niemals die Spitze der Hierarchie, die volle Heiligkeit erreichen, er muß sich einen Grad unter der Spitze zurückziehen. Schlimmer noch ist die Strafe für einen Mann, der die Vaterschaft anstrebt und nur Mädchen gezeugt hat. Zum Beispiel hatte in Bajoeng Gedé ein Mann vier Töchter und bekam nach einer Zeitspanne von vier Jahren keine Kinder mehr; er mußte sich von der aktiven Dorfgemeinschaft zurückziehen. Seine Position ist allerdings immer wiederherstellbar, wenn er einen Sohn zeugt. In der Ehe macht sich der Mann andauernd Gedanken, ob er seine Frau auch genügend begehre, um Kinder zu zeugen. Die sozialen Einrichtungen trennen Ehemann und Ehefrau ständig: ‹Einer geht fort, der andere bleibt zurück, um den Hof zu bewachen›, ‹einer ist im Dorf, der andere auf dem Acker›. Die Ehe ist formell, sozial aufgezwungen, sie ist ein Weg, um die Kinder hervorzubringen, die man haben muß, um sozial vollgültig zu sein. Aber es gibt in *Bali* auch Männer und Frauen, die sich weigern zu heiraten; und es gibt Männer und Frauen, die ihre Kinderlosigkeit oder ihre Stellung als Eltern eines einzigen toten Mädchens so schwer nehmen, daß sie mürrisch und antisozial werden, sich dem Glücksspiel ergeben und den materiellen Aufbau ihres Lebens zerstören. Die ganze Umwelt ist derart, daß sie gleichzeitig Leute hervorbringt, die auf die negative Darstellung so reagieren, daß sie sich weigern zu heiraten und Kinder zu haben, und andere, die so kräftig auf sie ansprechen, daß ihre gesamte Persönlichkeit ruiniert ist, wenn ihnen eine sozial erfolgreiche Vaterschaft versagt bleibt.

Ich kenne kein Beispiel für eine solche extreme Reaktion auf die Situation, die beraubten Eltern eines einzigen toten Jungen zu sein. Dies ist in Wahrheit die sozial höchst belohnte Stellung in Bajoeng Gedé, denn damit hat man eine Vollkommenheit als Individuum erreicht, die nur der Tod unterbrechen kann. Menschen mit lebenden Kindern müssen es auf sich nehmen, sich vom aktiven Leben zurückzuziehen, wenn das jüngste Kind heiratet oder wenn ihr erstes Enkelkind geboren ist. Aber Mann und Frau mit einem toten männlichen Kind sind für den Rest dieser Inkarnation sicher. Dieser eine Umstand beleuchtet lebhaft die Natur der Nötigungen zur Vaterschaft in *Bali*. Es ist auch wünschenswert, einen männlichen Nachkommen zu haben, um die Reihe der Ahnengebete fortzuführen, und Familien mit Töchtern adoptieren ihre Schwiegersöhne; manchmal, doch nicht immer, adoptieren kinderlose Familien einen Sohn. Das Bedürfnis nach Gebeten der Nachkommen wird nicht so heftig betont wie das Bedürfnis nach sozialer Vervollkommnung als Person in dieser Inkarnation. Die Reihenfolge der Rangordnung ist interessant: zuerst kommen die Unverheirateten, die definitionsgemäß unvollkommen sind, mit Ausnahme des brahmanischen Mädchens, das aus eigenem Entschluß Priesterin geworden und deshalb von der Ehe befreit ist (das heißt, sie hat einen Stand erreicht, der normalerweise nur von wenigen Brahmanenfrauen in der Ehe erreicht wird, und sie kann nicht weiter steigen; Heirat im weltlichen Sinn würde einen Schritt zurück bedeuten). Dann kommen die Verheirateten, die nur Mädchen gezeugt haben; dann die kinderlosen Verheirateten und schließlich die Verheirateten, die wenigstens ein männliches Kind gezeugt haben.

Die Marind-Anim hat die Furcht, daß Männer und Frauen heterosexuelle Betätigung niemals lohnend genug finden würden, um sich ihr hinzugeben, zu heftigen Extremen geführt. Ihre jungen Männer machen eine Periode streng konventionell geregelter homosexueller Erfahrungen durch, und dann wird in einem Ritual, das eine ganze Initiations-Gruppe zu Männern macht, ein heterosexuelles Paar in enger Umschlingung in eine Grube geworfen und als notwendiges Opfer getötet. Die Furcht, daß niemand jemals heterosexuelle Liebe vorziehen würde, verrät eine sehr extreme Einstellung; sie dramatisiert das eine Ende der Stufenleiter, während jene Völker, die die denkbar schärfsten Beschränkungen der heterosexuellen Aktivität vornehmen (aus ausgesprochener Furcht, sie würde sonst alle Grenzen überfluten), am anderen Ende liegen. Es gibt keine primitiven Völker, die nicht irgendwie die Erkenntnis zeigen, daß die Kopulation mit der Fortpflanzung zusammenhängt, wenn sie es auch nur so ausdrücken, daß sie dem Geist des Kindes einen Weg bereitet oder daß mit ihr das Kind, das bereits in den Leib der Mutter eingetreten ist, gefüttert wird. So bildet die von der Gruppe festgelegte Einstellung gegenüber der Unbändigkeit heterosexueller Impulse, beziehungsweise die Notwendigkeit, die Impulse anzureizen, ein Anzeichen für die jeweilige Einstellung zur Fortpflanzung. Diese kann in sich widerspruchsvoll sein, und Gebete um Fruchtbarkeit können begleitet werden von Tabus auf heterosexuelle Betätigung, um dem neuen Leben eine Chance zu geben; oder aber Gebete und Fruchtbarkeitsriten können von Riten zum Anreiz heterosexuellen Verlangens begleitet sein. Die Beziehung zwischen den angeborenen sexuellen Impulsen und der Fortpflanzung scheint beim Mann erlernte Reaktion zu sein, wofür die große Anzahl einander widerstreitender kultureller Lösungen Zeugnis ablegt. Die männliche Sexualität scheint ursprünglich auf kein Ziel jenseits der unmittelbaren Entladung gerichtet zu sein; die Gesellschaft erst pflanzt dem Mann den Wunsch nach Kindern, nach festgeprägten gesellschaftlichen Beziehungen ein, die seine ursprünglichen Impulse beherrschen und ausgestalten [1].

---

1 In Dr. Kinseys Buch ‹*Sexual Behavior in the Human Male*› (Alfred C. Kinsey, Wardell B. Pomeroy and Clyde E. Martin, Saunders, Philadelphia, 1948) nimmt die Betrachtung solch eine einfache Beziehung zwi-

Der weibliche Zyklus

Bei der Frau stehen wir jedoch vor etwas ganz Andersartigem. Der männliche Geschlechtsakt ist unmittelbar selbstbefreiend und selbstbefriedigend; aber das weibliche Analogon ist nicht das eine Begattungserlebnis, so befreiend es auch erscheinen mag, sondern der ganze Zyklus von Schwangerschaft, Geburt und Stillen. Obgleich die Frauen sich nur die Hälfte ihres Lebens in Gesellschaften, in denen die Frauen jung sterben, und ein Drittel in solchen, in denen sie langlebig sind, dem Kindergebären widmen können, betonen die meisten Gesellschaften beständig das Kindergebären als den eigentlich bedeutsamen Aspekt der Weiblichkeit. In vielen Gesellschaften werden Mädchen vor der Pubertät und Frauen nach dem Klimakterium sehr weitgehend wie Männer behandelt. Eine Gesellschaft, die die Frauen nicht als hauptsächlich zum Kindergebären bestimmt bezeichnet, hat weniger Schwierigkeiten, Tabus und soziale Schranken fallen zu lassen. Es ist sehr bezeichnend, daß die *Mundugumor*, obgleich sie einen festgelegten Rahmen besitzen, der auf dem Ausschluß der Frau von der Einweihung in den Kult der Männer beruht, die kindergebärenden Funktionen der Frauen verabscheuen und gleichzeitig Frauen zu den Mysterien der heiligen Flöten zulassen. Um dazu eine Parallele zu finden, können wir uns den amerikanischen Indianern der Pueblos von Zuni zuwenden, bei denen allen Männern durch kulturelle Festlegung alle Betätigungen verwehrt sind, die nicht einen konstruktiven, bewahrenden und kinderaufziehenden Aspekt haben, und wo auch kein Bedenken dagegen bestand, die Frauen in die Männer-Gesellschaften zu initiieren. Aber während bei den *Mundugumor* nur sehr selten ein indolentes Mädchen die kleinen Prüfungen der Initiation ablehnte, machten bei den Zuni nur wenige Frauen von ihrem Vorrecht Gebrauch.

Frauen verrichten Männerarbeit

Im vorsowjetischen Rußland scheint dem Wesen der Frau als Kindergebärerin außerordentlich wenig Schätzung entgegengebracht worden zu sein, und es ist bezeichnend, wie die Russen wenig Schwierigkeit darin finden, ihre Frauen zu männlichen Arbeiten, selbst zum Bedienen von Maschinengewehren im Krieg, heranzuziehen. Bei den *Tchambuli*, wo die Frauen die ganze Last der Versorgerrolle übernommen haben, ereifern sich die Männer gegen die Last, die die Versorgung der Kinder den Müttern auferlegt, und die jungen Männer bestürmten uns, dem Stamm Ziegen mitzubringen. ‹Wir können die Ziegen melken und damit die Kinder füttern›, sagten sie. ‹Die Frauen

---

schen dem Mann und seinen Impulsen an. Dr. Kinsey nimmt als Verhaltenseinheit, was er einen *‹outlet›* nennt, den unmittelbaren Entschluß zur Tumuszenz, und betrachtet alle Zusammenhänge, in denen sie auftritt, als vergleichbar.

sind beschäftigt und haben anderes zu tun.› Wir werden später sehen, wie in den Vereinigten Staaten, wo die weibliche Erziehung zum großen Teil mit der männlichen identisch ist und das Dogma von der gleichen ökonomischen Möglichkeit weit um sich gegriffen hat, der Stand der Ehefrau immer noch eine speziell kindergebärende, haushaltführende Rolle bedeutet, die so ganz verschieden ist von den Erfahrungen der Wahlmöglichkeiten im Leben, die Knaben und Mädchen bisher gemeinsam hatten.

Einfach gesagt, müssen Männer es als Kinder lernen, Kinder zeugen und aufziehen zu wollen und eine Gesellschaft aufrechtzuerhalten, in der Kinder ebenso gepflegt wie gegen Feinde geschützt werden. Andererseits müssen die Frauen es lernen, Kinder ausschließlich unter sozial vorgeschriebenen Bedingungen haben zu wollen. Der junge Mann betrachtet seinen Körper und den von Männern aller Altersstufen und entdeckt all seine Möglichkeiten zu forschen, auseinanderzunehmen, zusammenzufügen, neuzuschaffen, die Lebens-Mysterien zu durchdringen, zu kämpfen und zu lieben. Auch das kleine Mädchen betrachtet seinen Körper und den anderer Frauen jeden Alters und denkt an seine Möglichkeiten, ein Kind zu bekommen, es zu halten, zu stillen und für es zu sorgen. Man kann die Mädchen in eine Umwelt bringen, in der jedes ein Knabe sein möchte und bedauert, ein Mädchen zu sein; man kann sie in Umgebungen versetzen, in denen eine Frau sein und Kindergebären gleichbedeuend damit ist, daß man zusehen muß, wie in den eigenen Körper eingedrungen, er verunstaltet und zerstört wird. Man kann Mädchen sicherlich beibringen, sich keine Kinder zu wünschen; aber solche Lehren werden immer von der Gesellschaft auferlegt.

Umdeutung des weiblichen Körpers

Jede feinste Einzelheit des weiblichen Körpers kann natürlich durch eine Kultur umgedeutet werden. Die Vulva kann als unmittelbar lustspendender Teil des Körpers betont und nicht mehr als Eingangspforte eines neuen Lebens anerkannt werden. Die Brüste können als erotische Zone abgestempelt werden, die nur deshalb ausgebildet und gepflegt werden müßten, weil sie eine wertvolle Ergänzung im Liebesspiel bedeuten und nicht, weil sie eines Tages Kinder nähren werden. Die Weichheit des weiblichen Körpers wird nicht mehr als die Oberfläche angesehen, gegen die ein Kind seine überempfindliche schoßweiche Haut schmiegt, sondern als etwas Verächtliches, das durch ‹Abhärten› überwunden werden muß. Der Uterus kann nicht mehr als etwas angesehen werden, das erfreulicher Expansion fähig ist, sondern als eine Bedrohung, die durch das Essen magischer Wurzeln einschrumpfen muß, so daß man unfruchtbar wird — wie in Tewara, einer Dobu-Siedlung —, oder als eine Stelle, die von dem Rest des zu fruchtbaren Körpers durch eine Tubenunterbindung abgetrennt werden muß. Die Schönheit der unfruchtbaren Frau kann für ein ganzes Volk so bedeutungsvoll werden, daß man, wie in

Bali, die Hexe als die Frau bezeichnet, deren Tochter bei der Heirat zurückgewiesen wurde und die nun aus Rache schöne, geschlechtslose Mädchen dazu ausbildet, den Tod über das Land zu verbreiten.

Frauen beim Hexentanz

Die Figur der Hexe, die mit erschreckender Gleichförmigkeit in der ganzen Welt anzutreffen ist, bei Zivilisierten wie bei Unzivilisierten, in den fernsten Winkeln des Dschungels wie auf den Kreuzwegen Europas, ist eine Frau, die auf einem Besenstiel oder einem abgeschälten Zweig davonreitet und ihre leere Haut bei ihrem Gatten läßt, um ihm vorzutäuschen, sie sei noch da. Es ist nicht ohne Bedeutung, daß wir kein solch ständig wiederkehrendes Bild von dem Mann haben, der magisch Unheil anrichtet. Zauberer, Zauber-Doktoren und schwarze Magier erscheinen und verschwinden in der Geschichte und in verschiedenen Kulturen. Die Hexe bleibt als ein so tiefverwurzeltes Symbol, daß sie selbst der Entthronung durch die kraftvollste kulturelle Phantasie zu widerstehen scheint.

In *Bali* ist die Hexe die Hauptfigur des Dramas, sie wird dargestellt, wie sie den Schmuck der weiblichen Mütterlichkeit und der männlichen Reife trägt: herabhängende Brüste und reichliche Körperbehaarung. Die Kinder stellen sie sich mit zupackenden Händen vor, als ein Wesen, bereit sie zu töten, aber auf der Bühne der Erwachsenen ist sie selbst das Bild der Furcht; zugleich erschreckend und erschreckt. Allein, seltsam sich bewegend, steht sie innerhalb des magischen Kreises, den der freundliche männliche Drache um sie und die Dorfbevölkerung gezogen hat. Sie ist mit den Dorfleuten im Kreis, aber die sind so lange sicher, als sie keine anderen Hexen zur Verstärkung herbeiholen kann. Und im *djoget*, dem bezaubernden Tanz, in dem ein kleines, noch nicht reifes Mädchen zum Entzücken der Männer des Dorfes tanzt, nimmt die Tänzerin, die als Symbol für das Begehrenswerte, Unwiderstehliche in der Frau steht, eine Puppe, verwandelt sie in die Hexe und stellt ihren feinen, schlanken Mädchenfuß auf den Kopf der Puppe und tritt sie im Staube zu Tode. Weit weg von *Bali*, hoch oben am Sepik-Fluß in Neu-Guinea, wo Hexen nur ein Thema der mündlichen Folklore sind, fand ich einst ein kleines fünfjähriges Mädchen über ihrem kleinen Bruder tanzend, den sie in ein flaches Loch gelegt hatte, das sie im Boden ausgehöhlt hatte. Ohne je etwas Derartiges gesehen zu haben, ohne jeden traditionellen Tanzschritt, der es ihr gezeigt hätte, tanzte sie von neuem die gleichen Schritte, die in *Bali* zu der Höhe einer dramatischen Form erhoben worden sind. Das Bild der Hexe, die lebende Dinge tötet, die die Kinder auf die Kehlen schlägt, bis sie sterben, durch deren Blick allein Kühe ihre Kälber verlieren und frische Milch sofort gerinnt, ist eine Darstellung der menschlichen Furcht vor dem, was der Menschheit durch eine Frau angetan werden kann, die gewollt oder gezwungen sich weigert, Kinder zu gebären, Kinder zu pflegen. Sie wird für fähig gehalten, dem Begehren des Mannes zu widerstehen und so das Band mit dem Leben an sich zu verschleiern. ‹Sie kann wegreiten und ihre leere Haut neben ihrem Mann zurücklassen.› Frauen wie Männer sind Kreaturen, die lernen; ihr Verhalten als Erwachsene hängt von ihren Erfahrungen in der Kindheit ab. Sie können so sehr lernen, keine Kinder zu wünschen, daß sie für alles Leben auf Erden zur Gefahr werden.

Der weibliche Wunsch nach Kindern

Doch deutet kein sicheres Anzeichen darauf hin, daß die Tatsache, daß eine Frau lernt, sich keine Kinder zu wünschen, solch einen tiefen Konflikt in ihr Wesen hineinträgt, daß er nicht zu lösen wäre und sie unfehlbar mit Fehlschlägen und Haß auf ihr Geschick einen Preis zahlen müsse, der sich wiederum auf das Leben ihrer ganzen Umgebung auswirkt. Ein Psychiater in den Vereinigten Staaten faßte seine klinische Erfahrung dahin zusammen: ‹Ich habe niemals eine Frau gesehen, die sozial und physisch in der Lage war, Kinder zu haben, und dies ablehnte, die nicht psychologisch unter dieser Weigerung gelitten hätte.› Diese Feststellung kann, wie es einige der extremeren heutigen Autoren wollen, dahin ausgelegt werden, daß der Wunsch der Frau nach Kindern so grundlegend sei, daß jeder Widerstand gegen ihn unvermeidlich Störungen, sogar Krankheit hervorruft. Jene Autoren sind der Meinung, daß gerade so, wie Menschen nicht lernen können, nicht zu atmen, nicht zu essen und nicht zu schlafen, sondern nur diese zusammengehörigen Tätigkeiten zu regeln und umzubilden, so könne auch eine Frau nicht lernen, nicht zu wünschen, Kinder zu gebären.

Sieht man die Feststellung des Psychiaters nochmals genauer an, so findet man ein nicht beachtetes Adverb: ‹sozial›. Es ist ebenso leicht, die Feststellung dahin zu deuten, daß jene leiden würden, die sich in eine Situation gebracht haben, von der sie glaubten, sie verlange Kindergebären, und es *dann* ablehnen. Das wäre dann die gleiche Sache wie die des ältesten Königssohnes, der die Verantwortung des Thrones nicht zu tragen vermag; oder des Maats, der sich davor drückt, die Führung des Schiffes zu übernehmen, wenn der Kapitän stirbt; oder des jungen amerikanischen Studenten, der ein Stipendium annimmt, um in Europa Musik zu studieren, dann aber das Geld verschleudert, ohne irgend etwas gelernt zu haben. All diese Menschen werden schwere psychologische Störungen zeigen. Die menschliche Gesellschaft besitzt einen großen aufgehäuften Schatz von Methoden, menschliche Wesen zu lehren, was sie tun sollen, und eine entsprechende Folge von Strafen, die ihnen von innen oder außen auferlegt werden, wenn sie nicht das tun, was sie gelernt haben. Die Frauen unserer Gesellschaft haben gelernt, daß Heirat und Kindergebären zusammengehören, daß, abgesehen von außergewöhnlichen Umständen – wie erblicher Krankheit, schlechter Gesundheit des Partners, besonderen finanziellen Lasten, die durch Unterstützungspflichten entstehen, wie Unterhalt von Eltern oder Geschwistern –, ein Ausweichen vor der Elternschaft ein Ausweichen vor der Verantwortung ist. Unter diesen Umständen zeigen Männer und Frauen, die mit Absicht die Verantwortung meiden, die Spuren dessen, daß sie einen sozial unerlaubten Weg gewählt haben.

Selbst die Feststellung der Kliniker, die, nicht allzu schlüssig, andeuten, daß bei Frauen, die nicht geboren haben, das Klimakterium beschwerlicher sei und Krebsgebilde besondere Formen annehmen können, stützt keine genaue Theorie, daß sich der weibliche Körper selbst für das Nicht-Ausnutzen der mütterlichen Funktionen räche. Zu der unverheirateten Frau, die sich Kinder gewünscht hat, und zu der kinderlosen verheirateten Frau kommt die Menopause als endgültiges Zufallen aller Tore zur Hoffnung und kann so Verzweiflung und Krankheit mit sich bringen. Wir müssen noch den Ausdruck ‹die sich Kinder gewünscht hat› in die Feststellung einfügen, damit sie sich in den Rahmen einer vergleichenden Diskussion einpaßt. Diejenigen, die gelernt haben zu wünschen, leiden, wenn ihre Wünsche nicht erfüllt werden, es sei denn, sie hätten auch gelernt, in der Selbstverleugnung Zufriedenheit zu finden.

Kinderlosigkeit als Berufung

Die Institution des Klosters, in dem sich im Dienste Gottes Männer ihre zeugenden und Frauen ihre gebärenden Fähigkeiten versagen, ist ein Beispiel einer sozial gebilligten Tradition, in der Frauen lernen können, sich keine Kinder zu wünschen. Wo immer es möglich ist, daß kleine Mädchen zusammen unter einem Baum sitzen und von ihrer Zukunft plaudern und eine davon entschlossen sagt: ‹Ich will eine Nonne werden und eine gefältelte Haube tragen und für hundert Kinder sorgen› oder ‹die Kranken pflegen› oder ‹unterrichten› oder ‹den ganzen Tag beten›, hat die Gesellschaft eine Ausdrucksmöglichkeit gefunden, innerhalb derer die Frauen ihre Fortpflanzungstätigkeit ohne Schaden für sich selbst verleugnen können. Manchmal kann der spätere Verlust des religiösen Glaubens oder selbst ein Zweifel an ihrer religiösen Berufung dieses Erlernte zerstören und die einst hingebungsvolle Nonne kann dann ein armes, verrücktes Wesen werden, das nicht mehr Engelstimmen hört, sondern die ihrer ungeborenen Kinder. Trotzdem ist es möglich, Berufungen für Frauen festzusetzen, die kein Kindergebären einschließen und die kleine Mädchen als volle menschliche Lösung für sich annehmen können. Werden diese Lösungen nicht durch Verleugnung der Weiblichkeit, durch Ablehnung von Kindern oder der mütterlichen Rolle kompliziert, ist dieser Prozeß des Lernens einfacher, als wenn ein kleines Mädchen einen Lebensweg, der als männlich gilt, wählt, weil er irgendeinen tiefen Anreiz auf sie ausübt.

Der innere Antrieb, heutzutage ein Arzt in Sowjetrußland und in den Vereinigten Staaten zu werden, ist notwendigerweise verschieden; denn hier ist der weibliche Doktor eine noch etwas mißbilligte Ausnahme, während er in Rußland die anerkannte Mehrheit darstellt. Doch besitzen wir nicht das notwendige Material, um zu behaupten, daß diejenigen Rollen, in denen Frauen zufrieden, wenn auch kinderlos waren, Rollen sein mußten, die man so deuten kann, daß sie den Wunsch nach Kindern sublimierten. Wir wissen noch immer nicht genau, wie vollständig ein Mädchen oder eine ganze Gruppe von Mädchen es lernen kann, sich keine Kinder zu wünschen.

Wir besitzen auch noch keine Hinweise, ob zu lernen, einen körperlich vorgezeichneten Weg nicht zu gehen, destruktiver ist, als einem sozial festgelegten Weg zu folgen, der keine körperliche Grundlage besitzt. Wenn eine Gesellschaft ihre Männer lehrt, auf Kosten des aktiven Genusses ihrer Sexualität konstruktiv, sanft und friedlich zu sein – wie bei den Zuni und *Arapesh* –, dann müssen diese Männer für das, was sie neu lernen, einen Preis zahlen. Aber die *Samoaner* – als Volk gleichermaßen friedlich und konstruktiv – zahlten keinen solchen Preis. Die männliche Sexualität wurde niemals als Angriffslust definiert, die gezügelt werden müsse, sondern einfach als ein Vergnügen, dem man sich zu gegebener Zeit und mit passenden Partnern hingeben kann. Es scheint sicherer, zu sagen, daß in jeder Gesellschaft Männer und Frauen die Bedeutung ihrer körperlichen Unterschiede, die Wichtigkeit ihrer Befähigung zur Fortpflanzung erlernen. Während dieses Lernprozesses kann eine Kultur das Verhalten, das von jedem Geschlecht verlangt wird, derart festlegen, daß es ihnen schwere oder leichte Lasten auferlegt.

Die Geburt als kulturelles Bild

Vielleicht das augenfälligste Beispiel für solch eine kulturelle Gestaltung ist die Art, wie die Entbindung selbst behandelt wird. Manche Gesellschaften bezeichnen sie als äußerst gefährlich, und die Azteken sahen den Himmel voller Blut von Männern, die im Kampfe und von Frauen, die bei der Geburt starben. Andere behandeln das Gebären als so einfach, daß die Mutter sich selbst hoffnungsvoll ausrechnet, ihr Kind werde vermutlich im Lager geboren und hätte damit Aussicht, am Leben zu bleiben, und nicht bei Tage in der Kälte des Weges, wo es ganz sicher sterben müßte. Die Anstrengungen der Geburt können so übertrieben dargestellt werden, daß der Vater sie teilen muß und nachher neben seinem Weib liegt, ‹um auszuruhen›, oder nach dem Verlassen des Warteraums in der Klinik eine Reise nach den Bermudas machen muß. Alte Weiber können den Kindern so viel von Schmerzen und Hexerei erzählen, daß sie vor Schrekken einschlafen, wenn im Haus eine Geburt stattfindet; andernorts rennen die Kinder durchs Dorf, um bei einer interessanten Geburt zuzuschauen. Hier wird von den Frauen erwartet, daß sie in einer Art stöhnen und schreien, die dazu angetan ist, alle jungen weiblichen Zuschauer einer Geburt abgeneigt, ganz sicher aber geneigt zu machen, ihrerseits zu schreien, wenn ‹ihre schwere Stunde› herankommt. Anderswo lernen die Frauen, daß sie in den Wehen mit ruhiger Würde ihre ganze Aufmerksamkeit auf die unmittelbare Aufgabe richten und vor allem nicht ihre Kräfte verzetteln oder ihrer Familie durch lautes Geschrei Schande machen sollen. So kann die Geburt je nach dem Bild erlebt werden, das die Kultur von ihr entworfen hat: als ein gefährliches und schmerzvolles Erlebnis, als interessant und wichtig, als etwas rein Sachliches und ein wenig gefährliches Wagnis oder als begleitet von übernatürlichen Gefahren. Ob die Männer einer Geburt beiwohnen dürfen oder nicht, sie tragen ihr Teil dazu bei, wie man die Geburt ansieht, und ich habe Tänzer bei einer wundervollen Pantomime einer schweren Entbindung sich auf dem Boden krümmen sehen, die niemals selbst eine kreißende Frau gesehen oder gehört hatten. Zu der Gestaltung irgendeines menschlichen Verhaltens, so geschlechtsbestimmt es auch sein mag, steuern beide Geschlechter ihre Phantasie bei, und Angehörige jeden Geschlechts mit besonderen Neigungen können ihm einen besonderen Ausdruck verleihen. Männer, die die Kopulation als aggressiv empfinden, werden wohl andere Phantasien über die schrecklichen Wirkungen ihres abscheulichen, unkontrollierten aggressiven Begehrens haben als die Männer, die den Beischlaf als Vergnügen empfinden und die etwa auch eine kulturelle Gesamtvorstellung teilen, nach der das Kind ‹ruhig schläft, bis es Zeit ist, geboren zu werden, dann seine Hände über den Kopf hebt und herauskommt›.

Es ist behauptet worden, daß eine der bedeutendsten Wandlungen in der modernen Zeit die Verminderung der Furcht der Frauen vor dem Sterben im Kindbett gewesen sei, denn die Statistiken beweisen einen Rückgang der Todesfälle im Kindbett[1]. Aber ich halte dies, im Lichte des bei Primitiven gewonnenen Materials, für einen kulturell eingeengten Gesichtspunkt. Ob das Kindbett als Situation angesehen wird, bei der man sein Leben riskiert, oder als eine, bei der man ein Kind, eine soziale Stellung oder ein Anrecht auf den Himmel erwirbt, ist nicht Sache der tatsächlichen Statistiken über mütterliche Sterblichkeit, sondern der Einstellung, die die Gesellschaft zur Entbindung einnimmt. Jede Behauptung über das instinktive mütterliche Verhalten der Frauen, welche darauf besteht, daß bei dieser einen Sache die biologische Grundlage stärker sei als jede Lernerfahrung, der sich ein weibliches Kind von Geburt an gegenübersieht, muß mit dieser großen Auswahl von Ansichten über die Geburt rechnen. Man kann nicht so argumentieren, daß die Geburt gleichzeitig ein unerträglicher und ein erträglicher Schmerz sei, eine Situation, vor der alle Frauen natürlicherweise in Furcht zurückschrecken, und eine Situation, die alle Frauen bereit und freudig erwarten, eine Gefahr, die man vermeiden sollte, und ein Höhepunkt, der andächtig ersehnt wird. Wenigstens einer der beiden Aspekte muß als erlernt angesehen werden, und im Lichte des heutigen Wissens scheint es einfacher, anzunehmen, daß die Einstellung von Männern und Frauen zur Entbindung komplexe und gegensätzliche Elemente in sich

1 Seit Einführung der antiseptischen Entbindung durch Ign. Ph. Semmelweis.

trägt und daß jede Gesellschaft einige davon, zuweilen auch eine Reihe einander widersprechender, herausgreifen und ausarbeiten kann. Je weiter irgendein erlerntes, kulturell ausgearbeitetes Verhalten von seiner biologischen Basis entfernt ist, um so freier schaltet die Phantasie. Daher hat man wohl einigen Grund zu glauben, daß die männliche Phantasie ungezügelt und ohne Unterweisung durch unmittelbare körperliche Hinweise oder eigene körperliche Erlebnisse unverhältnismäßig viel zum kulturellen Überbau gegenüber Ansichten und Praxis der Entbindung beigetragen hat. Es ist vielleicht recht bezeichnend, daß in den polynesischen Gesellschaften, in denen der Mann als Gatte und nicht als Magier oder Priester der Entbindung beiwohnt, eine äußerst einfache und unkomplizierte Einstellung zur Geburt vorherrscht, die Frauen schreien nicht, sondern arbeiten mit, und die Männer brauchen hinterher keine selbstauferlegten Sühnemaßnahmen.

Aber hinter der Annahme und Verwerfung der Fortpflanzung, hinter dem Gebären an sich, dem Pflegen und Ernähren liegt immer eine kulturelle Tradition, in der Knaben und Mädchen eine zweigeschlechtige Welt und die Rolle des einzelnen Geschlechts in ihr anzunehmen lernen. Die Gesellschaften können unterschiedlich erfolgreich darin sein, jedem Geschlecht seine Fortpflanzungsrolle beizubringen; und wenn beide Geschlechter sich von innen her gegen die Fortpflanzung sträuben, dann sterben solche Gesellschaften aus – selbst ohne Empfängnisverhütungsmittel.

Der Fruchtbarkeitsrhythmus der Frau

So haben denn durch viele Tausende von Jahren Völker über Völker mit den Problemen von Fruchtbarkeit und Unfruchtbarkeit gerungen und an das Verhältnis der Zahl von Kindern, die sie wünschen, derjenigen, die sie sich leisten können, und der Zahl der Kinder, die bei den bestehenden sozialen Praktiken geboren werden – wenn man nicht irgendwie eingreift –, eine falsche und zufällige Anpassung nach der anderen vollzogen. Es ist möglich, daß wir eines Tages eine Kultur entwickeln werden, in der innerhalb jeder paarweisen Beziehung eine so gute Verständigung herrscht, daß außer dem eigenen natürlichen Fruchtbarkeitsrhythmus der Frau keine weitere Kontrolle benötigt wird. Es scheint genügend einleuchtend, daß die sensible Reaktion der Frau auf die Veränderungen im eigenen Körper sie wohl sicher beraten mag, etwa einem Stelldichein im Mondlicht oder einer Gesellschaft, in der die Liebe leicht genommen wird, fernzubleiben. Aber diese Reaktion ist keineswegs stark genug, um sich bei dem tausendfachen Druck einer komplexen sozialen Organisation gleich unserer eigenen zu behaupten, in der natürliche Impulse überspannt und in eine Welt verwoben werden, die gekennzeichnet ist durch Alarmglocken, Fabriksirenen, überfüllte Vorortzüge, durch Monate, die für Eheschließungen günstig sind, die Saison in Bermuda, die Anstrengung einer Direktoren-Jahresversammlung oder eines

Theaterstücks, das gerade herausgebracht werden muß. Betrachten wir aber die verzweifelten Maßnahmen, zu denen einfachere Menschen greifen mußten, um die Zahl der Überlebenden ihrer gesellschaftlichen Struktur anzupassen — wenn wir etwa sehen, wie bei den Todas ein weibliches Neugeborenes in den Schlamm gelegt wird, damit es der Büffel zu Tode trampelt, während der überlebende Überschuß an Männern sich dann in gemeinsame Weiber teilen muß, wobei wieder ausgetüftelte Vorsichtsmaßregeln den Haushalt friedlich halten —, dann versteht man wohl, daß nicht erst die Zivilisation, im Sinn der modernen Verstädterung, die Menschen den Rhythmen ihres eigenen Körpers entfremdet hat.

Natürliche und unnatürliche Lebensart

Zwischen der Zeit, da man unseren vorgeschichtlichen Vorfahren noch zutrauen durfte, daß sie eine schlecht schmeckende Beere sofort ausspien und vielleicht gerade die Wurzel auffanden, die ein bitter benötigtes Salz enthielt, und dem heutigen Tag, an dem wir anfangen, genügend viel zu wissen, um eine richtige selbstselektive Diät für einen menschlichen Säugling zusammenzustellen, haben menschliche Wesen eifrig, phantasievoll und unbeholfen an dem Problem herumexperimentiert, eine künstlich geschaffene Lebensform auf einen Organismus abzustimmen, der zwar die Geschicklichkeit besitzt, solche Lebensweisen zu entwerfen, doch nicht die automatische Fähigkeit, sie sich richtig anzupassen. Zwischen den ersten Zivilisationsversuchen — dem ersten Bett, aus trockenem Gras gemacht; dem ersten Felsblock, der herbeigerollt wurde, um einen Schutz gegen den Wind zu bilden; dem ersten Ast, der einmal zu einem Werkzeug umgestaltet wurde; oder vielleicht auch der ersten Frau, die ruhig und nicht lüstern neben dem gewählten Gefährten lag; oder dem ersten Mann, der anfing, regelmäßig seine gesammelten Früchte mit ihr zu teilen — und den modernsten Errungenschaften des Atomzeitalters — der Radio-Kinderschwester, Vitamin-D-homogenisierter Milch, dem Teil eines Auges, das von einem Toten auf einen Lebenden transplantiert wird — sind die Menschen immer die gleichen Straßen gezogen, und keine von ihnen war natürlich.

Es ist ein Stück sentimentalen Unsinns von einem Eskimo, der in ein Pelzgewand gekleidet ist, das ihm die Nadel seiner Frau kunstvoll geschneidert hat, und der Stiefel trägt, deren Leder sie mit weiblicher Liebe weichgekaut hat, der in seiner behandschuhten Hand eine sinnreich gestaltete Harpune trägt und nach dem Seehund Ausschau hält, als *natürlich* zu sprechen, und von einem modernen Menschen, der fabrikmäßig hergestellte Schuhe trägt, die ihm seine Frau im Laden gekauft hat, der in einem Konfektionsanzug aus fabrikmäßig gewobener Wolle aus Australien gekleidet ist, während er eine Fleischkonservenmaschine bedient, als *unnatürlich*. Das ist das gleiche wie der Einwand, den man von Ernährungsfanatikern gegen mit Vitaminen angereichertes Brot hören kann, das sei eine ‹unnatürliche› Art, natürliches Brot zu behandeln — Brot aus einheimischem Weizen, mit praktischen Maschinen angepflanzt, in modernen Mühlen gemahlen und in einem Ofen, von Menschenhand gebaut, gebacken! Unser Problem ist nicht das, natürlich zu sein, das würde im Endeffekt bedeuten, alle Spuren jeglicher Kultur zu verwischen, die Sprache aufzugeben und zu einem tierischen Leben zurückzukehren; es besteht auch nicht darin, *mehr* oder *weniger* künstlich zu sein, eine einfache Sprechweise, nachgemachtes bäuerliches Gehabe oder eine Jagdpartie mit Luftmatratzen oder schlecht ausgemahlenes Vollweizenbrot als Heilmittel für unseren entsetzlich künstlichen Zustand anzunehmen. Unser Problem ist, diesen neuen Weg der Evolution, dies kostbare System von Erfindungen und sozial erlernten Praktiken zu entwickeln und weiter auszubauen, das von allen lebenden Wesen allein der Mensch begonnen hat. Wir brauchen kein ‹natürlicheres› Brot, das aus einem Weizen gemacht ist, der wenigstens einigermaßen der Nahrung der wilden Tiere nahekommt, obwohl er ‹etwas schlechter› ist, wegen der Züchtung und Düngung von ein paar hundert Jahren. Wir brauchen ein Brot, in dem wir noch mehr ‹Unnatürliches› kombinieren können, mehr, nicht weniger Resultate unserer Forschung, unserer Fähigkeit und dessen, was wir gelernt haben.

Unsere menschliche Kultur beruht auf unserer relativ beschränkten Fruchtbarkeit, auf einer langen Zeit der Schwangerschaft und kindlicher Unselbständigkeit, die nur da denkbar ist, wo es wenig Kinder gibt, die mit Sorgfalt und Liebe großgezogen werden können. Sie beruht auf dem Vorhandensein warmer menschlicher Empfindungen bei beiden Geschlechtern, die nicht in einem allzu engen Zusammenhang stehen mit dem biologischen Rhythmus der weiblichen Natur. Um den an sich unbegrenzten Zeugungsdrang zu meistern und einzuschränken und die Zahl der Kinder, die uns als wünschenswert erscheinen, mit der in Einklang zu bringen, die wir uns wirtschaftlich leisten können, ohne daß irgendwelche gewaltsamen und unzulänglichen Maßnahmen erforderlich würden, ohne daß eine ganze Schicht der Bevölkerung mit dem Gedanken an radikale Geburtsbeschränkung vertraut gemacht werden müßte und ohne daß lebendige Wesen in die Welt gesetzt werden, um sogleich blinden Göttern geopfert zu werden: aus allen diesen Gründen bedürfen wir eines tieferen Wissens und einer differenzierteren Vorstellung von der Möglichkeit menschlicher Beziehungen, als das Menschengeschlecht ihrer bisher fähig war.

IV. DIE BEIDEN GESCHLECHTER IM HEUTIGEN AMERIKA

1. Das Bild der amerikanischen Kultur

Überschauen wir die große Ausdehnung der Vereinigten Staaten, die komplizierte und vielfältige Landschaft, die Hunderte von Volksbräuchen in den Kulturinseln der Berge des Südens, auf den kahlen neuenglischen Vorgebirgen und in den einsamen Blockhäusern der Prärie, dann scheint es beinahe unmöglich, über das amerikanische Volk als Ganzes zu schreiben. Besteht nicht eine unüberbrückbare Kluft zwischen der eingewanderten Mutter, die ihr Kind zärtlich in eine Wiege legt, die sie aus der alten Welt mitgebracht hat, und der jungen amerikanischen Mutter, die mit Ideen über Zeittafeln und Hygiene vollgepfropft ist und ihr Kind sich in seiner daumenlutschsicheren Decke die Seele aus der Brust schreien läßt, weil die Zeit zum nächsten Stillen noch nicht da ist, und dann wieder der ultramodernen Mutter, die alle festen Zeiteinteilungen beiseite gelegt hat und ihr Baby nach dessen eigenem Verlangen füttert?

Wenn es wahr ist, daß bei den Erlebnissen, die helfen, das Kind auf seine Geschlechtsrolle als Erwachsener vorzubereiten, jede Einzelheit der Welt, die es umgibt, von nahezu unschätzbarer Bedeutung ist — sei es die Feder oder die Blume im Haar des kleinen Knaben, der Nasenschmuck aus Perlen oder die Farbstreifen auf der Stirn des kleinen Mädchens, die Zartheit eines Stücks feinen Gewebes über dem glatten Fell eines Büffelembryos oder die kratzende Oberfläche eines flüchtig geglätteten Korbes —, wie kann man dann überhaupt irgend etwas über amerikanische Säuglinge aussagen und darüber, wie diese amerikanischen Säuglinge zu Männern und Frauen werden, die zur Liebe und zur Zeugung von Kindern fähig oder auch unfähig sind? Betritt man aber die einfachste oder die ungewöhnlichste amerikanische Wohnung, die unverschließbare Hütte des Erntearbeiters mit dem brennenden Pinienknorren auf der Feuerstelle, die primitivste Mietwohnung ohne jede Ausstattung außer den aus dem Nahen Osten mitgebrachten Teppichen — selbst in diesen Umgebungen, die so scharf von dem kleinen zweistöckigen weißen Häuschen mit den grünen Läden abstechen, das in den Zeitschriften als das ‹amerikanische Heim› dargestellt wird, findet man ziemlich sicher, wenn auch kein modernes Kinderbettchen, so doch dessen Bild in einem Versandgeschäftskatalog oder einen Kalender mit dem Bild eines modischen Kinderbetts. Wohin die Gegenstände und die Lebensweisen, die sie mit sich bringen, noch nicht gedrungen sind, weil die Lebensart dieser Familie noch zu fest in irgendeiner alten Tradition verwurzelt ist, oder weil die Art, wie diese Familie ihr Brot verdient, kein Geld übrig läßt, um an den amerikanischen Lebensstandard heranzukommen — auch dorthin, so wird man finden, ist das Bild der neuen Lebensart, der modernen Lebensart, der amerikanischen Standardlebensart gedrungen. Es ist dorthin gelangt mit dem Versandgeschäftskatalog, über das Radio, im Film, selbst wenn man nur zweimal im Jahr ins Kino gehen kann. Die Frauen tragen vielleicht noch Röcke aus bedrucktem Kattun wie ihre Großmütter, doch die Tochter trägt schon billige, aber authentische Versionen des Stils, den man auf der Fifth Avenue und den Boulevards von Hollywood sieht. Neben den traditionellen Nahrungsmitteln muß sich im Körbchen des Kindes ein Stück Brot aus dem Laden befinden, sonst schämt sich das Kind und nimmt sein Frühstück nicht mit in die Schule. Geschickt und beständig wird die amerikanische Standardkultur reich und arm, dem Neueinwanderer, ja selbst dem Ureinwohner, dessen Vorfahren schon die Prärien durchstreiften, bevor die Spanier das Pferd in die neue Welt brachten, vor Augen gerückt.

Jedes Heim wird ein anderes Bild darbieten. Im heutigen Amerika findet man nur auf den Seitenwegen, in den Bergen, in den Dörfern, aus denen die jungen Leute fortziehen, in ein paar hinterwäldlerischen Gemeinden freigelassener und preisgegebener Sklaven oder in kleinen Gruppen spanisch sprechender Leute, die an der Lebensart des sechzehnten Jahrhunderts festhalten – aber auch nur noch dort –, die Art von Beziehung zwischen Eltern und Kind, zwischen Großeltern und Enkeln, die man in primitiven Gesellschaften findet. Überall sonst in den Vereinigten Staaten ist das hervorstechendste Charakteristikum das, daß jedes Elternpaar von jedem anderen verschieden ist, daß nicht zwei genau die gleichen Erinnerungen haben, daß man nicht zwei Familien nebeneinanderstellen und sagen kann: ‹Diese vier Eltern aßen die gleiche Nahrung, spielten die gleichen Spiele, hörten die gleichen Wiegenlieder, wurden von den gleichen Gespenstern erschreckt, lernten, daß die gleichen Wörter tabu waren, bekamen das gleiche Bild von dem vermittelt, was sie als Mann und Frau sein würden und führten unvermindert die Tradition fort, die sie als Ganzes unverzerrt und unverblaßt von ihren Eltern erhalten haben.›

Jeder Versuch, den Weg zu beschreiben, auf dem amerikanische Knaben und Mädchen zu Männern und Frauen werden, die Lebensweise lernen, die ihre geschlechtliche Rolle und sie selbst ausdrückt und festlegt, muß das alles in Rechnung stellen.

Die verminderte Sinnlichkeit der Frauen

Die Regelmäßigkeiten der Art und Weise zu erörtern, in der die Amerikaner aufwachsen, heißt, wenn jeder verschieden aufwächst, einen Weg ersinnen, mit diesen Unterschieden fertig zu werden. Wenn ich die Unsinnlichkeit eines *Mundugumor*-Kindes beschreibe, kann ich sie direkt mit dem Mangel an Hautkontakt mit der Mutter oder anderen menschlichen Wesen, mit der Rauheit des Tragkorbes und mit der Art, wie das Kind gepflegt und getragen wurde, erklären. Aber wenn man die verminderte Sinnlichkeit der amerikanischen Frauen erörtert, führt man es nicht darauf zurück, wie sie als Babies gehalten oder nicht gehalten wurden, ob sie in grobes Leinen oder in Schwanendaunen gewickelt wurden, ob sie gestreichelt wurden oder nicht — denn irgendwelche Amerikaner haben all diese Erfahrungen —, sondern auf die Kluft, vor der alle Amerikaner stehen, wenn die tatsächliche sinnliche Erfahrung sich dem visuellen Ideal, das ihnen vorgehalten wird, anpassen muß. Keine sinnliche Wirklichkeit erreicht den Traum; jede muß einigermaßen verleugnet, verwischt oder kritisch verworfen werden, damit man fortfahren kann zu leben. Der Bruch in der Sinnlichkeit liegt auf einer anderen Ebene. Es ist keine bloße Gewöhnung an rauhe Oberfläche, der dann die Vermeidung des weichen Kontakts von Wange zu Wange folgte, es ist keine bloße puritanische Verleugnung des Körpers, es ist kein bloßes Erdrücktwerden von einer zu bedrängenden Mutterbrust. All das geschieht, all das kommt in den detaillierten Krankengeschichten des Psychiaters oder des Psychoanalytikers vor. Aber wenn wir von dem Mangel an Hautsinnlichkeit des Amerikaners als Gruppe sprechen, von der Unsinnlichkeit, über die sich die Europäer auslassen, jener Unsinnlichkeit, die bei Liebe und Liebesspiel Blicke und Auftreten so grobschlächtig erscheinen läßt, dann geht die Beschreibung von den besonderen Erlebnissen jedes Amerikaners auf die Regelmäßigkeiten über, die in den Erfahrungen praktisch aller Amerikaner auftreten, wenn sie einem geschlechtlichen Ideal nahezukommen versuchen, für das jedem die besondere notwendige Vorbereitung durch ein früheres Verhalten fehlt.

Erfahrungen in Kindheit und Jugend

Es gibt noch einen zweiten Weg, die Rolle der Geschlechter in Amerika zu erörtern und sie auf Kindheitserfahrungen zurückzubeziehen, diesmal auf Kindheitserfahrungen, die die meisten Amerikaner, obwohl sie aus ihnen leben, doch selbst niemals hatten. Die Menschen sind einigermaßen fähig, zu merken, welche Erlebnisse Vorläufer eines gegenwärtigen Zustands gewesen sein mögen. Wir betrachten ein verwüstetes Gesicht und rekonstruieren den Kummer und den Schock, die diese Linien hervorgebracht haben. Wir fühlen in einem erschreckten und wilden Kind die rauhe Behandlung, die es so wachsam gemacht hat. Wir sehen hinter der Weichheit und der Entspannung eines Frauenkörpers das Liebesspiel, das ihn so gemacht hat. So formt sich im Geist der wirklichen Männer und Frauen um die Gestalten des idealen amerikanischen Mannes und der idealen Frau das Bild, welche Erfahrungen in Kindheit und Jugend wohl zu dem vollkommenen Ergebnis geführt haben könnten. Hinter dem Aussehen des Schulmädchens zum Beispiel könnte man viele Lebensbedingungen vermuten — ein Babygesicht, das zärtlich mit einem überweichen Waschlappen gewaschen wird, frische Luft, die durch ein Fenster weht, einen dampfenden Kessel auf der Heizung, der dafür sorgt, daß die Luft nicht zu trocken wird, Cremes ‹nach unserem Geheimrezept gemischt›, Hautwässer, die die zarte Haut gegen Sonne und Wind schützen sollen, regelmäßige Verdauung, die sichert, daß kein bißchen giftiger Abfallprodukte über die festgesetzte Stunde im Körper zurückbleibt, eine Diät aus Protein-Brot, wenig Süßigkeiten und Fett, zusammengesetzt aus lauter Dingen, die zuträglich sind und gut zum Essen, Laken aus weichem Stoff mit Seifen gewaschen, die keine scharfen Chemikalien enthalten, ein Geschlechtsleben, das von jenen Gewohnheiten frei blieb, von denen manche noch glauben, sie griffen das Aussehen etwas an. Aus den Prozeduren, die im Augenblick bei der Pflege von Säugling, Kind und jungem Mädchen empfohlen werden, aus den Drohungen, Warnungen und Versprechen der Inserate, aus den dunklen Ermahnungen der Kindheit wird ein Bild davon geformt, wie man seine Tochter behandeln soll, so daß sie, erwachsen, einen Teint so makellos wie das Mädchen auf der Titelseite eines Magazins erhält. Die gerade moderne Praxis, die wissenschaftlich begründeten Vorschriften der Kinderärzte, Ernährungsspezialisten, physikalischen Therapeuten, Hygieniker, die Stile der Romane, des Radios und des Kinos, die versteckten Anspielungen, die den Reklamen zugrunde liegen, und die Winke, die sie erteilen, all das ballt sich zusammen und formt für das ausgemalte Ideal, für die imaginäre Zukunft, eine imaginäre Vergangenheit. Und so wird durch die Art und Weise, wie eine Mutter die weichen, rosigen Wangen ihres kleinen Mädchens wäscht, eine neue Beziehung gegründet zwischen der Art, wie sie ihr Kind behandelt, und dem, was aus dem Kind werden soll, die ganz verschieden von dem auf Wiederholung und Gewissenhaftigkeit gegründeten Aufziehen der Kinder in alten und geordneten Gesellschaften ist. Die Methoden der beiden Mütter sind verschieden und entgegengesetzt und haben nur einen zweifelhaften Zusammenhang mit dem Erlangen eines guten Aussehens, aber sie haben den Wunsch gemeinsam, dem Kind dies Aussehen zu verschaffen. Der darin ausgedrückte Vorsatz ist eine Art von gemeinsamem Nenner für die unterschiedlichen Verfahren.

Und schließlich wird den Amerikanern ständig ein Bild vor Augen gehalten, wie Amerikaner erzogen werden, wie sie lieben, heiraten, Kinder zeugen, das selber jenes Ideal darstellt, für das sie mit soviel Zweifel erzogen wurden und zu dem sie so ungenügend passen. Während wir nicht jeden amerikanischen Mann und jede amerikanische Frau durch all die einzelnen und gegensätzlichen Stufen zurückverfolgen können, die sie bis zum Erwachsensein erreicht haben, können wir mit ausreichender Genauigkeit dem Bild der Entwicklung, wie man sie annimmt, folgen — das empfohlene, belobte, begünstigte Vorbild, das vom Film, Radio-Kommentator und Anzeigen vorausgesetzt wird. Dies ist das Bild, dem die Erwachsenen die Erinnerungen ihrer Vergangenheit angleichen und dem sie bei ihren eigenen Kindern nahezukommen versuchen. Es ist möglich, den gewohnten Ablauf des Tages eines Babys in jenem weißen Haus mit grünen Fensterläden zu beschreiben, in dem kaum jemand wirklich lebt, oder die Worte des Antrages, den der junge Mann in fehlerlos sitzenden weißen Flanellhosen dem Mädchen in tadellosem *Date-dress* macht, oder die Art, wie der junge Vater seine Gefühle über sein neugeborenes Söhnchen ausdrückt. In diesem idealisierten Bild werden Lücken sein, denn es gibt Momente des Lebens, die niemals in populärer oder sogar höherer Kunst erwähnt werden. ‹Warum›, fragt das ungehemmte amerikanische Kind von heute, ‹geht in einem Buch nie jemand aufs Klosett?› Diese Lücken können bei jeder Kultur nur teilweise geschlossen werden, selbst wenn es eine homogene und relativ unwandelbare Kultur ist. Doch die Bedeutung dieser Lücken, der Unwissenheit jeder Frau über das Sexualleben jeder anderen, die Bedeutung dessen, daß sie von keiner Entbindung etwas weiß, mit Ausnahme ihrer eigenen, daß niemand das Aussehen von Geschlechtsteilen kennt, außer denen des Liebhabers, Gatten oder der Ehefrau, daß man nichts weiß über die beunruhigenden Phantasien der Frau im Zimmer nebenan – oder denken andere Leute nie an solche Sachen? –, das alles kann beschrieben und in seinen Zusammenhang gestellt werden, um ein Verständnis der Geschlechter in unserer sich wandelnden amerikanischen Kultur aufbauen zu helfen.

Wenn wir nun versuchen, anthropologische Überlegungen auf das Problem der beiden Geschlechter in Amerika anzuwenden, verlegen wir unsere Beobachtungen auf verschiedene Ebenen, studieren die Regelmäßigkeiten unter der großen Zahl augenfällig starker Kontraste und Unterschiede und beschreiben den Einfluß des Ideals auf die amerikanischen Erwartungen.

2. Kindheitserlebnisse, die man erwartet

Das Geschlecht des Kindes, angezeigt in seinem Namen, ist das, wodurch die Tatsache seiner Geburt sich im Geist der Freunde und Verwandten, die es nicht gesehen haben, einprägt. Vor der Geburt gebrauchen wohl hoffnungsvolle Mütter den vorgesehenen Namen für das Baby; aber erst nach der Geburt wechselt das Kind seine Stellung und wird plötzlich aus einem ‹Es› zu einem benannten, voll geschlechtlichen Individuum. In *Bali* bekommt ein neugeborenes Kind noch keinen Namen, und man spricht von ihm als Maus oder Raupe, man interessiert sich auch wenig für sein Geschlecht, es sei denn, die Geburt eines Sohnes stelle den Vater soziologisch sicher. (Das ist der Fall, wenn er bereits eine Tochter besitzt, dann ist ein Sohn absolut notwendig.) Doch der gute oder schlechte soziale Dienst, den das Geschlecht dem *balinesischen* Vater leistet, ist vom Kind getrennt, das im wesentlichen geschlechtslos bleibt, bis einhundertundzehn Tage später die Zeremonie der Namensgebung stattfindet. Aber die amerikanische Praxis läßt keinen Raum für ein erst später erworbenes Geschlecht; das Kind wird von der Geburt an absolut und vollständig benannt und identifiziert. Die gebräuchlichen sentimentalen Farbbezeichnungen, rosa für ein Mädchen und blau für einen Knaben, erstrecken sich auf Anzeigen, Geschenke und Kinderzimmerausstattung.

Inzwischen unterzieht sich der Körper des Kindes einer langen Reihe von Erfahrungen, die die Ansicht jeden Geschlechts über seinen eigenen Körper, den Körper des anderen Geschlechts und die Beziehungen zwischen ihnen beeinflussen. Die Entbindung erfolgt in Amerika im Idealfall in der Klinik. Das bedeutet mit wenigen Ausnahmen, daß der Vater abwesend ist und die Mutter der Pflege von Fachleuten, Ärzten und Schwestern übergeben wird. Monate vor der Geburt bereitet sie sich darauf vor, ihr Heim und ihren Gatten zu verlassen; nicht, um zu ihren Eltern oder ihrem Bruder zu gehen wie in vielen primitiven Gesellschaften, sondern um an einen fremden, abgesonderten Platz zu gehen, wo sie mit unbekannten Frauen zusammenliegt und inmitten Fremder entbindet. Das Kind wird entgegen der Schwerkraft auf einem Operationstisch geboren, der nicht dazu bestimmt ist, das eigene Gewicht des Kindes bei der Geburt mithelfen zu lassen, sondern die Handgriffe des Geburtshelfers zu erleichtern. Sein erster Schrei wird oft durch einen heftigen Klaps hervorgerufen. Die Mutter hört unter der tiefen Wirkung eines Narkotikums diesen Schrei nicht, obgleich kürzlich Untersuchungen nahegelegt haben, daß dieser Schrei die Funktion habe, ihren Uterus zur Kontraktion zu veranlassen. Das Kind wird zu einer Reihe von Kinderbettchen fortgetragen; seinen zum Saugen bereiten Lippen bleibt nichts übrig, als sich hilflos gegeneinander zu pressen; seinem Schreien wird kein Ende bereitet. Die primären körperlichen Fähigkeiten, mit denen das Kind die Welt betritt, bleiben anfänglich unbelohnt. Es kann saugen, aber es bekommt keine Brust; es kann nach Hilfe schreien, aber niemand drückt es an sich und füttert es. Sein Körper wird gänzlich in weiche Tücher eingehüllt, die erste Lektion in der Erwartung, daß Kleider zwischen seinen Körper und den benachbarten zu treten haben. Seine zweite Lektion bekommt es, wenn man es zur Mutter bringt, zur richtigen Zeit, entsprechend seinem Geburtsgewicht; sauber auf einen transportablen Tisch gelegt, drückt man es gegen den voll bekleideten Körper der Mutter, deren sorgfältig sterilisierte Brustwarzen gerade die nötigen Zoll weit freigelegt sind, und ermuntert es, zu trinken. Diese Ermunterung ist oft eine düstere Angelegenheit; die Schwester weiß genau, wie man das Baby halten muß, das sehr häufig vor Hunger so entkräftet ist, daß es nicht mehr trinken will, und wie man es am Genick packen und an die Brust der Mutter pressen muß. Ob es trinkt oder nicht, man nimmt an, daß man es nach Ablauf der festgesetzten Zahl von Minuten wieder fortnehmen muß. Die Mutter wird allein gelassen; manchmal mit wunden Brustwarzen von den kleinen hungrigen Kiefern, manchmal besorgt und beklommen, weil das Baby nicht trinken wollte, nur zweifelhaft befriedigt von der zur Routine gemachten, in Kleider gehüllten Erfahrung. Während der nächsten zehn Tage hat die Mutter nur mit dem bekleideten Kind und nur zu den bestimmten Stunden zu tun. Der Vater faßt es überhaupt nicht an. Die Brustnahrung wird häufig überhaupt aufgegeben, und zur

Zeit, da das Kind nach Hause kommt, haben die Mutter und vielleicht schon der Säugling gelernt, daß der Kontakt zwischen Mutter und Kind eine bestimmte Form hat. Mangel an Milch, Mißerfolg des Babys beim Saugen, Druck der Geburtshelfer und Kinderärzte, wenigstens zusätzlich künstliche Nahrung zu reichen, all das ergibt sich nur allzu folgerichtig in einer Atmosphäre, in der das Kind behandelt wird, als hingen seine Gesundheit und sein Wohlbefinden von der maschinenmäßigen Präzision ab, mit der es gefüttert und womit es gefüttert wird. Die Mutter wird langsam über ihre Milch nervös, die zu fett oder zu dünn, zu reichlich oder zu spärlich durch die Warzen fließt, die eingestülpt, entzündet oder sonstwie dienstuntauglich sind. Sie kann mit einiger Erleichterung zur Flasche und zum Rezept greifen, zu dem bequemen Gummisauger mit dem Loch, das man mit einer Nadel erweitern kann, zur gradierten Flasche, in die man genau nach dem richtigen Rezept, bei genau der richtigen Temperatur das genau richtige Maß einfüllt. Da hat man nichts mit einem ungeregelten, widerspenstigen, individuellen menschlichen Körper zu tun, der die Gewichtszunahme des Kindes, das sicherste Kennzeichen eines gesunden Daseins, gefährden könnte. Sofort, oder nach einigen Wochen, verwerfen die meisten amerikanischen Mütter ihren Körper als Nahrungsquelle ihrer Kinder und übernehmen die mechanische Vollkommenheit einer Flasche, und auch durch die Art, wie sie ihr Kind behandeln, versichern sie sich immer von neuem, daß es um das Baby ebenfalls um so besser stehen wird, je besser es lernt, die wundervoll mechanische Flasche — exakt, zur Zeit, in der rechten Menge — zu benutzen, und je mehr es einen von außen aufgezwungenen Rhythmus annimmt und seinen ihm eigenen besonderen Rhythmus, den es mit auf die Welt gebracht hat, ablegt. An die Stelle des primären Lernerlebnisses, das den körperlichen Prototyp einer Sexualbeziehung darstellt — einer komplementären Beziehung zwischen dem Körper der Mutter und dem des Kindes —, wird eine Beziehung zwischen dem Kind und einem Objekt unterschoben, einem Objekt, das die Brust imitiert, doch das weder als Teil der Mutter noch als Teil des Kindes behandelt wird. Wenn die Mutter das Kind hält, während sie ihm die Flasche gibt (eine Methode, die empfohlen wird, um dem Kind mehr von dem zu geben, was man ungenau körperlichen Kontakt nennt), dann wird die Flasche in den meisten Fällen ein Hilfsmittel, eine Verlängerung der Hand, die sie hält, nicht eine Ausweitung der Brust. In welchem Alter das Kind den genauen Unterschied zwischen einer Glasflasche mit einem Gummiverschluß, die frei in der Luft schwebt, und einer menschlichen Brust erkennen kann, wissen wir nicht, doch die Mutter erlebt den Unterschied von Anfang an, und ihre Erkenntnis überträgt sich dem Kind durch ihre Stimme, ihre Hand, ja, schon durch das Tempo ihres Seins. Sie gibt sich nicht selbst dem Kind; sie versieht das Kind sorgfältig und erfolgreich mit einer Flasche, die für beider Körper etwas Externes bleibt, und ersetzt so eine unmittelbare Beziehung durch eine mittelbare Beziehung über ein Objekt.

So lernen Knaben und Mädchen in gleicher Weise, daß ihr Mund etwas ist, mit dem man *nimmt* — ein aktiver Teil des Körpers, der zu einem bestimmten Zweck mit der Außenwelt in Berührung kommt. Der Mund ist kein Mittel, mit jemandem zusammenzukommen, sondern ein Mittel, mit einer nichtpersönlichen Umwelt in Verbindung zu treten. Die Mutter steckt Dinge — Flaschen, Löffel, Zwieback, Beißer — in den Mund. Tief in des Kindes undeutlicher Vorstellung von der Beziehung zwischen Mann und Frau bleibt das Bild von dieser ursprünglichen Befriedigung dadurch, daß man Dinge in den Mund gesteckt bekommt. Wenn diese Knaben dann später als amerikanische Soldaten nach Übersee gehen, stellen verwunderte Fremde, die sich über die Moral der amerikanischen Truppen Gedanken machen, fest, daß das Allerwichtigste für sie Orangensaft, Coca-Cola oder sonst ein Altgewohntes des amerikanischen Essens oder Trinkens sei. An die Stelle der verbindenden Beziehung des Kindes an der Mutterbrust ist ein anderes Schema gesetzt worden, das leicht zu einem wechselseitigen — ‹Gib Baby einen Zwieback› — ‹Baby gibt Mutter einen Zwieback› — werden kann, bei dem ein Befriedigung verschaffendes Objekt zwischen beide eingeschaltet wird und der tiefe strukturelle Unterschied zwischen ihren maskulinen und femininen Rollen verlorengeht. Bei Kinderbeobachtungen in den Vereinigten Staaten wurde bemerkt, daß Knaben wie Mädchen in einem bestimmten Alter ihrer Mutter Heiratsanträge machen, und dabei zugleich darauf hingewiesen, daß es wohl ein Fehler wäre, die Anträge der Knaben sexuell aufzufassen, denn macht nicht das Mädchen genau die gleichen? Wie aber lauten denn die Anträge? ‹Mutter, wenn ich mal groß bin, dann will ich dich heiraten und dir ein wunderschönes Haus, ein großes Auto und einen Pelzmantel kaufen.› Das Spiel ‹Ich gebe dir was, du gibst mir was› geht nicht notwendigerweise zwischen verschiedenen Geschlechtern vor sich, wenn es mehr auf Flaschen und Zwieback als auf dem hochspezifischen Erlebnis der Brust aufgebaut wird.

Erster Begriff der Geschlechtsunterschiede

Im zweiten Lebensjahr kommt für Knaben wie Mädchen das zweite Stück, das sie lernen müssen — ihre Ausscheidungen zu beherrschen. Hier drängt sich der Unterschied im Körperbau von Knabe und Mädchen stärker ins Bewußtsein der Mutter. ‹Jungen sind schwerer sauber zu bekommen›, heißt es, mit Unterschiebung einer gewissen widerspenstigen Männlichkeit. Doch auch wieder: ‹Es ist leichter, einen Jungen nachmittags mit in den Park zu nehmen, man kann ihn einfach hinter einen Baum schicken›. Was später in der Bemerkung eines kleinen Mädchens sein Echo findet, wenn sie zum erstenmal einen Knaben urinieren sieht: ‹Das wäre was Bequemes, um's zum Picknick mitzunehmen!› Hier liegt der erste Anfang für eine egoistische Wertschätzung des männlichen Organs, zu dem der weibliche Körper kein Gegenstück besitzt und mit dem man besondere

Dinge unternehmen kann, und jetzt wird der Boden vorbereitet, auf dem häufig später der Neid des kleinen Mädchens auftritt. — Ein Neid, der etwas Ähnliches ist wie der Neid auf das Fahrrad oder die Rollschuhe eines anderen Kindes, ein aktiver, verlangender Neid nach etwas, mit dem man etwas Bestimmtes machen kann, weniger die tiefe narzißtische Verwundung, wie sie in klassischen Neurosefällen der europäischen Literatur beschrieben wird. Später drückt sich der gleiche Neid am lebhaftesten darin aus, daß die Frau darauf besteht, ihr eigenes Auto zu fahren, oder in anderer Form in dem Kult hoher Brüste und Beine. Der erste Aspekt betont die Aktivität und den Machtstandpunkt, der zweite die Körperteile, die bewundert und geschätzt werden sollen. Erwachsen wird die typische amerikanische Frau wie jemand gehen, der vollständig ausgestattet ist, niemals wird sie hinter ihrem Mann mit Schritten herzotteln, wie sie solch einer ganz anderen Kreatur zukommen, noch wird sie durch ihre Art des Gehens einen Mann dazu veranlassen wollen, sie zu ergänzen. Die Amerikanerin mag glauben, daß sie etwas benötige, was man sexuelle Befriedigung nennt — was man benötigt, so wie eine gesunde Person ‹Leibesübungen braucht› —, und sie mag einen Ehemann begehren, doch niemals wird sie im Gang oder im Benehmen andeuten, daß sie ein Partner, und gar ein gegensätzlicher Partner, einer möglichen Vereinigung zweier Personen sein könnte.

Erziehung zur Sauberkeit

Doch die kleinen Knaben und Mädchen, die von ängstlichen und pflichtbewußten Müttern ‹trainiert› werden, lernen neben den Unterschieden ihres Körperbaus noch andere Dinge. Sie lernen, daß der Akt des Stuhlganges am rechten Ort und zur rechten Zeit gut ist, während die Ausscheidungsprodukte so schlecht sind, daß sie, sobald man sie über die rechte Zeit hinaus im Körper zurückbehält, zur Ursache von Störungen aller Art werden. Es der Mutter zur rechten Zeit zu sagen, wird für das kleine Kind zu etwas herzzerreißend Wichtigem, vor allem für den kleinen Knaben, für den die Beherrschung der Blase etwas schwieriger ist als für das kleine Mädchen. Voraussicht muß herrschen, nicht Impuls; eine ängstliche Planung, um mit unvorhergesehenen Situationen fertig zu werden, mit langen Autofahrten, Straßenbahnfahrten, Besuchen im Kino oder einer Visite bei Großmutter — auf all so etwas muß man sich vorbereiten, und damit muß man fertig werden. Vergißt man, sich zu erinnern, der Mutter rechtzeitig Bescheid zu sagen, so wird man mit Entzug der mütterlichen Liebe bestraft, einer Liebe, die, wie das Kind bereits gelernt hat, von der rechten Leistung abhängt. ‹Mutter hat ihren kleinen Jungen lieb, wenn er daran denkt.› So lernt das Kind, daß die Entleerung wichtig ist und daß es auch wichtig ist, so viel an sie zu denken, daß keine Unfälle passieren können. Die Straßen Amerikas stechen sehr von denen Frankreichs und Italiens ab, die durch entsprechende Einrichtungen auf die unmittelbaren

Impulse der Männer mehr Rücksicht nehmen und stärker betonen, die Impulse der Frauen sollten ans Haus gebunden bleiben. Öffentliche Bedürfnisanstalten dienen in den Vereinigten Staaten unvorhergesehenen Zufällen, Leuten, die nicht genügend weit vorausgesehen haben, die in einer Verkehrsstockung festgehalten wurden — aber nicht dem wohlgegönnten Nachgeben eines Impulses.

Die ungeheure Wichtigkeit, die die Mutter der Erziehung zur Sauberkeit beimißt, führt in dieser Periode dazu, daß sich das Kind eine Art Urbild dessen bildet, was der Körper machen kann. Auf der früheren Stufe hat es gelernt hineinzunehmen, jetzt lernt es herauszugeben und nichts Unpassendes oder Schädliches zurückzuhalten. Die moderne Architektur scheut keine Mühe, den ganzen Vorgang hygienisch, anziehend aussehend und frei von Unbequemlichkeit zu gestalten. Das saubere, weißgekachelte Restaurant und das saubere weißgekachelte Badezimmer sind Teile des gleichen Rituals wie die Stimme der danebenstehenden Mutter, die sagt: ‹Hast du allen Regeln der Hygiene genügt, dann darfst du dich deines Lebens freuen›.

Die Eltern und das kleine Kind

Während es aber die Mutter sorgfältig vermeidet, irgendwelche Bevorzugung von Knaben oder Mädchen zu zeigen, und dank der hilfreichen Zwischenschaltung von Objekten gelingt es ihr auch, sie fast vollkommen gleich zu behandeln — höchstens mit einem gelegentlichen Stoßseufzer darüber, daß der Knabe schwerer zu behandeln ist, daß er sich weniger leicht dem Schema unterwirft —, gestaltet der Vater sein Verhalten unterschiedlich; mit seinem rauhbeinigen kleinen Jungen spielt er den Draufgänger, seiner Tochter macht er etwas den Hof und sucht sanftere Spiele für sie aus. Ältere Knaben unterstreichen die väterliche Anerkennung der Geschlechtsunterschiede, indem sie durch Drängen und Stoßen, durch Necken und Herausfordern im kleineren Knaben Grausamkeit und Rachegefühle erwecken, die kleinen Mädchen aber als ungeeignete Spielgefährten links liegen lassen. Mit großen Unterschieden nach Klasse und Gegend herrscht immer noch bei den kleinen Knaben eine Tendenz vor, etwas über ihre Männlichkeit durch eine Rauhbeinigkeit zu lernen, die sie gegen Väter und ältere Brüder herauskehren. Das geht dann später in die allgemein gebilligte Rauhbeinigkeit, die massiven scherzhaften Beschimpfungen und die nicht endenwollenden scherzhaften Neckereien der Männergruppen über. Von seiner Mutter hat der Sohn gelernt, daß er Lohn — in Form von Nahrung und Lob — erwarten darf, wenn er wächst, gesund ist und sich bei der Behandlung aller Dinge geschickt zeigt. Später als Ehemann wird er belohnt, wenn er einen anständigen Lebensunterhalt verdient, Samstagnachmittag die Stuhlbeine wieder leimt und seine Frau ins Kino ausführt. Ohne den Beifall seiner Mutter ist er unglücklich, bekümmert und voll Furcht, ihre Liebe zu verlieren. Von seinem Vater dagegen lernt er, daß der Umgang mit Männern erfordert, daß man alle seine Kräfte zusammenfaßt, Schläge mit guter Miene hinnimmt, austeilt und einsteckt, so klein man auch noch ist – und daß man das alles als Spaß ansieht. Vater und Mutter verlangen beide, daß er immer seine ganze Kraft und noch etwas mehr sogar einsetzt, und er ist immer ein bißchen ängstlich, ob er die Kraft, die man verlangt, auch wirklich besitzt. Vater und Mutter hoffen, er werde kein Baby werden, keine Zimperliese und daß er sich in der Schule, im Sport und später im Beruf bewähre. Bei allen drei Hoffnungen schwingt ein leiser Unterton von Angst vor einem Versagen mit.

Jungenhafte Mädchen, mädchenhafte Jungen

Unterdessen lernt das kleine Mädchen auf zwei Wegen mehr über sein Geschlecht. Auch es darf kein Schreibaby, keine Zimperliese sein, darf sich nie wie ein Junge benehmen, der sich wie ein Mädchen benimmt. Und von ihrem Vater lernt es das einzige Spiel spielen, das er mit Frauen zu spielen weiß, das Spiel, in dem der Mann neckend fordert und die Frau sich neckend verweigert. Es ist kennzeichnend, daß für das amerikanische Mädchen der ältere Mann mehr die Züge des Opfers, des Zucker-Daddy trägt als die des Ausbeuters. Väter sind mit ihren Töchtern sehr nachsichtig, lassen sie gern länger aufbleiben und kaufen ihnen Süßigkeiten außer der Reihe. Mütter müssen dauernd aufpassen und zusehen, daß ihre Töchter nicht verwöhnt werden. So lernt das kleine Mädchen den Vater behandeln, unbekümmert darum, was andere Frauen tun. Das ist ein Konflikt, der bei den kleinen Mädchen nur zart angeschlagen wird, der aber in der Adoleszenz zu einem viel schärferen heranreift, wenn das Mädchen gewahr wird, daß seine Mutter in seine Beziehungen zu Jungen eingreift.

Das Verbot, eine Zimperliese zu sein, stellt das Mädchen inzwischen vor eine recht unklare Situation. Man sagt ihm nicht, es dürfe sich nicht wie ein Knabe verhalten, dürfe kein Lausbub werden. Diese Ermahnung, die vor zwei Generationen bei den Mädchen so vorherrschend war, war zwar schmerzlich für die aktiven, dazu veranlagten Mädchen, aber wenigstens klar und eindeutig. Ein Lausbub sein, das bedeutete, wild herumtollen, auf Bäume klettern, Äpfel aus dem Nachbargarten stehlen, kämpfen und lieber Knabenspiele spielen, als ruhig zu Hause zu sitzen, seine Haarbänder glatt zu halten, mit Puppen und Puppenstuben zu spielen, ruhig mit gekreuzten Beinen dazusitzen und bei passenden Gelegenheiten in Tränen auszubrechen. Umgekehrt war es für die Knaben genügend einfach, wenn man ihnen beibrachte, nicht mit Puppen zu spielen, keine Geschichte daraus zu machen, ob die Kleider hübsch und sauber seien, und vor offenen Zusammenstößen mit anderen Jungen nicht das Hasenpanier zu ergreifen. Solange von jedem Geschlecht verlangt wurde, es solle das wohldefinierte Gepräge des anderen meiden, litten ein paar Vertreter jedes Geschlechts, unter Umständen sogar heftig, darunter und wuchsen zu Tunichtguten und Invertierten, zu Misanthropen und Einsiedlern auf, die große Mehrheit aber konnte sich dem Schema anpassen. Frauen weinten und fielen in Ohnmacht, Männer fluchten und stampften, aber sie weinten nicht. Männer saßen in allen Situationen straff aufgerichtet, Frauen kreuzten zimperlich ihre Knöchel. Männer hatten Arbeitsplätze, verdienten das Geld und übernahmen alles, was grobe Arbeit, gefährlich und für ihre Frauen zu unsauber war — hielt man sie doch für das Geschlecht, das besser dazu geeignet sei, mit unsauberen Dingen, mit Ausnahme der Staubflocken unter dem Bett und den Schmutzkrusten hinter den Ohren des kleinen Jungen, fertig zu werden.

Heute aber treten sich Gruppen von Knaben und Mädchen im Kindergartenalter in der gleichen Positur, dem gleichen Glanz in den Augen, der gleichen Bereitschaft zu kämpfen gegenüber. Beiden Geschlechtern sagt man, sie sollten nicht kämpfen, und dann beobachtet man die Jungen ängstlich und die Mädchen meist genauso ängstlich, ob sie auch ja durch nichts anzeigen, daß sie Hasenfüße und unfähig seien, zu ‹nehmen›. In diesem Alter werden dem Mädchen durch die Erziehung anscheinend größere Kraftquellen gegeben als seinem Bruder. Seine Beziehung zum Vater stellt weniger Anforderungen und gewährt dazu noch unmittelbarer ihren Lohn als die des Bruders zur Mutter. Aus anderen Kulturen wissen wir, wie die Mutter, die ihr Haupt vor der gebieterischen Männlichkeit ihres vierjähriges Söhnchens beugt, ihn ermutigt, sich als Mann sicher zu fühlen, und gleichzeitig — insoweit sie ihrer kleinen Tochter als Vorbild dient — der Tochter negative Einstellungen zu ihrer weiblichen Rolle einflößt. Doch in Amerika wird das kleine Mädchen von einem nachgiebigen, auf keiner Disziplin bestehenden Vater verhätschelt und verwöhnt und wird dadurch wirklich seiner selbst sehr sicher. Die Rolle seiner Mutter dem Ehemann und Sohn gegenüber ist die einer Fordernden. Das ist keine Rolle, die das kleine Mädchen fühlen läßt, es sei — gerade durch ihr Geschlecht — zu einer schwachen, untergeordneten Rolle verdammt. Seinem Bruder bringt man bei, ‹nett zu der Schwester› zu sein, aber von der Schwester verlangt man nie, sie solle etwa seine Stiefel putzen oder ihn bedienen, weil er ein Vorbild ihres zukünftigen Herrn und Gebieters sei.

So greift eine Reihe von Änderungen Platz, während Knaben und Mädchen mehr und mehr ganz gleich aufgezogen werden, dieselben Spiele spielen und beide ihren Körper richtig und tüchtig benutzen. Das Aufhören der Knaben- und Mädchenbanden und der Beginn der zweigeschlechtlichen *Dates* erfolgen früher und früher [1]. ‹Letztes Jahr›, sagt der beunruhigte Lehrer, ‹war es die siebente Klasse, heute fangen sie schon in der sechsten an›. An die Stelle der alten, zur Institution gewordenen Feindseligkeiten der zerbrochenen Puppen und weggenommenen Butterbrote, Mädchentränen und Bubenstreiche, ist das neue Vorpubertätsschema der *Dates* getreten, wobei es zwei-

---

1 Wir haben das Wort Date = Verabredung, Rendez-vous, unübersetzt gelassen, da es sich um eine spezifische Institution der neuesten amerikanischen Folklore handelt, die einer eigenen Bezeichnung bedarf. D. Ü.

felhaft bleibt, ob mit weniger Feindschaft; doch sicherlich wird die Feindseligkeit ganz anders gefaßt. Während des Alters, in dem der Knabe nach allem, was uns unser Vergleichsmaterial nahelegt, am wenigsten bereit ist, sich auf sexuelle Aktivität einzulassen, bei der er die Initiative übernehmen muß, ist er jetzt in ein Leben verstrickt, das die Sexualaktivität der späteren Adoleszenz nachahmt.

3. Das Verhalten vor der Werbung und die sexuellen Forderungen der Erwachsenen

Das *Date*-Spiel läßt sich wie folgt beschreiben: Burschen führen Mädchen aus; die Mädchen müssen eingeladen werden; die Burschen müssen darum bitten; beide müssen sich korrekt, nach dem gerade maßgeblichen Stil für Jugendliche kleiden, und das *Date* muß irgendwie so durchgeführt werden, daß es dem Rest der Gruppe bekannt werden darf – andernfalls zählt es nicht. Die altgewohnte Verbindung von ‹Hofmachen› und ‹gut Anziehen› verdunkelt hier eher den Sachverhalt. Da *Date*s Abhalten und sich gut Anziehen so eng miteinander verbunden ist, kommt man zur Annahme, es handle sich hier um ein den-Hof-machen. Aber Männer haben Kriegsbemalung getragen, um ihre Feinde oder ihre männlichen Kameraden zu beeindrucken, und Frauen haben schon früher Schlachten gegen ihr eigenes Geschlecht mit Perlen und Straußenfedern geschlagen. Kleider, Blumen, Tanzen, alles sind Bestandteile des Spiels, aber man darf das weder mit Hofmachen noch mit einem primär geschlechtsbetonten Verhalten gleichsetzen, obwohl das gesamte *Date*-Schema schließlich auf die späteren Beziehungen zwischen Mann und Frau in Amerika einen tiefen Einfluß hat.

Popularität ist alles

Daß das *Date* in erster Linie ein Wettbewerbsspiel ist, bei dem eine öffentlich bestätigte Popularität der Preis ist, kann am Verhalten derjenigen illustriert werden, die keine *Dates* haben, sondern sich manchmal schon in früher Jugend davon zurückziehen, um nur mit einem Dauer-Partner ‹zu gehen›. Darunter finden wir nämlich zwei Gruppen: junge Leute, deren keimende Sexualität auf echte Weise angesprochen wurde, so daß man behaupten kann, sie seien ineinander ‹verliebt›, und die das *Date*-Spiel sinnlos finden, weil sie ihre gegenseitige Gesellschaft vorziehen; und junge Leute, die, ohne ineinander verliebt zu sein, in ihrem Schutzbedürfnis voneinander abhängig sind: das ‹unpopuläre› Mädchen und der ‹unpopuläre› junge Mann, die ihre Niederlage im Popularitätswettspiel hinter dem vorgeblichen Gefallen aneinander verbergen. Außerhalb der ‹*Date*-Gruppe› gibt es größere periphere Gruppen: Jungen und Mädchen, die physisch so unreif und ungeformt sind, daß sie sich in einem Spiel disqualifiziert fühlen, bei dem eine gespielte physische

Bereitschaft zur Sexualität erwartet wird. Jungen und Mädchen, denen es an Geld und Garderobe fehlt; Jungen und Mädchen, die ein so tiefes Interesse an irgend etwas anderem haben, daß dies sie davor bewahrt, ihre Zeit an ein Spiel zu verschwenden, das für sie bedeutungslos ist. Diejenigen aber, die mitmachen dürfen, werden von der tiefeingewurzelten Furcht, aus der Reihe zu fallen — eine natürliche Folge unseres allzu rasch zusammengesuchten und oberflächlich erlernten kulturellen Schemas —, bei dem Spiel festgehalten und beweisen, daß sie auf die Art Erfolg haben, wie es ihre Gesellschaft von Jugendlichen erwartet und wie es jedes Magazin, das sie in die Hände bekommen, und die Erwartungen ihrer Eltern als richtig vorschreiben.

Welche Wirkung aber hat dieses *Date*-Schema auf das tatsächliche sexuelle Verhalten der Amerikaner? In erster Linie bestimmt es die Beziehung zwischen Mann und Frau als situationsgebunden. Man ‹hat ein *Date*›; man ‹trifft sich mit seinem *Date*›; man seufzt, weil es ‹kein anständiges *Date* in der Stadt gibt›. Dazu gehört ein Mädchen oder ein junger Mann mit dem richtigen gesellschaftlichen Hintergrund, dem richtigen Grad an Popularität — ein wenig höher als die eigene —, das ist es, wonach man seufzt oder dessen man sich rühmt. Oberflächlich betrachtet sieht das nicht sehr anders aus als das ‹Mädchen im Kahn› in den Tagträumen englischer Studenten oder das ‹Mädchen und der Vollmond›, wie es in romantischen Liedern immer wieder besungen wird. Aber der Jüngling, der sich nach einem *Date* sehnt, sehnt sich nicht nach einem Mädchen! Er ist bestrebt, sich in aller Öffentlichkeit zu zeigen, damit andere sehen, daß er ein Mädchen hat, und zwar die richtige Sorte von Mädchen, das sich gut anzieht und ihm Aufmerksamkeit schenkt. Er führt sie aus, wie er seinen neuen Wagen ausführt, nur unpersönlicher, denn der Wagen gehört ihm wirklich, das Mädchen aber nur für einen Abend. Diese lange Übung, nach Öffentlichkeit zu verlangen und aus ihr Befriedigung zu schöpfen, die an sich ganz ohne Sinn ist, wird dem Amerikaner später zugute kommen, wenn er sich den Anforderungen eines neuen Jobs anpaßt oder die Kameraden des alten Jobs vergessen lernt, da sie nicht länger der Gruppe angehören, auf die er mit ununterbrochener und formeller Herzlichkeit reagieren muß[1]. Während des letzten Krieges waren englische Beobachter verwirrt durch den scheinbaren Widerspruch zwischen der nachdrücklichen Kameradschaft amerikanischer Soldaten, die so ernsthaft bei den Zusammenbrüchen bewiesen wurde, die dem Tode eines Kameraden folgten, und den Ergebnissen eingehender Unter-

---

1 Zur Diskussion der Notwendigkeit dieser Art von Anpassungsfähigkeit im amerikanischen Charakter siehe: E. H. Erikson, ‹Ego Development and Historical Change› in *The Psychoanalytic Study of the Child,* Vol. II (1946), hsg. von Anna Freud u. a., International Universities Press, New York (1947), S. 359—396; Margaret Mead, ‹Trends in Personal Life›, *New Republic,* Vol. 115 (1946), S. 346—348; Geoffrey Gorer, *The American People.* Norton, New York, 1948. (deutsche Ausg.: rde Bd. 9, Die Amerikaner. Hamburg 1956. Anm. d. Red.)

suchungen, aus denen hervorging, wie flüchtig solche Beziehungen im Grunde gewesen waren. Es stellte sich heraus, daß Männer ihre Kameraden mehr als einen Teil ihrer Ausrüstung und auf Grund zufälliger Verbindungen hinnahmen, als auf Grund besonderer persönlicher Charaktermerkmale, aus denen sich wirkliche Freundschaft entfalten konnte. Aber der ‹Kamerad› ist, wie das *Date*, die Funktion einer Situation, in der ein bestimmtes Verhalten festgelegt ist. Auch bedeutet das nicht, daß ein *Date*, das mißrät, nicht viel Kummer verursachen könnte; denn Verpflichtungen denen gegenüber, mit denen man sich situationsmäßig gepaart findet, werden von jungen Amerikanern als etwas sehr Wichtiges empfunden. Sein *Date* im Stich lassen ist nicht darum weniger abscheulich, weil man sie oder ihn vorher niemals getroffen hat. Tatsächlich ist es dadurch um so schlimmer, denn er oder sie ist hilfloser, weniger imstande, ein solches Benehmen einer normalen und verzeihlichen Abneigung zuzuschreiben und damit unpersönlich zu nehmen.

Verhaltensformen beim Date

Die Verhaltensformen, die beim *Date* gelernt werden, bereiten amerikanische Jünglinge und Mädchen nicht nur auf eine situationsbestimmte Auffassung persönlicher Beziehungen vor, sie sind auch bedeutsam, weil sie die erste Gelegenheit im Leben der Amerikaner sind — und zwar seit der Zeit der blauen und rosa Bändchen auf der Klapper oder dem Kinderwagen-Verdeck —, bei der das gefühlsmäßige, gegensätzliche Element der Geschlechtszugehörigkeit positiv betont wird. Die Furcht, der Junge könne eine Zimperliese sein, ist natürlich immer vorhanden. Aber in vielen Gesellschaften kommt für die Brustkinder, deren Mütter auf ihre Söhne mit dem unmittelbaren Gedanken reagieren, daß der Knabe vom anderen Geschlecht, das Mädchen vom eigenen ist, das erste Wissen ihrer geschlechtlichen Rolle sehr früh, und es bleibt unerschütterlich fürs Leben. Dieses Lernen vollzieht sich in einer stark affektbetonten Situation, und die Stillsituation ist das Vorbild der späteren Sexualbeziehung als Erwachsene, Vorbild nicht nur des ergänzenden Charakters, sondern auch der gefühlsmäßigen Färbung. Genauso, wie die Mutter sich neckend, gewährend, provozierend, hingebend oder leidenschaftlich veränderlich zeigt, wird später die Frau oder der Liebhaber sein, wird später der Ehemann oder der Liebhaber die Frau haben wollen. Aber in dem amerikanischen Schema dient die Behandlung beider Kinder als ‹Personen› und das Einschalten von Dingen — Flaschen, Kinderbetten, Kleidern — zwischen die Körper der Eltern und der Kinder dazu, diese ursprünglichen Erfahrungen zu verschleiern. Wo Geschlechtsunterschiede betont werden, liegt der Nachdruck auf Selbstbehauptung und Aggressivität und nicht so sehr auf der Unterdrückung physischer Gefühle. An Stelle einer Situation, in der die Geschlechtszugehörigkeit der Vierjährigen offensichtlich ist, um von da an bis zur Pubertät in der Schwebe gehalten zu werden, haben wir die Situation einer gedämpften kindlichen Sexualität und eines herabgeminderten Geschlechtsbewußtseins, dem eine hochentwickelte Ausbildung des Schauspielerns in der frühen Pubertätszeit folgt, das aber weder durch eine gesteigerte Drüsentätigkeit noch durch Erinnerungen an frühe körperliche Entzückungen veranlaßt wird, sondern durch die Anforderungen des *Date*-Spiels. So werden Kinder nicht durch ihre Körper ins *Date*-Spiel hineingezogen, sondern durch ihr Streben nach Selbstbehauptung, den Wunsch, etwas zu erreichen, Erfolg zu haben, ‹populär› zu werden. Doch wird das Spiel in stark sexuellen Formen gespielt: Büste und Beine werden von den Mädchen betont, alle Arten von männlichem Aufputz von den jungen Männern. Die Betonung der Geschlechtszugehörigkeit ist ein Schachzug im Spiel; und das Geschlecht wird zu etwas Sekundärem, einem Weg, das zu bekommen, was man wünscht, oder dort hinzugelangen, wohin man gelangen will.

Das Mädchen lernt, daß die Chancen bei der nächsten Beförderung oder bei der richtigen Heirat um so größer sind, je anziehender es sich im Büro und auf der Tanzdiele macht. Und es erfährt, daß die Anziehungskraft etwas ist, an dem man arbeiten kann und bei dem Urteilskraft, Geld und Geschicklichkeit genutzt werden können. Ein Mädchen hat keine Entschuldigung dafür, sich voller Verzweiflung gehenzulassen, weil es von Haus aus keine gute Figur oder nicht die richtig gezeichneten Augenbrauen hat. Besondere Diät oder ein gut sitzender Gürtel beseitigen das eine, richtige Kosmetik das andere. In einer der berühmten ‹Charme›-Schulen wird bei der Abschlußprüfung ein ‹Vorher›-Bild jedes Prüflings – zu dick, schlampig, schlecht angezogen – auf der Leinwand gezeigt und danach schlägt das ‹Nachher›-Mädchen selbst, schlank, gut angezogen und aufgemacht, den schwarzen Samtvorhang zurück. Der größte Applaus gilt nicht der Schönsten, sondern dem Mädchen, das die größte Verbesserung zeigt. Umgekehrt stellt der junge Mann die gleichen Ansprüche, der nicht mit einem Mädchen ausgehen will, dessen Strumpfnaht nicht gerade läuft. Er lobt und belohnt das Mädchen und ist stolz auf eines, das sich pflegt, und das ihm beweist, daß es Anstrengungen gemacht hat, genau die Art von Mädchen zu sein, das auszuführen er stolz ist. Und das männliche Aussehen fällt mehr und mehr in die gleiche Kategorie; sein Haar, seine Zähne, sein Gepflegtsein, der rechte Hut und der richtige Anzug, all dies beweist, daß er dem Aufstieg, dem Kunden, der Zukunft, dem Klienten und seiner Anerkennung als *Date* Aufmerksamkeit schenkt. Von dem Standpunkt einer anderen Kultur oder sogar von einem plötzlichen Blick in das eigene Unbewußte aus gesehen, ergibt all dies zusammen das Bild von Leuten, besonders einer Gruppe von Jugendlichen, die ungeheuer mit der Sexualität beschäftigt sind; deren einziges Lebensinteresse die Liebe ist und deren Definition der Liebe rein physisch ist. Aber das scheint mir ein ungeheures Mißverständnis zu sein. Vielmehr ist die ständige Betonung des sexuell wichtigen physischen Äußern das Ergebnis davon, daß ein heterosexuelles Spiel als der Prototyp für Erfolg und Popularität in der Jugend benutzt wird.

Das *Date*-Schema wirkt auf die Geschlechtsbeziehungen der Erwachsenen noch in einer anderen Weise ein. Die heutige Kultur hat die Anstandsbegleitung aufgegeben. Wir erlauben und begünstigen sogar Situationen, in denen junge Leute sich jeder Art von sexuellem Verhalten hingeben können, das sie wählen. Gleichzeitig haben wir nicht von unserer Mißbilligung seines Mädchens abgelassen, das schwanger wird, noch die Probleme der unverheirateten Mutter vereinfacht, die vor die Frage gestellt wird, was sie mit ihrem Kind anfangen soll. Wir mißbilligen die Abtreibung, aber brauchbare Informationen über Geburtenkontrolle sind wegen des Konflikts zwischen Protestanten und Katholiken über die einschlägigen moralischen Fragen beinahe unmöglich zu erhalten. Wir erziehen die Mädchen dazu, frei und unbesorgt und unerschrocken zu sein, ohne den Schutz der Schüchternheit und Furcht, den andere Gesellschaften jungen Mädchen mitgeben. Wir erziehen unsere Knaben dazu, ebenso frei und ungezwungen, an Umgang mit Mädchen gewöhnt und ihnen gegenüber fordernd zu sein. Wir stellen unsere jungen Leute in eine geradezu unerträgliche Situation, indem wir ihnen alle Bedingungen einer Verhaltensweise verschaffen, für die wir sie dann bestrafen, wenn sie jemals wirklich vorkommt. Die seltsame Anpassung, die die amerikanische Kultur an diese anomale Situation gemacht hat, ist das ‹*Petting*›, eine Vielfalt sexueller Praktiken, die nicht zu Schwangerschaft führen. Jungfräulichkeit im medizinischen Sinn ist immer weniger bedeutsam geworden, aber das Verbot außerehelicher Schwangerschaft bleibt bestehen. Das *Petting* ist die Antwort auf dieses Dilemma; doch es hat seine eigenen gefühlsmäßigen Wirkungen; es verlangt eine ganz bestimmte Art von Anpassung bei Männern und Frauen. Die erste Regel des *Petting* ist die Notwendigkeit, die genaue Kontrolle darüber zu behalten, wie weit das physische Verhalten gehen darf; ein stürmischer Impuls, ein erfüllter Wunsch nach vollkommenem Besitz oder vollkommener Ergebung, und das Spiel ist verloren, und zwar unehrenhaft verloren. Die Kontrolle in diesem gefährlichen Spiel, das einem Tanz auf dem Glatteis so sehr ähnelt, aber niemals als solcher behandelt werden darf, liegt in den Händen des Mädchens. Von dem jungen Mann wird erwartet, daß er soviel wie möglich verlangt; von dem Mädchen, daß es so wenig wie möglich gewährt. Ein *Date* kann ein Erfolg sein, bei dem überhaupt kein *Petting* vorkommt, sondern nur ein Gefecht von Witzen, eine Abwehr mit Worten, wobei der junge Mann das Mädchen davon überzeugt, daß er so ‹populär› ist, daß er den Mut hat, es um alles zu bitten; und das Mädchen ihn seinerseits davon zu überzeugen sucht, daß es ‹populär› genug ist, ihm nichts gewähren zu müssen. Ist die physische Anziehungskraft sehr stark, dann erwartet der junge Mann, wenn es zum *Petting* kommt, daß das Mädchen die Grenzen wahrt. Das Mädchen erwartet von dem jungen Mann, daß er ihm erlaubt, diese Grenzen zu wahren.

Aus diesem Spiel, das immer wieder gespielt wird, manchmal ungefähr zehn Jahre lang vor der Ehe, ersteht das spätere Bild des Ehelebens in Amerika, in dem die Frau den Charakter der Geschlechtsbeziehungen bestimmt. Daraus entspringt jene Unfähigkeit vieler amerikanischer Frauen, sich sexuell vollständig hinzugeben, was Fremde so verwirrend und enttäuschend finden, und daher kommen die verschiedenen Ausgleichmittel: der Genuß des Alkohols, um ein Nachlassen der Kontrolle herbeizuführen, und der volkstümliche Mythos vom unbesiegbaren, unwiderstehlichen Liebhaber. Schon bevor das Mädchen reif genug ist, um auf die Warnungen seines eigenen Körpers zu reagieren, sieht es sich der Notwendigkeit gegenüber, das Gewissen für zwei zu sein und gleichzeitig heiter und gewandt ein Spiel zu spielen, das nie beendet wird und bei dem es jederzeit verlieren kann. Es ist kein Wunder, daß Film- und Magazin-Liebesgeschichten den Impuls vollkommener Ergebung verherrlichen, dem niemals nachgegeben werden darf.

Diese Widersprüche zwischen den Forderungen, die an sehr junge Knaben und Mädchen gestellt wurden, eine ganze Reihe heterosexueller Tätigkeiten auszuleben und dennoch zu beherrschen, und den späteren Maßstäben, die in so vielen Ehen das nicht zu liefern vermögen, was auf eine mögliche Forderung nach sexuellem Glück hinausläuft, sind keineswegs überraschend. Erfolg in ehelichem sexuellem Glück wird nun zu einer Pflicht wie jede andere Erfolgsforderung in Amerika. Die amerikanische Kultur ist so schnell gewachsen und aus so vielen Quellen zusammengesetzt, daß das Vorhandensein von Gegensätzen erwartet werden kann, wie sie sogar in viel älteren und besser ausgewogenen Kulturen gefunden werden. Aber es scheint wichtig zu sein, sich klarzumachen, daß junge Leute, je besser sie mit den schwierigen Problemen der Freiheit und der verlangten *Dates* fertig werden, desto schlechter darauf vorbereitet sind, den besonderen Kriterien für sexuelle Anpassung in der Ehe zu genügen.

4. Geschlecht und Leistung

Die Schwester nimmt in Amerika eine ganz besondere Rolle im Leben des Knaben ein. Bei seiner Jagd nach dem Erfolg wird er mit anderen Knaben seines Alters und seiner Größe verglichen; dabei erwartet er die Anerkennung mehr von den Frauen als von den Männern. Die Schwester wird ein doppelter Rivale, da sie schneller wächst als er, ihre Aufgaben sorgfältiger macht, weniger in Verlegenheit gerät und die von Frauen gelehrten Fächer leichter lernt. Charakteristischerweise ist in Amerika die Schwester schlechthin die große Schwester, deren Partei die Eltern immer nehmen, die so aalglatt ist, daß sie überall durchkommt, die sich alles erlauben darf — das bedeutet: die gleichen Belohnungen mit weniger Anstrengung erreicht.

Die Schwester der Wunschträume ist für den Knaben die kleine

Schwester, über die man ohne Anstrengung siegen kann[1]. Die Gewohnheit der amerikanischen Mütter, ihre Kinder durch neidische und herausfordernde Vergleiche anzutreiben, wird aufs äußerste gefährlich, wenn Schwester, Cousine und das Nachbarmädchen zum Vergleich herangezogen werden. Dem Knaben wird beigebracht, er müsse fähig sein, ihre Leistungen zu übertrumpfen, weil er ein Knabe ist. Außerdem sei es gerechtfertigt, ihre Leistungen im gleichen Alter mit dem gleichen Maße zu messen, weil sie ja beide radfahren, oder allein im dritten Stock schlafen, oder in der vierten Klasse sind. Sie werden als gleich behandelt, sooft es der übrigen Welt paßt, und als ungleich, sooft das der stärkere Ansporn ist. Wenn ein Knabe schreit, wird er mehr ausgescholten als ein Mädchen, das schreit; wenn es ihn überholt, wird ihm gesagt, das sei schlimmer, als wenn ihn ein Knabe überflügelt hätte, selbst wenn es doppelt so groß ist wie er; und dazu wird ihm noch gesagt, er dürfe es nicht schlagen, weil es ein Mädchen sei. Seite an Seite sitzen sie im Kinderzimmer, und ihre Tischmanieren werden verglichen, Seite an Seite in der Schule, und man vergleicht ihre Sauberkeit und Pünktlichkeit, ihre Fortschritte im Lesen, Schreiben und Rechnen. Es sitzt da, fordert ihn heraus und besiegt ihn wenigstens die Hälfte der Zeit, und oft sogar mehr als die Hälfte –, bis die höhere Schule die gesegnete Erleichterung mit wissenschaftlichen Spezialfächern bringt, bei denen Mädchen nicht mehr länger ermutigt werden, Erfolg zu haben. Und während er dasitzt und, wenigstens die Hälfte der Zeit, geschlagen wird, erfährt er zweierlei: Mädchen bringen die Dinge, für die man belohnt werden kann, auch fertig; aber es ist unerträglich, daß sie dies tun, weil damit die Knaben erniedrigt werden.

Die Macht der amerikanischen Frau

Das drückt sich im späteren Leben darin aus, daß die Frauen zu den meisten Beschäftigungen verhältnismäßig leicht zugelassen werden, aber auch darin, daß ein bitterer Kampf selbst in jenen Gebieten, in denen Frauen am besten geschult sind – wie in einigen Regierungsdiensten –, dagegen geführt wird, daß Frauen Stellen bekommen, die hohe Gehälter oder Verwaltungsvollmachten über andere mit sich bringen – die beiden gebräuchlicheren Arten, in denen Männer ihren Erfolg demonstrieren. Viele Gesellschaften haben ihre männlichen Kinder mit dem einfachen Mittel erzogen, ihnen beizubringen, nicht zu Frauen zu werden; aber in solch einer Erziehung liegt eine unvermeidliche Gefahr, denn sie lehrt den Mann zu fürchten, daß er verlieren kann, was er besitzt, und sich daher immer etwas von dieser Furcht gejagt zu fühlen. Wird er nun aber zusätzlich zu dieser

---

1 Bilderserie mit dem Titel *‹Big Sister›*, die jahrelang in amerikanischen Zeitungen erschien, faßt die eine Seite sehr gut zusammen, die *‹Little-sister›*-Feste der Boys Clubs des niederen New York bilden das kompensatorische Gegengewicht.

Vorschrift, unter allen Umständen kein Mädchen zu sein, ständig dazu gezwungen, mit Mädchen gerade in dem Alter in Wettbewerb zu treten, in dem Mädchen schneller reif werden als Knaben, und sich in von Frauen gestellten Aufgaben, mit denen Mädchen leichter fertig werden, mit ihnen zu messen, dann wird die Ambivalenz noch verstärkt. Amerikanische Männer müssen zum mindesten einen Teil ihres Gefühls männlicher Selbstachtung dazu gebrauchen, die Frauen in Dingen des Geldes und der Stellung zu besiegen. Und amerikanische Frauen stimmen mit ihnen darin überein und neigen dazu, einen Mann zu verachten, der von einer Frau überholt wird. Wenn amerikanische Frauen zu Stellungen von Macht und Rang aufsteigen, haben sie große Schwierigkeiten, ihre männlichen Untergebenen mit dezentem Feingefühl zu behandeln — denn sind das keine Versager, wenn sie unter ihnen stehen? — und, soweit sie sich weiblich fühlen möchten, scheuen sie mit Entsetzen davor zurück, mehr Geld zu verdienen als ihre Ehemänner; soweit sich aber ihre eigene Konkurrenzlust gegen das andere Geschlecht entwickelt hat, reiben sie dem Gatten den eigenen Erfolg immer wieder unter die Nase. So enden wir schließlich bei dem widerspruchsvollen Bild einer Gesellschaft, die ihre Tür den Frauen weit geöffnet hat, ihnen aber gleichzeitig sagt, daß der Erfolg schädlich sei — für ihre eigenen Heiratschancen und für die überholten Männer.

Die Tugenden der Mittelklasse

Gerade in der Mittelklasse und unter jenen, die nach einer Stellung in ihr streben, wächst dieser Widerstreit am stärksten, weil es gerade die Berufe der Mittelklasse sind, in denen Frauen sich am leichtesten hervortun und in denen sich Männer am ehesten eingeengt vorkommen. Jede aufstrebende Männlichkeit ist dabei unerwünscht und der Aufstiegswille wird, oft unter Hinweis auf eine notwendige Sparsamkeit, geknebelt. Die Mütter der Mittelklasse können, dazu erzogen und immer noch daran gewöhnt, einen großen Teil ihrer Zeit dazu verwenden, ihre heranwachsenden Kinder zu formen, ihnen Liebe zu schenken oder vorzuenthalten, je nachdem, ob die Kinder die richtigen Einstellungen zeigen. Die Tugenden der Mittelklasse — Spartrieb, gutes Haushalten, Pünktlichkeit, Voraussicht, harte Arbeit, Beherrschung momentaner Impulse, Respekt vor der Meinung anderer, Sicheinfügen in den Sittenkodex — sind Tugenden, die erlernt werden können. Jene Fertigkeiten, in denen der Körper eine Rolle spielt und Männer leichter eine Überlegenheit erreichen können — wie Jagen, Reiten oder Fechten —, fehlen auf der Liste der Mittelklasse. Tugenden der Mittelklasse, die durch die wechselseitigen Beziehungen zwischen Mutter und Kind erlernt werden, werden ursprünglich am Magen-Darm-Kanal-Modell geprägt, als Aufnehmen, Behalten und befohlenes Herausgeben; dabei entsteht für das männliche Kind die zusätzliche Schwierigkeit, die Herrschaft, die über die Ausscheidung verlangt wird, von der Notwendigkeit zu trennen, über seine impulsive Männlichkeit die Verfügung zu behalten. Das Mädchen steht, obgleich seine speziellen weiblichen Eigenschaften nicht herausgefordert werden, vor einem kleineren Problem, wenn es lernt, die Regeln von Zeit und Ort zu beachten. So muß also der amerikanische Knabe während seiner ganzen Kindheit, daheim und in der Schule, mit Mädchen in Wettbewerb stehen, die ihm bei allen Dingen, für die man gelobt wird, eine Nasenlänge voraus sind — wie zum Beispiel nur dafür Lob erteilt wird, daß man für sich selbst einsteht, nicht aber dafür, daß man kämpft. Die Sportarten mit engen Beziehungen zu körperlicher Kraft und Verwundbarkeit sind das einzige Gebiet, von dem weibliche Konkurrenz ausgeschlossen ist, und sie dienen, und sei es auch nur auf den Seiten der Zeitung, amerikanischen Knaben und Männern als faszinierende Ausflucht. Und ein Ausgleich ist nötig bei einem Spiel, bei dem alle Karten gezinkt sind und bei dem man doch nicht verlieren darf — bei Strafe des Verlusts von Liebe und Selbstachtung.

Bruder und Schwester im Konkurrenzkampf

Wie ist nun aber die Lage des Mädchens, dessen leichte und erfolgreiche Konkurrenz mit seinem Bruder durch die Bedingungen im Heim und im Schulsystem gesichert ist? Mit männlichen Augen gesehen, ist es die große Schwester, die es leicht hat, die überall die Trümpfe bekommt. Anstatt daß ihr gesagt wird, daß sie bestimmte Dinge nicht tun dürfe, weil sie ein Mädchen ist, daß sie die Füße kreuzen, die Augen niederschlagen, auf einem Kissen sitzen und feine Säume nähen müsse, wird ihr beigebracht, daß sie dieselben Dinge wie ein Junge zu lernen hat. Dem Knaben sagt man, er müsse sich schämen, wenn er von einem Mädchen besiegt wird. Abgenutzte Symbole männlicher, rein physischer Überlegenheit werden für solche Alltäglichkeiten wie Zähneputzen oder Schulaufgabenmachen heraufbeschworen. Das naturgegebene Empfinden des Mannes, daß er stark sein müsse, um sexuell erfolgreich zu sein, wird für das Interesse an Tätigkeiten heraufbeschworen, die ihre unmittelbare Bedeutung verloren haben. Gleichzeitig aber wird dem Mädchen gesagt, daß es alles besser machen müsse als sein Bruder, nicht, weil es für es demütigend wäre zu versagen, sondern weil es für Mädchen leichter ist, sich gut zu halten.

Die Eingeborenen von Neu-Guinea erzählen die Geschichte von der Frau, die den Männern die Symbole aushändigt, durch die sie sich für ihre Unterlegenheit entschädigen können, und die dann hinzufügt, daß die Männer sie lieber töten sollten. Liebe unter solchen Bedingungen ist unerträglich. Daher entsteht in dem amerikanischen Mädchen ein Konflikt anderer Ordnung. Auch es muß seine Aufgaben lernen und seiner Mutter gehorchen, sonst verliert es die Liebe seiner Mutter, die Billigung des Lehrers und außerdem den Lohn, der dem Erfolgreichen zufällt. Auch es liebt Brot mit viel Marmelade und einen stets zugänglichen Kühlschrank. Alles bekommt es, es braucht nur ein wenig zu bitten. ‹Für *alle* kleinen Mädchen› lautet die Inschrift eines New Yorker Süßigkeiten-Schaufensters, und ‹Für *brave* kleine Jungen›. Dem Mädchen gehören sie nach natürlichem Recht; doch um welchen Preis! Wenn es die Regeln gut lernt, wenn es gute Noten bekommt, Stipendien erhält, eine Anfangsstelle als Reporter bekommt — mit all dem hat es etwas geleistet, das sich nach seiner Ansicht und der seiner Umgebung nicht verzeihen läßt. Jeder Schritt vorwärts als erfolgreicher Amerikaner ohne Rücksicht auf das Geschlecht bedeutet einen Schritt rückwärts als Frau und folgerichtig auch für irgendeinen Mann einen Schritt zurück. Denn die Männlichkeit wird in Amerika nicht ein für allemal festgelegt, sie muß bewahrt und jeden Tag aufs neue verdient werden; und ein wesentliches Element dieser Definition ist es, Frauen in jedem Spiel, das beide Geschlechter spielen, bei jeder Tätigkeit, die beide Geschlechter ausüben, zu schlagen.

Männer wollen Durchschnittsmädchen

Gewiß, das kleine Mädchen muß in der dritten Klasse das Wort wohl richtig buchstabieren, denn ein Versagen wäre für seine kleine, auf Erfolge gerichtete Seele zu bitter. Aber später wird es das Gebiet wechseln, sich dem unfairen Wettbewerb entziehen, nicht mehr in dem Falschspiel mitmachen und ein Erfolg auf einem ganz anderen Gebiet werden, als Frau und als Mutter. Das verzweifelte Bedürfnis nach Erfolg bleibt bestehen; es ist aber nicht so stark wie beim Knaben, weil Erfolg von Mädchen nur so verlangt wird, wie man ihn von allen menschlichen Wesen verlangt, nicht mit der Drohung, falls es keinen Erfolg hätte, würde es nicht mehr als wirkliche Frau angesehen. Knaben werden durch ein Versagen ihres Geschlechts beraubt; wenn aber Mädchen auch noch hübsch sind, werden sie nur um so begehrenswerter, wenn sie einen Ritter und Kavalier brauchen, der ihnen bei ihren Aufgaben hilft. Aber das wird ständig immer weniger wahr. Durch das ganze Land breitet sich unbemerkt die Forderung nach der gleichen Art von Charakterstruktur für Männer und Frauen aus. 1946 wurden in einer Rundfrage der ‹*Fortune*› die Männer gefragt, welches von drei gleich gutaussehenden Mädchen ein Mann lieber heiraten würde: ein Mädchen, das niemals eine Stellung hatte, ein Mädchen, das eine Stellung mit bescheidenem Erfolg bekleidet hat, oder ein Mädchen, das in einer Stellung äußerst erfolgreich war[1]. Das Ergebnis war folgendes: 33,8 % waren für das Mädchen mit bescheidenem Erfolg, 21,5 % für das mit dem großen Erfolg, und nur 16,2 % für das Mädchen, das niemals eine Stellung hatte. Der Rest war ohne Meinung. Immer noch werden die *bescheiden* Erfolgreichen bevorzugt, aber mit dieser Bevorzugung geht ein wachsender Druck auf ein Mädchen Hand in Hand, vor der Heirat zu arbeiten, vielleicht sogar zu arbeiten,

1 ‹Women in America› Teil I, *Fortune* Survey (Oktober 1946), S. 8.

bis das erste Kind kommt, und ‹etwas zu tun›, und sei es auch nur unbezahlte Arbeit oder ein ernsthaft betriebenes Steckenpferd, sobald die Kinder in der Schule sind. Die Männer hätten gern, ihre Frauen wären weniger erfolgreich als sie selber, damit sie ihnen damit ein Gefühl der Sicherheit verschafften, und zugleich sollten dieselben Frauen erfolgreich sein und damit, gleichsam stellvertretend, ihrem Wettbewerbsstreben Genüge tun. Man irrt wohl kaum, wenn man behauptet, die innere Distanz zwischen den Worten ‹bescheiden› und ‹außergewöhnlich› bedeute im Grund den Unterschied zwischen ‹auf Kosten eines Dritten durch Spielen in einem anderen Klub gewinnen› und ‹mich auf meinem eigenen Feld schlagen›, wobei der alles durchsetzende Nachdruck auf den Erfolg schrittweise die Oberhand gewinnt. Ein Mädchen, das niemals eine Stellung gehabt hat, wird immer mehr verdächtig. Vielleicht konnte es keine Stellung finden; vielleicht wäre es ein Versager geworden, wenn es das probiert hätte, und wer möchte eine Frau haben, so nachgiebig und beruhigend sie auch persönlich sein mag, die vielleicht ein Versager gewesen sein könnte? Es ist ebenfalls interessant, daß in den Antworten der Frauen 42,2 % glaubten, ein Mann werde ein in bescheidenem Maße erfolgreiches Mädchen vorziehen, nur 12,1 %, daß Mädchen ohne Stellung, und nur 17,4 %, daß das äußerst erfolgreiche Mädchen vorgezogen würde. Die Kommentatoren der ‹*Fortune*› sagen weiter:

‹Augenscheinlich haben die Männer vor fähigen Mädchen nicht so viel Angst, wie die Frauen es glauben. Dies gilt besonders für arme Männer, von denen 25 % denken, daß ein äußerst erfolgreiches Mädchen die wünschenswerteste Frau abgeben würde. Arme Frauen geben ebenfalls ungewöhnlich viele Stimmen für das äußerst erfolgreiche Mädchen ab (24,7 %), während Frauen aus der höheren Mittelklasse ihr wenig Unterstützung gewähren, nur 12,3 %.› Und beachten wir dabei, daß gerade in der höheren Mittelklasse die Mädchen in ihrer Erziehung am meisten wie Knaben behandelt werden, mit Männern am offensten während der Kindheit konkurrieren und am direktesten dem Druck ausgesetzt werden, den ich gerade besprochen habe.

So sieht sich das Mädchen während seiner Erziehung und der Entwicklung seiner beruflichen Aussichten dem Zwiespalt gegenüber, daß es seine Fähigkeiten gerade soweit einsetzen muß, um als erfolgreich zu gelten, aber nicht als zu erfolgreich; daß es fähig genug sein muß, eine Stellung zu bekommen und zu behalten, doch ohne jene Art von Hingabe, die es entweder zu erfolgreich oder abgeneigt machen würde, für Heirat und Mutterschaft seine Stellung gänzlich aufzugeben. ‹Zwei Schritt vorwärts und einen zurück› ist die Tanzvorschrift, der es zu gehorchen hat, oder es muß alle Konsequenzen tragen. Und welches sind die Konsequenzen? Nicht zu heiraten? Wenn das alles wäre, wäre das nicht allzu schlimm. Es gibt mehr Frauen als Männer in der Welt, und Gemeinschaften haben es durchaus möglich gefunden, Gelöbnisse des Zölibats und der Armut auszubilden und dennoch den Frauen ein geachtetes Dasein zu verschaffen. Die Nonne, die ihre potentielle Frauen- und Mutterschaft Gott zugunsten der ganzen Menschheit aufopfert und statt der Erzeugung eigener Kinder Gebete und Fürsorge für die Kinder Gottes setzt, kann sich als einen Teil des göttlichen Planes fühlen, indem sie die Pflicht der menschlichen Wesen erfüllt, ‹das Leben des Menschen und das Leben der Welt zu schützen und zu pflegen›[1]. In den überfüllten Omnibussen oder Untergrundbahnen, wo heute die Männer Frauen mit Kindern im Arm ruhig stehen lassen — denn Frauen verdienen doch Geld, nicht wahr? —, wird immer noch der Barmherzigen Schwestern Platz gemacht.

Abwehrmaßnahmen gegen Erfolgsfrauen

Der Frau in den Vereinigten Staaten jedoch, die an Stelle der Ehe eine Karriere erwählt, wird kein solch befriedigender und angenehmer Platz in der Welt gewährt. Dasselbe Gefühl, das Amerikaner, die so oft eine Großzügigkeit beweisen, die in der Welt kaum ihresgleichen findet, gegen die Einwanderung einiger Tausend heimatloser Waisen stimmen läßt, samt dem Gefühl, daß jeder weibliche Erfolg die Männlichkeit des Mannes in Frage stellt, macht es unmöglich, daß ihre Rolle wirklich befriedigend ist. Wenn sie in einem Beruf wie dem des Schullehrers Erfolg hat, verlassen ihn Männer beinahe gänzlich oder werden zu solchen verzweifelten Auswegen getrieben, wie etwa Gesetzen, die die Frauen für unfähig erklären, im zweiten Schuljahr amerikanische Geschichte zu unterrichten, so daß schon die bloße Einführung dieser Abwehrmaßnahmen sie in ihren eigenen Augen herabsetzen muß. Niemand, weder die Männer selbst noch die Frauen, mit denen sie erfolgreich konkurrieren, hält es für richtig, wenn ein unzulänglicher Mann über die Köpfe von fünf begabteren Frauen hinweg eine Stellung als Schuldirektor erhält. In solch einer Situation wird kein Geschlecht glücklich, weder die fähigen, gewissenhaften und hart arbeitenden Frauen, die vielleicht 80 % der Bewerber ausmachen mögen, noch die Männer, die die anderen 20 % bilden, von denen ein großer Teil wohl gar den Verdacht hegt, der wirkliche Grund für ihre Ernennung sei gewesen, daß ‹man einen Mann haben wollte.›

Vielleicht ist diese Situation, in der fähige Frauen sich immer wieder zugunsten eines Mannes übergangen sehen, nachdem sie ihr Leben einem ‹Erzieher›-Beruf gewidmet haben, einem Beruf, der besonders die weiblichen Tugenden des Vorstellungsvermögens für Einzelheiten und der Geduld mit Kindern verlangt, ein wichtiger Grund, aus dem Frauen diese Berufe zugunsten von Fabrikarbeit und Geschäft verlassen, wo sie nicht so leicht übergangen werden können. Und hier können sie andere Waffen gebrauchen. Denn während die Waffen des Schullehrers und des Sozialfürsorgers die Waf-

---

1 Bericht aus der ‹*New York Times*› (18. März 1946) über eine Ansprache Kardinal Spellmans vor Medizinstudenten der Georgetown Universität.

fen der mütterlichen Stimme und der ständigen Forderung sind, daß der Mensch gut sein solle, können die Waffen der Geschäftsfrau in den Vereinigten Staaten auch die Waffen jener Frau einschließen, die ihr Geschlecht ausnutzt, um ihre ehrgeizigen Ziele zu erreichen. Ilka Chases *‹In Bed We Cry›* ist die Tragödie gerade dieser Situation, der Bedrohung, die die erfolgreiche Geschäftsfrau für sich selber und für den Mann, den sie liebt, darstellt[1]. Das kleine Mädchen, das den Ruf zum Erfolg stärker hört als den Ruf seiner künftigen Weiblichkeit und Mütterlichkeit, vernimmt damit einen Ruf zur Konkurrenz, der keine Grenzen gesetzt sind. Sein Bruder ist besser als es für das Verhalten, das man in einer wetteifernden Welt erwartet, geschult worden. Spiele fair! Schüchtere niemanden ein! Wirf nicht mit deiner Bedeutung um dich! Dies ist ein Teil der Moral, die sie beide auf den Sportplätzen gelernt haben, aber hier wurde die Behauptung aufrechterhalten, daß alle Knaben stärker seien als Mädchen. Etwas vom starken Streben des Mädchens nach Erfolg mag gerade von diesem Vergleich herrühren, von dieser Feststellung, daß die Knaben immer die Mädchen überflügeln sollen; etwas mag daher kommen, daß ihm Türen verschlossen sind, weil ‹Frauen immer weggehen und sich verheiraten›. Etwas von dem Hohnlächeln eines Vaters oder Bruders, daß ‹Mädchen keinen Kopf für Zahlen haben›. Wie dem auch sein mag, es ist als Schwächere definiert worden; und es gibt im amerikanischen Leben keine Regeln für das gute Benehmen der Unterliegenden. Insoweit die amerikanischen Frauen – jedenfalls die meisten amerikanischen Frauen – den Regeln des *‹fair play›*, des Gebens und Nehmens und des ‹Laß dich nicht unterstützen› folgen, tun sie es, weil sie sich selbst für starke menschliche Wesen halten gleich den Männern, von denen sie keinen Vorteil annehmen wollen. Aber für die Frau, die auf männlichem Gebiet erfolgreich ist, ist gutes Benehmen beinahe unmöglich, weil ihre ganze Gesellschaft das so festgelegt hat. Eine Frau, die besser vorankommt als ein Mann – und auf männlichem Gebiet gibt es praktisch keine Alternative, als eine gewisse Anzahl von Männern zu schlagen –, hat etwas Feindliches und Zerstörerisches getan. Hat sie gar noch als Frau irgendeine Art Schönheit oder Anziehungskraft, so ist ihr Verhalten nur um so zerstörender. Die männliche Frau, die häßliche Frau, kann als verkleideter Mann behandelt werden, der man darum ihren Erfolg vergibt. Doch für die weibliche Frau gibt es kein Alibi; je weiblicher sie ist, um so weniger kann man ihr verzeihen. Das bedeutet nun nicht, daß jede Frau, die Geschäftszweige oder Berufe wählt, in denen sie stark in der Minderheit ist, selbst feindlich und zerstörerisch ist. Aber es bedeutet, daß jede Frau, die im Verlauf ihrer Kindheit ein besonderes Maß von Zerstörungssinn entwickelt und verdrängt hat, psychologisch in Gefahr kommt, wenn sie eine Position einnimmt, die als destruktiv angesehen wurde. Für eine Frau, deren mütterliche Einstellung hoch entwickelt ist, kann die Stellung völlig unerträglich sein.

---

1 dt.: ‹Schlaflose Nächte›. Wolfgang Krüger Verlag, Hamburg 1951.

So lernen Bruder und Schwester, Knabe und Mädchen, die zusammen erzogen werden, was jeder vom anderen verlangt und was jeder dem anderen geben kann. Das Mädchen lernt, einen Ehrgeiz zu beherrschen und zu zügeln, den seine Gesellschaft ständig von neuem anspornt, da von allen Mädchen, die in erfolgreichen Frauenberufen arbeiten, gesagt wird, sie hätten ‹Karrieren›, und Karriere ist etwas Blendendes, während die meisten Männer mit gleichen Begabungen bloß Stellungen haben. Und so haben wir dadurch die Situation, die oberflächlich betrachtet so seltsam aussieht, daß sich die Frauen im ganzen um so weniger für einen Kampf interessieren, der ihnen berufliche Erfolge ermöglicht, je mehr Frauen tatsächlich arbeiten. Ein halbes Jahrhundert früher richteten sich die Augen des besonders begabten Mädchens, das aufs College ging, vorwärts, auf einen Beruf, auf eine Karriere. Der Gedanke an eine Ehe wurde oft als Hindernis verworfen. Heutzutage ist das gleiche Mädchen mit den gleichen Fähigkeiten gewöhnlich bereit, zuzugeben, daß es zu heiraten wünscht, und scheint mehr geneigt zu sein, seine Karriere der Ehe zu opfern als eine Heiratsmöglichkeit der Karriere. Weil mehr und mehr angenommen wird, daß Mädchen bis zur Ehe arbeiten — und wenn es Pech hat, bedeutet dies fürs ganze Leben —, arbeiten die Mädchen hart, um Fertigkeiten und Berufe zu erlernen. Sind sie klug und befähigt, kann eine überragende Leistung im Verein mit dem Bedürfnis nach Erfolg sie dazu führen, daß die Arbeit sie vollkommen in Anspruch nimmt; doch selten so vollkommen, daß der Wunsch nach Heirat ausgeschaltet würde.

Auch wird die Gesellschaft heutzutage die Frau, die nicht zur Ehe erwählt wurde, nicht mit dem einfachen Mitleid behandeln, das dem Mauerblümchen des vorigen Jahrhunderts zugestanden wurde. Weniger freundliche Urteile, wie: ‹sie muß neurotisch sein›, ‹sie ist nicht aufmerksam›, ‹sie hat ihre Möglichkeiten nicht genutzt›, kommen zu leicht auf die Lippen der jungen, unverheirateten Frau, wenn sie von der älteren spricht. Erfolg für eine Frau bedeutet den Erfolg, einen Gatten zu finden und ihn zu behalten. Dies ist heute wahrer als vor einer Generation, als noch vorausgesetzt wurde, daß die Männer die Frau suchten, und einige Frauen ihre neue Freiheit außerhalb des Heimes so berauschend fanden, daß sie sich ihrer Arbeit ganz hingaben. Das ist nicht überraschend in einer Welt, wo der unverheiratete Mann auch als ein Versager in menschlichen Beziehungen angesehen wird, als ein wunderlicher Kauz, dem es trotz der vielen Mädchen, die zum Heiraten da sind, niemals gelang, eine zu finden; als jemand, der eben zu faul und zu untätig ist, um sich anzustrengen. Aber je erfolgreicher ein Mann in seiner Stellung ist, desto sicherer ist jedermann, daß er auch einen begehrenswerten Ehemann abgeben wird; je erfolgreicher eine Frau ist, um so mehr fürchten die meisten Leute, daß sie keine erfolgreiche Ehefrau sein wird. Die Umfrage der *‹Fortune›* faßte die Gründe, die angegeben wurden, warum Männer äußerst erfolgreiche Mädchen bevorzugen sollten, folgendermaßen zusammen: ihre größere Tüchtigkeit und Verständnis für Geld und ihre Fähigkeit, ihren Männern zu helfen, und die Redaktion fügte hinzu: ‹Sehr wenige betrachten ihre Intelligenz als einen Aktivposten, und praktisch behauptete niemand, daß es wohl leichter wäre, mit ihr auszukommen›. Die abgenutzte Phrase, ‹sogar die besten Köche sind Männer›, sollte als Fußnote mit der Bemerkung angeführt werden, daß amerikanische Männer nicht dazu erzogen sind, freudig die Gatten erfolgreicher Chefs zu sein.

5. Jeder Familie ein eigenes Heim

Die Frau bestimmt den Lebensstil

Die Ehe ist ein Zustand, in den junge Amerikaner hineingetrieben werden, und in dem die amerikanische Frau, die dazu erzogen wurde, energisch und aktiv zu sein, all die Wünsche auslebt, die, solange sie Kind war, in ihr sowohl gefördert als auch zurückgedrängt wurden. Wenn es auch andere Kulturen gibt, in denen die Frau das Haus noch stärker beherrscht, so ist doch auffallend, in welchem Maß in Amerika die Frau den Stil des Heims bestimmt hat. Das kann man vielleicht auf verschiedene Ereignisse in der Vergangenheit zurückführen: auf die Art, wie während der Pioniertage das ganze Gebiet des Ästhetischen den Frauen überlassen wurde; auf die Betonung des Wertes der Arbeit für jedermann, und das bedeutete, daß die Männer viel zu müde waren, um noch viel Mühe auf ihr Heim zu verwenden, und, ein sehr wichtiger Punkt, auf die Arbeitsteilung bei den nicht-englisch-sprechenden Einwanderern. Sobald diese Immigranten hier ins Land kamen, machten sich die Männer an die Arbeit, um den Lebensunterhalt zu verdienen, die Frau versuchte herauszufinden, wie man hier leben könne, und diese Aufteilung zwischen dem Mann, der den Lebensunterhalt verdient, und der Frau, die die Lebensart bestimmt, wurde noch verstärkt. Das Schema unseres städtischen Lebens mit seinem hochentwickelten Verkehrssystem, das bedingt, daß immer weniger Männer für den Lunch nach Hause kommen, ist auch einer der Faktoren, die diese Situation aufrecht erhalten. Je mehr Schulen gegründet werden, je mehr die Entfernungen von der Wohnung wachsen und je stärker sich die Schul-Lunch-Sitte verbreitet, um so mehr Haushaltungen mit Kindern im Schulalter bleiben den ganzen Tag über verlassen, während die Mutter Zeit hat, die Magazine zu studieren, das Wohnzimmer neu einzurichten, ihre Kenntnisse vom Weltfrieden oder dem Schulsystem der Gemeinde aufzufrischen, dazwischen einen Telephonanruf zu beantworten, auf den Mann von der Waschanstalt zu warten und einen Gang in die Nachbarschaft zu machen.

Es fällt also ins Arbeitsgebiet der Frau, den Lebensstil der Familie vorzuzeichnen und nur bei grundlegenderen Fragen den Ehemann zu Rate zu ziehen, denn das ist einfach ihr Beruf. In ihn legt sie in den frühen Tagen ihrer Ehe und Mutterschaft all die Energie, die aus einer gesunden, wohlgenährten, aktiven Kindheit stammt. Hat sie eine gute Erziehung genossen und wurde sie für einen Beruf außerhalb des Hauses ausgebildet, womöglich gar für eine Karriere, und ganz besonders, wenn sie vor der Ehe geschäftlich erfolgreich war, so liegt wahrscheinlich noch ganz besonderer Nachdruck auf der Art, wie sie ihr Heim und ihre Kinder versorgt, auf ihrem ständigen Betonen, was für eine gute Mutter und was für eine prächtige Ehefrau sie sei. Zuweilen kann sie offenherzig genug sein, um zuzugeben: ‹Ich weiß ja wohl, daß meine Kinder alt genug sind, um allein zur Schule zu gehen, doch ich begleite sie immer noch. Schließlich gibt mir das die Berechtigung, im Heim zu bleiben.› Öfter jedoch steckt sie, ohne ihren Zweifel, ob Haushaltführen wirklich eine ganztägige Beschäftigung sei, irgendwie ausdrücklich zu formulieren, einfach noch mehr Kraftaufwand in ihren hausfraulichen Tagesablauf. Hier gilt für sie der gleiche Maßstab, der auch für ihren Ehemann gilt: gleich ihm muß sie Erfolg haben, muß ihre Sache gut machen, muß immer steigenden Ansprüchen genügen.

Analysieren wir die Aufgabe des Haushaltführens in den Vereinigten Staaten, in dem Heim, das auf den Seiten der Frauenmagazine gefeiert und in den eigens auf keinen speziellen Lebensstil zugeschnittenen Radiosendungen vorausgesetzt wird, dann stoßen wir auf merkwürdige Widersprüche. Das gut ausgestattete Heim — das Heim, auf das alle Annoncen hinweisen — ist ein Heim, in dem man alles noch schneller und mit noch weniger Arbeit machen kann, Wäsche wird in kürzester Zeit weiß, Bügeleisen bügeln, fast ohne daß man es merkt, und das Spezialansatzstück am Staubsauger reinigt einem sogar die Buchrücken, mit dem neuen Silberputzmittel sieht das Silber immer wie neu aus. Kurz, der amerikanischen Ehefrau und ihrem Mann, der den Anpreisungen auch dann nicht ausweichen kann, wenn er die Radiosendungen nicht hört, wird erzählt, wie glücklich, modern und müßig sie sein können — wenn sie nur die richtigen Haushaltsartikel anschaffen. Es scheint wirklich einmal eine Zeit gegeben zu haben — damals in den zwanziger Jahren, als es noch verhältnismäßig leicht war, Dienstboten zu halten —, in denen eine verheiratete Frau, die eine gute Ausstattung an technischen Geräten besaß und wenigstens ein Dienstmädchen beschäftigte, ganz nett Zeit fand, um Bridge zu spielen. Ihr Bild spukt immer noch in den neidvollen Bemerkungen der berufstätigen Frauen über fünfzig, die sich immer noch vorstellen, die Hausfrau müsse eine verrückte Menge freie Zeit haben — besonders, wenn man dagegen das Leben so vieler amerikanischer Frauen hält, die nicht freiwillig, sondern von der Notwendigkeit gezwungen, ihre Berufsarbeit und die Pflichten des Haushalts gleichzeitig erledigen. Es gab auch einmal eine Zeit, während des ersten rapiden Aufkommens der Waschanstalten und Bäckereien, der Milchlieferung, der Konserven, der fertigen Kleider und der chemischen Reinigung, in der es sehr den Anschein hatte, als würde das amerikanische Leben ungeheuerlich vereinfacht. Der Staubsauger war eine große Erleichterung in einem Haushalt, in dem noch der Maßstab des Teppichklopfers und des Besens herrschte, die Waschanstalt war eine Gottesgabe für den Haushalt, dessen regelmäßiger Wäschewechsel noch mit dem altmodischen Waschfaß gekoppelt war, und Bäckereien für die Haushaltungen, in denen das Brotbacken einen ganzen Tag beansprucht hatte. Doch genau wie unsere medizinischen neuen Linderungsmittel neue Anfälligkeiten und neue krankhafte Zustände erzeugt haben, so führte auch die neuartige Ausrüstung nicht zu mehr Freizeit, zu mehr Zeit für das Spiel mit dem Baby, zu mehr Zeit, sich am offenen Feuer zusammenzukuscheln und zu lesen oder auch beim Eltern- und Lehrer-Verein mitzuhelfen, sondern sie vereinigte sich nur mit anderen Tendenzen, um das Leben der amerikanischen Hausfrau nicht leichter, wohl aber anspruchsvoller zu gestalten. Die meisten in den Städten lebenden Frauen vergegenwärtigen sich nicht, daß, wie der ‹Bryn-Mawr-Bericht› zeigt, die Hausarbeit in einer typischen Farmerfamilie 60,55 Stunden in der Woche in Anspruch nimmt, 78,35 Stunden in städtischen Haushaltungen in Orten unter 100 000 Einwohner und 80,57 in Ortschaften mit über 100 000 [1]. Das war in der Zeit vor dem Krieg und in einer Welt, in der man sich bei der Berufsarbeit stetig auf die Vierzig-Stunden-Woche zu bewegte.

Vielleicht das am meisten bezeichnende Wort, das seit langer Zeit in Familienangelegenheiten neu erfunden wurde, ist das Wort *‹sitter›* — die besondere Person, die in die Familie kommen muß, um dazusitzen, wenn die beiden Eltern einmal zusammen ausgehen wollen. Die moderne Frau und Mutter lebt allein mit einem Gatten, der abends heimkommt, und mit Kindern, die, solange sie klein sind, vierundzwanzig von vierundzwanzig Stunden ihr anvertraut sind, in einem Haushalt, von dem man erwartet, daß sie ihn mit der Wirtschaftlichkeit einer Fabrik führt — sie hat ja schließlich eine Waschmaschine und einen Staubsauger — und aus dem eine große Zahl der Beschwerden, die ein Haushalt einst mit sich brachte, entfernt sind. Abgesehen von ländlichen Verhältnissen produziert sie nichts mehr im Sinn von Bevorraten, Einpökeln und Einmachen. Sie feiert nicht mehr zweimal im Jahr die großen Orgien des Hausputzes. Sie gibt nicht mehr jene Art von Einladungen, bei denen sie wegen der Berge von Essen, die sie ostentativ zubereitet hatte, bewundert wurde. Statt all dessen wird sie genau im Verhältnis zu ihrer Fähigkeit bewundert, so auszusehen als ‹habe sie das gar keine Zeit gekostet›. So wie sich unsere Fabriken dem Ideal der Ausschaltung aller menschlichen Arbeit annähern, laufen unsere idealen Heime ihnen parallel; die erfolgreiche Hausfrau soll heute aussehen, als habe sie nie irgendwelche Arbeit gehabt, noch würde sie jemals welche leisten müssen; sie sollte einen auf Hochglanz polierten Effekt hervorbringen ohne jede Anstrengung, selbst, wenn sie den ganzen Samstag darauf verwenden muß, zu proben, wie sie mühelos ein Sonntagmorgen-Frühstück auf den Tisch bringt. Die schöpferische Fähigkeit, die man von ihr erwartet, ist die Bedingung eines laufen-

1 Zitiert und besprochen von Ethel Goldwater in ‹Woman's Place›, *Commentary* (Dezember 1947), S. 578—585.

den Bandes, nicht aber die, wie Materialien liebevoll in Nahrung oder in Kleider für ihre Kinder verwandelt werden. Sie kauft ein, feilscht, wählt aus, transportiert, sortiert und mischt, sie flickt kleine Stückchen Zeit zusammen, um ‹gut durch die Woche zu kommen›, und häufig muß ihr stolzester Ausruf lauten: ‹Das war eine gute Woche, nichts ist schief gegangen›.

Die durchschnittliche junge Amerikanerin macht sich fröhlich an diese Aufgaben. Sie belasten mehr die Energie ihrer Nerven als ihre körperlichen Kräfte, sie sind mehr zeitraubend als die Ursache eines wehen Rückens; in ihrem unglaublich sauberen und aufpolierten Heim, in ihrer Küche, in der die Farbe des Handgriffs des Schneebesens genau zur Trittleiter paßt, bewegt sie sich leicht schwebend und produziert jene Wunderspeisen, die Gatten und Kinder glücklich und stark machen. Zwei Dinge beeinträchtigen indessen ihr Glück: die Furcht, sie vollführe, obgleich sie niemals einen Augenblick Zeit findet, keine wirkliche tagausfüllende Arbeit, und die Tatsache, daß sie zwar genau wie ihr Bruder gelernt hat, das Recht, sich seinen Beruf auszuwählen, sei das heilige Recht jedes Amerikaners, aber doch nicht das Empfinden hat, sie habe nun gerade diesen gewählt. Sie hat den Beruf der Frau und den der Mutter gewählt, aber sie wählte damit nicht unbedingt auch das ‹Haushaltführen›. Das wurde ihr, in der Ausdrucksweise des heutigen Amerika, aufgezwungen, weil sie eine Frau war; es ist kein vollwertiger Stand, den man bewußt wählt, sondern eine Pflicht, der man nicht ausweichen kann, wenn man in der Ehe glücklich werden will. Frauen, die einen Beruf haben, fragen sie wohl, was sie eigenlich mache, und sie sagt ‹eigentlich nichts› oder ‹nur ein bißchen Haushalt›. So arbeitet sie achtzig Stunden die Woche, hat vielleicht einmal abends einen *sitter*, ist ganz einsam, während sie rasch ihre Arbeit tut, die keine andere Frau mehr mit ihr teilt, muß immer mit einem Auge auf die spielenden Kinder sehen, und sich beeilen, fertig zu werden, damit sie ‹frisch und ausgeruht› aussieht, wenn ihr Gatte heimkommt.

Damit, daß wir den Personalbestand jedes Haushalts verkleinert haben, indem wir die unverheirateten Schwestern, die unverheirateten Töchter, die Großmütter und — als ein Teil des Prozesses, demzufolge jedes gemeinsame Wohnen mit anderen Erwachsenen abgelehnt wird — auch die häuslichen Angestellten ausgeschlossen haben, multiplizierten wir die Zahl der Haushalte, in denen jeden lieben Tag das ganze Familienleben durchgespielt werden muß, wo Mahlzeiten gekocht, Lunches eingepackt, Kinder gebadet, Türen geschlossen, Nahrungsmittel geordnet, Hunde spazierengeführt und Katzen herausgelassen werden, wo man Waschmaschinen in Gang setzt, Kranken Blumen schickt, Geburtstagskuchen backt und Kühlschränke auftaut. Wo einst mit einem großen Topf Kaffee ein Haushalt von zehn oder zwölf Personen bedient wurde, da gibt es heute drei bis vier kleine Kannen, die zubereitet, abgewaschen und poliert werden müssen. Jeder Haushalt ist auf die bloßen Hauptpersonen reduziert — auf weniger Hauptpersonen, als es die meisten Primitiven für möglich halten würden. Da gibt's nur die Hände einer einzigen Frau, um das Baby zu füttern, das Telephon abzunehmen, das Gas unter dem Topf, der überkochen will, abzudrehen, das ältere Kind zu trösten, das sein Spielzeug ‹kaputt› gemacht hat, und beide Türen gleichzeitig zu öffnen. Sie ist Ernährungsfachmann, Kinderpsychologin, Produktionsmanager, Einkaufsexperte, alles in einem. Der Gatte glaubt, sie könne frei über ihre Zeit verfügen, und beneidet sie; sie sieht, wie er seine regelmäßigen Arbeitsstunden hat, und beneidet ihn. Im selben Umfang, in dem sie sich als die gleiche Art Mensch mit dem gleichen Geschmack und den gleichen Vorlieben ansehen, ist jeder irgendwie unbefriedigt und neigt dazu, über die Unzufriedenheit des anderen ungeduldig zu werden.

Unzufriedenheit in der Ehe

Daß Mann und Frau gegenseitig ihre Rollen falsch verstanden, oder sich wechselseitig beneidet haben, ist nichts Neues in der Geschichte; das bezeichnende Bild der amerikanischen Welt dagegen ist, daß ein Widerspruch besteht zwischen der Art, wie wir Knaben und Mädchen aufziehen – beide dafür, sich einen Beruf und einen Ehepartner zu wählen –, und der Gewohnheit, das Haushaltführen als einen Preis anzusetzen, den das Mädchen zu zahlen hat, ohne aber gleichzeitig den Beruf als einen Preis zu bewerten, den der Bursche entrichten muß. Die Männer werden dazu erzogen, als Zeichen ihrer Männlichkeit und ihres Erfolgs einen Beruf in einer Mühle, einem Bergwerk, einer Farm, in einem Büro, an einer Zeitung oder auf einem Schiff zu erstreben und sich Frau und Kinder als Krönung dieses Erfolgs zu wünschen. Doch Frauen wird heute keine gleich klar vorgezeichnete Berufslinie mitgegeben – eine Wohnung, ein halbes Doppelhaus, ein Farmhaus, eine Wohnung in einem Miethaus ohne Lift oder irgendeine andere Art von Heim als ihren Beruf zu erstreben. Die amerikanische Frau wünscht sich einen Ehemann, sicher, Kinder, bestimmt, ein eigenes Heim, unbedingt – es ist doch sicherlich ganz untragbar, mit anderen Leuten zusammenzuhausen! Aber den Haushalt führen – da ist sie nicht so sicher, ob sie nicht lieber ‹etwas täte›, nachdem sie verheiratet ist. Ein Großteil der Männer hätte lieber eine andere Arbeit – zum mindestens eine besser bezahlte, eine mit höherer sozialer Stellung oder mit anderen Arbeitsbedingungen. Doch wird von ihnen nicht verlangt, den offenen Widerspruch zu erkennen, der zwischen der Erziehungsforderung nach Berufserfolg und Eheglück und der tatsächlichen Lage nach der Heirat liegt. Dann erst wird erkannt, daß der Ehepartner, den man wirklich wählt, und die Arbeit, die man nach der Verheiratung verrichtet, zwei voneinander unabhängige Dinge sind. Es ist, als wenn der Mann eine Reihe von Plänen für sein Leben zu machen habe – Buchhalter, Rechtsanwalt oder Flieger zu werden – und dann hinzufügen müßte, ‹alles natürlich für den Fall, daß ich nicht heirate›. Und fragt man dann ‹wieso?› ‹ja, dann müßte ich Farmer werden. Das ist besser für die Kinder.›

Es ist nicht an dem, daß wir keinen guten Ersatz für die Verkoppelung von Mutterschaft und Haushalt gefunden hätten. Gute Kinderkrippen und Schulen vermögen dem Kind viele Stunden am Tage eine ausgezeichnete Umgebung zu bieten, Bedingungen, die oft besser sind als die des kleinen Heims, in dem sonst zwei kleinen Rivalen viele Stunden nichts Besseres einfällt, als sich zu streiten und gegenseitig Schaden zuzufügen. Kühlschränke, fertige, tiefgekühlte Lebensmittel, Druckkochtöpfe haben es möglich gemacht, eine vorzügliche Mahlzeit zuzubereiten, ohne stundenlang neben einem Kochtopf Wache zu halten. Für die Schwerkranken sorgen die Krankenhäuser. Aber die Aufgabe, das Leben kleiner Kinder zu gestalten, bleibt selbst mit Hilfe von Krippen, Kindergärten und Spielplätzen noch eine volle ganztägige Aufgabe für jede Frau. Verläßt eine Frau das Haus, um zu arbeiten, ganztägig oder halbtägig, dann muß sie eine andere ersetzen, sollen die Kinder nicht Schaden nehmen. Die Krippe ist keine Lösung für das Kind mit einer Erkältung oder für das Kind, das mit einer ansteckenden Krankheit in Kontakt gekommen ist, ohne selbst krank zu werden. Die amerikanische Frau ist ständig unabhängiger geworden, unternehmungslustiger, tüchtiger, weniger willig, lediglich Bestandteil eines automatisch ablaufenden Prozesses zu sein, und besteht immer mehr darauf, daß sie, falls sie bezahlte Arbeit übernimmt, auf rein berufsmäßiger Basis und nur mit einem bestimmten Teil ihrer Persönlichkeit arbeitet und daß sie vollkommen das Heft in der Hand haben muß, wenn sie einen Haushalt führen soll. Doch auch der Preis für diese Autonomie ist gestiegen. Es ist gerade, als sei der Pioniertraum, der Europäer mit aller Art von Vergangenheit dazu brachte, zum unabhängigen amerikanischen Farmer zu werden, der alles in die eigene Hand zu nehmen verstand — und der heute noch in dem unverwüstlichen Heimweh nach der Hühnerfarm oder der Arbeit, bei der man sein eigener Boß ist, überlebt —, zu den Frauen abgewandert, die ihn jetzt in ihren Heimen ausleben, allerdings ohne das Hochgefühl, daß sie diese Arbeit im gleichen Maß gewählt haben wie den Mann, die tägliche Routine gerade so sehr wie das Kinder-Haben.

Das moderne Heim ist isoliert

Die Intensität, mit der sich die Amerikanerin mit Kindern ihrer Aufgabe als Hausfrau hingibt, umfaßt auch unzählige Exkursionen, die sie aus dem Haus führen, als Konsumentin, als Transportbeamtin der Familie und als verantwortungsbewußte Bürgerin, die die Umgebung, in der ihre Kinder aufwachsen, dadurch schützen muß, daß sie für bessere Schulen, bessere Spielplätze und bessere öffentliche Gesundheitspflege wirkt. Zu dem alten puritanischen Tatendrang der Pioniersfrau ist jetzt die Erkenntnis getreten, daß das moderne isolierte Heim gerade wegen seiner starken Isolierung entsetzlich abhängig von der Gemeinde geworden ist. Alle Funktionen, die eine Frau allein unmöglich erfüllen kann, müssen irgendwie in einer sie umgebenden Gemeinde organisiert werden, und selbst dann dürfen Mütter nicht krank werden. Tun sie das doch, so gibt es keine angemessenen sozialen Methoden, dieser schwierigsten Notlage im Leben ihrer Kinder zu begegnen. Wie aktiv aber auch eine Frau mit kleinen Kindern die Verpflichtung für Gemeindearbeiten übernimmt, das Zentrum ihres Lebens bleibt ihr Heim, vor allem ihre Kinder, und das füllt den größten Teil ihrer Zeit aus. Mit ihren Bitten, sie auszuführen, kann sie ihrem Mann auf die Nerven fallen, sie kann sich laut über die Einsamkeit und die eintönige Hausarbeit beklagen, aber darüber, daß sie nichts zu tun habe, braucht sie wirklich nicht zu klagen.

Um so härter ist es dann für die Mutter heranwachsender Kinder, wenn der Bruch kommt, wenn die Kinder das Haus verlassen, um auf eine Schule oder an einen Arbeitsplatz zu gehen, und wenn damit ihre Aufgabe erfüllt ist. Jeglicher gesellschaftliche Druck, dem sie ausgesetzt ist, belehrt sie, sie dürfe das Leben ihrer Kinder nicht zerstören, sie müsse sie frei lassen, ihr eigenes Leben zu führen, sie solle sie unabhängig und selbständig machen. Je getreulicher sie aber diesen Geboten gehorcht, um so wirksamer gräbt sie ihrem eigenen Beruf das Wasser ab. Eines Tages, an dem sie noch eine junge Frau ist, wird sie vor einem Frühstückstisch stehen, auf dessen anderer Seite sie nur ein einziges Gesicht sieht, das ihres Mannes, und sie wird allein, mutterseelenallein, in ihrem eigenen Heim sitzen. Sie hat keinen Beruf mehr; ihre wichtigste Rechtfertigung, die Arbeit, für die sie ‹alles aufgegeben› hat, ist vorbei, und doch sind immer noch zwei oder auch drei Mahlzeiten am Tag vorzubereiten, Türen zu öffnen, Zimmer zu putzen. Doch das sind nur noch Gerichte für zwei, und auch die Böden muß man nicht mehr so häufig bohnern, wenn keine Kinderfüße mehr ihre Spuren darauf hinterlassen. Sie ist nicht gänzlich aus ihrer Arbeit verdrängt, aber sie ist halb ausrangiert, auf ein Abstellgleis geschoben, sie hat so eine Scheinarbeit, wie jene Arbeitsplätze, die große Unternehmungen solchen Angestellten, die noch zu jung sind, um sich pensionieren zu lassen, zuweisen, um ihnen nicht zu zeigen, daß es eigentlich doch schon an der Zeit sei. Diese häusliche Krisis wird natürlich noch schwieriger, wenn sie gleichzeitig mit den hormonalen Störungen und den emotionalen Ängsten eintritt, die die Menopause begleiten und in denen eine ungerechtfertigte Furcht, das physische Begehren zu verlieren, mit der notwendigen Einsicht in das Ende der Fortpflanzungsfähigkeit zusammengehen [1]. Bei der amerikanischen Frau, die Kinder gehabt hat, überwiegt die Furcht, die Anziehungskraft zu verlieren und launenhaft zu werden, den Kummer über den Verlust der Fortpflanzungsfähigkeit bei weitem; hat sie doch ein, zwei oder drei Kinder bekommen, die ihrer Ehe die eigentliche Berechtigung verleihen, und sie wünscht sich, wenigstens bewußt, keine weiteren.

1 Therese Benedek, ‹Climacterium: A Developmental Phase›, erschienen in *Psychoanalytic Quarterly*.

Mittlerweile steht der Vater vor seinen eigenen Schwierigkeiten. Seine Rolle beim Heranwachsen der Kinder, vor allem beim Heranreifen seines Sohnes, ist es, ein freundlicher Verbündeter des Knaben zu sein und ihm zu helfen, sich von den Schürzenbändern seiner Mutter loszumachen. Er ist ein guter Vater, wenn er dem sich entwickelnden Wunsch nach einem Beruf und nach einem Mädchen sympathisch entgegenkommt und dabei Steine aus dem Weg räumt. Er hat die Ängste der Mutter lächerlich zu finden, den Jungen bei kleineren Streichen zu decken und brüderlich verstehend zu sein. Im gleichen Umfang, in dem er aber das alles tut, geht er verschiedene Risiken ein. Er belebt dabei wieder neu, wenigstens in der Phantasie, seine eigene erste Freiheit als junger Erwachsener, jene Freiheit, die er so früh, so willig gegen das dauernde unaufhörliche Arbeiten eintauschte, das seine Ehe in Gang hielt. Bei solchen Erinnerungen mag er das Gefühl haben, nie recht gelebt, sich zu früh festgesetzt zu haben. Dies Gefühl wird dann besonders stark, wenn es ihn gerade zu der Zeit überkommt, in der er sich klar werden muß, daß ein weiterer Aufstieg in seinem Beruf oder bei seiner Arbeit nicht mehr wahrscheinlich ist. Solange seine Lebensbahn nach oben gerichtet war, wurde er durch die großen Belohnungen angespornt, die der Amerikaner im Erfolg findet. Doch jetzt wird er nicht weiter aufsteigen, in vielen Fällen wird er einfach weiter arbeiten müssen, um nur seinen Platz zu behalten, ein entmutigender Gedanke. Wie er seinem Sohn hilft, sich von seiner Mutter loszumachen, wird seine Frau für ihn mehr und mehr zu einem Wesen, von dem er sich, alles in allem, nie richtig losgemacht hat, um sich auf die angenehmen Lebenswege des unverantwortlichen, leichtfertigen Lebens zu begeben. Wenn er nun seine Frau derart durch die Augen seines Sohnes und der Freunde seines Sohnes sieht, entdeckt er mit Ungeduld eine neue Art an ihr, die Repräsentantin einer abgeschlossenen, sich selber genügenden Leistung. Da steht er nun, erst in den mittleren Lebensjahren, und schon ist sein Leben vorbei — keine neue Liebe mehr, keine neuen Gebiete zu erobern, nur Leere liegt vor ihm. So fühlt er sich, während er noch keineswegs aus dem Erwerbsleben ausgeschaltet ist — tatsächlich steht er sehr häufig auf der Höhe seiner Arbeitskraft —, schon wie ein alter Mann; gerade das eigentliche Wesen des Lebenszyklus in Amerika führt dazu. Er kann recht schwer zu kämpfen haben, um dem Trieb zu widerstehen, mit allem zu brechen, aber er kann ernsthafte gesundheitliche Störungen entwickeln und vorzeitig sterben.

Oberflächlich gesehen ist die Schwierigkeit, der sich Paare in mittleren Jahren mit eigenem Heim gegenübersehen, diese: die Hauptlebensaufgabe der Frau ist erfüllt, während sie noch jung und kräftig ist, sie muß nun für ihre Energien neue Kanäle ausfindig machen und doch ihre Gewohnheiten und Bedürfnisse an einen Gatten angepaßt halten, der in diesem kleinen, in sich selbst abgeschlossenen Heim so eng mit ihr zusammen gelebt hat, während die Lebensaufgabe des Ehemanns ungestört weiterläuft. Doch wegen der einseitigen Betonung der Jugend, weil die Jugend die Zeit ist, auf die beide Geschlechter zurückschauen, und weil das Alter so wenig Lohn enthält, stehen beide vor einer Krise tiefer Enttäuschung. Noch weiter wird die Krisis verschärft, wenn Todesfälle alter Eltern zu gewärtigen sind, mit all den Komplikationen einer Neuordnung für den überlebenden Elternteil, monatelanger Krankheit, des Verkaufs von Häusern und Möbeln, die alle den Konflikt, der im Älterwerden liegt, schärfer ins Licht rücken. Jede Phase dieses Verlaufs wird noch dadurch verschärft, daß man so heftig darauf besteht, jedes verheiratete Paar solle sich selber genug sein — leider haben nur allzu viele Paare vergessen, wie man das macht. Sie können nicht darauf rechnen, mit ihren verheirateten Kindern oder verwitweten oder unverheirateten Geschwistern in einem gemeinsamen Haushalt zu leben. In jeder Hinsicht sind sie völlig voneinander abhängig, und das sind sie häufig in dem Maße geworden, in dem ihre Ehe gut war. Sie sind so sehr zu einer einzigen Person geworden, daß sie, wie die meisten Menschen in Amerika, das Bedürfnis nach dritten empfinden, um sich zu ergänzen, um sich zu vergewissern, daß sie in Ordnung sind, um sich von der Selbsterforschung zu befreien, die über einen kommt, wenn man alleingelassen ist, und von dem Selbsttadel, der einen zu beschuldigen sucht, man verdamme andere zum Alleinsein.

Im Alter ein neues Leben beginnen

Mehr und mehr behandeln aufgeweckte Paare in mittleren Jahren diese Periode ernsthaft, überprüfen ihre persönlichen und materiellen Mittel und richten ihre Pläne nicht auf einen ungewissen, nicht erhofften Ruhestand, sondern auf die nächsten zwanzig Jahre. Im Umfang, in dem beide fähig sind, ihr Leben zusammen neu zu planen, machen sie die Krise zu einem Schritt nach vorn anstatt zu einem Rückschritt. Es ist wahrscheinlich, daß die Gesellschaft anerkennen wird, daß diese Periode eine berufsmäßige Beratung ebenso nötig hat wie die Adoleszenz. Denn jedes verheiratete Paar, allein in seiner eigenen Wohnung, ist Druckwirkungen und Schwierigkeiten ausgesetzt, die in anders organisierten Gesellschaften unbekannt sind. Und als Ausdruck des wandelnden Kreislaufs der Verantwortlichkeit sitzen jetzt die jungen verheirateten Söhne und Töchter in ihren kleinen eigenen Heimen und überlegen, was man mit Vater und Mutter anfangen soll. Das ist eine Frage, die ihre Antwort nicht darin findet, daß man zusammen ein einziges Haus nimmt, sondern damit, daß man irgend etwas ausfindig macht, an dem man die Eltern interessieren kann. Im idealen Fall werden sie ihr Leben neu einrichten, unabhängig von den Kindern mit Ausnahme dringender Notfälle, werden als *sitter* fungieren, also ins Haus kommen, wenn die Kinder es verlassen; und sich schließlich in das kleine Landhaus in Florida zurückziehen, wo sie, wie die Kinder fromm hoffen, eine Menge Freunde im eigenen Alter finden werden.

Wie die individuelle Wahl als einziges Kriterium bei der Planung einer Heirat erwartet wird, so sind auch die individuelle Wahl und der Preis der Heiratslizenz und der Trauzeremonie alles, was irgend zwei unverheiratete Leute, die das nötige Alter erreicht haben (in einigen Staaten ist das für die verschiedenen Rassen unterschiedlich), benötigen, um zu heiraten. Einige wenige Staaten verlangen eine ärztliche Untersuchung; an manchen Orten muß das Paar drei Tage warten. Weiter wird nichts verlangt. Niemand besteht darauf, daß der Mann eine Stellung habe oder beweisen könne, daß er sein Leben verdienen kann. Es wird nicht verlangt, daß das Mädchen die geringste Fertigkeit im Haushalt besitze. Sie braucht nie ein Ei gekocht, nie ein Baby im Arm gehalten, sich nie selber die Haare gemacht oder die Strümpfe gewaschen zu haben. Nicht nur die Einwilligung der Eltern wird nicht gefordert, auch kein Zeuge der Vergangenheit von Mann oder Frau wird aufgerufen, um Dinge wie die sechs Monate, die einer der beiden in einem Sanatorium, einer Irrenanstalt oder einem Gefängnis zugebracht hat, zur Sprache bringen zu können. Ohne irgendein Zeugnis ihres Vorlebens, ohne irgendeine soziale Garantie für die Zukunft ist es den beiden gestattet, einen Vertrag einzugehen, der sie theoretisch, gefühlsmäßig und gesetzlich auf Lebenszeit bindet. Nur während des Krieges und in großen Städten sind derartige Heiraten einigermaßen häufig. Doch die Tatsache, daß sie möglich sind, wirft ein grelles Licht auf unsere Eheform, auf den Mangel jedes Schutzes, den wir den jungen Leuten versagen, die eine gesellschaftliche Erwartung, sie selber seien ausreichend befähigt, sich ihren Lebenspartner zu wählen, und brauchten weder Rat noch Hilfe, bis ans Ende durchleben wollen.

Man stellt sich auch nicht vor, das jungverheiratete Paar brauche materielle Hilfe. Vom Chef, der dem verheirateten Mann einen höheren Lohn zahlt als dem unverheirateten, meint man oft geradezu, er habe eine geschickte Methode gefunden, seine unverheirateten Angestellten schlechter zu entlöhnen. Auch verdammt man das Warenhaus, das unverheiratete Mädchen vorzieht, die billig bei ihren Eltern leben und daher mit einem niedrigeren Lohn zufrieden sind. Beide Unternehmergruppen hält man für Ausbeuter. Eine Firma darf verheiratete Angestellte bevorzugen, weil sie weniger leicht die Stelle aufgäben, oder sie darf sich weigern, verheiratete Frauen anzustellen, weil diese zu viele häusliche Sorgen hätten, doch in diesen Fällen schützt die Personalpolitik die Firma, nicht die verheirateten Männer und Frauen. Die Welt, in der das jungverheiratete Paar für sich sorgen muß, tut nichts für sie, und sobald die Schwangerschaft äußerlich sichtbar wird, merkt die Frau, daß die Wohnungssuche schwieriger wird und daß es ganze Wohnblocks gibt, in denen Kinder unerwünscht sind.

Genausowenig wird erwartet, daß die Eltern materiell etwas für sie tun. Zuweilen wird eine Hochzeitsfeier von einem nachsichtigen Vater oder von einer Mutter, die Wert auf die Gesellschaft legt, ‹der Tochter gegeben› oder dem jungen Paar zuweilen wohl gegen seinen Willen aufgezwungen. Freunde machen wohl Geschenke, aber auch das hängt von den Umständen von Zeit und Ort ab. Keine Mitgift, kein Brautpreis, keine Aussetzung einer Rente für die Frau, kein mit Federbetten und Kupferkesseln voll beladener Wagen, keine Kuh, deren Milch das neugeborene Baby füttern wird, kein Stück Land, kein neu errichtetes Zelt, kein Bauernhäuschen, in dem die Eltern nun auf das Altenteil ziehen, kein Himmelbett, kein feines Leinen sind für die neue Ehe erforderlich. Das will natürlich nicht heißen, daß nicht manche Väter ihren Söhnen oder Töchtern bei der Heirat recht ansehnliche Geschenke machen, selbst Häuser oder Autos, doch das ist freiwillig, es wird nicht erwartet. Man schmäht die Eltern nicht, wenn sie es versäumen, für ihre Kinder zu sorgen, und die Kinder glauben sich für solche Geschenke irgendwie entschuldigen zu müssen — denn junge Leute sollten auf eigenen Füßen stehen. Dies Empfinden für die Unabhängigkeit ist so stark, daß reiche Eltern, die beabsichtigen, ihr ganzes Vermögen ihren Kindern zu hinterlassen, die jungen Leute jahrelang allein in Armut kämpfen lassen, wenn sie gerade Hilfe am nötigsten brauchten, und ihnen keine Unterstützung geben, weil es schlecht für ihren Charakter sein könnte. Die Furcht, dem Vater oder Schwiegervater wieder zur Last zu fallen, ist ständig dazu geschaffen, das junge Paar zu neuen Anstrengungen anzutreiben; denn Reife wird in den Vereinigten Staaten niemals endgültig erworben, sondern hängt von der Fähigkeit ab, seinen eigenen Unterhalt zu verdienen[1].

So beginnt das junge Paar ohne die sorgsamen Sanktionen und Hilfsmaßnahmen, mit denen andere Gesellschaften ihre neuen Ehen umgeben, sein Leben allein. Sie beginnen ‹zusammen ihr Leben zu gestalten›. Im Idealfall bestimmen sie allein, wo sie wohnen wollen, wie der Stil ihres Lebens sein soll, ob sie ihr Geld für Autos oder ein kleines Stück Boden auf dem Lande ausgeben wollen, für eine Wohnzimmereinrichtung oder für die eines Schlafzimmers, für eine Lampe oder ein Radiogerät. Wenn die Eltern den Stil bestimmen, wird dies als eine Einmischung empfunden, und das ist ein Grund, warum es in Amerika so schwierig ist, ein Kind von Eltern der Oberschicht zu sein. Diese Eltern bestehen darauf, den Lebensstil ihrer Kinder zu bestimmen, damit das Ansehen der Familie gewahrt bleibt. Das vorherrschende amerikanische Ideal gestattet es eher den Kindern, sich gegen den Lebensstil der Eltern aufzulehnen, als den

---

1 Die gleiche Furcht, die schwer erkämpfte Unabhängigkeit zu verlieren, kann man in der Einstellung Amerikas zu Groß-Britannien finden. Es ist der immer wiederkehrende Ruf, unsere Freiheit gegen britische Eingriffe zu bewahren, und in Chicago konnte man in den dreißiger Jahren politisches Kapital aus der Gefahr schlagen, von König Georg beherrscht zu werden.

Eltern, sich um den Lebensstil der Kinder zu kümmern. Diese Unabhängigkeit von elterlichen Eingriffen geht natürlich Hand in Hand mit einer sorgsamen Beachtung entweder des Stils der Schicht, zu der man gehört, derjenigen, zu der man einmal zu gehören hofft, oder irgendeines Bildes solch einer Klasse, das aus den Magazinen und den Warenhausfenstern stammt. Die Wahl, die man ausübt, findet oft innerhalb sehr enger Grenzen statt, selbst wenn sie jene ungeheure Individualität zu verraten scheint, die unsere modernen Weihnachtskarten mit dem Bild des eigenen Hundes oder Babys besitzen. Aber ob man ein Haus modern oder mit Stilmöbeln oder gemischt einrichten soll, ob man ein weißes oder mahagoniefarbenes Radio anschaffen soll, einen Ford oder einen Chevrolet, ob man in der Stadt wohnen will oder in einen Vorort ziehen — all das empfindet man als echte Wahlakte und als Entscheidungen, die das verheiratete Paar mehr und mehr gemeinsam trifft. Da gibt's keine Frage, ob sich die Braut in die harte Herrschaft einer Schwiegermutter schickt, auch nicht, ob der Gatte ihr seinen Lebensstil aufzwingt oder sie ihm den ihren. Wenn auch die Frau als Käuferin mehr Geschick hat und so für die klassenmäßige Stellung der Familie entscheidender ist, ist das Ideal, daß der Gatte mit ihrer Wahl einverstanden ist; die Kleinigkeiten überläßt er ihr. Zusammen planen sie, wann das erste Baby kommen soll — es sei denn, sie hängen einem Glauben an, der findet, das seien Dinge, die man Gott überlassen müsse; sie geben ihm den Namen und planen seine Zukunft. Auch hier wieder bleiben alle Einzelheiten der Bildung und Erfahrung der Frau überlassen, doch man nimmt an, daß der Ehemann ein Interesse daran nimmt. Da ist nicht mehr die Rede von einem patriarchalischen Ernährer, der auf seinem Recht besteht, in seinem Heim zu herrschen, eher von einer Frau, die sich beklagt, ein Gatte erfülle seine Rolle nicht, weil der nicht an den Dingen des Hauses Anteil nimmt.

Soweit ihr Herkommen ähnlich ist, können sie ihre kleineren Unstimmigkeiten als Teil des Eheschemas bezeichnen und glücklich fünfundzwanzig Jahre darüber streiten, ob sie einen Hund oder eine Katze anschaffen, an die See oder ins Gebirge fahren, ausgehen oder zu Hause bleiben wollen, weil das Dinge mit gewissen Konsequenzen in einem altgewohnten Rahmen sind. Wo aber Unterschiede der Klasse, Gegend, Nationalität und Religion vorhanden sind, da kann auch die kleine Entscheidung, von der man erwarten sollte, sie wäre nur die nächste Masche in dem sicher gestrickten neuen Leben, das ganze Gewebe auflösen. Die kleinste Entscheidung — ob man eine schnell zubereitete Mahlzeit in der Küche verzehren solle oder die Frühstücksgerichte auf dem Tisch in den raffinierten Portionspakkungen anrichten soll, die die Kinder durchs Radio schätzen gelernt haben; ob man an Stelle eines Briefes ein Telegramm schicken könne — irgend so eine Entscheidung kann es zustande bringen, daß sie sich plötzlich wie durch eine Welt voneinander getrennt sehen, nicht, weil der Mensch, als den jeder den anderen gewählt hat, nicht mehr da wäre, sondern weil die unüberbrückbaren und nicht zugegebenen Unterschiede des Milieus tiefer reichen, als beide bedacht hatten.

Das sexuelle Ideal, mit dem junge Leute in die Ehe treten, bei dem man allerdings vom Mann nur erwartet, daß er ein Lippenbekenntnis zu ihm ablegt, ist Keuschheit für beide. Der Mann, der seinem Mädchen sagen kann, sie sei die erste, wird vom amerikanischen Mädchen noch immer fast ebenso geschätzt, wie es der Mann schätzt, der erste Liebhaber seiner Frau zu sein. Die Pubertätserlebnisse des Mannes bis zur Zeit des *Petting* werden ignoriert und, wenn möglich, aus dem Bewußtsein der Frau verbannt. Heute ist jeder verdammt, sich zu fragen, wie weit der andere wohl schon gegangen sei, mit wem und unter welchen Umständen. Die verschiedenen Übereinkommen zur Offenheit, die häufig anzutreffen sind, wirken wie durchsichtige Deckblätter über der alten Geheimnistuerei, die auf der zwar verpönten, aber vorherrschenden doppelten Moral aufgebaut war, aber eben doch nur als Deckblatt. An die Stelle der alten Forderung wirklicher Jungfräulichkeit der Frau und einer dezenten Zurückhaltung des Mannes – die das Tabu umfaßte, sich keinerlei Geschick als Liebhaber anmerken zu lassen – ist nun der Entschluß gesetzt worden, mit einem ‹neuen Blatt› zu beginnen. Mit einem neuen Blatt beginnen, bedeutet häufig, sich der früheren sexuellen Erfahrungen durch gegenseitiges Beichten zu entledigen, und das ist leider zugleich auch ein sicherer Weg, um zu verhindern, daß diese Erfahrungen irgendwie positiv zu der neuen Ehe beitragen. Anstatt daß man sich gegenseitig die Entspannung und die Möglichkeit bietet, ein wenig auf den Schlag des anderen Herzens zu lauschen, weil doch der beschleunigte Schlag des eigenen Herzens nichts Erstaunliches mehr bietet, unternimmt man den Versuch, der neuen Ehe, die ‹halten soll›, eine Als-ob-Position anzubieten, in der nichts aus der Vergangenheit zählt.

Die Fähigkeit, die Vergangenheit auszuschalten, um in eine Situation, sei es nun eine neue Arbeitsstelle oder eine neue Liebesaffäre, mit einer Unschuld einzutreten, die dem Europäer so erscheint, als könne man sie nur mit dem Gedächtnisschwund nach einem Schlag auf den Kopf erwerben, ist ein besonderes amerikanisches Charaktermerkmal, das aus der Notwendigkeit entwickelt wurde, gleichzeitig fest in der Landschaft verwurzelt und auf dem Sprung bereit zur Flucht zu sein. Nach außen, auf Zeit, Ort und die unmittelbar vorliegenden konkreten Tatsachen des Lebens orientiert, entwickeln wir eine Fähigkeit, rasch auf den andern zu reagieren, sofort die Vornamen kennenzulernen und anzuwenden, Leiden und Freuden des Mannes am Nebentisch oder der Frau auf der anderen Seite des Ganges im Zug zu unseren eigenen zu machen. Heimweh nach der Vergangenheit ist unter Leuten nicht am Platz, die dauernd in Bewegung sein müssen, zu einer besseren Arbeitsgelegenheit, einem besseren Haus, einer neuen Lebensart. Für den, der aus Polen nach New Jersey, von Massachusetts nach Iowa oder von Illinois nach Kalifornien übersiedelt, bedeutet ein Heimweh nach der alten Lebensform eine unmittelbare Gefahr für seine gute Anpassung an die neue

Umgebung. Für Kinder von Einwanderern besteht die neue Gefahr, nicht das eigentliche Heimweh nach Polen oder Massachusetts zu übernehmen, wohl aber das elterliche Gefühl der Irrealität, des Abschneidens aller Wurzeln, der Wurzellosigkeit. Auch das muß man abwehren, und man kann es dadurch abwehren, daß man die gegenwärtige Wirklichkeit als die einzige Wirklichkeit anerkennt und doch mit einem Auge immer auf die Zukunft schaut, die anders sein kann. So finden es Amerikaner nicht anstößig, in einem Jahr zu drei verschiedenen Mädchen zu sagen: ‹Du bist die einzige, die ich je geliebt habe.› Das Mädchen, das voranging, wird allein durch die Tatsache, daß man nun eine andere liebt, zu einem ungeliebten gestempelt. Vergangene Lieben, vergangene Erlebnisse werden durch die Tatsache des Vergangenseins allein aus der Welt geschafft. Jeder Liebende bringt in seine Ehe die Überzeugung mit, das sei nun das Wahre, das sei für beide die einzige Wirklichkeit. Erweist sich das als falsch, nun, dann war es eben nicht das Wahre, aber dann wird es das nächste Erlebnis wohl sein. So kann jeder neue Arbeitsplatz, jedes Heim, jeder Freund und jeder Liebhaber eifrig, optimistisch und aus vollem Herzen angenommen werden, und kein Fehlschlag auf dem Lebensweg beweist endgültig — für den Gesunden —, daß ein Erfolg später unmöglich wäre.

So hat sich in den Vereinigten Staaten eine besondere amerikanische Moral entwickelt, die einen Ehe- und Scheidungskodex voller Widersprüche begründet hat. Junge Leute werden immer noch ermutigt, so zu heiraten, als könnten sie darauf zählen, daß die Ehe fürs Leben dauert, gleichzeitig nehmen sie aber Kenntnis von der großen Häufigkeit von Scheidungen und von einer Moral, die ihnen später einmal vielleicht eine Scheidung aufzwingt. Von der Kanzel und den Bänken des Gerichts haben wir viele Schmähungen vernommen, daß diejenigen, die sich scheiden lassen, selbstsüchtige, haltlose Kreaturen seien. Solange sich aber das Scheiden auf selbstsüchtige und haltlose Menschen beschränkte, gab es nur ganz wenige Scheidungen, und es war ungefährlich, junge Menschen zu ermutigen, sich die Scheidung als etwas vorzustellen, was anderen Menschen zustoßen könnte, nicht aber ihnen selbst. Heute aber ist die Scheidung so in unsere Moral eingebaut, daß Ehemänner und Frauen schlaflos daliegen, sich herumwerfen und fragen: ‹Sollte ich mich scheiden lassen? Würde sie mit jemand anderem glücklicher sein? Wird er sich mit jemand anderem stärker entwickeln? Ruiniere ich nicht sein Leben? Ruiniere ich nicht ihr Leben? Was wird aus den Kindern, wenn das so weitergeht? Ist es nicht schlecht für die Kinder, in einem Heim mit so viel Reibereien zu leben?› Nicht allein die Auffassung, jede Ehe, in der nicht beide Partner zutiefst einer religiösen Orthodoxie ergeben sind, *könne* in einer Scheidung enden, sondern sogar die Darstellung der Scheidung als etwas, das wenigstens einem Partner einer unvollkommenen Ehe gegeben werden *sollte*, durchdringt allmählich das ganze Land, verändert unsere Erwartungen und macht die Ehe dauernd schwieriger.

Sie ist aus zwei Gründen schwierig: einmal ist die Erwartung einer Dauerhaftigkeit noch groß genug, um jede Unbeständigkeit als Fehlschlag, wenn nicht gar als Sünde zu brandmarken, zum zweiten wird zu den andern Unsicherheiten des amerikanischen Lebens nun auch noch die Unsicherheit der Ehe hinzugefügt. In den Vereinigten Staaten, wo jeder Status relativ ist, wo jeder Arbeitsplatz verloren werden kann, wo jedermann danach beurteilt wird, wie hoch er weitersteigt, manchmal auch ein wenig danach, wie hoch er gestiegen ist, jedoch niemals einfach danach, wo er steht, da bot in früheren Generationen die Ehe eine Zuflucht vor dieser ewigen Unsicherheit, diesem nie endenden Ansporn zu angstvoller Anstrengung. Ob der Mann Erfolg hatte oder versagte, seine Frau war da, und ob eine Frau invalide, eine schlechte Hausfrau, ein unfähige Mutter oder eine Musterfrau war, ihr Mann war da — in den meisten Fällen, in genügend Fällen, um jedem gesunden Menschen die Überzeugung zu geben, daß ein Hafen da sei, in dem er vor Anker gehen könne, wo die Winde von Erfolg und Fehlschlag weniger heftig bliesen. Es war sicher, romantisch zu sein, wenn keine wirkliche Gefahr bestand, daß einen neue Romanzen fortlockten.

Heutzutage aber, unter der wachsenden Einsicht, daß jede Ehe zur Scheidung führen kann, ganz unabhängig davon, wie einander ergeben, wie gewissenhaft, wie verliebt die beiden Gatten ursprünglich waren, ist die Ehe etwas, was jeden Tag neu erarbeitet werden muß. Wie der Ehemann auf die Möglichkeit gefaßt sein muß, seine Stellung zu verlieren, so muß auch die Ehefrau darauf gefaßt sein, ihre Stellung, die sie gewählt hat, zu verlieren, sie steht plötzlich ohne den Lebenskameraden da, und oft noch mit kleinen Kindern, für die sie allein sorgen muß. Beide, Ehemann und Ehefrau, stehen vor der Notwendigkeit, einander immer wieder zu wählen, den niemals dauerhaften Anspruch des einen auf die Wahl des andern neu zu sichern und zu festigen. Die Frau mit den Lockenwicklern im Haar ist ersetzt durch die Frau, die zum Lippenstift greift, bevor sie den Gatten weckt, und der Gatte mit dem schweifenden Blick findet, daß sein Blick weniger glücklich herumschweift, weil er jeden Augenblick auf jemanden fallen könnte, den er an Stelle seiner Frau wählen würde. Während es ihre Verpflichtung ist, sich dauernd begehrenswert zu erhalten, ist es die seine, sich nicht in eine Situation zu begeben, in der eine andere Frau anziehend für ihn werden könnte. Das bedeutet, er darf ohne seine Frau niemals in gemischter Gesellschaft ausgehen. Das bedeutet, daß jeder zufällige Flirt sofort einen bedrohlichen Charakter annimmt, den alle neu aus Europa Kommenden schwer verständlich finden. Wo es die Freiheit gibt, sich scheiden zu lassen, da gibt es weniger Freiheit sowohl für irgendeine flüchtige Beziehung als auch für eine leidenschaftliche außereheliche Liebe jeglicher Art.

Und dabei schützt die immer noch richtige Erwartung der Dauerhaftigkeit, die sich noch auf die Statistik stützen kann — denn so häufig in einzelnen Altersgruppen die Scheidungen auch sind, noch sind die meisten Ehen dauerhaft —, nicht nur die neuen Ehen nicht, sie verdirbt sie geradezu. Denn das Verhalten des Amerikaners in der

Ehe, das Verhalten, das junge Leute in ihrem eigenen Heim, von ihren und ihrer Eltern Freunden gelernt haben, beruht auf der Endgültigkeit der Ehe. Zank, Launen, Nachlässigkeit und Eigensinn ließen sich ganz anders ertragen in einem Rahmen, der nicht zerbrochen werden konnte. Jetzt aber hängt über jedem Streit die Frage: ‹Wollen wir eine Scheidung? Will ich eine Scheidung? Will er eine Scheidung? Ist das das Ende? Steuern wir dahin?›

Es besteht kein Grund, warum wir nicht Sitten und Gebräuche entwickeln könnten, die besser zu der größeren Zerbrechlichkeit der Ehe in den Vereinigten Staaten passen, denn wir haben sie bitter nötig. So erscheint es unwahrscheinlich, daß wir die andere Lösung, eine Verschärfung der Scheidungsgesetze, jemals wählen. Nachdem die Freiheit, sich scheiden zu lassen, für große Teile der Vereinigten Staaten einmal zum Bestandteil der Moral geworden ist, wäre jedes einfache Rückwärtsgehen ein wirklicher Rückschritt. Die eigentlichen Gründe, die die Scheidung notwendig machen, die ungeheure Ungleichförmigkeit unserer Bevölkerung und die große Wahrscheinlichkeit eines Irrtums bei unserem System der freien Gattenwahl, würden bestehen bleiben. Daher scheint wohl eine Entwicklung nach vorn, zu neuen Regeln des Ehelebens, die besser zu den jetzigen Bedingungen passen, wahrscheinlicher. Es gibt Anzeichen für eine dahinzielende Entwicklung.

Vor der Wahl des guten Lebenskameraden

Eine besondere Eigentümlichkeit sich wandelnder Gesellschaften ist die Möglichkeit einer verzögerten Reife, eine Verschiebung auf einen immer späteren Zeitpunkt im Leben gerade der biegsamsten und empfindlichsten Menschenkinder. In ganz einfachen Gesellschaften haben Kinder sich selbst und ihre Rollen vollkommen erfaßt, wenn sie sechs bis sieben Jahre alt sind, sie müssen dann nur einfach die physische Reife abwarten, um ihre Rolle voll zu übernehmen. In den meisten Gesellschaften ist aber die Adoleszenz eine Zeit der neuerlichen Überprüfung und möglichen Neuorientierung des Selbst auf die ausdrücklichen Ziele der Gesellschaft. In Kulturen gleich der unseren gibt es wohl eine zweite und dritte Adoleszenz, und die Empfindsamsten suchen ewig und sind zu Lebensänderungen bereit bis zum Tode, so wie sich etwa Franz Boas mit fünfundsiebzig Jahren noch daranmachte, die Folklore der Welt im Lichte der neuen theoretischen Entwicklungen wieder von Anfang an durchzugehen. Niemand, der Kultur für einen Wert hält und der eingesehen hat, wie die Menschheit aus ihrer eigenen Phantasie, die sich auf die Erinnerungen an ihre Vergangenheit, die Erlebnisse der Gegenwart und die Hoffnungen auf die Zukunft stützt, das Gewebe ihres eigenen Daseins gewirkt hat, kann diese verzögerte Reife, diese wiederholten Adoleszenzkrisen und Wandlungen des Lebensplanes für etwas anderes halten als für einen Gewinn.

Eine Welt jedoch, in der man möglicherweise sein ganzes Leben mit vierzig oder fünfzig Jahren neu orientiert, ist eine Welt, in der die Ehe fürs Leben immer schwieriger wird. Jedem Gatten werden das Recht und die Mittel geboten zu wachsen. Jeder kann ein verborgenes Talent entdecken und anfangen, es zu entwickeln, jeder sich von einem lähmenden neurotischen Zug befreien und von neuem beginnen. Von der Zeit an, da die Frauen eine Ausbildung bekamen, wurden die Ehen durch die mögliche Entfaltung oder ein Versagen von Ehemann und Ehefrau gefährdet. ‹Er ist über mich hinausgewachsen› oder weniger üblich, aber zunehmend häufiger, ‹Sie ist über ihn hinausgewachsen›. In einer Gesellschaft, in der von jedermann Beweglichkeit erwartet wird und in der jeder in einem großen Abstand von der Klasse, aus der er stammt, sterben sollte — oder sein Leben der Aufgabe widmen muß, einen Niedergang zu vermeiden, der einzige Ausweg, der der Oberschicht übrig bleibt —, ist die Gefahr, daß die beiden Gatten aus dem Tritt fallen, außerordentlich groß. Zu all den übrigen ungeheuren Anforderungen an einen vollkommenen Ehepartner, der aus der ganzen Welt ausgewählt wird und doch dem eigenen Selbst so ähnlich wie möglich oder auf einer trivialen Basis komplementär zu ihm sein sollte, muß man noch eine weitere hinzufügen: ‹die Fähigkeit zu wachsen›. *Arapesh*-Eltern vollführen ängstlich kleine magische Handlungen, um das Mädchen, das schneller wächst als ihr kleiner Ehemann, klein zu halten, damit die Ehe nicht durch den Unterschied der Größen ruiniert wird. Amerikanische Liebende aber besitzen weder seherische Fähigkeiten noch magische Vorkehrungen, um sicherzugehen, daß sie im gleichen Schritt wachsen und sich verändern. Nur die Erkenntnis des Problems selbst kann helfen, es zu lösen und die jungen Leute zu veranlassen, bei ihrer Wahl innezuhalten, und wenn sie abschätzen, ob sie wohl gute Lebenskameraden werden könnten, zu den übrigen Kriterien noch hinzuzufügen ‹die Fähigkeit, ungefähr im gleichen Verhältnis zu wachsen›. Und sie müssen fähig werden, ein Unvermögen, zu wachsen, als Tragödie und nicht als persönlichen Verrat zu betrachten. Eines Tages wird vielleicht die Entdeckung einer unbehebbaren Abweichung im Tempo des Wachstums als legitimer Grund zur Scheidung anerkannt werden, und als einer, den beide Gatten so einfach akzeptieren können, wie gewisse Leute Kinderlosigkeit als Grund ansehen, eine Ehe zu beenden. Ist erst einmal die Erkenntnis verbreitet, daß die Veränderung der Wachstumsgeschwindigkeit einfach eine Funktion unserer komplexen modernen Welt ist, dann wird man wohl auch einer Ehe, in der sich eine gefährliche Abweichung entwickelt, fachmännische Hilfe angedeihen lassen, so wie in der kinderlosen Ehe Hilfe bei einem Frauenarzt gesucht wird. Genau wie beim Frauenarzt wird man in einigen Fällen helfen können, in anderen nicht. Doch die ganze Art, das Leben anzusehen, wird damit verändert. Tausende von Jahren haben Männer und Frauen den Geistern und Dämonen, Hexen, Elfen und Zauberern des Nachbarstamms, vor allem aber der Minderwertigkeit und Bosheit anderer Menschen die Schuld an Unfruchtbarkeit aufgebürdet. Heute ist es dagegen möglich, die fachmännische Hilfe von Physiologen und

Psychologen aufzusuchen und die unnötigen Tragödien abzuwenden. Jene aber, die sich nicht abwenden lassen, können von beiden Partnern anständig geregelt werden. So wie das keine gute Ehe ist, die nicht beide gewählt haben, so wird auch das keine gute Scheidung, die nicht von beiden Partnern gewünscht wird. Bei den Negrito-Leuten der Philippinen, wo kräftige kleine Männer und Frauen in einer Gesellschaft, die eher der Kindheit der Welt gleicht, stillschweigend einem Häuptling gehorchen, ist die Trennung sofort gewährt, sobald beide Partner ihr zustimmen; dort gibt es einfach gar keine Ehe. Die Anerkennung eines religiösen Glaubens, der das Ideal und die Bürgschaft der Unlöslichkeit der Ehe einschließt, bringt Menschenwürde mit sich. Eine Zivilehe aber, die jedes Paar bindet, das sich wählt und bei dem keine gesetzlichen Ehehindernisse vorliegen, und die dann den Partnern nicht gestattet, sich zu entschließen, diese Wahl zu beenden, ist eine Travestie auf alle Werte menschlicher Würde. In den Vereinigten Staaten gibt es bestenfalls etwa 66 Millionen Mitglieder von Kirchen, und vielen von ihnen garantiert ihr Glaube nicht mehr, daß sie fähig sein werden, ihre Ehen lebenslänglich zu halten. Für die übrigen 79 Millionen ist ein Schema nötig, das ihnen gestattet, eine Scheidung, wenn sie vorkommt, mit Würde und Bedauern zu behandeln, und das es jedem verheirateten Paar ermöglicht, offen und mit allem Ernst stetig daran zu arbeiten, ihre Ehe und deren Sicherheit zu erhalten.

Es sind Anzeichen dafür vorhanden, daß eine lebensvolle jüngere Generation genau das tut. Die jungen Leute fangen an, die beispiellose und widerspruchsvolle voreheliche Freiheit, die die Gesellschaft ihnen zugebilligt hat, so zu behandeln, daß sie deren Regeln lernen und einhalten können. Sie lernen, sich von dem Drang der Liebe nicht überrumpeln zu lassen, so daß das zufällig an der Straßenbahnhaltestelle getroffene Mädchen, das dann zum Schicksal wird, mehr eine Figur eines Films bleibt, wo sein Platz ist, und immer weniger im wirklichen Leben vorkommt, wo es doch höchst wahrscheinlich zur Enttäuschung wird. Sie entwickeln neue Möglichkeiten, einander kennenzulernen, um die unmodernen langen Verlobungszeiten mit ihrem Mangel an Aufrichtigkeit zu ersetzen. An Stelle der alten Theorie, das Mädchen werde nach der Ehe schon irgendwie geweckt werden, und der späteren ausgleichenden Forderung von Probeehen, werden neue Methoden, sich miteinander vertraut zu machen und Vertrauen zu beweisen, ausgearbeitet. Dazu gehören abgestuftere Phasen einer noch nicht endgültigen Bindung, langsames Einbeziehen mehrerer Freunde in die Möglichkeit einer Ehe und mehr Vorkehrungen, die es beiden Partnern gestatten, sich ohne verletzte Ehre zurückzuziehen. Sie stellen realistischere Anforderungen an die Persönlichkeit des zukünftigen Partners, teilweise wohl unter dem Einfluß der ernüchternden Einsicht, wie viele Ehen der Kriegsgeneration unter dem Druck von Abwesenheit, schwierigen Wohnungsverhältnissen und so weiter zerbrochen sind und die damit deutlich machen, daß man keine Ahnung hat, was dazu gehört, um im Amerika von heute eine Ehe aufrechtzuerhalten. Nachkriegsscheidungen fanden

1945 bei einer von drei Ehen statt, und nach F. Ogburn wird das Verhältnis wahrscheinlich auf eins zu fünf bis sechs fallen[1]. Währenddessen ist die Gesellschaft als Ganzes sich mehr und mehr des entsetzlichen Druckes bewußt geworden, unter dem die neuen Ehen stehen, und daß ein Bedürfnis für wirkungsvolle Maßnahmen, für voreheliche Beratung, für Eheberatung, für Säuglingspflegekurse, Haushaltschulen und dergleichen besteht, um dem jungen Paar zu helfen, eine neue Lebensart zu entwickeln. An Stelle der schützenden Vorsorge, die einst Verwandtschaftsgruppen, Stammesälteste, Familienräte und Eltern dem jungen Paar angedeihen ließen, treten nun langsam, gegen viele Widerstände, aber unabwendbar, größere soziale Institutionen ins Dasein, die die gleiche Funktion erfüllen.

Indessen aber, und das ist besonders beachtlich, sind jungverheiratete Paare heute mehr darauf erpicht, Kinder zu bekommen, als das in der unmittelbaren Vergangenheit der Fall war. Kinder werden weder als unvermeidbarer Bestandteil des Daseins noch als eine Buße betrachtet, die man für die Ehe zu entrichten hat, sondern als ein Wert, den man bewußt erstreben und für den man arbeiten kann, der das Leben lebenswert macht. Dabei wird das Bedürfnis nach einer Ausgeglichenheit der Gatten lebhaft empfunden, das Bedürfnis, daß jeder an der getroffenen Entscheidung, an der Planung für die Kinder, an der Freude an ihnen und an der Sorge für sie gleich beteiligt sein solle. Dadurch, daß die Arbeitszeit beschränkt und der freie Sonnabend zu einer amerikanischen Institution wird, werden viele Nachteile für die Paare, die um der Kinder willen in den Vororten wohnen, ausgeschaltet, wo früher die Väter nie zeitig genug heimkamen, um die Kinder zu sehen, und wo sie am Sonntag zu müde dazu waren. Zwei freie Tage von sieben gewähren genügend Spielraum, daß auch die sehr müden, überarbeiteten Männer sich zuerst einmal entspannen, den Gürtel lockern und die Stiefel ausziehen können und nach dem Ausruhen bereit sind, sich vernünftig mit den Kindern zu befassen. Die Auffassung der Kinder als Quelle der Freude und nicht als eine Pflicht breitet sich zusehends aus, wenn auch mit all den Gefahren, daß nämlich pflichtbesessene Menschen nun fragen ‹freue ich mich auch genügend an meinen Kindern?› und ‹freuen sich meine Kinder auch wirklich an mir?›

Selbst für die Nachkommen von Puritanern scheint eine Ehe, die einen unter eigener Verantwortung freudig gewählten Lebensweg darstellt, soviel Ungewißheit sie auch mit sich bringen mag, wertvoller zu sein, als das Nachtrauern um den Verlust der Orthodoxie und deren strenge Ehegesetze. Im Maße, wie Ehe und Elternschaft wieder verantwortungsvoller übernommen werden, kann sich auch der religiös Orthodoxe sicherer fühlen, weniger bedroht durch die zersetzenden Maßstäbe einer Gesellschaft, in der so viele leben, ohne die Religion auch nur zu vermissen.

---

1 W. F. Ogburn, ‹Who Will Be Who in 1980›, *New York Times Magazine*, 30. Mai 1948, S. 23.

Sollen aber solche neuen, verantwortungsbewußten Grundsätze entwickelt werden, dann muß man dabei der Tatsache ins Auge sehen, daß jede Ehe – wenn nicht die religiöse Einstellung beider Partner das verbietet – in Theorie und Praxis zu einer Scheidung führen kann. Das Stigma des Fehlschlags und der Sünde müssen von ihr genommen werden, und die Würdelosigkeiten der Scheidungsgesetze, die eine Klage auf ‹Schuld› oder ein abgekartetes Einverständnis verlangen, müssen verschwinden. Soziale Bräuche müssen sich entwickeln, so daß auch das Ende einer Ehe sachlich und verantwortungsbereit bekanntgemacht wird, so wie man deren Beginn der Welt verkündet. Das würde bedeuten, auf irgendeine Art mit dem Schmerz als solchem fertigzuwerden, etwas, was den Amerikanern gerade in ihrer Einstellung zum Tod und zur Scheidung so schwer fällt. Wir frohlocken bei einer Geburt und tanzen bei einer Hochzeit, doch mehr und mehr drängen wir den Tod ohne Zeremonie von der Szene, ohne Gelegenheit zum Erinnern für jung und alt, daß der Tod so gut eine Tatsache des Lebens darstellt wie die Geburt. Eine Welt, in der man ernst macht mit dem Wort: ‹Laßt die Toten ihre Toten begraben›, wäre eine widerwärtige Welt, in der die Leichen modernd auf den Straßen liegen und die Lebenden um ihres Lebens willen fliehen müßten. Eine tote Ehe ist traurig, eine Ehe, die der Tod bricht, ist auch unendlich traurig (im Jahre 1947 wurden von hundert Familien zwölf auseinandergerissen; neun durch Tod, eine durch Scheidung und zwei durch Trennung). Aber beides gehört zum Leben. Erkennen wir offen an, daß wir in einer Gesellschaft leben, in der Ehen beendet werden können und in einigen Fällen sollen, dann können wir wenigstens jedem neu verheirateten Paar und jedem alten Ehepaar die Möglichkeit geben, die Gefahren, die vor ihm liegen, zu erkennen und wirkliche Anstrengungen zu machen, sie zu überdauern. Einst war die Ehe ein Hafen, aus dem einige Paare mit vollen Segeln sicher ausfuhren, andere lagen darin vor Anker und verrosteten, noch andere erlitten Schiffbruch an der Küste. Heute ist sie eine Fahrt auf offenem Meer, ohne jeden Hafen im Hintergrund, und jeder der beiden Partner ist zu Wachsamkeit und tiefer Verantwortung verpflichtet, wenn das Schiff überhaupt flott bleiben soll. Jede Form der Ehe kann ihren Lohn und ihre Würde in sich tragen, wenn die Menschen sich nur entschließen, sie ihr zu verleihen.

Solange die Scheidung etwas Schmachvolles bleibt, für das man zwar nicht bestraft wird, das man aber doch verbergen muß, etwas aber, das auf der anderen Seite doch jedermann zustoßen kann, muß man eine wachsende Zahl verantwortungsloser Eheschließungen erwarten, bei der einer oder beide Partner sagen ‹schön, wenn's nicht geht, dann gibt's halt eine Scheidung›. Die Früchte, die man von solch einer Haltung erwarten muß, sind viele Scheidungen. Sagen aber statt dessen die jungen Paare: ‹In voller Erkenntnis aller Gefahren wollen wir daran arbeiten, daß unsere Ehe hält›, dann wird die Zahl der unverantwortlichen Eheschließungen und der unverantwortlichen

Scheidungen zu fallen beginnen. Die Gesellschaft muß aber auch diejenigen anerkennen und ehren, die es nochmals versuchen, und ihren Glauben an die Ehe anerkennen, der so treffend im Titel eines Films zusammengefaßt erschien ‹*This Time, for Keeps!*› ‹Diesmal soll sie halten›.

7. Beiden Geschlechtern das Ihre

Vaterschaft und Mutterschaft

Jedem Geschlecht geben, was ihm zukommt, seine besonderen Anfälligkeiten und Schutzbedürfnisse voll erkennen, das bedeutet, über die oberflächlichen Ähnlichkeiten während jener Periode der späteren Kindheit hinaussehen, in der Knaben und Mädchen die Probleme der Geschlechtsanpassung beiseitegelegt haben, und so eifrig und fähig zu sein scheinen, die gleichen Dinge zu lernen. Dadurch, daß wir in einem Schulsystem, das die Augen vor der Geschwindigkeit verschließt, mit der Mädchen die Knaben im Längenwachstum hinter sich lassen, und vor der größeren Leichtigkeit, die Mädchen beim Lernen bestimmter Fächer entwickeln, Mädchen und Knaben zu sehr im gleichen Schritt gehen lassen, können in dieser Periode beide geschädigt werden; die Knaben bekommen Furcht vor der Überlegenheit der Mädchen, die Mädchen bekommen Furcht, den Knaben überlegen zu sein. Jede Furcht ist für die spätere Entwicklung beider Geschlechter sehr nachteilig, doch ist die Wirkung in beiden Fällen sehr verschieden, der Knabe wird ärgerlich und mißmutig über Erfolge von Frauen, das Mädchen erschrickt vor seinen eigenen Begabungen und sucht sich für sie zu entschuldigen. Bei der Pubertät findet sich wiederum ein Unterschied. Beim Mädchen ist der Eintritt der Pubertät klar und eindeutig. Nur kulturelle Einrichtungen, die darauf bestehen, das kalendarische Alter sei wichtiger als die Reife, oder solche, die nicht anerkennen wollen, daß frühere oder spätere Reife gleich normal sind, können das Mädchen über sich selbst und seine volle Geschlechtszugehörigkeit genauso zweifeln lassen wie den Knaben, der auf die weniger sicheren, weniger eindeutigen Zeichen der eigenen Pubertät reagiert.

Sind Knabe und Mädchen als junge Erwachsene einer vollen Sexualbeziehung fähig, so werden sie beide durch die Unwiderruflichkeit der vollen Sexualerfahrung der Frau, verglichen mit der des Mannes, eingeschränkt. Die Unwiderruflichkeit der Defloration hemmt häufig die Spontaneität des Mannes nicht weniger als die des Mädchens. Auch innerhalb der vollen sexuellen Beziehung findet sich wieder eine Verschiebung. Der Mann kann Phantasien von einem Wiedereintritt in den Mutterleib durchleben, die Frau aber muß die Verpflichtung zu sich selbst annehmen, sie muß willig sein, ein Körper zu werden, der ein neues Leben einschließend schützt. Hat sie einmal ein Kind geboren, so ist ihre Geschlechtszugehörigkeit, ihre Fähigkeit, ein anderes menschliches Wesen zu empfangen, zu tragen und zu gebären, gesichert und kann ihr nie wieder genommen werden. Dem Mann, der die Frau geschwängert hat, wird solch volle Sicherheit nicht gegeben; seine Vaterschaft ist schließlich nie ganz zu beweisen und seine volle Geschlechtszugehörigkeit muß sich durch stetige Potenz immer von neuem bewähren und beruht weniger auf einer früheren Vaterschaft. Mit fortschreitenden Jahren steht die Frau einem Augenblick gegenüber, in dem das Versagen ihrer produktiven Mütterlichkeit genauso unwiderruflich und unmißverständlich eintritt, wie einst deren Beginn mit der Menarche angezeigt wurde. Beim Mann dagegen erfolgt der Verlust der potentiellen Vaterschaft wie das Nachlassen seiner Potenz schrittweise, undeutlich und reversibel. Sie trägt für ihn weder die Eigenschaft eines einmaligen, verheerenden Ereignisses – auf diese Art erleben viele Frauen die Menopause –, noch birgt sie die Möglichkeit eines friedlichen Annehmens einer durchlebten Stufe des Lebens, wie das auch für viele Frauen möglich ist. Sie bringt alle Vorteile und psychischen Gefahren mit sich, die mit einem weniger scharf akzentuierten Alterungsprozeß Hand in Hand gehen.

Gegenwärtig haben wir die Tendenz, all diese Unterschiede im Lernen, im Rhythmus, in Art und Zeitpunkt der jeweiligen Vorteile zu verkleinern oder wenigstens zu versuchen, jene besonderen Differenzen zu verschleiern, die wir als Handicaps für eines der Geschlechter ansehen. Sind Knaben schwerer zu erziehen, dann packe sie härter an; wenn Mädchen schneller wachsen, dann trenne sie von den Knaben, so daß diese keinen Schaden nehmen; haben Frauen geringere Körperkräfte als Männer, dann erfinde Maschinen, damit sie doch die gleiche Arbeit verrichten können. Doch jede Anpassung, die einen Unterschied, eine besondere Anfälligkeit beim einen Geschlecht und eine besondere Stärke beim anderen verschleiert, vermindert auch ihre Fähigkeit, sich gegenseitig zu ergänzen, und entspricht – symbolisch – einem Verriegeln der konstruktiven Rezeptivität der Frau und der kraftvoll nach außen drängenden konstruktiven Aktivität des Mannes, indem beide zu einer farblosen Abart menschlichen Lebens herabgemindert werden und beiden die Ganzheit des Menschseins abgesprochen wird, die sie der Möglichkeit nach in sich haben. Wir müssen jedes Geschlecht in seinen anfälligen Augenblicken bewachen, es durch die Krisen hindurch schützen und pflegen, die zu gewissen Zeiten für das eine Geschlecht genauso schwierig sind wie für das andere. Wenn wir sie aber bewachen, dann können wir auch die Unterschiede bewahren. Ein einfacher Ausgleich der Differenzen ist im Grunde nichts anderes als deren Verleugnung.

Veranlagungen der Geschlechter

Im Laufe der Geschichte sind die komplexen Tätigkeiten immer wieder neu definiert worden, einmal als männlich, dann als weiblich, dann wieder als keines von beiden; einmal sollten sie in gleicher Weise zu den Veranlagungen beider Geschlecher passen, dann wieder in verschiedener Weise. Sobald eine Tätigkeit, an der alle teilnehmen könnten — und wahrscheinlich gehören alle komplexen Tätigkeiten dazu — auf ein Geschlecht beschränkt wird, verliert diese Tätigkeit selbst ihre reiche, differenzierte Qualität. Ist von einer Tätigkeit einmal festgesetzt, sie gehöre zu einem Geschlecht, so wird fürs andere Geschlecht der Eintritt in diesen Tätigkeitsbereich schwierig und kompromittierend. In *Bali* gibt es kein Tabu schwerer Art gegen eine Frau oder einen Mann, die wünschen, die speziellen Künste des anderen Geschlechts auszuüben. Doch Malen war in *Bali* eine männliche Kunst. Ein begabtes heranwachsendes Mädchen versuchte einst in dem Dorf Batoean, wo bereits sechzig junge Maler mit der modernen Neuerung des Malens auf Papier experimentierten, auf eine neue Art zu malen — sie stellte das dar, was sie sah, und hielt sich nicht an die alten stilisierten Naturdarstellungen —, und die jungen Künstler verspotteten und entmutigten sie, bis sie es aufgab und armselige Nachahmungen des männlichen Stils anfertigte. Gerade der Geschlechtsunterschied, der es ihr ermöglicht hatte, ein bißchen anders zu sehen und eine Neuerung zu entdecken, machte sie aber gleichzeitig auch so verwundbar, daß diese neuen Gedanken wieder zerstört werden konnten. Dringt umgekehrt ein Geschlecht in den Tätigkeitsbereich des anderen ein, das geringeres Prestige besitzt, dann kann die Wirkung einfach destruktiv sein. Im alten *Samoa* fertigten die Frauen herrliche Rindenstoffe an, dabei preßten sie die fließenden, wundervoll sanften Linien mit Matten, auf denen die Muster mit Rippen der Kokospalmenblätter aufgenäht wurden. Als dann Stahlwerkzeuge eingeführt wurden, lernten die Männer, weil Schnitzen als männlich angesehen war, hölzerne Musterbretter schnitzen, die haltbarer und leichter zu handhaben waren als die alten, leicht brüchigen Matten. Doch die Zeichnungen, die für eine Kunst geschaffen waren, für die ihnen das Gefühl fehlte, litten, wurden steif und ausdruckslos, und selbst der Versuch der Frauen, wieder dadurch ein bißchen Abwechslung in die Muster zu bringen, daß sie Imitationen aufmalten, statt die Prägebretter zu benutzen, schlug fehl.

Gleicherweise müssen wir die einfache Überlegung anstellen, daß wir keinerlei Hinweis darauf besitzen, daß die Intelligenz auf ein Geschlecht beschränkt sei, und daß daher jede berufsmäßige Einschränkung, die begabte Frauen daran hindert, diese Begabung zu nutzen, auch die Welt, die jede Begabung so bitter nötig hat, ärmer macht. Ich habe diese Überlegung nicht vorangestellt, weil immer noch die Möglichkeit besteht, daß die Welt mehr verliert, wenn sie die Geschlechtsdifferenzierung opfert, als sie bei Einschränkung des Gebrauchs dieser Intelligenz auf bestimmte Lebenszweige verlieren würde. Es ist von höchst zweifelhaftem Wert, die Begabungen der Frau mit heranzuziehen, wenn der Eintritt von Frauen in ein Gebiet, das für männlich gegolten hat, die Männer abschreckt, die Frauen ihrer Eigenart beraubt, den Beitrag, den sie leisten können, verwischt und verzerrt, entweder weil ihre Gegenwart die Männer von dem Beruf ausschließt, oder weil sie die Eigenart der Männer, die den Beruf wählen, verändert. Es bringt wenig Gewinn, wenn der

Kampf, den die Eindringlinge führen müssen, jeden ursprünglichen weiblichen Beitrag, den sie leisten könnten, einschränkt. Man darf mit guten Gründen behaupten, die Berufe der Erziehung – die von beiden Geschlechtern ausgeübt werden sollten – hätten gleich viel, wenn nicht mehr verloren, als sie gewannen, als sich die Männer nicht nur aus der Unterstufe zurückzogen, auf der weibliche Begabungen dringend benötigt wurden, sondern auch aus der Oberstufe, auf der Knaben schwer darunter leiden, daß sie ausschließlich von Frauen unterrichtet werden. Die männlichen Lehrer haben auf der Universität eine Zuflucht gefunden und verteidigen dort ihren Bereich eifersüchtig gegen das Eindringen jeder Frau auch in Gebiete, auf denen weibliche Einsicht benötigt würde. Solche Vorgänge können wohl veranlassen, innezuhalten und zu bedenken, daß das Heilmittel oft schlimmer ist als die Krankheit.

Gegenseitige Rücksichtnahme

Es ist höchst wahrscheinlich, daß es immer so zugehen wird, wenn man die weiblichen Fähigkeiten quantitativ mit denen des Mannes in Vergleich setzt[1]. Man sagt dann, es gäbe viele Frauen, die genauso gescheit oder gescheiter seien als Männer, genauso kräftig oder kräftiger, gleich gute oder bessere Organisatoren. Kreuzzüge, die auf dem Recht der Frau aufbauen, in jedes Gebiet einzutreten, werden wahrscheinlich stets auf sich selbst zurückfallen. Der Eintritt wird als Wettbewerb aufgemacht, und das ist gefährlich; drücke sich dieser Wettbewerb nun in der Klage der weiblichen Sowjet-Bahningenieure aus, daß es Frauen nur gestattet ist, Güterzugslokomotiven zu führen, oder in den verheerenden Antagonismen, die in Amerika so leicht überall auftreten, wo es so schwer ist, irgend jemandem zu verzeihen, der im gleichen Rennen gewinnt, und doch so einfach, dem Erfolg in einem Rennen zuzujubeln, an dem man nicht mitgelaufen ist. Fast jede Exkursion amerikanischer Frauen auf Gebiete, auf denen sich Frauen nie oder wenigstens nie für lange Zeiträume betätigt haben, ist in solcher Art als Wettbewerb dargestellt worden. Wie gefährlich das ist, läßt sich auf manche Art erkennen: aus den großen Reklame-Plakaten an der Pazifikküste im Frühjahr 1948, auf denen Brot angepriesen wurde mit einem Mädchen, das den Baseballschläger schwang, während ein Bursche hinter ihr die Handschuhe des Catchers in der Hand hielt, oder aus dem ‹*Here's How*› in der New Yorker Untergrundbahn, auf dem mit einem Text, der den Ehering als Zeichen der Unterwerfung beschrieb, ein Mann im Abendanzug zu sehen war, der sich einen Ring an den Ringfinger der *eigenen* Hand steckte. Es wäre töricht, die Augen vor den Anzeichen zu verschließen, die uns davor warnen, daß die Art, wie heute Frauen

---

1 Die beste Zusammenfassung dieser Betrachtungsweise der Geschlechtsunterschiede findet man wohl bei Georgene Seward, ‹*Sex and the Social Order*›, McGraw-Hill, New York und London, 1946.

durch ihre eigene Neugierde oder durch die Neigungen, die sie während der gleichen Erziehung wie die Knaben entwickelt haben, oder auch durch den Zwang sozialer Bedingungen — ein Viertel aller amerikanischen Frauen erreicht die Menopause, ohne ein Kind geboren zu haben — nach vorn gelockt werden, für Männer und Frauen gleichermaßen gefährlich ist. Wir müssen genau abschätzen, welche Gewinne da zu erwarten sind und wie weit wir rasch genug auf die Empfindlichkeiten von Männern und Frauen Rücksicht nehmen können, damit das Gleichgewicht gewahrt bleibe und wir doch vorwärts gehen können.

Es besteht in Amerika eine große Versuchung, das Gleichgewicht gewaltsam dadurch wiederherzustellen, daß man die Grenzen gegen das dauernde Eindringen von Frauen in diese neuen Gebiete abdichtet und nicht die Art dieses Eintritts verändert. Gehen wir rückwärts, so verlieren wir eine Gelegenheit, daß die Frauen gleichviel zur Kultur beitragen, wie sie heute zur Erhaltung der Gattung beitragen. Wie die Dinge heute stehen und wie sie in der ganzen Geschichte gestanden haben, greifen wir auf die Fähigkeiten der Männer auf zweifache Art zurück, auf die der Frauen nur auf eine einzige. Von beiden Geschlechtern hat die Gesellschaft immer verlangt, daß sie so leben, daß weitere Mitglieder geboren werden, daß sie ihre Männlichkeit und Weiblichkeit pflegen und sie auf die Anforderungen der Elternschaft hin schulen, so daß sie neue Leben zurücklassen, wenn sie sterben. Das hat bedeutet, daß die Männer willens waren, die Frauen als Liebende zu wählen, zu gewinnen und zu behalten, sie als Ehemänner zu schützen und zu versorgen und als Väter ihre Kinder zu schützen und zu versorgen. Für die Frauen bedeutete es, daß sie willens waren, den Mann als Liebhaber anzunehmen, als Ehefrau mit ihm zu leben und seine Kinder zu empfangen, auszutragen, zu nähren und zu pflegen. Jede Gesellschaft muß verschwinden, die an ihre Mitglieder diese Forderungen nicht stellt und die von ihren Mitgliedern nicht das zum mindesten erreicht.

Doch von den Männern hat die Gesellschaft mehr als das verlangt und erreicht. Seit Tausenden von Generationen wird von den Männern mehr verlangt, als daß sie nur gute Liebhaber, Ehemänner und Väter wären, selbst wenn man darunter alles miteinbezieht was Haushaltung, Organisation und Schutz gegen Angriffe mit sich bringen. Man hat von jedem von ihnen, gemäß seinen besonderen Fähigkeiten, verlangt, daß er mitschafft an dem Bau, in dessen Rahmen die Kinder erzogen werden, daß er höhere Türme, breitere Straßen baut, neue Träume träumt, neue Ausblicke sieht, tiefer in die Geheimnisse der Natur eindringt und sich stets bemüht, neue Wege zu finden, um das Leben menschlicher und lebenswerter zu machen. Und bei diesem ganzen Abenteuer herrschte stillschweigend eine scharfe Arbeitsteilung, die ihre Wurzeln vielleicht in einer Zeit der Geschichte hat, in der die schöpferische Leistung, Kinder auszutragen, an Glanz noch jede Tätigkeit überstrahlte, die der Mann verrichten konnte, wie sehr er auch in Tänzen und Pantomimen zu spielen versuchte, die Novizen seien wirkliche Kinder der Männer.

In dieser Arbeitsteilung lag die Annahme, Kinder zu gebären, sei genug für die Frauen, und die Aufgaben in allen anderen Bereichen fielen dem Manne zu. Diese Annahme wird immer weniger haltbar, je mehr Erfolg die Männer bei dieser Arbeit haben, die sie selbst auf sich nahmen. Wenn eine Kultur genügend harmonisch ist, dann wird das Leben als solches persönlich bereichert und dient nicht nur dem Gesichtspunkt der Fortpflanzung der Gattung. Die großen Schöpfungen des Rechts und der Regierung, der Religion, der Kunst und der Wissenschaft werden zu etwas, das um seiner selbst willen hoch bewertet wird. In den Händen der Männer wurden sie zum Zeichen männlichen Menschentums, und die Männer waren auf diese Errungenschaften sehr stolz. In dem Maße, in dem die Frauen von ihnen ausgeschlossen blieben, verlor ihr Menschentum an Bedeutung. Eine analphabetische Frau ist nicht weniger Mensch als ein Mann, der nicht lesen und schreiben kann. Solange nur wenige Männer zu schreiben verstehen und die Mehrzahl es nicht kann, wird die Frau wohl keine Einbuße an Selbstgefühl empfinden. Wenn aber Schreiben so gut wie allgemein verbreitet wird – und damit der Zugang zum Buch, zu zunehmender Schärfe des Denkens und zur Möglichkeit der Mitteilung – und dann die Frauen nicht schreiben lernen können, weil sie Frauen sind, verlieren sie ihre Geltung, und der ganze schleichende Prozeß setzt ein, durch den die Ganzheit beider Geschlechter unterminiert wird. Wird den Frauen, die sich von der Teilnahme ausgeschlossen fühlen, durch andere Formen der Macht ein Ersatz geschaffen, etwa durch die eiserne Macht der Schwiegermutter, die vorher die leicht zu lenkende, ans Haus gebundene Frau war – wie in China und Japan –, dann kann das Gleichgewichtsbild die Form heimlich verzerrter menschlicher Beziehungen annehmen, die über Jahrhunderte zu dauern imstande ist. Wenn sich das Gefühl der Frauen, bei der Mitarbeit an der Gesellschaft benachteiligt zu werden, offen in einer Rebellion gegen die Beschränkungen ausdrückt, die man ihnen aufgezwungen hat, dann können wir jene Art von Freiheit der Frauen finden, wie sie kurz vor dem Zusammenbruch des römischen Reichs oder in den Zielen der Frauenbewegungen des vergangenen Jahrhunderts in Erscheinung trat. Welche Ausgleiche innerhalb der Gesellschaft aber auch entwickelt werden, der Glaube der Frauen, aus eigener Kraft unmittelbar zur menschlichen Kultur beitragen zu können, wird heimlich und tief verletzt. Die Isolation der Männer, die entweder versteckt bedroht oder offen angegriffen wird, wächst in einer Welt, die sie allein aufgebaut haben.

Sobald wir die Voraussetzung annehmen, wir könnten eine bessere Welt aufbauen, wenn wir die unterschiedlichen Begabungen beider Geschlechter ausnutzten, haben wir eine doppelte Art von Freiheit: die Freiheit, die unbeeinträchtigten Begabungen beider Geschlechter zu nutzen, und die Freiheit, bei jedem Geschlecht die besondere Überlegenheit offen zuzugeben und zu kultivieren. Dabei könnte sich sehr wohl erweisen, daß es bestimmte Gebiete gibt, wie etwa die Naturwissenschaften, die Mathematik und die Instrumentalmusik, auf denen der Mann dank seines Geschlechts, aber auch dank seiner Qualitäten eines speziell begabten menschlichen Wesens, immer jenen unfaßbaren Begabungsvorsprung des hervorragend begabten Menschen haben wird, der den entscheidenden Unterschied ausmacht, so daß, wenn er führt, Frauen sehr wohl zu folgen vermögen, der Mann aber immer die neuen Entdeckungen machen wird. Wir könnten gleichermaßen finden, daß die Frauen durch das, was sie bei der Mutterschaft lernen, und was, einmal erlebt, allen Frauen, auch den kinderlosen, leichter beigebracht werden kann als den Männern, einen besonderen Vorsprung in den menschlichen Wissensgebieten besitzen, in denen jene Art des Verständnisses hineinspielt, die wir, bis sie genauer untersucht ist, als Intuition bezeichnen können. Gründet sich, wie es den Anschein hat, die Intuition mehr auf die Fähigkeit, das vom eigenen Selbst Unterschiedene zu erkennen, als auf die Fähigkeit, das eigene Selbst in den Aufbau einer Konstruktion oder Hypothese zu projizieren, dann kann es sich wohl herausstellen, daß sich die größten intuitiven Begabungen bei Frauen finden. So wie in einem langen Zeitraum die mathematische Begabung des Mannes vernachlässigt wurde, und die Menschen eins, zwei, zwei-und-eins, und noch ein Hund zählten, oder sich darauf beschränken mußten, an den Fingern ihrer Hand abzuzählen, so haben wir die intuitiven Gaben der Frau brachliegen lassen, sie nicht ausgebildet und kultiviert.

Sobald es uns möglich ist zu sagen, es sei genauso wichtig, die intuitiven Begabungen der Frau zu begreifen und sie in einer zur Übermittlung geeigneten Form Männern und Frauen zugänglich zu machen, wie es wichtig war, die Fähigkeiten der Männer zu gebrauchen und mit ihnen die Kultur aufzubauen, die Männern und Frauen zugänglich ist, werden wir unsere Gesellschaft bereichert haben. Und wir werden dann bereit sein, beide Arten von Begabung in den Wissenschaften, die heute in so trauriger Weise einseitig geworden sind, zusammen zu benutzen. Die Wissenschaft weiß heute besser, wie man zerstört, als wie man aufbaut, und kann mit Hilfe des Verstandes ausgezeichnet die Welt der Dinge analysieren, aber weniger die Welt der menschlichen Beziehungen, weil dies den Gebrauch der Intuition weitgehend voraussetzt. Die Mutter, die lernen muß, daß das Kind, das vor einer Stunde noch ein Teil des eigenen Körpers war, jetzt ein anderes Individuum mit seinem eigenen Hunger und seinen eigenen Bedürfnissen ist, und daß, wenn sie nur auf den eigenen Körper horcht, um das Kind zu verstehen, das Kind sterben muß, ist durch eine unersetzliche Schule gegangen. Indem sie lernt, auf dieses andere Individuum zu achten, entwickelt sie eine besondere Art, mit menschlichen Wesen zu denken und mit ihnen zu fühlen. Wir können diese spezielle Erfahrung in dem ihr eigenen Bereich belassen, wir können sie aber auch zu einem ausdrücklichen Teil unserer Kultur machen. Bereits heute empfinden die Männer und Frauen, die in den Sozial- und Geisteswissenschaften zusammenarbeiten, das sehr zunehmende Verständnis, das sich in der Art und Weise ausdrückt, wie sich ihre Erkenntnisse gegenseitig ergänzen. Wir lernen, daß wir für unsere Erkenntnisse verschiedene Preise zahlen müssen. Wenn wir die Wege verstehen wollen, auf denen die Kulturen ihre Kinder zur Gemeinschaft erziehen, so muß der Mann in der Phantasie zu seiner Kindheit zurückkehren, die Frau aber hat dazu noch eine weitere und andere Möglichkeit, sie kann nämlich die Mütter dieser Kinder begreifen lernen. Doch beide Arten sind nötig, das Können jedes einzelnen Geschlechts gibt immer nur eine Teilantwort. Wir können nur dann eine vollkommene Welt aufbauen, wenn wir die besonderen Gaben beider Geschlechter sowie auch die ihnen gemeinsamen benutzen und so die Begabungen der ganzen Menschheit nutzen.

Jeder Schritt aus einer verwirrten Situation, in der jahrhundertelang Zug und Gegenzug gemacht worden sind, ist ein schmerzvoller Schritt und in sich selbst notwendigerweise unvollkommen. Das ist ein *circulus vitiosus,* bei dem sich weder Anfang noch Ende feststellen läßt, in dem die männliche Überschätzung der weiblichen Rolle oder die weibliche Überschätzung der männlichen dazu geführt hat, daß sich das eine oder andere Geschlecht überheblich fühlt und damit einen Teil unseres so teuer errungenen Menschentums vernachlässigt oder gar preisgibt. Wer diesen Kreis durchbrechen will, ist selbst dessen Produkt und verrät in jeder Gebärde einige seiner Befehle, er mag bestenfalls stark genug sein, ihn anzugreifen, aber nicht wirklich imstande, ihn zu durchbrechen. Ist dieser Kreis aber erst einmal erkannt und analysiert, dann sollte es möglich sein, ein Gesinnungsklima zu erzeugen, in dem andere, die weniger das Produkt des Teufelskreises sind, weil sie schon im Schein eines Lichts erzogen wurden, das sowohl rückwärts als auch vorwärts leuchtet, an ihrem Platz den nächsten Schritt vorwärts tun können. Nur wenn wir erkennen, daß jeder Wandel in der menschlichen Gesellschaft von denen geschaffen werden muß, die in jeder Faser ihres Körpers das Wissen um die innerste Ursache in sich tragen, aus der heraus dieser Wandel notwendig ist, können wir unsere Herzen zu der Geduld schulen, die wahrhaft und gut aufbaut, weil wir erkennen, daß es nicht nur der Preis, sondern auch der Ruhm unseres Menschentums ist, die Kultur durch Menschen zu schaffen.

ANHANG

DIE SIEBEN PAZIFISCHEN KULTUREN

In den folgenden Anmerkungen habe ich versucht, dem Leser einen kurzen Überblick darüber zu geben, wo die verschiedenen Völker wohnen, was wir von ihnen wissen und unter welchen Auspizien meine eigene Arbeit unter ihnen stand; außerdem mache ich bibliographische Angaben. Jede Kultur bot ihre eigenen Probleme. In Samoa arbeitete ich allein; dort war schon viel gearbeitet worden, und dort wurde auch seither viel gearbeitet. Dort lagen ein Wörterbuch und eine Grammatik vor, und als Sprache beim Erlernen konnte Englisch verwendet werden. Bei den Manus mußten wir die Sprache analysieren und dabei als Dolmetschersprache Pidgin-Englisch benutzen, und so lag es auch bei den Arapesh, Mundugumor und Tchambuli und bei Mr. Batesons Originalarbeit bei den Jatmul, die ich dann als Grundlage benutzen konnte. Das Balinesische ist weitgehend analysiert, wir fanden es aber tunlicher, mit Hilfe eines englisch sprechenden linguistischen Assistenten eine neue Analyse mit den Methoden durchzuführen, die wir bei völlig unbekannten Sprachen benutzten. In allen Fällen wurde die Sprache gelernt; in einem Eingeborenendorf wurde jeweils eine Basis errichtet, und das Dorf wurde eingehend beobachtet und erforscht.

Eine eingehende Besprechung meiner Feld-Methoden findet man in den Anhängen und Vorworten meiner verschiedenen Veröffentlichungen, besonders in *‹The Mountain Arapesh›* II: ‹Supernaturalism› (siehe Abschnitt C); Seiten 259—265, Anhang II von *‹Coming of Age in Samoa›*; Anhang I von *‹Growing Up in New Guinea›* und in den vier Veröffentlichungen: ‹More Comprehensive Field Methods›, *American Anthropologist,* Vol. 35 (1953) S. 1—15; ‹Native Languages as Field Work Tools›, *American Anthropologist,* Vol. 41 (1939), S. 189—205; ‹Living with the Natives of Melanesia›, *Natural History,* Vol. 31 (1931), S. 62—74; Anthropological Data on the Problem of Instinct›, *Psychosomatic Medicine,* Vol IV, Oct. 1942.

Eine allgemeine Besprechung des Sepik-Aitape-Distrikts, in dem die Arapesh, Mundugumor, Tchambuli und Jatmul wohnen, findet man auf den Seiten 156—166 in *‹The Mountain Arapesh› I:* ‹An Importing Culture› Vol. XXXVI, Pt. III, 1933. Die Arbeitsmethoden, die wir in Bali und bei den Jatmul benutzten und die gegenüber unseren älteren Methoden einen beträchtlichen Fortschritt darstellten, werden in meinem Aufsatz ‹Researches in Bali, 1936—1939: I. On the Concept of Plot in Culture, II, Methods of Research in Bali and New Guinea›, *Transactions of the New York Academy of Sciences,* Ser. 2, Vol. 2 (1939), S. 24—31 besprochen.

In den folgenden Abschnitten möchte ich in möglichst gedrängtem Stil einen ethnologischen Abriß der sieben Kulturen geben, auf die ich mich im Vorhergehenden bezogen habe. Ich werde Fachausdrücke benutzen, weil jede andere Darstellungsart zu viel Raum beanspruchen würde. Dieser Anhang wendet sich an den Fachmann sowie an den Leser, den Dinge wie Größe der Bevölkerung, Natur des Terrains, Angaben, wann die Völker beobachtet wurden u. dergl. interessieren. Ich habe sie in der Reihenfolge aufgeführt, in der ich sie untersucht habe, und eine Bibliographie meiner sämtlichen Arbeiten, der Arbeiten meiner Mitarbeiter und bedeutsamer Arbeiten, die später als meine eigenen auf den verschiedenen Gebieten durchgeführt wurden, angeschlossen. Größere Bibliographien der früheren Arbeiten findet man in meinen Veröffentlichungen.

Gesammelt wurde mein Material während eines neunmonatigen Feldaufenthalts als ‹Fellow in the Biological Sciences of the National Research Council›, im Jahre 1925—1926 bei einem Forschungsprogramm, das die Untersuchung des Mädchens in der Adoleszenz zum Ziele hatte.

Die Samoa-Inseln werden von einer polynesischen Gruppe bewohnt, die Bevölkerungszahl im Jahre 1926 betrug 40 229 (1950 = 86 500), die Leute haben dort eine hellbraune Haut, schwarzes, welliges Haar und sprechen eine polynesische Sprache. Die Inseln wurden in der ersten Hälfte des neunzehnten Jahrhunderts christianisiert und nach dem Ersten Weltkriege administrativ zwischen einem Völkerbundsmandat unter Neu-Seeland, das die Inseln Upulo und Savaii umfaßte, und Amerikanisch-Samoa, das von der United States Navy verwaltet wird, aufgeteilt. Kriegführung, Erbeuten von Kopftrophäen, Todesstrafe, die entweder vom Familienhaupt oder vom Dorfrat verhängt wurde, Kindesmord, Polygamie sowie die öffentliche Entjungferung wurden abgeschafft. Die Leute können ihre samoanische Sprache in einer europäischen Orthographie lesen und schreiben und werden von samoanischen Missionaren geschult, außerdem bieten beide Verwaltungen eine gewisse regelmäßige Schulung im Englischen. Die hauptsächlichste Exportfrucht war Kopra, von den Einkünften kaufte die Bevölkerung Kleider, die, mit Ausnahme zeremonieller Gelegenheiten, die alten Rinden- und Matten-Kleidungsstücke ersetzt haben, außerdem Moskitonetze, die an die Stelle der Moskitonetze aus Rindenstoff getreten sind. Petroleumlampen, Leuchtpetroleum, Seife, Stärke, eiserne Messer und Eimer wurden eingeführt. Papier, Feder und Tinte sowie Bleistifte wurden benutzt, um Urkunden zu schreiben, doch auch für eine ausgedehnte Korrespondenz zwischen den Inseln. Aus den Kopra-Einkünften wurden Steuern bezahlt, und eine ganz kleine Zahl von Samoanern verrichtete Landarbeit. Veräußerung von Boden war verboten, so daß weder fremde Plantagen noch Händler das Land beeinflußten. Unter einer guten Leitung der USA-Flotte war der Stand der medizinischen Fürsorge gut. Die Flottenstation wurde von etwa zweihundert Personen besetzt, und alle drei Wochen lief ein Dampfer für beide Routen von und nach San Franzisko und Sydney an. Eine Kirche gehörte zu jedem Dorf und beherbergte auch die Schule. Die Familie des Pastors wurde von der Gemeinde unterhalten und genoß zeremonielle Ehren. Eine milde Form des Congregationalismus (London Missionary Society) war die vorherrschende Religionsform, dazu römisch-katholische Missionen und Schulen auf Tutuila und eine kleine Mormonenmission.

All meine Einzelarbeit erfolgte auf den abgelegenen Inseln der Manua-Gruppe, vor allem im Dorfe Tau auf der Insel Tau, und alle folgenden Bemerkungen beziehen sich ausschließlich auf diese Gruppe, wenn auch das allgemeine Familienbild für das ganze Gebiet konstant ist. Andererseits haben Erfahrungen mit Europäern auf den größeren Inseln, besonders auf Upolu, das lange Zeit eine europäische Bevölkerung hatte, gewisse Merkmale in das Volksleben hineingebracht, die sich von denen unterscheiden, die man auf die ursprünglichen Verhältnisse zurückführen kann.

Die Samoaner lebten in autonomen Dörfern und wurden durch eine Form zeremonieller Beziehung zusammengehalten, bei der die Männer mit den höchsten Titeln aus jedem Dorf in einer formellen Rangordnung als sogenannter Großer Fono zusammentraten. Jedes Dorf besaß einen großen Vorrat von Titeln, die zu den Familien gehörten und einer kooperativen Verfügung der Familienmitglieder unter dem Beirat und mit gelegentlichem Eingreifen des Dorfrats, der aus allen Familienhäuptern besteht, unterstanden. Jeder Titel wurde entweder als Häuptlingstitel oder als Titel eines Spruch-Häuptlings klassifiziert, die Funktionen dieser beiden Gruppen waren komplementär. Die Form des Dorfrats wiederholte sich in einer Gruppe der Frauen, einer der jungen und titellosen Männer und einer der Mädchen und Frauen der Männer ohne Titel, diese vier Gruppen teilten die Gemeindeaktivität unter sich auf. In jedem Dorf gab es einen oder mehrere hohe Häuptlinge, die das Recht hatten, einen besonderen Titel, den einer *taupou*, den sie einem Mädchen ihres Haushalts, und den eines *manaia*, den sie an einen Jüngling verleihen konnten. Jeder Haushalt, dem ein Mann mit einem Titel vorstand, umfaßte eine Großfamilie, innerhalb derer die Arbeit nach Alter und Status verteilt wurde, dabei bestimmte das Familienhaupt, wer im Garten arbeiten, wer fischen, wieviele Matten man anfertigen sollte usw., und alle Erträgnisse galten als Familieneigentum. Selten lebten biologische Familien allein, und die Disziplinargewalt stand mehr dem *matai* (Titel des Haushaltsvorstandes) zu als dem biologischen Vater. Die einzelnen Stammesangehörigen behielten, soweit das Wohnrecht in Betracht kommt, Landansprüche nach beiden Familienlinien und übten im Rat der mütterlichen Familie ein Vetorecht aus. Das Verwandtschaftssystem war von einfachem bilateralem Typus, mit einem strengen Bruder-Schwester-Tabu. Der Rang gehörte eng zum Titel, die Söhne der Häuptlinge wurden zu den Männern ohne Titel gerechnet.

Die Samoaner lebten in offenen runden oder ovalen Häusern mit hohen Strohdächern und Steinböden, auf die man zum Schlafen und Sitzen Matten breitet. Ihre Nahrung bestand aus Taro, Yams, Brotbaumfrüchten, Bananen und Kokusnüssen, ergänzt durch Fisch, Muscheln, Schweinefleisch und Geflügel. Gekocht wurde in großen irdenen Öfen, die dem Dorf oder der Familie gehörten, serviert wurde auf frischen Blättern. Sie hatten keine Töpferwaren. Ihr zeremonielles Getränk war nicht berauschend und wurde aus der Wurzel von *Piper methysticum* hergestellt. Ihre Kleidung bestand aus einem kurzen Sarong — lavalava genannt, heute aus Leinen angefertigt —, bei den meisten Gelegenheiten einer Leinenbluse für die Frauen und Hemden für den Mann, wenn er zur Kirche geht. Einige junge Leute waren noch tätowiert, doch ist auf Manua das Tätowieren seit zwei Generationen verboten. Beide Geschlechter gingen barfuß. Sie schliefen auf Matten, jedoch mit Zugabe harter Kapok-Kissen und unter modernen Moskitonetzen. Europäisches Geschirr und Besteck ist eingeführt worden, wurde aber nur gelegentlich bei Mahlzeiten nach europäischer Art beim Besuch von Amtspersonen benutzt. Das Haus des Häuptlings und des Pastors enthielt meist auch einen Tisch und Stuhl oder dergleichen für einen Besucher; sonst spielte sich das ganze Leben auf dem Boden ab.

Für die Bedürfnisse des täglichen Lebens war jeder Haushalt Selbstversorger, einzelne Leute spezialisierten sich jedoch aufs Fischen, und dann wurde der Fisch als Austauschgeschenk unter Haushaltungen, die miteinander in solcher Verbindung standen, gegeben. Auch der Hausbau und der Bau von Kanus waren spezialisierte Handwerke, für die auf genau vorgeschriebene Weise bezahlt wurde. Es gab keinen Handel, jedoch ein ausgebildetes Tauschsystem unter Verwandten, wobei die Frauen Matten und Rindenstoff, die Männer Nahrungsmittel, Gefäße aus Holz, Kanus und dergleichen beisteuerten. Außerdem bestand in kleinem Maßstab ein ständiges formloses Ausleihen. Die Haushalte steuerten zu den Abgaben des Dorfes und zu dessen Festen bei, die häufig als *rite de passage* für die Mitglieder des Häuptlingshaushalts angesehen wurden. Das Modell der Beziehungen innerhalb des Haushalts war für die ganze soziale Organisation vorbildlich geworden, so daß das ganze Dorf wie die Blutsverwandtschaft des Häuptlings und des Spruch-Häuptlings als geschlossene Körperschaft handelte und eine Gewalt ausübte, die derjenigen vergleichbar war, die von der weiblichen Deszendenzlinie ausgeübt wurde. Zu den Vorrechten der Abstammungslinie gehörten die Titel, Land, Grundstücke der Häuser und zuweilen besondere Vorrechte, die an die Titel gebunden waren.

Unter den polynesischen Gruppen nahm Samoa durch den Nachdruck, der mehr auf der sozialen Organisation als auf einem Supernaturalismus lag, und durch die Bedeutung weltlicher Sanktionen eine Sonderstellung ein. ‹In alten Zeiten hatten wir zwei Götter, Tangaloa und das Dorf, aber das Dorf war der größere Gott.› Die lokale Dorfgemeinde blieb das Zentrum und die Quelle aller Autorität und Macht. Die Vielzahl von Titeln auf der einen und von großen und kleinen Göttern auf der anderen Seite spielte eine kleinere Rolle, Redekunst und Tanz waren hoch entwickelt; mit Ausnahme der Zeichnungen, die auf die Rindenstoffe aufgeprägt und aufgemalt wurden, zart gemusterten Matten und einigen Keulen waren die dekorativen Künste kaum entwickelt. Eine Literatur war auch nicht entwikkelt. Kriegführung wurde als Bestandteil der Beziehungen zwischen Dörfern aufgefaßt, die zeremonielle Gegner waren, Unfälle geschahen dabei kaum. Feindschaften zwischen Einzelpersonen wurden öffentlich mehr in Form von Klatsch und politischen Machinationen ausgedrückt als in offenen Zusammenstößen. Die Gesellschaft stellte eine Ökonomie der Fülle dar, eine biegsame und arbeitsfähige soziale Organisation, in die sich die einzelnen nach Alter, Geschlecht und Status einfügten, die eine Reihe von Dingen von den Stammesangehörigen erwartete, die die meisten zu erfüllen im Stande waren, und die jedem persönlichen Lohn in Gestalt von Nahrung, Obdach, Sexualität, Vergnügen und Sicherheit versprach und auch gewähren konnte. Die schwersten Krankheiten waren Framboesie[1] und Conjunctivitis[2], die beide auf moderne Medikation ansprechen. Heute ist die Bevölkerungszunahme eine der größten auf der Welt. Bis zum Zweiten Weltkrieg, und vielleicht gerade durch ihn — davon haben wir noch keine sicheren Berichte —, stellten die Samoaner eine der erfolgreichsten und untraumatischsten Anpassungen an den Kulturwandel dar, von dem wir Nachricht besitzen. Teilweise kann man diese erfolgreiche Anpassung zurückführen auf die Beweglichkeit der Kultur, den wirtschaftlichen Schutz, der die Entfremdung vom eigenen Land und Boden und die Einführung europäischer wirtschaftlicher Konkurrenzwerte verhinderte, auf die glückliche Übereinstimmung zwischen der Lehre des englischen Congregationalismus und der samoanischen sozialen Organisation und auf ein gleicherweise glückliches Zusammenspiel des samoanischen Systems von Titel und Rang mit dem der Flotte der Vereinigten Staaten.

Veröffentlichungen über Samoa

a) Allgemeines

MEAD, MARGARET, Coming of Age in Samoa (Beschreibung des Familienlebens und der psychologischen Entwicklung). William Morrow, New York, 1928 (wiederabgedruckt in: From the South Seas; William Morrow, New York, 1939)

—, A Lapse of Animism among a Primitive People. Psyche, Vol. 9 (1928), S. 72—77

1 Infektionskrankheit, häufig mit ‹himbeerähnlichem› Hautausschlag, besonders unter Negerstämmen verbreitet. (Anm. d. Red.)

2 Bindehautentzündung. (Anm. d. Red.)

MEAD, MARGARET, Samoan Children at Work and at Play. Natural History, Vol. 28 (1928), S. 626—636
—, The Role of the Individual in Samoan Culture. Journal of the Royal Anthropological Institute. Vol. 58 (1928), S. 481—495
—, Americanization in Samoa. American Mercury, Vol. 16 (1929), S. 264 bis 270
—, Social Organization of Manua (formell theoretisch und beschreibend behandelt). Bernice P. Bishop Museum Bulletin 76, Honolulu, 1930
—, Two South Sea Educational Experiments and Their American Implications. University of Pennsylvania Bulletin, Vol. 31 (1931), S. 493—497
—, The Samoans (kurze Zusammenfassung, die soziale Struktur und Persönlichkeitsstruktur umfaßt), in: Cooperation and Competition among Primitive Peoples, herausgegeben von M. Mead, McGraw-Hill, New York, 1937, Kap. IX, S. 282—312

b) Sprache

STEUBEL, OTTO, Samoanische Texte, Veröffentlichungen aus dem Königlichen Museum für Völkerkunde, Band 4, Teil 2—4. Berlin, 1896
PRATT, GEORGE, Grammar and Dictionary of the Samoan Language. 4. Aufl. London Missionary Society, Malua, Samoa, 1911
Die Bibel ins Samoanische übertragen durch die London Missionary Society

c) Physikalische Anthropologie

SULLIVAN, LOUIS R., A Contribution to Samoan Somatology. Bernice P. Bishop Museum Memoirs, Honolulu, 1921, Vol. 8, S. 81—98
—, Marquesan Somatology, with Comparative Notes on Samoa and Tonga. Bernice P. Bishop Museum Memoirs, Honolulu, 1923, Vol. 9, S. 141 bis 249

d) Kulturverbindungen

KEESING, FELIX M., Modern Samoa: Its Government and Changing Life. Stanford University Press, 1934
—, The South Seas in the Modern World. John Day, New York, 1941 (Institute of Pacific Relations, International Research Series)

e) Psychologie

COOK, P. H., The Application of the Rorschach Test to a Samoan Group. Rorschach Research Exchange, Vol. 6 (1942), S. 51—60
ROWE, NEWTON A., Samoa under the Sailing Gods. Putnam, New York, 1930
COPP, J. D., Autobiography of a Modern Samoan Boy. Beacon Press

f) Bevölkerung

DURAND, JOHN D., The Population of Western Samoa. Reports on the Population of Trust Territories No. 1, United Nations Department of Social Affairs, Population Division, Lake Success, New York, Jan. 1948

g) Literatur

STEVENSON, ROBERT LOUIS, Vailima Letters. Stone & Kimball, Chicago, 1895
—, In the South Seas. Scribner, New York, 1896

FRASER, JOHN, Some Folk-songs and Myths from Samoa. Journal and Proceedings of the Royal Society of New South Wales: Vol. 24 (1890), S. 195—217; Vol. 25 (1891), S. 70—86, 96—121, 121—246, 241—286; Vol. 26 (1892), S. 264—301
—, Some Folk-songs and Myths from Samoa. Journal of the Polynesian Society: Vol. 5 (1896), S. 171—183; Vol. 6 (1897), S. 19—36, 67—76, 107—122; Vol. 7 (1898), S. 15—29.

2. Die Manus der Admiralitätsinseln

Im Jahre 1928, als diese Untersuchungen gemacht wurden, waren die Manus eine Gruppe von etwa 2000 Personen, die in elf autonomen Dörfern längs der Südküste der Großen Admiralitätsinsel lebten, der Hauptinsel des Admiralitätsarchipels, einer Inselgruppe zwischen 1° 50′ und 3° 10′ südlicher Breite und zwischen 146° und 148° östlicher Länge. Sie bildet ‹den nordwestlichen Zweig der langen gebogenen Kette von großen Inseln und Inselgruppen, die sich ungefähr von NO nach SW ausdehnt, und aus den Gruppen New Ireland (Neu Mecklenburg), Salomons-Inseln und Neuen Hebriden besteht›. (R. F. FORTUNE, Manus Religion)

Die Leute sind von hellbrauner Farbe, schlank und gut gebaut mit dem krausen Haar der Melanesier, und sie sprechen eine melanesische Sprache. Ihre Dörfer sind in den Lagunen erbaut, die an ihrem Fischgebiet liegen, und hängen für ihren gesamten Lebensunterhalt gänzlich vom Fischfang und Handel ab, mit Ausnahme des Dorfes Mbuke, wo Töpfereien angefertigt wurden, und einiger weniger Sagogrundstücke, die sie der Festlandbevölkerung der Großen Admiralitätsinsel im Krieg abgenommen hatten. Holz zum Hausbau, Bast für Angelschnüre, Geschirr und Werkzeuge werden alle von anderen Bewohnern der Admiralitätsinseln eingehandelt. Der Warentransport auf den hochseetüchtigen Kanus der Manus ist ein wichtiger Aktivposten, den sie anderen Leuten zu bieten haben. Sie besaßen eine eingespielte Währung in Hundezähnen und Muschelgeld, und trotz ihrer peripheren Lage ohne Landbesitz, mit Ausnahme kleiner künstlicher Terrassen und ein paar steiler Inselchen, waren sie ein mächtiges, reiches Volk, das den Handel dem Krieg vorzog; das, wenn es aber in einen Krieg verwickelt wurde, sich als tüchtiges Kriegsvolk bewährte. Ihre Häuser waren voll von hölzernen Gegenständen, großen Schlitzgongs, geschnitzten Bettstellen und ganzen Reihen schön gearbeiteter Töpfe, die sie von anderen Leuten erhandelt hatten. Um kohlehydrathaltige Nahrung zu bekommen, waren sie auf ihre täglichen gewöhnlichen Fischzüge und auf die monatlichen großen Fischzüge angewiesen.

Das politische Leben in den Dörfern organisierte sich um ein komplexes System von Austausch zwischen Verwandten, bei dem beständige Wertgegenstände gegen Nahrungsmittel, Töpfe, Grasröcke usw. getauscht wurden, und das bot einen dauernden Reiz, sich wirtschaftlich anzustrengen. Diese Anstrengungen wurden noch weiter durch ein religiöses System gesteigert, in dem jeder Haushalt durch den Schutzgeist eines vor kurzem verstorbenen Mannes angespornt, gestraft und gegen die Geister anderer Haushalte geschützt wurde. Die Männer waren in Arbeitsgemeinschaften mit finanziellen Führern und abhängigen Gefolgsleuten organisiert, doch gab es auch eine beträchtliche Anzahl Selbständiger, die lediglich fischten und ihre eigenen Familien ernährten. Es gab keine Häuptlingswürde, obwohl es Reste einer Rangordnung gab, auch keinerlei Art von Dorfrat. Ein strenger Moralkodex, der Fleiß und sexuelle Zurückhaltung, soweit es sich um Manus-Frauen handelte, verlangte, und der durch den Glauben gestärkt wurde, alle Krankheit käme durch Strafen der Geister wegen wirtschaftlicher oder sexueller Sünden, hielt die Gemeinde zusammen und tätig, wobei gelegentlich einzelne Stammesangehörige ausbrachen, die sich dann anderen Gemeinschaften anschlossen.

Die Admiralitätsinseln kamen als Teil der deutschen Kolonisation unter europäische Herrschaft und gingen dann nach dem Ersten Weltkrieg in ein australisches Völkerbund-Mandat über. Zur Zeit, als ich sie untersuchte, waren sie noch nicht missioniert, hatten aber beschlossen, daß sie jetzt — nachdem die gegenwärtigen sehr ehrgeizigen wirtschaftlichen Führer den größtmöglichen wirtschaftlichen Austausch zwischen Dörfern geboten hatten — römisch-katholisch werden wollten und das Beichtgeheimnis an Stelle ihres anspruchsvollen Systems öffentlicher Beichten setzen, und gleichzeitig schreiben und Buchführung lernen wollten. Viele Manus hatten selbst in der deutschen Zeit in der eingeborenen Polizeitruppe gedient, und die meisten Jugendlichen, die noch nicht auswärts gearbeitet hatten, sprachen Pidgin-Englisch. Eisen wurde allgemein benutzt, Perlen ergänzten das Muschelgeld, Segeltuch war an die Stelle der Segelmatten getreten, Stoffröcke für die Frauen, denen eine ganze Reihe von ausführlichen Enthaltungsvorschriften gegeben waren, hatten die Mattenröcke ersetzt, und die Männer trugen anstatt des Schamblatts aus Rindenstoff Leinenkleidung. Doch die Manus gingen mit den Möglichkeiten der europäischen Kultur geschickt und vorsichtig vor. Sie hatten Gewohnheiten wie das Feuermachen mit dem Feuerbohrer bewahrt und hielten Zündhölzer für eine unnötige Ausgabe. Bei der Arbeit für Europäer bewiesen sie eine hohe Intelligenz, handhabten geschickt Maschinen, und ihre Charakterstruktur ließ sie besonders gut ins Polizeikorps passen — eine Berufswahl, die durch ihre Teilnahme an dem berühmten Streik der eingeborenen Arbeiter in Rabaul vom Jahre 1929 unterbrochen wurde; der Streik selbst war von der Polizei organisiert worden, die hauptsächlich aus Manus bestand.

Sie stellen die merkwürdige Anomalie einer kleinen Gruppe von Leuten dar, die, auf dem Niveau der Steinzeit ohne Monotheismus, ohne jede politische Form, komplexer als die von Verwandtschaftsgruppen, durch verwandtschaftliche Bindungen und Austausch zusammengehalten werden, und die eine Charakterstruktur entwickelt haben, die in ihrem Puritanismus, ihrer Fähigkeit, für einen wirtschaftlichen Gewinn Lust zurückzustellen, ihrem Fleiß und ihrem Geschick, andere Leute des Profits halber auszubeuten und ihrem hohen Intelligenzniveau — dazu einer großen Begabung für Maschinen — so merkwürdig jener Charakterstruktur verwandt ist, die mit dem Aufstieg des Protestantismus und des modernen Kapitalismus in Westeuropa sich bildete.

Die Admiralitätsinseln wurden im Zweiten Weltkrieg von den Japanern besetzt und von amerikanisch-australischen Truppen zurückerobert. Eine große Flotten-Flugzeugstation der Vereinigten Staaten wurde in Lorengau errichtet. Die Inseln stehen nun unter einer neuen Treuhandverwaltung, die das frühere Mandatsgebiet von Neu-Guinea und das frühere Papua mit umfaßt.

Feldarbeit wurde von Dr. R. F. Fortune und mir während eines Zeitraums von sechs Monaten im Jahre 1928—1929 durchgeführt, während ich einen Studienauftrag des Social Science Research Council erhielt. Das war meine erste Kultur, bei der ich Pidgin-Englisch als Vermittlungssprache benutzen mußte, und so mußte ich von einem Manus-Schuljungen, der Englisch verstand, aber so gut wie gar nicht Englisch sprechen konnte, gleichzeitig Pidgin lernen, während wir auch schon an der Manus-Sprache arbeiteten.

Veröffentlichungen über die Manus

a) Allgemeines

MEAD, MARGARET, The Manus of the Admiralty Islands (kurze allgemeine Übersicht), in: Cooperation and Competition among Primitive Peoples, McGraw-Hill, New York, 1937; Kap. VII, S. 210—239

—, Growing Up in New Guinea (Kindererziehung und Charakterentwicklung). William Morrow, New York, 1930 (auch enthalten in: From the South Seas, William Morrow, New York, 1939)

—, Kinship in the Admiralty Islands (genaue Untersuchungen der Verwandtschaftsbeziehungen). American Museum of Natural History Anthropoligical Papers (Vol. 34, Pt. II), 1934

FORTUNE, REO F., Manus Religion (Untersuchung über die Religion und ihre Wege). American Philosophical Society, Philadelphia, 1935

b) Andere Untersuchungen

PARKINSON, RICHARD H., Dreißig Jahre in der Südsee. Strecker & Schröder, Stuttgart, 1907

c) Sprache

MEIER, P. JOSEF, Mythen und Sagen der Admiralitätsinsulaner, in: Anthropos Bd. 2 (1907), S. 646—667, 933—941; Bd. 3 (1908), S. 193—206, 651—671; Bd. 4 (1909), S. 354—374. Siehe auch: FORTUNE, REO F., Manus Religion. Oceania, Vol. 2 (1931), S. 74—108

MEAD, MARGARET, An Investigation of the Thougt of Primitive Children with Special Reference to Animism. Journal of the Royal Anthropological Institute, Vol. 62 (1932), S. 173—190

—, Two South Sea Educational Experiments and Their American Implications. University of Pennsylvania Bulletin, Vol. 31 (1931), S. 493

SPITZ, RENÉ A., Frühkindliches Erleben und die Erwachsenenkultur bei den Primitiven; Bemerkungen zu MARGARET MEAD, Growing Up in New Guinea. Imago, Vol. 21 (1935), S. 367—387

3. DIE ARAPESH

Die Arapesh sind papua-sprechende, braunhäutige, kraushaarige Leute, die ein keilförmiges Gebiet an der Nordwestküste von Neu-Guinea bewohnen, das von der Pazifikküste über die dreifache Kette der Prinz-Alexander-Berge bis in die Ebenen reicht, die die Wasserscheide des Sepik-Flusses bilden. Die Grenzen des Gebiets sind unbestimmt, die Leute selber haben keinen Namen für die ganze Gruppe, das Wort ‹Arapesh› ist von den Anthropologen aus dem Ausdruck der Eingeborenen für ‹Menschen› geschaffen worden. Sie leben in drei verschiedenartigen Milieus: an der Küste sind sie Fischer und handeln mit den Nachbarinseln; in den Bergen schlagen sie sich ganz kümmerlich mit Jagen, Gartenbau und Sagopflanzen durch; in der Ebene stehen sie in aktiver Berührung mit den Kopfjägerstämmen und besitzen große Yams-Gärten. Ihre Zahl wurde zwischen 8000 und 9000 geschätzt. Die Gebirgs-Arapesh wurden von DR. R. F. FORTUNE und mir während sieben Monaten des Jahres 1931 und später von DR. FORTUNE bei einem erneuten Besuch im Jahre 1936 intensiv untersucht.

Die Berg-Arapesh lebten in kleinen Weilern, deren größter 85 Personen als Basis diente, mit verzettelten Gärten und Gartenhütten. Die Weiler, die theoretisch zu einer patrilinearen Linie gehören, wurden durch eine lose Anhänglichkeit an bestimmte, mit Namen versehene Plätze zusammengehalten, die gelegentlich in Grenzstreitigkeiten oder in Zank um die Frauen eine Rolle spielen. Es bestand keine Art politischer Organisation, doch ein lockeres Regiment der älteren Männer, die viele Feste veranstaltet haben, und der Mitglieder der organisierten Kultgenossenschaften der Männer, die dem sozialen Angreifer Sanktionen auferlegen können. Die Art ihrer Arbeitsweise, der Gartenbau, das Jagen und der Hausbau verlangten ein gut Teil gegenseitiger Hilfe, verlangten, daß jeder sein Stück Gemeinschaftsarbeit fortführe oder anrege. Nahrung war sehr knapp und wirklicher Hunger jederzeit möglich.

Die Leute lebten verängstigt zwischen den kräftigeren Arapesh der Ebenen, die, unter Anwendung von Hexerei, Gastrecht und wirtschaftlicher Erpressung, bei ihnen ihre Forderungen stellten, und den Händlern der Küste, von denen sie künstlerische Feste übernahmen und Gegenstände zum Schmuck und zur Freude bezogen. Die Organisation ihrer wirtschaftlichen Tätigkeit, die ausreichte, um die Leute der nahen Ebene zu besänftigen und gleichzeitig den erstrebten Import von der Küste zu bezahlen und dabei noch ein Minimum örtlicher Zeremonien am Leben zu halten, belastete ihre Energie bis aufs äußerste.

Die Verwandtschaftsorganisation war patrilinear, der Wohnort vorwiegend patrilokal, doch spielten die Bindungen durch die Mutter eine wichtige Rolle. Häuser wurden sowohl auf Pfählen als auch unmittelbar auf dem Boden gebaut; die Kleidung der Frauen bestand aus zwei Bastschürzen, die der Männer aus kleinen Schamblättern aus Bast. Der Austausch zwischen Verwandten war rein nomineller Art. Die hauptsächlichste moralische Sicherung bestand in einem System, das von Tabus getragen und von den Marsalais — Regengeistern, die an bestimmten Plätzen wohnten, an denen sich auch die Geister der Toten sammelten — sanktioniert wurde, und das alles Wachstum und alle Prozesse, die mit Leben und Wachstum zusammenhängen, von aktiver Sexualität, Aggressivität und dem Tod trennt.

Pfeil und Bogen, Speere, Töpfe, Tragnetze, Steinwerkzeuge wurden alle importiert, wenn auch zuweilen einfache Imitationen selbst hergestellt wurden. Über ihre eigenen handwerklichen und künstlerischen Fertigkeiten dachten die Berg-Arapesh sehr gering und machten nur ganz schüchterne Versuche, die vollendeten künstlerischen Gegenstände ihrer Nachbarn nachzuahmen.

In dieser Gegend, als einem Teil des alten Mandatsgebiets, begann die Mannschaftsaushebung nach dem Ersten Weltkrieg, und 1931 erwartete man, daß alle jungen Männer zur Arbeit fortziehen würden. Von der europäischen Kultur hatten sie Messer, Beile, Glasperlen, Zündhölzer, Rasierklingen und ein wenig Stoff übernommen, der von den Männern als Hüfttuch und von den Frauen als Tanzgewand getragen wurde. Im Zweiten Weltkrieg wurde das Gebiet von den Japanern besetzt und hatte die Kämpfe zwischen japanischen und amerikanisch-australischen Streitkräften auszuhalten. In der Ebene, etwa einen Tag weit vom Ort Alitoa, an dem wir arbeiteten, wurde Gold gefunden, und das bedeutete auch schon vor dem Zweiten Weltkrieg einen erheblich größeren Kontakt mit der Außenwelt.

Veröffentlichungen über die Arapesh

a) Allgemeines

MEAD, MARGARET, The Arapesh of New Guinea (kurze Übersicht), in: Cooperation and Competition among Primitive Peoples, ed. by Margaret Mead, McGraw-Hill, New York, 1937; Kap. I, S. 20—50

b) Kindererziehung und Charakterentwicklung

MEAD, MARGARET, The Mountain-Dwelling Arapesh. Teil I von: Sex and Temperament in Three Primitive Societies. William Morrow, New York, 1935; auch enthalten in: From the South Seas. William Morrow, New York, 1939, S. 3—161, und dt. in rde Bd. 96

FORTUNE, REO F., Arapesh Maternity, Nature, Vol. 152 (1943), S. 164

c) Soziale Übersicht

MEAD, MARGARET, The Mountain Arapesh. American Museum of Natural History, Anthropological Papers, New York: I. An Importing Culture, Vol. 36 (1938), Pt. 3, S. 139—349; II. Supernaturalism, Vol. 37 (1940), Pt. 3, S. 317—451; III. Socio-Economic Life; IV. Diary of Events in Alitoa, Vol. 40 (1947); Pt. 3, S. 163—419; V. The Record of Unabelin (with Rorschachs)

d) Sprache und Volkstum

FORTUNE, REO F., Arapesh. American Ethnological Society Publications, Vol. 49 (1942), New York

e) Die Arapesh im Krieg

FORTUNE, REO F., Arapesh Warfare. American Anthropologist, Vol. 41 (1940), S. 22—41

—, The Rules of Relationship Behavior in One Variety of Primitive Warfare. Man, Vol. 47 (1947), S. 108—110

MEAD, MARGARET, The Marsalai Cult among the Arapesh. Oceania, Vol. 4, 1933, S. 37—53

4. DIE MUNDUGUMOR AUF NEU-GUINEA

Die Mundugumor-Leute, einige Tausend an der Zahl, sprechen eine Papuasprache, die Spuren davon aufweist, daß sie, durch ihre Benutzung als Handelssprache, vereinfacht worden ist. Sie leben in zwei Gruppen von Weilern, vier auf der einen, zwei auf der anderen Seite des schnellfließenden Yuat, der bei Yuarimo das Südufer des Sepik trifft. DR. FORTUNE und ich arbeiteten drei Monate im Herbst 1932 unter ihnen. Zu dieser Zeit boten sie, obgleich noch nicht missioniert und erst seit so kurzer Zeit unter Regierungskontrolle, daß noch zehn-, elfjährige Kinder Kannibalen gewesen waren, das Bild einer gebrochenen Kultur, Zeremonien fanden selten statt; eine große Zahl von Männern war zur Arbeit abwesend, und nur wenige aus der ersten Gruppe von Rekrutierten waren nach Hause gekommen.

Die Mundugumor waren durch Verwandtschafts- und Austauschbeziehungen miteinander verknüpft, die zwischen Linien von abwechselndem Geschlecht, genannt Ropes (Seile) stattfanden; es gehörte also ein Mann zum Rope des Vaters seiner Mutter, die Frau zum Rope ihres Vaters. Ein System außerordentlich verwickelter Eheschlüsse zwischen Rope-Enkeln von Kreuzvettern wurden nur als Fiktion aufrechterhalten, der einflußreiche Mann in der Gemeinschaft hatte einen großen polygamen Haushalt, der sich teilweise aus den bemitleidenswürdigen, schlechtgenährten, verängstigten Leuten rekrutierte, die die Weiden zwischen den Flüssen bewohnten und die auch als Opfer der Kopfjagd und der kannibalischen Feste herhalten mußten und die immer noch Körbe, Töpfe, Schlafkörbe usw. für die beherrschenden Mundugumor lieferten. Jedes Dorf war wechselweise in Krieg und Bündnis mit anderen Mundugumor-Dörfern und mit Nachbardörfern verwickelt. Kopfjagd, mit ausgeklügelten Verträgen, Systemen von Gastrecht und Spionage, Zeremonien, ‹wobei der Bruch mehr ehrt als die Befolgung›, war die Hauptbeschäftigung der Männer, die so durch soziale Anordnungen voneinander getrennt waren, daß, mit Ausnahme vorübergehender Verbindungen und Waffenstillstände bei Zeremonien, jeder gegen jeden die Hand erhob. Die Männer betrieben ein bißchen Jagd und Handel und recht viel Schnitzerei, Malen und Verzieren von Holzfiguren, wobei sie einen ausgesprochen künstlerischen Stil entwickelt hatten. Den Rest der Arbeit besorgten die Frauen mit den jungen Burschen, sie bauten Sago, fischten, kletterten auf die Kokospalmen und bewegten sich mit einer freien, aggressiven Sicherheit durch eine gewalttätige, gefährliche Welt.

Die Mundugumor lebten im Sepik-Distrikt des alten Mandatsgebiets und wurden irgendwann zwischen 1933 und 1938 missioniert. 1938 hatte ich Gelegenheit, meinen Hauptgewährsmann Ombléan aus Kenekatem, wo wir unser Hauptquartier aufgeschlagen hatten, wiederzusehen. Bei der Teilung der Feldarbeit arbeitete ich hauptsächlich über das Verhalten der Kinder und die materielle Kultur. Es gibt keine weiteren Veröffentlichungen über dieses Gebiet.

Veröffentlichungen über die Mundugumor

a) Allgemeines

Mead, Margaret, The River-Dwelling Mundugumor. Teil II von: Sex and Temperament in Three Primitive Societies. William Morrow, New York, 1935; auch enthalten in: From the South Seas. William Morrow, New York 1939, S. 164—233, und dt. in rde Bd. 96

b) Kunst und Kultur

Mead, Margaret, The Mountain Arapesh: I. An Importing Culture. American Museum of Natural History, Anthropological Papers, Vol. 36, Pt. 3, S. 139—349, New York, 1938 (illustriert)

—, Tamberans and Tumbuans in New Guinea. Natural History, Vol. 34 (1934), S. 234—236 (illustriert)

5. Die Jatmul auf Neu-Guinea

Die Jatmul-Leute am mittleren Sepik stellen eine der beachtenswertesten Kulturen Neu-Guineas dar. Ihre Dörfer erstrecken sich über ein Gebiet von ca. 255 bzw. 402 km von seiner Mündung an. Sie sprechen eine komplizierte Papuasprache, die auch in einer vereinfachten Form als Handelssprache der benachbarten Stämme benutzt wird. Ihre prächtigen Dörfer mit den großen Wohnhäusern auf Pfählen und den eindrucksvollen Männerhäusern standen einen Teil jeden Jahres unter Wasser. Ihre für die Kriegführung gebauten Kanus waren reich geschmückt. Ein ausgebildetes System von patrilinearen Clans, ausgewogen durch große Betonung der mütterlichen Bindungen, drei verschiedene Arten der Ehe, verschiedene Typen von Altersgruppen und Dualsystemen bildeten zusammen eine reiche und verwickelte Form sozialer Organisation. Die einzelnen Dörfer wurden durch ein kompliziertes System kosmologischer und totemistischer Namen und durch Theorien, die ein Dorf auf das andere zurückführten, lose zusammengehalten. Es bestand aber keine zentrale politische Organisation, und selbst in den Dörfern, deren größtes etwa 500 Einwohner hatte, wurde nur dadurch eine unsichere Art Ordnung aufrechterhalten, daß man die feindlichen Untergruppen gegeneinander ausspielte. Kopfjagden und eine riesige Zahl von Zeremonien bildeten den Rahmen, in dem alle Tätigkeit der Männer stattfand. Wirtschaftlich war das Volk reich und stützte sich auf große Sagovorräte und den Fischfang, der von den Frauen in künstlichen Teichen ausgeübt wurde. Etwas Gartenbau wurde getrieben. Wenn auch einzelne Dörfer auf Märkten und für bestimmte Waren, wie Töpfe, Steinbeile und Ocker mit den Leuten aus dem Busch Handel trieben, waren doch die Jatmul im ganzen autark und übten eine große Vielfalt von Handwerken und Künsten aus — Korbflechten, Schnitzen, Bemalen von Rindenstoff, Modellieren von Schädeln usw.

Unsere Kenntnis der Kultur beruht auf vier Feldkampagnen Gregory Batesons: 1929 unternahm er eine kurze Expedition zum Sammeln und Rekognoszieren; 1930 lebte er sechs Monate im Dorfe Mindimbit; 1932 bis 1933 in Kankanamun und Palimbei, und 1938 hielt er sich acht Monate in Tambumum auf, dabei begleitete ich ihn und studierte die Kinder, arbeitete auch beim Sammeln von photographischem Material mit, um Vergleichsmaterial für Bali zu gewinnen. Ich stütze mich weitgehend auf Mr. Batesons eingehende Kenntnis der Jatmul-Kultur, mein gesamtes Material über Kinder stammt aber von meinem Feldaufenthalt in Tambumum und bezieht sich auf die Sonderform der Tambumumkultur, die sich von der Kultur der weiter stromaufwärts lebenden Jatmul unterscheidet, auf die sich die Untersuchung des Transvestitentums in *Naven* stützt.

Veröffentlichungen über die Jatmul

Bateson, Gregory, Social Structure of the Jatmul People of the Sepik River. Teil I—III: Oceania, Vol. II (1932), S. 245—291, 401—453

—, Music in New Guinea. Eagle, Vol. 48 (1935), Cambridge, Eng., S. 158 bis 170

—, Culture Contact and Schismogenesis. Man, Vol. 35 (1935), S. 178—183

—, Naven: A Survey of the Problems Suggested by a Composite Picture of the Culture of a New Guinea Tribe Drawn from Three Points of View. Cambridge University Press, 1936

Mead, Margaret, Public Opinion Mechanisms among Primitive Peoples. Public Opinion Quarterly, Vol. 1 (1937), S. 5—16

—, Character Formation in Two South Seas Societies. Transactions of the 66th Annual Meeting of the American Neurological Association, 1940, S. 99—103

—, Conflict of Cultures in America. Proceedings of the 54th Annual Convention of the Middle States Assocation of Colleges and Secondary Schools, 1940, S. 1—19

MEAD, MARGARET, Administrative Contributions to Democratic Character Formation at the Adolescent Level. Journal of the Association of Deans of Women, Vol. 4 (1941), S. 51—57
—, The Family in the Future. In: Beyond Victory, ed. by Ruth Nanda Anshen, Harcourt, Brace, New York, 1943
—, Research on Primitive Children. In: Manual of Child Psychology, ed. by Leonard Carmichael. John Wiley, New York, 1946, S. 667—706
—, Age Patterning in Personality Development. American Journal of Orthopsychiatry, Vol. 17 (1947), S. 231—240

6. Die Tchambuli

Die Tchambuli, ein kleiner Stamm — alles in allem nur etwa 500 Personen — leben am Ufer des Tchambulisees unter den Tchambulibergen. Zwei Wasserwege verbinden den See mit dem Sepik, etwa 180 Meilen von dessen Mündung. Sie sprechen eine schwere Papuasprache, die die Leute in der Nachbarschaft nicht verstehen, deren Sprachen sie demnach lernen müssen. Zur Zeit, als DR. FORTUNE und ich sie untersuchten, standen sie seit etwa sieben oder acht Jahren unter Regierungskontrolle und waren erst seit kurzem aus ihren angestammten Wohnsitzen aus Furcht vor den kriegerischen Jatmuls geflohen und hatten sich in drei verschiedenen Gruppen zum Leben unter den Buschbewohnern entschlossen. Jetzt, unter der Pax Britannica, erleben sie eine Renaissance ihrer Kultur, bauen längs der Küste eine Reihe ausgezeichnet dekorierter Männerhäuser und im Landesinnern große Familienwohnhäuser. Sie haben einige Gärten, leben aber wesentlich vom Fischfang und handeln andere Lebensmittel auf den periodischen Märkten ein. Die Frauen sind fleißige Herstellerinnen von Matten, Körben, Regenumhängen und Moskitokörben; die Männer verwenden den größten Teil ihrer Zeit aufs Schnitzen, Malen und das Vorbereiten komplizierter theatralischer Aufführungen. Jeder der drei Weiler war in patrilineare Clangruppen geteilt; die Clans wurden zusammengeschweißt durch Ehen zwischen der Gruppe des Bruders der Mutter, und die Clans und Teile der Clans waren in verschiedene Arten sich überschneidender Dualsysteme geordnet. Das Interesse an Kunst und Zeremonien war größer als das am Krieg, und Kopfjagdopfer wurden entweder gekauft oder es waren Kriminelle aus dem nächsten Weiler. Am Ufer des Sees mit seiner spiegelnd schwarzen Fläche führen diese sorgsam geschmückten, ansehnlichen Leute eine Art ständigen Balletts auf, die Frauen gehen nicht ohne große hellrote Wasserlilien in ihrem Armband zum Fischen. Die vorgesehene Teilung der Feldarbeit war die gleiche wie bei den Mundugumor. Die einzigen Veröffentlichungen befinden sich in meinem Buch *‹Sex and Temperament›*, Teil III, und den hier zitierten Abschnitten über materielle Kultur und Kunst.

7. Bali

Die Bevölkerung von Bali unterscheidet sich stark von allen anderen in diesem Buch besprochenen. Sie sind kein primitives Volk, sondern Indonesier, die eine malayische Sprache sprechen und viele Jahrhunderte lang dem Einfluß der Hochkulturen Südostasiens und Chinas ausgesetzt waren. Über eine Million Menschen lebten auf ihrem kleinen Eiland — mit einem Flächeninhalt von 5616 qkm — im Osten von Java ein Leben, das in manchem dem des mittelalterlichen Europa glich, oder so war es wenigstens, bis zu Beginn dieses Jahrhunderts niederländische Gesetze eingeführt wurden.

Das Land war in kleine Königreiche eingeteilt, in denen Herrscher aus der Kesatriakaste über eine brahmanische Priesterschaft eine leichte Vorherrschaft ausübten und geringe Tribute von einer vorwiegend kastenlosen Bauernbevölkerung erhoben, die in Dörfern lebte, deren jedes eine vollkommen organisierte, selbstgenügsame soziale Struktur aufwies, mit geregeltem Landbesitz, Bewässerung und allen Arten gesellschaftlicher Organisation mit Ausnahme der wenigen, die die regierenden Fürsten sich selbst vorbehalten hatten. Der Hinduismus hatte die religiöse Struktur tiefgreifend durchsetzt, doch fanden sich noch Spuren des alten Buddhismus. Das Kastenwesen, das wahrscheinlich von Java importiert wurde, als die javanischen Hindus vor dem sich ausbreitenden Mohammedanismus flohen, belastete die Balinesen wenig, war es doch dort für einen Mann hoher Kaste möglich, eine Frau niederer Kaste zu heiraten und doch seinen Kindern eine Kastenstellung zu hinterlassen.

Die wirtschaftliche Struktur war eine Verbindung der kommunal und feudal verwalteten Landwirtschaft, bei der Reis die Hauptfrucht darstellte, mit einem System von Märkten, auf denen die Handwerksprodukte einzelner und von Gruppen sowie Nahrungsmittel gegen Geld chinesischer Kupferwährung verkauft wurden. Die Häuser waren verhältnismäßig klein, doch sehr schön gebaut und zusammengefügt, die Tempel bestanden zum größten Teil aus terrassierten offenen Höfen und kleinen Schreinen, in denen Hindu- und Vorhindugötter gemäß einem höchst komplizierten Kalender verehrt wurden. Die Priester und Schreiber verstanden die Kunst, in einer alten Schrift auf Blättern, die aus Palmblättern herausgeschnitten wurden, zu schreiben. Eisen, Gold und Silber wurden verarbeitet und sorgfältig gearbeitete Textilien mit Einschluß beidseitig gefärbter Gewebe wurden hergestellt.

Die Künste, vor allem das Tanzen, die Musik und das Theater waren hervorragend entwickelt, und ein großer Teil der Zeit einer Bevölkerung, deren entrückt-traumartiges Verhalten sich mit einer Fähigkeit zu fast endloser, unermüdlicher Aktivität verbindet, wurde auf die Vorbereitung einer dramatischen Zeremonie nach der anderen verwendet. Das Spielen, das vor allem um die Hahnenkämpfe kreiste, stand hoch in Blüte; das Trinken kam trotz der leicht zur Verfügung stehenden berauschenden Getränke selten vor. Trancezustände, Wahrsagen und kalendarisch festgelegte Rituale spielten alle im religiösen Leben ihre Rolle, das jedes einzelne Ereignis des täglichen Lebens auf Bali durchsetzte, von dem kleinen Opfer, das man nach jeder Mahlzeit darbringt, bis zu den Zeremonien der Fürsten, die Hunderttausende von Gulden kosten konnten. Trotz der auffälligen Unterschiede im Zeremoniell und Symbolismus zwischen Fürst und Bauer, Brahmanenpriester und lokalem Dorftempel-Geistlichen, zwischen dem rauhen Handwerker aus den Bergen und dem Künstler der Ebene, stand ein großer Teil des balinesischen Lebens jedermann offen. Und wenn wir auch extreme und in jede Einzelheit reichende Unterschiede zwischen verschiedenen Teilen Balis, zwischen dem formellen Betragen verschiedener Kasten oder zwischen verschiedenen Priestersekten finden, so scheint doch die Charakterstruktur recht gleichförmig zu sein, mit nur kleinen Unterschieden zwischen den Einwohnern des einen Dorfes, die niemals in Trance fallen und dem anderen, in dem fast jedermann in Trance fällt.

Die Untersuchung solch einer komplexen Gesellschaft ist naturgemäß eine ganz andere Aufgabe als die Feststellung der Kultur einer kleinen, soeben entdeckten und kurz vor dem Verschwinden stehenden primitiven Kultur, wie sie meist zwei einsame Forscher durchführen. In den zwei Jahren 1936 bis 1938 und bei einem weiteren Besuch im Jahr 1939, in denen ich zusammen mit Gregory Bateson dort arbeitete, wobei wir eng mit Jane Belo zusammenarbeiten konnten, die dort früher schon viele Jahre verlebt hatte, konnten wir nur Stichproben im Kleinen sehr intensiv erforschen, nur einzelne Aspekte der Kultur, indem wir Gruppen von Kindern oder eine bestimmte Gesellschaft von Trancetänzern, eine Gruppe junger Künstler oder den Festkalender eines bestimmten Dorfes mit schriftlichen Aufzeichnungen und kinematographischen Aufnahmen festhielten. Dabei verdanken wir besondere Einsichten dem verstorbenen Walter Spies, der viele Jahre einer persönlichen Erforschung aller Künste widmete, sowie Katherine Mershon, die sich auf Tanz und religiöses Verhalten spezialisiert hatte. Es existiert natürlich eine große fachliche wie populäre Literatur über Bali. Niederländische Gelehrte haben die Gesetze studiert, und eine archäologische Stufenschichtung auf Grund der Überbleibsel konstruiert. Ich will hier nur eine Bibliographie unserer eigenen Arbeiten vorlegen sowie unserer Mitarbeiter, auf die ich mich bei der Vorbereitung dieses Buches gestützt habe.

Veröffentlichungen über Bali

a) Charakterentwicklung und Symbolsystem

Bateson, Gregory and Margaret Mead, Balinese Character: A Photographic Analysis. New York Academy of Sciences Special Publication, 1942 (100 Tafeln)

Abel, Theodora M., Free Designs of Limited Scope as a Personality Index. Character and Personality, Vol. 7 (1938), S. 50—62

Bateson, Gregory, The Frustration-Aggression Hypothesis. Psychological Review, Vol. 48 (1941), S. 350—355

—, Bali: The Value System of a Steady State. In: Social Structure: Studies Presented to A. R. Radcliffe-Brown, ed. by Meyer Fortes, Clarendon Press

Belo, Jane, The Balinese Temper. Character and Personality, Vol. 4 (1935), S. 120—146

—, Bali: Rangda and Barong. American Ethnological Society Monograph No. 16, Febr. 1949

Mead, Margaret, Researches in Bali, 1936—1939. Transactions of the New York Academy of Sciences. Ser. II, Vol. 2 (1939), S. 1—4

—, Public Opinion Mechanisms among Primitive Peoples. Public Opinion Quarterly, Vol. I (1937), S. 5—16

—, Character Formation in Two South Seas Societies. Transactions of the 66th Annual Meeting of the American Neurological Association (1940), S. 99—103

—, Administrative Contributions to Democratic Character Formation at the Adolescent Level. Journal of the National Association of Deans of Women, Vol. 4 (1941), S. 51—57 (auch enthalten in: Personality in Nature, Society, and Culture, ed. by Clyde Kluckhohn and Henry A. Murray, Knopf, New York, 1948; Teil III, Kap. 37, S. 523—560)

—, Conflict of Cultures in America. Proceeding of the 54th Annual Convention of the Middle States Association of Colleges and Secondary Schools, 1940

—, Educative Effects of Social Environment as Disclosed by Studies of Primitive Societies. In: Symposium on Environment and Education (E. W. Burgess, W. L. Warner, Franz Alexander, Margaret Mead), Supplementary Educational Monographs (University of Chicago) No. 54 (1942), S. 48—61

—, Research on Primitive Children. In: Handbook of Child Psychology, ed. by Leonard Carmichael, John Wiley, New York, 1946, S. 667—706

—, The Family in the Future. In: Beyond Victory, ed. by Ruth Nanda Anshen, Harcourt, Brace, New York, 1943, S. 66—87
—, Age Patterning in Personality Development. American Journal of Orthopsychiatry, Vol. 17 (1947), S. 231—240

b) Gesellschaft und Religion

Bateson, Gregory, An Old Temple and a New Myth. Djawa, Vol. 17 (1937), S. 1—18
Belo, Jane, A Study of Customs Pertaining to Twins in Bali. Tijdschrift voor Ind. Taal-, Land-, en Volkenkunde, Vol. 75 (1935), S. 483—549
—, A Study of a Balinese Family. American Anthropologist, Vol. 38 (1936), S. 12—31

c) Die Künste

Bateson, Gregory, Bali: The Human Problem of Reoccupation. Supplementary Material on the Exhibit, Museum of Modern Art, New York, 1942 (mimeographed)
—, (mit Claire Holt), Form and Function of the Dance in Bali. In: The Function of Dance in Human Society, a Seminar Directed by Franciska Boas, Boas School, New York, 1944, S. 46—52
Belo, Jane, Balinese Childrens Drawings. Djawa, Vol. 17 (1937), S. 1—13
Holt, Claire, Les danses de Bali. Archives internationales de la danse, Teil I (April 1935), S. 51—53; Teil II (Juli 1935), S. 84—86
—, Théâtre et danses aux Indes Néerlandaises. Catalogue et Commentaires, XIIIe Exposition des Archives Internationales de la Danse (1939), Maisonneuve, Paris 1939
—, Analytical Catalogue of Collection of Balinese Carvings in the American Museum of Natural History. New York (unveröffentlicht)
McPhee, Colin, The ‹Absolute› Music of Bali. Modern Music, Vol. 12 (1935)
—, The Balinese Wanjang Koelit and Its Music. Djawa, Vol. 16 (1936)
—, Angkloeng Music in Bali. Djawa, Vol. 17 (1937)
—, Children and Music in Bali. Djawa, Vol. 18 (1938), S. 1—14
—, Figuration in Balinese Music. Peabody Bulletin, Mai 1940
—, A House in Bali. John Day, New York, 1947
—, Dance in Bali. Dance Index, Jan. 1949
—, Five-Tone Music of Bali. Musical Quarterly, April 1949
—, Aufnahme: Music of Bali; six Balinese compositions arranged for two pianos and performed by Benjamin Britten and Colin McPhee, G. Schirmer, New York
—, Noten-Ausgabe: Balinese Ceremonial Music — Pemungkah, Gambangan, Tabuh Telu; transcribed for two pianos, G. Schirmer, New York
Mead, Margaret, Strolling Players in the Mountains of Bali. Natural History, Vol. 43 (1939), S. 17—26
—, The Arts in Bali. Yale Review, Vol. 30 (1940), S. 335—347
—, Community Drama, Bali and America. American Scholar, Vol. 2 (1941 bis 42), S. 79—88
de Zoete, Beryl und Walter Spies, Dance and Drama in Bali (eingeleitet von Arthur Waley). Harper, New York and London, 1939

ENZYKLOPÄDISCHES STICHWORT

‹DAS GESCHLECHTERPROBLEM›

Der bloße Umstand, daß das menschliche Verhältnis zwischen den Geschlechtern heute überhaupt zum Problem, zum Gegenstand öffentlicher Debatte werden konnte, deutet darauf hin, daß dieses Verhältnis von einer Störung, Verstörung befallen ist. Wie ist es dazu gekommen?

Setzen wir einmal den Fall, vor etwa acht Jahrzehnten sei eine wohlerzogene Dame in eine Art Dornröschenschlummer gesunken, während und weil rings um sie her die Männer sich in einem endlosen Streitgespräch über die DARWINsche Lehre von der geschlechtlichen Zuchtwahl ergingen, und sie sei erst heute wieder erwacht: würde sie die Welt wiedererkennen? Männer mit weichen Kragen oder einem offenen Hemd, vielfach rocklos, mit nackten Armen und kunstvoll gewellten Mähnen, mit kleinen, flauschigen Bärten, die Virilität offenbar weniger auszudrücken als vorzutäuschen haben, mit Hemden und Wollwesten, die an Farbigkeit mit weiblichen Kleidern wetteifern; Frauen, die unaussprechlicherweise Hosen tragen und sich gelegentlich sogar in das geweihteste aller männlichen Kleidungsstücke zwängen: die Uniform; die den Hockey-Schläger schwingen oder am Steuerrad eines seltsam selbsttätigen Vehikels, einer Art flachgedeckten, fahrbaren Pavillons, allein, oder gar, noch schlimmer, in Begleitung eines passiven Mitfahrers übers Land rasen: müßte nicht in der erwachten Schläferin der Verdacht aufsteigen, daß die ihr zumindest theoretisch geläufigen Geschlechtsunterschiede infolge einer geheimnisvollen Mutation hinfällig geworden seien?

Tatsächlich gibt es heute kaum eine noch so anstrengende Tätigkeit beruflicher oder sportlicher Art, die Privileg des Mannes geblieben wäre. Die stets besorgten, stets zungenfertigen Moralisten sind auch nicht um eine Erklärung verlegen: Männer und Frauen sind heute vielfach der eigentlichen Bestimmung ihres Geschlechts untreu geworden, sind ‹aus der Art geschlagen›, ent-artet. ‹Die Pole der Geschlechterbeziehung sind vertauscht›, klagte D. H. LAWRENCE 1923 in seiner *‹Fantasia of the Unconscious›*. ‹Die Frau ist heute der verantwortliche Teil. Sie übt die Funktionen des Gesetzgebers, des Kulturträgers aus. Sie ist es, die den Mann bewußt leitet, ihm die Richtung weist. Sie trägt seine Seele auf ihren Händen. Und ihre Geschlechtlichkeit ist nichts anderes als eine Funktion oder ein Werkzeug ihres Machtwillens. Der Mann kann unter solchen Umständen nur ihr Diener sein, und nur in ihm sind die starken Gefühle noch lebendig geblieben.› Und in sieben kurzen Worten hat JEAN GIRAUDOUX in *‹Sodome et Gomorrhe›* für diese echte oder vermeintliche Vertauschung der Geschlechter den dichtesten literarischen Ausdruck gefunden: *‹Viens, ma beauté›*, sagt *Dalila* zu dem starken *Samson* wie zu einem Hündchen. Und dieser antwortet gehorsam: *‹Je viens, ma force.›* (Wenn später der französische Biologe JEAN ROSTAND ohne Ironie das männliche Geschlecht als das ‹schöne› und das weibliche

Geschlecht als das ‹starke› kennzeichnete, so wollte er dabei lediglich, vom Standpunkt seiner Wissenschaft, Stärke als Zähigkeit und Schönheit als sexuelle Anziehungskraft verstanden wissen.)

Wäre aber das, was die äußere und innere Entwicklung der letzten Jahrzehnte bewirkt hat, nichts anderes als ein Tausch der Geschlechterrolle, so gäbe es wahrscheinlich gar kein Geschlechterproblem. Dann wäre nämlich die natürliche Spannung zwischen männlicher und weiblicher Wesensart erhalten geblieben, wenngleich unter einem veränderten Vorzeichen — und eben diese Spannung ist heute in Frage gestellt. Ist aber mit dem Wesen des Mannes während der fraglichen Zeitspanne überhaupt ein entscheidender Wandel vor sich gegangen? Es scheint nicht ganz angemessen, ein Zeitalter, das immerhin zwei Kriege von vorher nicht geahntem Ausmaß, das echtes Märtyrertum, das waghalsige Entdeckungsfahrten in kaum mehr begrenzte räumliche Höhe und Tiefe zu verzeichnen hat, als ‹unmännlich› zu brandmarken. Wenn von einer ‹Effeminierung› des Mannes die Rede sein kann, dann höchstens im Bereich des Geistigen: es sind nicht zuletzt der Mangel an moralischer Widerstandskraft, der Hang zu Anpassung und Einfügung, die Anfälligkeit für die Suggestivkraft großer Worte gewesen, die den Erfolg der modernen Diktaturen erst ermöglicht haben.

Umgekehrt läuft die Entwicklung der Frau auf nichts Geringeres hinaus als auf eine Art Revolution. Diese Revolution fällt nicht mit dem zusammen, was man gemeinhin als ‹Frauenbewegung› bezeichnet. Sie ist auch nicht lediglich durch äußere Umstände bedingt, wie etwa durch die Industrialisierung des Daseins, die der Frau neue Arbeitsbereiche erschloß; nicht auch durch Fortschritte in der Technik der Geburtenverhütung, die ihre Abhängigkeit von biologischen Zwangsumständen verminderte. Nein, diese Revolution ist ein *vitaler* Vorgang, in dem jahrhundertelang unterdrückte oder gehemmte Energien in einem plötzlichen Ausbruch nach Betätigung drängten. Die Frau hat nicht nur gegen ihr Elternhaus und gegen den Mann — sie hat gegen die ganze Vergangenheit ihrer Gattung, gegen die Konvention, gegen ihren Typus, gegen ihre Natur oder das, was man, was sie selbst bisher unter ‹Natur› verstand, rebelliert.

Aber indem sie die engen Schranken der Häuslichkeit sprengte, ‹berufstätig› wurde, hat sie nicht lediglich eine Daseinsform, Daseinsnorm mit einer anderen vertauscht. Sie hat, von extremen Ausnahmefällen abgesehen, vielmehr eine bestenfalls tag-, nicht lebenfüllende Tätigkeit noch um eine andere ergänzt. Sie hat ihre Aufgaben, ihre Lasten verdoppelt. Und darum hat sie nicht nur ein für frühere Generationen unvorstellbares Maß an Freiheit gewonnen — sie hat sich gleichzeitig neue Bindungen, ja, Fesseln auferlegt und sich in neue schwere Konflikte gestürzt. Ob sie aber auf diesem oder jenem Gebiet dem Mann an Leistungsfähigkeit unter- oder überlegen ist: sie ist zu seinem ebenbürtigen Arbeitspartner geworden.

Gewiß handelt es sich bei dieser Entwicklung vor allem um die *bürgerliche* Frau. Aber eben die bürgerliche Frau wußte gleichzeitig ihren weniger artikulierten Mitschwestern aus weniger begüterten

Schichten, die seit Jahrhunderten zu — wenn auch untergeordneter — ‹Nebenarbeit› (oft genug Hauptarbeit) gezwungen waren, endlich, d. h. im wesentlichen seit dem Ersten Weltkrieg, die lange entbehrten Rechte zu erfechten. Und eben darum war diese Rebellion eine echte Revolution: weil sie einem bereits vollzogenen Umsturz zu gesetzlicher Sanktionierung verhalf.

Es war jedenfalls die Frau, nicht der Mann, die die herkömmlichen Anschauungen über Funktion und Bestimmung der Geschlechter in Frage gestellt, die altehrwürdige Überzeugung widerlegt hat, daß die Unterschiede in der Wesensart der Geschlechter ausschließlich natürlicher und ‹ewiger› Art und daß dem Wesen des Mannes wie dem der Frau spezifische Eigenschaften oder Eigenschaftskomplexe (Stärke-Schwäche, Aktivität-Passivität) und diesen wiederum bestimmte Tätigkeiten und Aufgaben zuzuordnen seien. Es mochte nunmehr sogar der Eindruck entstehen, als sei das, was bisher als ‹naturbedingt› galt, in Wirklichkeit nur ‹umweltbedingt›, sei Konvention und Satzung einer einzelnen Gesellschaft oder Kultur und also von Gesellschaft zu Gesellschaft verschieden — ein Eindruck, der durch die Befunde der neuen Wissenschaft von der Gesellschaft, der Soziologie, noch verstärkt wurde. Beschäftigung und Interesse der Frau, ihre rechtliche und politische Stellung: alles das ließ sich nicht eigentlich aus ihrem Wesen erklären, sondern aus der Beschaffenheit ihrer engeren oder weiteren Umwelt. Und wenn — in Europa — diese Umwelt seit der politischen Umwälzung der Französischen und der wirtschaftlichen Umwälzung der Industriellen Revolution ihren scheinbar stabilen Charakter verlor, so wurden notwendig auch Verhalten und Charakter der Geschlechter in Mitleidenschaft gezogen.

Nach einem Anfang der zwanziger Jahre Aufsehen erregenden Werke ‹Die weibliche Eigenart im Männerstaat und die männliche Eigenart im Frauenstaat› von Mathilde und Matthias Vaerting beispielsweise spiegelt jeweils das ‹Herrschaftsverhältnis› innerhalb der Familie das innerhalb des Staates bestehende wider, denn es ist das herrschende Geschlecht, das dem unterworfenen, unterlegenen die Aufgaben häuslicher Arbeit und Fürsorge zuweist. Es gibt nicht eine einzige männliche Eigenschaft, der, in einem anderen Volkstum, einer anderen Gesellschaft, nicht eine als weiblich gekennzeichnete entspräche. Geschlechtsunterschiede im weiteren Sinne sind also nichts anderes als der personale Ausdruck von Machtunterschieden. Mochten die historischen, auf Bachofens Entdeckung ‹matriarchalischer› Zustände fußenden Voraussetzungen des Buches noch so zweifelhaft sein: es war hier zum erstenmal auf radikale Weise die einseitig biologische Betrachtung der Geschlechtsunterschiede durch eine nicht weniger einseitig soziologische abgelöst. (Wie sehr die letztere sich seitdem differenziert hat, mag man aus Schelskys ‹Soziologie der Sexualität›, rde Bd. 2, ersehen.)

Wie aber, wenn die gesellschaftlichen Umstände ihrerseits eine Vergewaltigung der Natur, eine Abweichung von der ursprünglichen Norm, eine ‹Entartung› darstellten? Mußten sich dann aus der Beobachtung ‹primitiver› Lebensverhältnisse nicht irgendwelche Schlüsse auf eine angeborene Wesensart der Geschlechter ziehen lassen – Schlüsse, die für die Vertreter des geistigen *status quo* so beruhigend wie für alle Feministen unbequem waren? Aber auch die Wissenschaft der Ethnologie oder – im angelsächsischen Sinne – Anthropologie, tat nicht das geringste, die Behauptungen der Soziologen zu widerlegen. Sie bestätigte sie vielmehr. Nach RUTH BENEDICT, A. GOLDENWEISER, B. MALINOWSKI, MARGARET MEAD waren bei jeder noch so primitiven Stammesgemeinschaft die Lebensfunktionen beider Geschlechter deutlich voneinander geschieden – und auf dieser Scheidung beruhte geradezu die innere Gliederung jeder ‹Gesellschaft›. Was aber als ‹männlich›, was als ‹weiblich› galt, war durchaus nicht in jedem Fall das gleiche, schien fast willkürlich fixiert zu sein. Die ‹natürlichen› Unterschiede zwischen männlicher und weiblicher Wesensart, bisher mit den physiologischen gleichgesetzt oder zumindest aus ihnen abgeleitet, schienen sich jeder genaueren Bestimmung zu entziehen, und selbst heute gibt ein namhafter englischer Biologe, ANTHONY BARNETT, zu, daß wir noch sehr wenig von dem wissen, was die Angehörigen beider Geschlechter in einer vollkommeneren Umwelt als der heute von uns zustande gebrachten je zu leisten vermöchten. (Was menschliche Leistungsfähigkeit, ‹Begabung› als solche betrifft, so hat auch die experimentelle Psychologie zwischen den Geschlechtern keine generellen, sondern nur *spezifische* Unterschiede ermitteln können, die sich möglicherweise sogar aus historischen oder soziologischen Entwicklungen erklären ließen.)

Wie aber die Sozialwissenschaften den Antrieb zu ihren Fragestellungen jeweils ‹aktuellen› Bedürfnissen verdanken, so wirken ihre Aussagen umgekehrt auch wieder auf das Bewußtsein der Zeit zurück. Und dementsprechend sind die Vorstellungen vom Wesen der Geschlechter, die ihrerseits zu nicht geringem Teil auch ihr Verhalten bestimmen, in einem Umbildungsprozeß begriffen, der vor etwa zweihundert Jahren begann und in zwei verschiedene, sich freilich überschneidende Phasen zerfällt. Ursprünglich hatte sich der Gegensatz zwischen männlicher und weiblicher Wesensart noch als ein totaler, nämlich geistig-physiologischer, und als ‹absoluter›, nämlich als ein für alle Zeiten und Völker gültiger Gegensatz dargestellt. Man war überzeugt, daß die Ungleichheit der Geschlechter nicht weniger naturgegeben, nicht weniger schicksalhaft war als die Ungleichheit der Rassen und Stände – ein Faktum, gegen das man nicht verstoßen durfte, ohne die natürliche und sittliche Weltordnung aus den Angeln zu heben. (Noch um die Mitte des sechzehnten Jahrhunderts wurde in Basel ein Hahn zum öffentlichen Verbrennungstode verurteilt, weil er sich des naturwidrigen Vergehens schuldig gemacht hatte, Eier zu legen.) Und die Ungleichheit im Wesen der Geschlechter schloß eine solche des Ranges ein. Die Frau war nicht nur das schwächere – sie war von Natur aus das weniger vollkommene, das nicht allein rechtlich, sondern von Rechts wegen unterlegene, wo nicht geradezu minderwertige Geschlecht. Diese von ARISTOTELES über den Apostel PAULUS bis zu dem Begründer der Soziologie, AUGUSTE

Comte, ja bis Nietzsche und Freud hin fortwirkende Anschauung hat ein russisches Sprichwort auf die bündigste Formel gebracht: ‹Eine Henne ist kein Vogel, ein Weib – kein Mensch.› (Noch um die Jahrhundertwende konnte in Deutschland ein Buch des Titels ‹Der physiologische Schwachsinn der Frau› erscheinen und ernsthaft diskutiert werden.)

Der Beginn einer Wandlung dieser Anschauung zeichnete sich zunächst im Frankreich der Enzyklopädisten ab (auch wenn er von klugen Einzelstimmen schon im späten Mittelalter angebahnt und befürwortet wurde). Diderot erkannte, daß die Minderwertigkeit der Frau großenteils von der Gesellschaft selbst erst hervorgerufen wird. Stendhal ging noch einen Schritt weiter: ‹Die Unterschiede, die man zwischen Männern und Frauen bemerkt, spiegeln diejenigen ihrer Lage wider.› Und John Stuart Mill, der schon im Jahre 1867 im englischen Parlament die politische Gleichberechtigung der Frau gefordert hatte, erklärte zwölf Jahre später (in *‹The Subjection of Women›*): ‹Was heute als weibliche Natur bezeichnet wird, ist etwas ungemein Künstliches, in mancher Hinsicht das Ergebnis bewußter Unterdrückung, in anderer das unnatürlicher Stimulierung.› Mit alledem sollte aber nicht der natürliche Gegensatz zwischen den Geschlechtern in Abrede gestellt – es sollte lediglich ihre Gleichwertigkeit, Ebenbürtigkeit verfochten werden, die auf ihrer ‹natürlichen›, schon von den deutschen Romantikern entdeckten Polarität beruhte, und dafür fand gegen Ende des 19. Jahrhunderts Havelock Ellis die glückliche wissenschaftliche Formel von der *‹compensatory unlikeness›* (der ergänzungsbedürftigen und -fähigen Unähnlichkeit). Den äußersten Punkt, den Umschlagspunkt dieser Entwicklung, bezeichnet die heute von dem ritterlichsten aller amerikanischen Anthropologen, Ashley Montague, verfochtene These, daß das weibliche Geschlecht als das im biologischen und sittlichen Sinne sogar überlegene zu gelten habe.

Im übrigen jedoch trug gerade die zweite, etwa um die Jahrhundertwende einsetzende Phase zu einer entscheidenden Relativierung der Geschlechtsnormen bei, sei es, daß sie zunächst spekulativ mit Weininger, später mehr systematisch mit Jung, die geschlechtliche Polarität nach innen, d. h. ins Wesen der Einzelpersönlichkeit als solche verlegte (‹Jeder Organismus ist bis zu einem gewissen Grade bisexuell›, schreibt abschließend und in Einklang mit der modernen Hormonforschung 1943 M. Clara in ‹Die Bestimmung des Geschlechts beim Menschen›), oder daß sie sie als ausschließlich oder vorwiegend ‹umweltbedingt› betrachtete (‹Geschlechtsunterschiede erwachsen aus unserer doppelten Moral und werden sich vermutlich in demselben Maße verflüchtigen, in dem die Frauen die Tätigkeiten der Männer zu den ihren machen›, heißt es in Ernest R. Mowrers *‹The Family – its Organisation and Disorganisation›*. Chicago 1932).

Wurden also früher die biologischen Geschlechtsunterschiede als wesensbestimmend gleichsam verabsolutiert – und es wurde ihnen ein geradezu metaphysischer Charakter zugesprochen, indem man sie mit den als männlich und weiblich umschriebenen großen kosmischen Gegenkräften gleichsetzte oder, genauer, indem man nach ERICH NEUMANNS ‹Ursprungsgeschichte des Bewußtseins›, irrtümlicherweise deren Symbolik ‹auf die Person als ihren Eigenschaftsträger projizierte› –, so besteht heute umgekehrt die Tendenz, ihre Bedeutung herabzumindern, wo nicht gar in Abrede zu stellen. Am radikalsten prägt sich diese Tendenz in *‹Le deuxième sexe›* von SIMONE DE BEAUVOIR aus, einem enzyklopädisch umfassenden, dialektisch brillanten Werke, das im positiven wie im negativen Sinne für den Stand der Geschlecherdebatte ungemein symptomatisch ist. Für SIMONE DE BEAUVOIR gibt es im Grunde keine zwei Geschlechter, sondern nur eines, das männliche Züge trägt; und das weibliche Geschlecht war bisher nicht viel mehr als der Schatten des männlichen Urgeschlechts oder vielmehr sein zweitklassiger Abklatsch, war eine mythische Erfindung des Mannes, das ‹Andere› (in dem Sinn, in dem D. H. LAWRENCE einmal an den Philosophen RUSSELL schrieb, der Mann umarme in der Frau alles das, was nicht er selbst sei). ‹Man kommt nicht als Frau zur Welt, sondern man wird zur Frau›, heißt der Schlüsselsatz dieses Buches. Das heißt: es gibt keine weibliche Natur, sondern nur eine weibliche Erscheinung, ein ‹Mittelding zwischen Mann und Kastrat›. Die ‹echte› Frau ist ein Kunstprodukt der Zivilisation. Alle biologischen Innenvorgänge berühren nicht den weiblichen Wesenskern. Der Körper der Frau ist nichts anderes als ein Element der Situation, in der sie sich in der Welt befindet. Und diese Situation wird von einer menschlichen (gleich männlichen, männischen) Gesellschaft bestimmt, die eben als Gesellschaft der Natur geradezu entgegengerichtet ist. Es ist nicht die natürliche Unterlegenheit der Frau, die ihre historische Bedeutungslosigkeit zur Folge gehabt hat. Es ist umgekehrt diese, die ihr das Gefühl der Minderwertigkeit aufnötigt. Und sie kann nur dann ihre eigentliche Bestimmung erfüllen, wenn der Mann sie nicht als das Andere, sondern als seinesgleichen zu würdigen beginnt; wenn sie also selbst den Mann nicht mehr ‹spiegelt› (auch VIRGINIA WOOLF hat in *‹A Room of One's Own›* einmal bemerkt, daß die Frau jahrhundertelang dem Mann als Spiegel gedient habe, der die ‹Zauberkraft und köstliche Macht besaß, seine Gestalt in doppelter Größe wiederzugeben›), sondern ihm gleichsam als sein eigenes Abbild entgegen und zur Seite tritt. ‹Die Tatsache, ein menschliches Wesen zu sein, ist unendlich viel bedeutsamer als alle Besonderheiten, die menschliche Wesen untereinander scheiden.›

Lassen wir dahingestellt, ob die Frau tatsächlich jahrtausendelang, also während des ganzen ‹patriarchalischen› Zeitalters unserer Geschichte, sich so ohnmächtig fühlte, wie sie rechtlos war. ‹Es kommt doch sehr wenig darauf an, wer von euch das Land regiert, solange wir euch regieren›, sagt in SHAWS ‹Haus Herzenstod› (1917) eine Frau zu einem Politiker. ‹Wir? Wer ist wir, bitteschön?› fragt dieser. ‹Des Teufels Großtöchter, mein Lieber. Die holden Frauen.› Und ein Vorläufer SHAWS, der lebenskundige DR. JOHNSON, hatte schon 150 Jahre früher dem weiblichen Geschlecht ein ähnliches Kompliment gezollt: ‹Die Natur hat den Frauen soviel Macht verliehen, daß das Gesetz ihnen klugerweise sehr wenig belassen hat.›

Es bleibe weiter dahingestellt, ob die Frau als Gattungswesen so verzweifelt unglücklich war, wie Simone de Beauvoir es im Rückblick wahrhaben will: die entscheidende Frage, die ihr Buch leider unbeantwortet läßt, ist doch die, ob mit einer Aufhebung der Geschlechtsgegensätze, der natürlichen Spannung zwischen männlicher und weiblicher Wesensart, nicht auch der – von allen klugen Leuten freilich stets als Störenfried betrachtete – Gott Eros aus der Welt verbannt werden müßte. Es ist die Frage, die gerade durch die heutige Entwicklung der Frau so akut geworden ist. Und in gewissem Sinne mag die vorliegende Arbeit Margaret Meads als ‹vorweggenommene› Entgegnung auf das kennzeichnenderweise fast gleichzeitig erschienene Buch von Simone de Beauvoir verstanden werden. Auch für sie hat die soziale Scheidung der Geschlechter etwas ‹Willkürliches›, hat auch die ‹Arbeitsteilung› zwischen beiden oft nur noch wenig mit der ihr ursprünglich zugrunde liegenden biologischen Differenz zu schaffen. Und wenn sie auch am Beispiel von sieben geographisch sogar benachbarten Inselstämmen der Südsee zu beweisen sucht, daß es für keines der Geschlechter eine einzige, ein für allemal vorgezeichnete und festgelegte Daseinsnorm gibt, geben kann, so besteht sie doch, als ‹Frau mittleren Alters, als Anthropologin und Amerikanerin› darauf, daß in jedem Falle, in einer primitiven oder auch in einer hochentwickelten Gesellschaft wie der amerikanischen, eine solche ‹Festlegung› unerläßlich ist.

Margaret Meads Kritik an der heutigen amerikanischen Gesellschaft mag sich nicht ohne weiteres auf europäische Verhältnisse übertragen lassen. Man mag sich auch fragen, wie, gleichsam von außen her, eine Bestimmung der Geschlechterfunktion möglich ist, solange ein natürliches Bezugssystem fehlt. Aber die im letzten Teil ihres Buches an die Wand gemalten Gefahren sind die gleichen wie die, die die Geschlechterbeziehung in der ganzen westlichen Welt zum ‹Problem› haben werden lassen. Und vielleicht sollte man, statt die Größe einer Unbekannten (Mann) mit Hilfe einer anderen Unbekannten (Frau) ermitteln zu wollen, lieber das tiefsinnige Wort des Engels in Giraudoux' *‹Sodome et Gomorrhe›* bedenken: ‹Es hat niemals ein Einzelgeschöpf gegeben. Es hat lediglich das liebende Paar gegeben. Gott hat Mann und Frau nicht einen nach dem andern, nicht einen aus dem andern geschaffen. Er hat zwei Zwillingskörper geschaffen, vereint durch die Bande des Fleisches, die er, in einer Wallung des Vertrauens, an dem Tage durchschnitten hat, an dem er die Zärtlichkeit schuf.›

Wolfgang v. Einsiedel

ÜBER DIE VERFASSERIN

MARGARET MEAD, 1901 in Philadelphia, Pennsylvania, geboren, gehört heute zu den führenden Anthropologen und Ethnologen der Welt und setzt die große amerikanische Tradition, wie sie in diesen Wissenschaften vor allem durch BRONISLAW MALINOWSKI, FRANZ BOAS und RUTH BENEDICT (s. rde Bd. 7) begründet wurde, rühmlich fort. Durch eine ihrer Großmütter, eine Pionierin auf dem Gebiet der Kinderpsychologie, wissenschaftlich vorbelastet, entschloß sie sich, den ursprünglich ins Auge gefaßten Beruf einer Malerin mit dem einer Wissenschaftlerin zu vertauschen. Sie studierte, vornehmlich an der *Columbia University*, vor allem Anthropologie, Ethnologie und Psychologie und erwarb zahlreiche akademische Grade. Bereits im Jahre 1925 begab sie sich allein auf ihre erste Forschungsexpedition nach Samoa, der später eine Reihe weiterer, oft mehrjähriger Expeditionen nach Neu-Guinea, zu den Admiralitäts-Inseln, zu amerikanischen Indianerstämmen, nach Bali usw. folgte. Das umfangreiche wissenschaftliche, sich durch Allgemeinverständlichkeit auszeichnende Werk MARGARET MEADS basiert daher auch – das ist für eine Frau besonders erstaunlich – wesentlich auf den Ergebnissen ihrer persönlichen Feldforschertätigkeit. Sie hat jahrelang unter den verschiedensten primitiven Stämmen wie unter ihresgleichen gelebt und dadurch einen ungewöhnlich tiefen Einblick in die Lebensgewohnheiten, die kultischen Bräuche und die soziale Struktur dieser von der Zivilisation noch wenig berührten Gemeinwesen und in die Psyche ihrer privaten Mitglieder gewonnen. So beherrscht sie, und auch das ist eine Seltenheit, nicht weniger als 7 verschiedene Eingeborenensprachen. Ihre Veröffentlichungen über das sexuelle Leben bei primitiven Völkern sind in den USA Bestseller geworden. Gastvorlesungen in England und Frankreich haben MARGARET MEAD auch in Europa weiten Kreisen bekannt gemacht. Zu Weltberühmtheit gelangte sie, als sie 1954 der UNESCO einen Bericht über die technische Hilfe für unterentwickelte Gebiete vorlegte, das stark beachtet wurde.

Das wissenschaftliche Interesse von MARGARET MEAD beschränkt sich aber keineswegs lediglich auf eine Erforschung der primitiven Kulturen. Sie setzt sich vielmehr auf Grund der Ergebnisse ihrer persönlichen Forschungsarbeit auch mit zeitgenössischen Kulturen auseinander und will durch ihre aufklärerische Arbeit, indem sie im modernen westlichen Menschen Verständnis für fremde Kulturen und fremde Völker zu erwecken sucht, zu einer allgemeinen Völkerverständigung beitragen.

MARGARET MEAD war Mitglied zahlreicher führender nationaler und internationaler wissenschaftlicher Gesellschaften ihrer Fachgebiete und 1956–1957 Präsident der *World Federation for Mental Health*. Sie bekleidete zuletzt eine Professur für Anthropologie an der *Columbia University* und war außerdem *Associate Curator* für Ethnologie am *American Museum of Natural History*. Am 15. November 1978 ist sie gestorben.

Wichtigste Veröffentlichungen:

Coming of Age in Samoa, 1928 / Growing up in New Guinea, 1935 / Sex and Temperament in Three Primitive Societies, 1935 / From the South Seas, 1939 / The Changing Culture of an Indian Tribe, 1932 / And Keep Your Powder Dry, 1942 / Male and Female, 1949 / Soviet Attitudes toward Authority, 1951 / New Lives for Old, 1956 / (zusammen mit Frances Macgregor): Growth and Culture: A Photographic Study of Balinese Childhood, 1951.

rde

LITERATURHINWEISE

ABENSOUR, G., Histoire générale du féminisme des origines à nos jours. Paris 1921

ANASTASI, A., Differential Psychology. New York 1937

BACHOFEN, J. J., Mutterrecht und Urreligion. Stuttgart 1861

BÄUMER, GERTRUD, Die Frau in Gesellschaft und Staatsleben der Gegenwart. Stuttgart 1914

BARNET, A., The Human Species. London 1950

BEAUCHAMP, J., Women Who Work. London 1937

DE BEAUVOIR, SIMONE, Le Deuxième Sex. Paris 1949 (dt.: Das andere Geschlecht. Eine Deutung der Frau. rde Bd. 99, Reinbek 1961

BEBEL, A., Die Frau in der Vergangenheit, Gegenwart und Zukunft. Zürich 1883

—, Die Frau und der Sozialismus. Stuttgart 1895

BÉLOT, G., Les problèmes de la famille et le féminisme. Paris 1930

BENEDICT, RUTH, Patterns of Culture. London 1934 (dt.: Urformen der Kultur, rde Bd. 7, Hamburg 1955)

BODMER, J., Der Mann von heute. 1956

BOOTH, M., Woman and Society. London 1929

BOUSFIELD, F., Sex and Civilization. London 1925

BRAUN, LILY, Die Frauenfrage. Leipzig 1901

BRECKINRIDGE, S. P., Women in the Twentieth Century. New York 1933

BREITNER, B., Das Problem der Bisexualität. 1951

BRIFFAULT, R., The Mothers. A Study of Origins of Sentiments and Institutions. III Bde. New York 1927

BRITT, S. H., Social Psychology of Modern Life. New York 1940

BROWN, J. F., Psychology and the Social Order. New York 1936

BUYTENDIJK, F. J. J., Die Frau — Natur, Erscheinung und Dasein. Köln 1953

CALVERTON, V. F. and S. D. SCHMALHAUSEN, Sex in Civilization. New York 1929

CLARA, M., Die Bestimmung des Geschlechts beim Menschen. 1943

CLARK, F. I., The Position of Women in Contemporary France. London 1937

COLE, M., Women of To-day. London 1938

CUNNINGTON, C. W., Feminine Atitudes in the 19th Century. London 1935

DANA, R. T., Relative Efficiency of Men and Women Workers. London 1927

DEUTSCH, H., Psychologie der Frau. 1948 (1954)

DEWEY, J., Human Nature and Conduct. New York 1922

ELLIS, HAVELOCK, Man and Woman. A study in the Tertiary and Secondary Sexual Characters. London 1894 (1934)

—, Studies in the Psychology of Sex. Philadelphia 1898—1902

—, Sex in Relation to Society. London 1910

ENGELS, F., Der Ursprung der Familie, des Privateigentums und des Staates. Zürich 1884

FORD, C. S., and F. A. BEACH, Patterns of Sexual Behavoir. London 1952 (dt.: Das Sexualverhalten von Mensch und Tier. 1954)

FREEMAN, F. S., Individual Differences: The Nature and Causes of Variations in Intelligence and Special Abilities. London 1936

FREUD, S., The Psychology of Women (in: New Introductory Lectures on Psychoanalysis). London 1933

GEORGE, W. L., The Story of Women. London 1925

GIRAUDOUX, J., La Française et la France. Paris 1934 (1951)

GIESE, H., und WILLY (ed.), Mensch, Geschlecht, Gesellschaft. Frankfurt 1954

GOLDENWEISER, A., Anthropology. New York 1937

GROVES, E. R., The American Family. New York 1934

HALLE, F., Woman in Soviet Russia. London 1939
HEYMANS, G., Die Psychologie der Frauen. Heidelberg 1924
HOLTBEY, W., Women and a Changing Civilization. London 1934
HUXLEY, J., Sex Biology and Sex Psychology. London 1939
JUNG, C. G., Die Frau in Europa. Zürich 1948
—, Psychologische Typen. Zürich 1921
KINSEY, A. C., Sexual Behavior in the Human Male. Philadelphia-London 1948
KLEIN, VIOLA, The Feminine Character. London 1946
—, Sexual Behavior in the Human Female. 1953
LANGDON-DAVIES, J., A Short History of Woman. London 1928
LANGE, HELENE, und GERTRUD BÄUMER, Geschichte der Frauenbewegung in den Kulturländern. Berlin 1901
LERSCH, PH., Vom Wesen der Geschlechter. München 1950
LIPMANN, W., Psychologie der Frau. Berlin-Wien 1920
LORAND, A. S. (ed.), Psychoanalysis To-day. New York 1944
LUCKA, E., Die Entwicklung der Liebe. Berlin 1920
McDERMATT, J. F., and N. B. TAFT (ed.), Sex in Art. New York 1932
MALINOWSKI, B., Sex and Repression in Savage Society. London 1927
MASON, O. T., Women's Share in Primitive Culture. New York 1924
MEAD, MARGARET, Sex and Temperament in Three Primitive Societies. London 1935 (dt.: Geschlecht und Temperament in primitiven Gesellschaften. rde Bd. 96. Hamburg 1959)
MENCKEN, H. L., In Defense of Women. New York 1926
MENINGER, K. A., Love against Hate. New York 1942
MILL, JOHN STUART, The Subjection of Women. London 1869 (1906)
MONTAGUE, A., Die natürliche Überlegenheit der Frau. 1955
MORUS, Eine Weltgeschichte der Sexualität. Hamburg 1956
MOWRER, E. R., The Family. Its Organization and Disorganization. Chicago 1932
MYRDAL, A., Nation and Family. London 1945
NEWITT, H., Women Must Choose. London 1932
ORTEGA Y GASSET, J., Über die Liebe. Stuttgart 1950
PIERCE, A., Vocations for Women. New York 1933
PRUETTE, L., Women and Leisure. New York 1924
RUEHLE-GERTEL, A., Das Frauenproblem der Gegenwart. Leipzig 1932
RUSSELL, B., Marriage and Morals. London 1929
SEWARD, G., Sex and the Social Order. New York u. London 1946
SIMMEL, G., Das Relative und das Absolute im Geschlechterproblem. (In: ‹Die philosophische Kultur›, Leipzig 1911)
SMITH, J., Women in Soviet Russia. New York 1928
SVEISTRUP, H., u. A. VON ZAHN-HARNACK, Die Frauenfrage in Deutschland. Burg 1934
SCHEINFELD, A., Women and Men. London 1947
SCHELSKY, H., Soziologie der Sexualität. rde Bd. 2. Hamburg 1955
TAYLOR, G. R., Sex in History. London 1953
TERMAN, L. M. and C. C. MILES, Sex in Personality: Studies in Masculinity and Femininity. New York 1936
THIBON, G., La crise moderne de l'amour. Paris 1953
THOMAS, W. I., Sex and Society, Studies in the Social Psychology of Sex. London 1907
VAERTING, MATHILDE und MATTHIAS, Die weibliche Eigenart im Männerstaat und die männliche Eigenart im Frauenstaat. Karlsruhe 1923
WALLER, W., The Family. New York 1938

WEBER, MARIANNE, Ehefrau und Mutter in der Rechtsentwicklung. Tübingen 1907
WEININGER, O., Geschlecht und Charakter. Wien 1903
WEXBERG, E., Individual Psychology and Sex. London 1931
WHITE, E. M., Woman in World History: Her Place in the Great Religions. London 1924

W. v. Einsiedel

PERSONEN- UND SACHREGISTER

Personenregister

Sachregister

Hans Jürgen Eysenck, Wege und Abwege der Psychologie [17]

Arnold Gehlen, Anthropologische Forschung. Zur Selbstbegegnung und Selbstentdeckung des Menschen [138]

Peter R. Hofstätter, Gruppendynamik. Kritik der Massenpsychologie. Durchgesehene und erweiterte Neuauflage [38]

Paul Lüth, Kritische Medizin [368]

Margaret Mead, Mann und Weib. Das Verhältnis der Geschlechter in einer sich wandelnden Welt [69]

Wolf-Hartwig Meyer, Arbeitszufriedenheit. Kritik eines interessierten Mißverständnisses [393]

Thure von Uexküll, Grundfragen der psychosomatischen Medizin [179]

Physik, Naturwissenschaft und Technik

Werner Heisenberg (Nobelpreisträger), Das Naturbild der heutigen Physik [8]

Mortimer Taube, Der Mythos der Denkmaschine. Kritische Betrachtungen zur Kybernetik [245]

Religionswissenschaft und Religionsgeschichte

Johannes Haller: Das Papsttum. Idee und Wirklichkeit. I: Grundlagen [221] – II: Der Aufbau [223] – III: Die Vollendung [225] – IV: Die Krönung [227]

Robert von Ranke-Graves, Griechische Mythologie II. Quellen und Deutung [115]

Leo Trepp, Das Judentum. Geschichte und lebendige Gegenwart [325]

Friedrich Weinreb, Zahl, Zeichen, Wort. Das symbolische Universum der Bibelsprache [383]

Soziologie

Raymond Aron, Hauptströmungen des klassischen soziologischen Denkens. Montesquieu – Comte – Marx – Tocqueville [386] – Hauptströmungen des modernen soziologischen Denkens. Durkheim – Pareto – Weber [387]

Christian und Liselotte von Ferber, Der kranke Mensch in der Gesellschaft [380]

Jürgen Friedrichs (Hg.), Stadtentwicklung in kapitalistischen und sozialistischen Ländern [378]

Arnold Gehlen, Die Seele im technischen Zeitalter. Sozialpsychologische Probleme in der industriellen Gesellschaft (53)

Joachim Israel, Der Begriff Entfremdung. Makrosoziologische Untersuchung von Marx bis zur Soziologie der Gegenwart [359]

Igor S. Kon, Freundschaft. Geschichte und Sozialpsychologie der Freundschaft als soziale Institution und individuelle Beziehung [390]

H. J. Krysmanski, Soziologie des Konflikts. Materialien und Modelle [362]

Renate Mayntz, Soziologie der Organisation [166]

Elisabeth Noelle, Umfragen in der Massengesellschaft. Einführung in die Methode der Demoskopie. Mit 28 Abb. und 50 Tabellen [177]

John O'Neill, Revolution oder Subversion? [382]

José Ortega y Gasset, Der Aufstand der Massen [10]

David Riesman / Reuel Denney / Nathan Glazer, Die einsame Masse [72]

Wilfried Röhrich, Sozialgeschichte politischer Ideen [392]

Leopold und Hilde Rosenmayr, Der alte Mensch in der Gesellschaft. Einführung in die Gerosoziologie [377]

Helmut Schelsky, Soziologie der Sexualität [2]

Peter R. Straumann, Neue Konzepte der Bildungsplanung. Mit einem Materialanhang [369]

Staats- und Wirtschaftswissenschaften

Walter Eucken, Grundsätze der Wirtschaftspolitik [81]

Erwin Grochla, Betriebliche Planung und Informationssysteme. Entwicklung und aktuelle Aspekte [373]

Hans Kellerer, Statistik im modernen Wirtschafts- und Sozialleben. Mit 22 Abb. und 44 Tabellen [103]

P. Cornelius Mayer-Tasch, Die Bürgerinitiativbewegung. Der aktive Bürger als rechts- und politikwissenschaftliches Problem [374]

Wilfried Röhrich, Politik und Ökonomie der Weltgesellschaft. Das internationale System [376]

Günter Schmölders, Geschichte der Volkswirtschaftslehre [163] – Verhaltensforschung im Wirtschaftsleben [379]

Peter R. Straumann, Neue Konzepte der Bildungsplanung. Mit einem Materialanhang [369]

Karl-Georg Zinn, Die Selbstzerstörung der Wachstumsgesellschaft. Politisches Handeln im ökonomischen System [394]

Kunstwissenschaft und Kunstgeschichte

Walter Hess, Dokumente zum Verständnis der modernen Malerei. Mit 16 Abb. [19]

Gustav René Hocke, Die Welt als Labyrinth. Manier und Manie in der europäischen Kunst. Beiträge zur Ikonographie und Formgeschichte der europäischen Kunst von 1520 bis 1650 und der Gegenwart. Mit 254 Abb. [50] – Manierismus in der Literatur. Sprach-Alchimie und esoterische Kombinationskunst [82]

Literaturwissenschaft und Sprachwissenschaft

Rosario Assunto, Theorie der Literatur bei Schriftstellern des 20. Jahrhunderts [372]

Hans Eggers, Deutsche Sprachgeschichte I: Das Althochdeutsche [185] – II: Das Mittelhochdeutsche [191] – III: Das Frühneuhochdeutsche [270] – IV: Das Neuhochdeutsche [375]

Martin Esslin, Das Theater des Absurden [234]

Hugo Friedrich, Die Struktur der modernen Lyrik. Im Anhang: Gedichte des 20. Jahrhunderts (zweisprachig). Erweiterte Neuausgabe [25]

Georg Lukács, Ausgewählte Schriften. III: Russische Literatur – Russische Revolution, Puschkin, Tolstoi, Dostojewskij, Fadejew, Makarenko, Scholochow, Solschenizyn [314] – IV: Marxismus und Stalinismus. Politische Aufsätze [327]

Jean-Paul Sartre, Was ist Literatur? [65]

Günther Schiwy, Der französische Strukturalismus. Mode – Methode – Ideologie [310]

Thomas A. Sebeok, Theorie und Geschichte der Semiotik [389]

Friedrich-Wilhelm u. Erika Wentzlaff-Eggebert, Deutsche Literatur im späten Mittelalter (1250 bis 1450). Band I: Rittertum – Bürgertum. Mit Lesestücken [350] – Band II: Kirche. Mit Lesestücken [353] – Band III: Neue Sprache aus neuer Welterfahrung. Mit Lesestücken [356]

Benjamin Lee Whorf, Sprache – Denken – Wirklichkeit. Beiträge zur Metalinguistik und Sprachphilosophie [174]

Gerda Zeltner-Neukomm, Das Wagnis des französischen Gegenwartsromans. Die neue Welterfahrung in der Literatur. Butor, Robbe-Grillet, Sarraute, Beckett, Queneau, Camus, Malraux, Sartre [109]

rororo aktuell

Herausgegeben von Freimut Duve

Frauen aktuell

Herausgegeben von Susanne v. Paczensky

Baumgartner-Karabak, Andrea/
Landesberger, Gisela
Die verkauften Bräute. Türkische Frauen zwischen Kreuzberg und Anatolien (4268)

Benard, Cheryl/Schlaffer, Edit
Die ganz gewöhnliche Gewalt in der Ehe Texte zu einer Soziologie von Macht und Liebe (4358)

Bick, Martina
Schlankheitsterror. Ein Meinungsbild über die Schrecken der falschen Figur (4729 / Arbeitstitel – in Vorbereitung)

Boßmann, Dieter
Mütterfeindlichkeit. Von der Schande, Kinder zu haben. Frauen berichten (4539)

Däubler-Gmelin, Herta
Frauenarbeitslosigkeit oder Reserve zurück an den Herd! (4183)

Edding, Cornelia
Jede kann helfen. Was tut eine Beratungsgruppe konkret? Ein Arbeitsbuch (4434)

Egidi, Karin/Bürger, Gislind
Das Gefühl der Befriedigung Studie über weibliche Sexualität (4730 / Arbeitstitel – in Vorbereitung)

Häusler, Ingrid
Kein Kind zum Vorzeigen? Bericht über eine Behinderung (4524)

Hering, Heide
Weibs-Bilder. Zeugnisse zum öffentlichen Ansehen der Frau. Ein häßliches Bilderbuch (4536)

Janssen-Jurreit, Marielouise (Hg.)
Frauenprogramm – Gegen Diskriminierung. Gesetzgebung – Aktionspläne – Selbsthilfe. Ein Handbuch (4426)

Jochimsen, Luc
Sozialismus als Männersache oder Kennen Sie «Bebels Frau»? Seit 100 Jahren ohne Konsequenz (4350)

«Wir wollen gleiche Löhne!» Dokumentation zum Kampf der 29 «Heinze»-Frauen. Hg. von Marianne Kaiser (4623)

Novarra, Virginia
Vom Wert der weiblichen Arbeitskraft (4723 / Arbeitstitel – in Vorbereitung)

Paczensky, Susanne v. (Hg.)
Frauen und Terror. Versuche, die Beteiligung von Frauen an Gewalttaten zu erklären (4277)
Wir sind keine Mörderinnen! Streitschrift gegen eine Einschüchterungskampagne (4635)

Perincioli, Cristina
Die Frauen von Harrisburg oder «Wir lassen uns die Angst nicht ausreden» (4719)

Pro Familia Bremen (Hg.)
Wir wollen nicht mehr nach Holland fahren. Nach der Reform des § 218 – Betroffene Frauen ziehen Bilanz (4272)

Thomas, Carmen (Hg.)
Annette/Barbara/Carmen/Carola/
Gabi/Katharina/Magda/Monika/Rosi/
Susanne/Yvette
Die Hausfrauengruppe oder Wie elf Frauen sich selbst helfen (4359)

Weiss, Ruth
Frauen gegen Apartheid Zur Geschichte des politischen Widerstands von Frauen (4351)

Wiegmann, Barbelies
Ende der Hausfrauenehe. Plädoyer gegen eine trügerische Existenzgrundlage (4530)

985/3-3a